A sabedoria de Charlie Munger

A sabedoria de Charlie Munger

ORGANIZADO POR PETER K. KAUFMAN
TRADUZIDO POR BRUNO FIUZA

SEXTANTE

Título original: *Poor Charlie's Almanack (4th Abridged Edition)*

Copyright © 2023 por PCA Publications LLC
Copyright da tradução © 2025 por GMT Editores Ltda.

Publicado originalmente em 2005 por The Donning Company Publishers.
Publicado nos Estados Unidos pela Stripe Press/Stripe Matter Inc.

Todos os direitos reservados. Nenhuma parte deste livro pode ser utilizada ou reproduzida sob quaisquer meios existentes sem autorização por escrito dos editores.

coordenação editorial: Sibelle Pedral
produção editorial: Guilherme Bernardo
preparo de originais: Sheila Louzada
revisão técnica: José Francisco de Lima Gonçalves
revisão: Luis Américo Costa e Luíza Côrtes
ilustrações: © Ed Wexler

projeto gráfico: Kevin Wong
adaptação de miolo e capa: Ana Paula Daudt Brandão
capa: Josh Miranda
imagem de capa: Bonnie Schiffman
impressão e acabamento: Lis Gráfica e Editora Ltda.

CIP-BRASIL. CATALOGAÇÃO NA PUBLICAÇÃO
SINDICATO NACIONAL DOS EDITORES DE LIVROS, RJ

M929s

    Munger, Charles T., 1924-2023
        A sabedoria de Charlie Munger / Charles T. Munger ; organização Peter D. Kaufman ; ilustração Ed Wexler ; tradução Bruno Fiuza. - 1. ed. - Rio de Janeiro : Sextante, 2025.
        384 p. : il. ; 23 cm.

        Tradução de: Poor Charlie's almanack
        Apêndice
        ISBN 978-65-5564-954-3

        1. Munger, Charles T., 1924-2023. 2. Berkshire Hathaway Inc - História. 3. Investimentos - Processo decisório. 4. Investimentos - Humorismo. I. Kaufman, Peter D. II. Wexler, Ed. III. Fiuza, Bruno. IV. Título.

24-95520
        CDD: 332.60207
        CDU: 330.322:82-7

Meri Gleice Rodrigues de Souza - Bibliotecária - CRB-7/6439

Todos os direitos reservados, no Brasil, por
GMT Editores Ltda.
Rua Voluntários da Pátria, 45 – 14º andar – Botafogo
22270-000 – Rio de Janeiro – RJ
Tel.: (21) 2538-4100
E-mail: atendimento@sextante.com.br
www.sextante.com.br

Para Charles T. Munger,
que lhe diria, nestas exatas palavras:

*"Adquira sabedoria e passe a agir de acordo.
Se seu novo comportamento lhe causar alguma
impopularidade temporária entre as pessoas de seu círculo...
elas que se danem."*

Nota dos editores:
Charlie Munger viveu até os 99 anos. Publicado antes de seu falecimento, em novembro de 2023, este livro se refere a ele no tempo presente – escolha que mantivemos não apenas por uma questão formal, mas também para reforçar a imortalidade de suas ideias nos discursos aqui reproduzidos.

Viva a experiência imersiva de *A sabedoria de Charlie Munger* em
stripe.press/poor-charlies-almanack

Aponte a câmera do seu celular para o QR-code acima e
encontre uma versão digital interativa do livro clássico de
Charlie Munger, complementando esta edição com vídeos,
gráficos e curiosidades.
O site conta ainda com uma narração no formato
de audiolivro. Conteúdo em inglês.

SUMÁRIO

Prefácio I   13
por John B. Collison

Prefácio II   17
por Warren E. Buffett

Refutação   21
por Charles T. Munger

Introdução   23
por Peter D. Kaufman
    Sobre o livro   25

Capítulo 1   27
Um retrato de Charles T. Munger

Capítulo 2   41
Os filhos relembram Charlie
    Charles T. Munger Jr.   42
    Wendy Munger   42
    William H. (Hal) Borthwick   43
    David Borthwick   44
    Molly Munger   45
    Emilie Ogden   46
    Barry Munger   48
    Philip Munger   51

Capítulo 3 — 53
Munger sobre a vida, o aprendizado e a tomada de decisões

A abordagem dos "múltiplos modelos mentais" para análise e avaliação de negócios — 55

O processo de análise de investimentos de Munger — 59

Um checklist de princípios de investimento — 64

Capítulo 4 — 69
Onze Discursos

Discurso Um — 73
Cerimônia de Formatura da Harvard School

Discurso um revisitado — 80

Discurso Dois — 83
Uma lição sobre sabedoria elementar para a gestão de investimentos e os negócios

Discurso dois revisitado — 118

Sessão de perguntas — 121

Discurso Três — 123
Uma lição sobre sabedoria elementar para a gestão de investimentos e os negócios – revisitado

Discurso três revisitado — 163

Discurso Quatro — 165
Pensamento prático sobre pensamento prático?

Discurso quatro revisitado — 180

Discurso Cinco — 183
A necessidade de mais competências multidisciplinares por parte dos profissionais: implicações pedagógicas

Discurso cinco revisitado — 196

Discurso Seis — 197
Práticas de investimento das principais fundações de caridade
Discurso seis revisitado — 206

Discurso Sete — 207
Reunião matinal da organização Philanthropy Roundtable
Discurso sete revisitado — 217

Discurso Oito — 219
O grande escândalo financeiro de 2003
Discurso oito revisitado — 231

Discurso Nove — 233
Economia acadêmica: pontos fortes e fracos sobre a necessidade de interdisciplinaridade
Discurso nove revisitado — 265

Discurso Dez — 267
Discurso de Formatura da Faculdade de Direito da USC Gould

Discurso Onze — 283
A psicologia dos erros de julgamento
Prefácio — 285
A psicologia dos erros de julgamento humano — 287
Perguntas e respostas — 350
Discurso onze revisitado — 355

Apêndices
Notas — 361
Leituras recomendadas — 379
Agradecimentos — 381

PREFÁCIO

COLLISON SOBRE MUNGER

por John B. Collison

Dublin
Abril de 2023

Meu primeiro contato com *A sabedoria de Charlie Munger* foi aos 20 e poucos anos, quando eu estava tentando de todas as formas descobrir o segredo das empresas de sucesso. Ao folhear as páginas do livro, descobri que era uma revigorante refutação da sabedoria financeira convencional, apresentada com uma simplicidade e franqueza incomuns. Eu nunca tinha ouvido um venerado homem de negócios compartilhar insights tão incisivos sobre investimentos, finanças e o mundo, nem com tal – para usar uma das expressões preferidas de Munger – *chutzpah*.* É impossível ler frases como "Sem letramento em matemática (...) você é como um sujeito de uma perna só em uma competição de chute no traseiro" e não rir, além de ficar um pouco mais sábio.

Anos depois, tive o privilégio de conhecer Charlie pessoalmente, em sua casa em Los Angeles. Fiquei encantado ao descobrir que em carne e osso ele era tão fascinante e intelectualmente curioso quanto no papel (descobri também que sua resistência era bem maior que a minha: após mais de quatro horas à mesa de jantar, eu já estava pronto para ir dormir, enquanto Charlie não dava sinais de cansaço). Nossa conversa naquela noite percorreu todo tipo de assunto, desde a estrutura econômica das estações de esqui até a evolução do setor de imprensa, passando pela criação dos filhos. Testemunhar em primeira

---

* *Chutzpah* é uma palavra de origem ídiche que pode ser traduzida como audácia (para o bem e para o mal) ou arrogância. *(N. do E.)*

mão a prodigiosa amplitude intelectual de Charlie, que passa por diferentes campos do conhecimento, apenas reforçou minha admiração por este livro e pelo homem por trás dele.

A sabedoria de Charlie Munger é um testemunho do poder do pensamento multidisciplinar. Mais do que um livro sobre investimentos, é um guia para aprender a pensar por si mesmo a fim de compreender o mundo ao seu redor. A filosofia de Charlie combina insights de quase todas as áreas de conhecimento pelas quais ele já teve algum interesse – não apenas negócios e finanças, mas também matemática, física, história, ética e muito mais –, apresentados com uma irreverência característica que persiste há 99 anos. Seus ensaios exaltam as virtudes da livre iniciativa, sim, mas também de se fazer negócios da forma correta, com integridade e rigor. De levar muito a sério seu trabalho, mas nunca a si mesmo.

Embora o mundo hoje seja muito diferente do que era há quase 100 anos, quando Charlie nasceu – antes da Grande Depressão e entre duas guerras mundiais –, ele se manteve uma constante. Seu apetite insaciável por aprender; sua incrível capacidade de avaliar empresas por meio de modelos simples que produzem análises mais confiáveis do que demonstrações financeiras complexas; e sua ligação com a família Buffett (que começou quando o adolescente Charlie foi trabalhar na mercearia do avô de Warren e culminou em uma das parcerias mais bem-sucedidas de todos os tempos no mundo dos investimentos) persistiram por décadas, atravessando tempos de crescimento e tempos de crise. O mesmo aconteceu com muitas das empresas conceituadas nas quais Charlie e Warren investiram seus dólares e sua confiança.

Embora não tenha inventado o conceito de crescimento composto, o sucesso de Charlie, bem como o da Berkshire Hathaway, comprova a ideia. A sabedoria prática desta ode à curiosidade intelectual, à generosidade e à virtude passará por crescimento similar à medida que sucessivas gerações de leitores empreendedores aplicarem estas lições às suas circunstâncias.

Quer você seja experiente ou iniciante nos investimentos, quer administre um negócio ou esteja buscando aprimorar sua tomada de decisões na vida, eu o encorajo a ler os discursos e ensaios de Charlie com a mente aberta. Você será recompensado com insights que o

acompanharão pelo resto da vida. Como Charlie disse uma vez: "Não há mestre melhor do que a história para se determinar o futuro. Há respostas que valem bilhões em livros de história que custam meros 30 dólares." O mesmo pode ser dito de *A sabedoria de Charlie Munger*. É o investimento mais lucrativo que existe.

Sou imensamente grato a Peter Kaufman, por organizar este clássico, e a Charlie Munger, por sua sabedoria indiscutível e sua gentil mentoria. Nada a acrescentar.

PREFÁCIO

BUFFETT SOBRE MUNGER
por Warren E. Buffett

De 1733 a 1758, Benjamin Franklin publicou anualmente conselhos úteis e atemporais em seu *Poor Richard's Almanack* [Almanaque do pobre Ricardo].* Entre as virtudes por ele exaltadas estavam a moderação, o compromisso, o trabalho e a simplicidade.

Dois séculos se passaram, durante os quais os pensamentos de Ben foram considerados a palavra final sobre esses temas. Até que apareceu Charlie Munger.

De início mero discípulo de Ben, Charlie logo estava abrindo novos caminhos. O que Ben recomendava, Charlie exigia. Se Ben tinha sugerido economizar alguns centavos, Charlie dobrava a aposta. Se Ben recomendava ser pontual, Charlie dizia para chegar antes da hora. A vida sob as regras de Ben começou a parecer confortável em comparação ao rigor exigido por Charlie.

Além disso, Charlie praticava o que pregava (e como pregava!). Em seu testamento, Ben criou dois pequenos fundos filantrópicos cujo objetivo era ensinar a mágica dos juros compostos. Já Charlie, tendo concluído muito cedo que aquele era um assunto importante demais para ser ensinado por meio de um projeto póstumo, optou por se tornar uma lição viva do tema, evitando despesas frívolas (ou seja,

---

* O título original deste livro (*Poor Charlie's Almanack*) é inspirado no título do almanaque que Benjamin Franklin publicou sob o pseudônimo "Pobre Ricardo" por mais de duas décadas. Seu conteúdo variava, incluindo aforismos, calendários, previsão do tempo, etc. O *Almanaque* foi muito popular nas colônias norte-americanas. *(N. do E.)*

qualquer uma) que pudessem minar o poder do seu exemplo. Consequentemente, a família de Charlie descobriu os prazeres das longas viagens de ônibus, enquanto seus amigos ricos, enfurnados em seus jatinhos particulares, perderam essas experiências enriquecedoras.

Em algumas áreas, porém, Charlie não tentou aprimorar o pensamento de Ben. Por exemplo, o ensaio "Conselhos sobre a escolha de uma amante" de Ben pôs Charlie no modo "Nada a acrescentar", sua marca registrada nas reuniões anuais de acionistas da Berkshire.

Quanto a mim, gostaria de oferecer alguns "Conselhos para escolher um bom parceiro de negócios". Preste atenção.

Primeiro, procure alguém mais inteligente e mais sábio que você. Depois, peça a essa pessoa que não alardeie a própria superioridade, para que você possa ser aclamado pelas muitas realizações que resultarão dos conselhos e das análises dela. Procure alguém que nunca encontre falhas em suas ações nem fique de mau humor quando seus erros causarem graves prejuízos. Procure também uma alma generosa que invista seu próprio dinheiro e trabalhe por uma ninharia. Por fim, associe-se a alguém que sempre consiga aumentar o grau de divertimento pelo longo caminho que vocês percorrerão juntos.

São conselhos esplêndidos (nunca tirei nota inferior a 10 nas minhas autoavaliações). Tão esplêndidos, aliás, que em 1959 decidi segui-los fielmente. E havia apenas uma pessoa que cumpria todos os meus requisitos: Charlie.

Em seu famoso ensaio sobre a escolha de uma amante, Ben diz que apenas uma mulher mais velha faz sentido, apresentando oito boas razões para isso. E conclui afirmando que "elas ficam muito gratas".

Charlie e eu somos parceiros há 45 anos. Não sei se ele tinha outros sete motivos para me escolher, mas, definitivamente, atendo ao oitavo critério de Ben. Não poderia ser mais agradecido.

REFUTAÇÃO

MUNGER SOBRE BUFFETT
por Charles T. Munger

Acho que existe algo de mítico na ideia de que fui o grande mentor de Warren. Ele não precisava de muita mentoria. Sinceramente, acho que recebo mais crédito do que mereço. É verdade que Warren tinha certo bloqueio mental por ter trabalhado com Benjamin Graham e ganhado muito dinheiro – é difícil mudar quando tudo está funcionando tão bem –, mas, se Charlie Munger nunca tivesse existido, o histórico de Buffett seria praticamente o mesmo.

É difícil acreditar que ele melhora a cada ano que passa. Isso não vai durar para sempre, mas Warren está realmente melhorando. É impressionante: a maioria dos homens na faixa dos 70 anos não está melhorando, mas Warren está. A Berkshire está nadando em dinheiro – temos grandes negócios de sucesso extraordinário. Quando Warren se for, a Berkshire não terá um desempenho tão impressionante na aquisição de companhias, mas de resto continuará bem. E as aquisições na verdade vão funcionar perfeitamente bem.

Acho que o próximo líder não será tão inteligente quanto Warren, mas seria tolice reclamar dizendo algo como: "Que tipo de mundo é este que me dá Warren Buffett por 40 anos e aí aparece um sujeito pior?"

INTRODUÇÃO
por Peter D. Kaufman

Você está prestes a embarcar em uma jornada extraordinária rumo a melhores investimentos e a uma melhor tomada de decisão. Talvez adquira também uma melhor compreensão da vida, tudo graças à inteligência, à sabedoria, aos discursos e aos escritos de Charlie Munger – a resposta desta geração a Benjamin Franklin. A singular visão de mundo de Charlie, que ele chama de abordagem multidisciplinar, é um modelo desenvolvido por ele mesmo para um pensamento claro e simples, mas seus conceitos são tudo menos simplistas. Repare como o pensamento de Charlie resiste ao teste do tempo: o primeiro discurso desta coletânea é tão relevante hoje quanto no dia em que foi proferido. Como você verá, as observações e conclusões de Charlie se baseiam na natureza humana fundamental, em verdades básicas e em princípios centrais de uma variedade de disciplinas.

Ao longo do livro, Charlie apresenta seu intelecto, sua sagacidade, seus valores e um talento retórico sem fim. Seu conhecimento enciclopédico lhe permite citar desde oradores clássicos e literatos europeus dos séculos XVIII e XIX a ícones da cultura pop contemporânea. Onde mais encontraríamos Demóstenes e Cícero justapostos a Johnny Carson, ou os gestores de investimentos de hoje lado a lado com Nietzsche, Galileu e "um sujeito de uma perna só em uma competição de chute no traseiro"? Ou que tal Benjamin Franklin versus Bernie Cornfeld em uma batalha de sabedoria de vida? Usando com habilidade a autodepreciação e a imaginação, Charlie se compara alegremente a um cavalo que sabe fazer cálculos, sugere o nome "Água

Cafeinada e Adoçada do Glotz's" como alternativa puramente descritiva ao nome Coca-Cola e afirma: "Pelo menos quando eu era jovem não fui um completo imbecil."

Em um dos seus discursos ("Pensamento prático sobre o pensamento prático?"), Charlie ainda assume o desafio de montar, do zero, um negócio de 2 trilhões de dólares e depois nos mostra seus diversos modelos mentais acionados nessa impressionante empreitada.

As citações, palestras e discursos aqui reproduzidos estão calcados nos valores tradicionais do Meio-Oeste pelos quais Charlie se tornou conhecido: aprendizado incessante, curiosidade intelectual, sobriedade, rejeição da inveja e do ressentimento, confiabilidade, perseverança, objetividade, disposição a colocar as próprias crenças à prova e muito mais. Porém seus conselhos não vêm na forma de repreensões estentóricas. Em vez disso, Charlie usa humor, inversões (seguindo a diretriz do grande algebrista Carl Jacobi de "inverter, sempre inverter") e paradoxos para transmitir conselhos sábios sobre os maiores desafios da vida.

Charlie também emprega estudos de caso históricos e de negócios. Nessas apresentações, ele defende seus pontos de vista com sutileza e personalidade, muitas vezes usando um contexto narrativo em vez de afirmações teóricas abstratas. Ele brinda o público com anedotas divertidas e comoventes em vez de uma rajada de conceitos e números. Conhece bem e explora sabiamente o papel tradicional do contador de histórias como provedor de informações complexas e detalhadas. O resultado é que suas lições se combinam em uma teia coesa de conhecimento, para serem relembradas e utilizadas sempre que necessário.

Ao longo dessas palestras e discursos, fica claro que Charlie valoriza mais as decisões de vida do que as de investimento. Seus modelos mentais, extraídos de todos os campos de conhecimento imagináveis, aparecem repetidas vezes e jamais se concentram em "estratégias de gestão de portfólio", "beta" ou "CAPM", focando, em vez disso, em verdade fundamentais, nas conquistas e nas fraquezas humanas e no árduo caminho para a sabedoria. Charlie disse uma vez: "Eu queria ficar rico para ser independente, como John Maynard Keynes." A independência é o fim ao qual a riqueza serve a Charlie, e não o contrário.

SOBRE O LIVRO

Abrimos com um retrato biográfico que narra o progresso de Charlie desde uma infância modesta em Omaha, no estado americano de Nebraska, até um prodigioso êxito financeiro. Na sequência, resumimos a visão de Munger em relação à vida, ao aprendizado, à tomada de decisões e aos investimentos. Essa seção detalha tanto o modo de pensar não convencional de Charlie quanto sua extraordinária ética de trabalho – as fontes de seu incrível sucesso.

No restante do livro, Charlie fala ao seu público por meio de palestras que proferiu ao longo de 20 anos. Por ocasião da terceira edição ampliada do livro, incluímos um discurso que Charlie proferiu na formatura da Escola Gould de Direito da Universidade do Sul da Califórnia em 13 de maio de 2007. Assim, os 10 discursos originais se tornaram 11, deixando de ser um número redondo. Essas falas cobrem um amplo espectro de interesses de Charlie, que vão desde como adquirir sabedoria para a vida até como as estratégias de investimento utilizadas por fundações de caridade podem ser aprimoradas, passando por como aplicar seus numerosos modelos mentais aos negócios. Esse 11º discurso é uma versão especial de seu "A psicologia dos erros de julgamento humano" feita especialmente para este livro.

Os discursos valem cada segundo do seu tempo, não apenas pelo prazer que vão lhe proporcionar como também pelo que você pode absorver da rica variedade de ideias e práticas de Charlie. Você dificilmente terá oportunidade melhor de aprender com alguém tão inteligente – e tão franco. Charlie se abre e fala das coisas como elas são. Observação importante: a redundância de alguns exemplos e expressões é proposital. Devido ao tipo de "letramento" profundo que Charlie defende, ele sabe que a repetição é a alma da aprendizagem.

Uma palavrinha sobre o estilo e o formato do livro. Charlie tem grande interesse por quase tudo com que se depara na vida. Portanto, à medida que ele menciona pessoas, lugares e assuntos em seus discursos, incluímos informações relacionadas como complemento à leitura. As notas finais têm como propósito explicar conceitos, servir como voz de apoio ou enfatizar uma ideia importante. Esperamos que, mais do que informativos, esses acréscimos sejam também divertidos e até mesmo estimulem você a pesquisar mais sobre os assuntos.

Desejamos uma boa leitura e esperamos que aprecie o brilho e o humor seco que aqueles à volta de Charlie Munger tanto prezam e esperam dele.

CAPÍTULO 1

Um retrato *de* Charles T. Munger

POR MICHAEL BROGGIE

Por trás da extraordinária história da Berkshire Hathaway estão dois gênios das finanças: o amplamente aclamado Warren Buffett e seu "discreto parceiro" Charlie Munger, que aprecia seu relativo anonimato.

Para Warren, Charlie é amigo, conselheiro, representante legal e advogado do diabo. É um dos maiores acionistas de uma das companhias de capital aberto de maior sucesso da história empresarial americana. Desde 1964, quando Warren – e, alguns anos depois, Charlie – assumiu a Berkshire, o valor de mercado da empresa cresceu espantosas 13.500 vezes, indo de 10 milhões de dólares para cerca de 135 bilhões, sem aumento significativo na quantidade de ações em circulação. Esse crescimento fenomenal foi uma conquista singular desses dois homens despretensiosos, naturais do Meio-Oeste, que combinam suas competências sinérgicas para identificar e explorar oportunidades ignoradas repetidamente por outros investidores.

Embora Warren seja um dos líderes empresariais mais admirados e famosos do país, Charlie propositalmente evita os holofotes, optando pelo relativo anonimato. Para compreender melhor essa figura complexa e muito reservada, devemos começar do começo.

Charles Thomas Munger nasceu em 1º de janeiro de 1924, na cidade de Omaha, Nebraska – bem no coração dos Estados Unidos. Muitos outros nomes notáveis têm raízes no Meio-Oeste: Will Rogers, Henry Fonda, John Pershing, Harry Truman, Walt Disney, Ann Landers, Gerald Ford... e, claro, Warren Buffett.

Charlie cruzou o caminho da família Buffett pela primeira vez durante seus anos de formação, quando trabalhava na Buffett & Son, uma mercearia sofisticada a cerca de seis quarteirões da casa dos Munger. O chefe e coproprietário, Ernest, era avô de Warren. Disciplinador rigoroso, ele estabelecia turnos de 12 horas para seus jovens funcionários, sem intervalo sequer para refeições. De acordo com Charlie, a firme postura antissocialista de seu chefe se manifestava na exigência de que os funcionários pagassem 2 centavos ao final de cada dia de trabalho para cobrir a parte deles nos custos da nova Lei da Seguridade Social. Eles recebiam um salário de 2 dólares por dia – juntamente com uma extensa palestra sobre os males do socialismo.

As árduas condições de trabalho na mercearia Buffett tiveram uma influência duradoura tanto sobre Charlie quanto sobre Warren. Seis anos mais novo, Warren viveu seus momentos difíceis sob o comando de Ernest tempos depois que seu futuro parceiro de negócios já havia saído.

A educação formal de Charlie começou na Dundee Elementary School, onde ele e suas irmãs mais novas, Mary e Carol, foram doutrinados com homilias éticas. Os professores de Charlie se lembravam dele como um garoto inteligente que também tinha certa tendência a posar de sabichão. Gostava de contestar a sabedoria convencional de professores e colegas com seu conhecimento sempre crescente, adquirido por meio da leitura voraz, principalmente de biografias. Muitas décadas depois, ele já não se lembra mais da primeira vez que foi exposto aos aforismos de Ben Franklin, mas esses textos nutriram no jovem Charlie uma admiração indelével pelo eclético e excêntrico estadista e inventor. Seus pais, Al e Florence Munger, incentivavam a leitura e no Natal davam a cada um dos filhos vários livros, que geralmente eram devorados naquela mesma noite.

Na casa da família Davis, seus vizinhos e amigos, Charlie tinha o hábito de ler os periódicos médicos de Ed, melhor amigo de seu pai e também médico de sua família. A exposição precoce de Charlie à biblioteca do Dr. Davis gerou um interesse pela ciência que perdurou por toda a vida. Aos 14 anos, ele já era um dos melhores amigos do médico. Charlie se interessou pela medicina a ponto de assistir a filmagens de cirurgias do Dr. Davis, que era urologista, e ficou fascinado pelos resultados estatísticos de procedimentos semelhantes na área.

Em casa, Charlie criava hamsters e de tempos em tempos os trocava com colegas. Ainda muito jovem, já demonstrava uma habilidade de negociação notável, que geralmente lhe rendia, nessas trocas, um espécime maior ou com uma pelagem de coloração incomum. Quando sua "coleção" chegou a 35 animais, a mãe determinou o fim do hobby, devido ao mau cheiro pungente que vinha do criadouro no porão. Uma irmã de Charlie relembrou, muitos anos depois, que a família tinha que suportar os guinchos incessantes dos hamsters famintos até que Charlie chegasse da escola e fosse alimentá-los.

Charlie frequentou a Central High School, uma escola pública bem grande, reconhecida como boa instituição preparatória para a faculdade. As professoras (a maioria eram mulheres) eram extremamente dedicadas ao trabalho e aos alunos. O currículo da Central High oferecia uma educação clássica convencional, na qual Charlie naturalmente se destacava graças a sua mente analítica e questionadora.

Durante os anos de colégio, Charlie era mais novo e menor que seus colegas, tendo pulado um ano por ter sido alfabetizado pela mãe por meio do método fônico. Pequeno demais para competir nos esportes regulares do ensino médio, ele entrou para a equipe de tiro, ganhou um suéter com as iniciais da instituição como reconhecimento de seu desempenho e acabou por se tornar capitão do time. O suéter ("grande demais para um tronco muito pequeno", lembrava Charlie) atraiu a atenção de outros alunos, que se perguntavam como um garoto tão magricela tinha conseguido ganhar um daqueles. Felizmente para Charlie, seu pai era um aficionado por atividades ao ar livre e caça de patos, portanto se orgulhava da pontaria do filho.

Omaha na década de 1920 era o típico caldeirão cultural. Diferentes etnias e religiões se mesclavam social e comercialmente, e a criminalidade era quase desconhecida. As portas das casas e dos carros não eram trancadas, as pessoas confiavam na palavra umas das outras. As crianças brincavam na rua nas noites quentes de verão e iam às matinês de sábado para assistir aos últimos lançamentos de filmes falados – como *King Kong*, que o Charlie de 8 anos amava.

A década de 1930 trouxe tempos difíceis, e Omaha experimentou a inclemência da Grande Depressão. O que Charlie testemunhou quanto à situação dos menos favorecidos deixou nele uma impressão duradoura. Pedintes vagavam pelas ruas, pessoas se ofereciam para varrer calçadas em troca de um sanduíche. Graças a familiares, Charlie conseguiu um trabalho tedioso que consistia em contar as pessoas que passavam, sendo remunerado com 40 centavos por hora. Ele preferia isso a ter que carregar caixas pesadas de mantimentos.

O avô de Charlie era um respeitado juiz federal. O pai seguiu os mesmos passos e se tornou um advogado de sucesso. Seu pequeno núcleo familiar não foi severamente afetado pela Depressão, mas alguns parentes, sim. Foi uma época de experiências diretas de aprendizado para o jovem Charlie. Ele testemunhou, por exemplo, a generosidade e o tino para negócios do avô quando este ajudou a resgatar um pequeno banco em Stromsburg que pertencia a um tio de Charlie, Tom. Devido ao estado deplorável da economia e às colheitas afetadas pela seca, a base de clientes do banco, em sua maioria agricultores, estava inadimplente em seus empréstimos. Tom havia acumulado 35 mil em dívidas quando pediu ajuda. O juiz colocou em risco quase metade de seu patrimônio ao trocar 35 mil dólares em hipotecas de primeiro grau, mais sólidas, pelos empréstimos frágeis do banco, permitindo assim que Tom reabrisse as portas após o feriado bancário de uma semana decretado por Roosevelt em 1933. O juiz acabou por recuperar a maior parte de seu investimento, mas só muitos anos depois.

O avô de Charlie também enviou o marido da filha, um músico, para a faculdade de Farmácia e o ajudou a comprar uma drogaria bem localizada que tinha fechado por causa da Depressão. O negócio deu certo e garantiu o futuro da tia de Charlie. Ele aprendeu que o apoio familiar foi o que permitiu aos Munger resistir ao pior colapso econômico da história do país.

Por sorte, a carreira de Al Munger como advogado prosperou durante a Depressão, inclusive ganhando um empurrão quando a Suprema Corte concordou em rever um caso tributário envolvendo uma pequena empresa fabricante de sabão que ele representava. Coincidentemente, a gigante Colgate-Palmolive também seria afetada pela decisão. Temendo que o advogado do Meio-Oeste não tivesse a experiência necessária para argumentar perante a mais alta corte do país, a Colgate ofereceu uma grande quantia a Al para que ele abrisse mão do caso e deixasse que um famoso advogado de Nova York assumisse seu lugar. Pois o experiente advogado da cidade grande perdeu, enquanto Al saiu de bolsos cheios. Mais tarde, Al brincou dizendo que poderia ter perdido por um valor muito menor. A quantia que recebeu nunca foi revelada, mas, somada à renda que ele obtinha de seus outros clientes, ajudou a manter os Munger em situação confortável durante a Depressão. Charlie também ajudou a família ganhando seu próprio dinheiro, e assim aprendeu em primeira mão o valor da independência financeira.

Em 1941, enquanto a guerra avançava do outro lado do Atlântico, Charlie terminou o ensino médio e trocou Omaha pela Universidade do Michigan. Lá, escolheu o curso de Matemática, atraído pela lógica dos números e pela razão. Descobriu também a física, ao se matricular em uma disciplina introdutória para cumprir um requisito do currículo acadêmico. Ficou fascinado pelo poder dessa área da ciência e por sua abrangência ilimitada, especialmente pelo processo utilizado por físicos como Albert Einstein para investigar o desconhecido. O método da física para resolução de problemas se tornaria uma paixão para Charlie, sendo, a seu ver, de grande utilidade para analisar questões da vida. Diversas vezes ele afirmou que qualquer pessoa que queira ter sucesso deve estudar física, pois seus conceitos e suas fórmulas exemplificam de forma belíssima os poderes de uma teoria sólida.

Nessa época, homens em idade universitária eram muito requisitados para o serviço militar. Assim, dias depois de completar 19 anos e concluir o segundo ano da faculdade, Charlie se alistou no então denominado Corpo Aéreo do Exército americano, em um programa que acabaria por fazer dele segundo-tenente. Foi enviado ao campus de Albuquerque da Universidade do Novo México para estudar ciências gerais e engenharia e, em seguida, transferido para o prestigioso Instituto de Tecnologia da Califórnia, o Caltech, em Pasadena. Estudou termodinâmica e meteorologia (então essenciais para aviadores) e deu início à formação de meteorologista. Depois de concluir seus estudos no Caltech, foi transferido para uma posição permanente em Nome, no Alasca.

Ainda durante o serviço militar ele se casou com Nancy Huggins, jovem de Pasadena que era muito amiga de uma irmã de Charlie na Scripps College. Eles ficaram lotados em Albuquerque e depois em San Antonio, até que, em 1946, Charlie obteve dispensa do Corpo Aéreo do Exército. O casal teve seu primeiro filho pouco depois, um menino a quem batizaram Teddy.

Embora tivesse passado por várias universidades, Charlie ainda não tinha o diploma exigido nos Estados Unidos para ingressar na faculdade de direito. Mesmo assim, por meio da lei conhecida como G.I. Bill, conseguiu se inscrever em Harvard, onde o pai havia estudado. A ausência do diploma quase frustrou seus planos. Por sorte, um amigo da família e ex-reitor da instituição, Roscoe Pound, intercedeu a favor do rapaz. Charlie então foi aceito, mas com a condição de que voltasse à etapa anterior dos estudos para obter o requisito.

Charlie não teve dificuldade em Harvard e se saiu muito bem, embora tenha irritado algumas pessoas ao longo do caminho. Devido ao seu intelecto (o Exército classificou seu QI como fora da curva), tinha tendência a ser ríspido em suas falas, o que muitas vezes era interpretado como grosseria. Na verdade, Charlie tinha pressa, apenas, por isso dispensava o protocolo de amenidades do ambiente acadêmico. Mesmo assim, era querido pela maioria dos colegas e tirava pleno proveito dos aspectos sociais da vida de estudante em Cambridge.

Charlie concluiu Harvard em 1948 e estava entre os 12 de sua turma de 335 alunos a se formar com o grau *magna cum laude*. Ele cogitou ingressar no escritório do pai, mas, depois de uma discussão, os dois chegaram à conclusão de que Charlie deveria tentar se estabelecer em uma cidade maior. Ele então foi para o sul da Califórnia, um lugar que apreciava durante os tempos no Caltech. Depois de passar na prova da ordem estadual dos advogados, ingressou no escritório Wright & Garrett, mais tarde renomeado Musick, Peeler & Garrett. Construiu uma casa – projetada por seu tio, o arquiteto Frederick Stott – em South Pasadena e lá morou com Nancy e os três filhos, Teddy, Molly e Wendy.

Apesar das aparências, nem tudo eram flores no mundo de Charlie. Seu casamento passava por problemas, tanto que, em 1953, o casal se divorciou. Pouco depois ele descobriu que seu amado filho, Teddy, tinha um quadro terminal de leucemia. Foi um grande golpe para o Charlie de 29 anos. Naquela época, anterior aos transplantes de medula óssea, não havia esperança para a doença. Um amigo lembra que Charlie visitava o filho moribundo no hospital e depois caminhava pelas ruas da cidade, chorando.

Durante esse triste período, seu amigo e sócio, Roy Tolles, articulou, por intermédio de um amigo, para que Charlie conhecesse Nancy Barry Borthwick, que morava em Los Angeles. Ela havia se formado em Stanford e tinha dois filhos pequenos, quase da mesma idade das filhas de Charlie. Os dois tinham muitas coisas em comum e se divertiam juntos. Depois de alguns meses de namoro, ficaram noivos. Casaram-se em uma pequena cerimônia familiar em janeiro de 1956, e as quatro crianças – as meninas dele e os meninos dela –, com idades entre 4 e 7 anos, participaram da celebração.

Charlie e Nancy moraram na casa dela, em West Los Angeles, por muitos anos. Depois, em parte para encurtar o deslocamento diário de Charlie, eles se mudaram para Hancock Park, onde ele morou até o fim da vida. A casa que construíram ali era grande o suficiente para acomodar a família cada vez maior: vieram mais três meninos e uma menina, totalizando oito. Por sorte, os dois adoravam crianças. Também gostavam de golfe, praia e clubes. Charlie e Nancy logo se tornaram sócios do University Club, do California Club, do Los Angeles Country Club e do Beach Club.

Com muitas novas responsabilidades, Charlie trabalhava duro no escritório, mas mesmo assim estava insatisfeito com seus rendimentos, calculados com base em uma combinação de honorários e tempo de casa. Ele desejava mais do que um sócio sênior poderia ganhar. Desejava ser como os maiores clientes capitalistas do seu escritório, em particular o universalmente admirado Harvey Mudd, mais tarde fundador da faculdade que leva seu nome. Com o apoio de Nancy, Charlie recorreu a outros empreendimentos e a formas alternativas de gerar renda. No entanto, jamais esqueceu os princípios sólidos ensinados pelo avô: concentrar-se na tarefa imediata e controlar os gastos.

Seguindo essa lógica conservadora, Charlie aproveitou as oportunidades para acumular riqueza. Começou a investir em ações e adquiriu uma participação no negócio de eletrônicos de um de seus clientes, prática comum entre advogados americanos em meados da década de 1950 e na década de 1960. Esse investimento foi mutuamente benéfico: Charlie obteve conhecimentos inestimáveis sobre negócios, enquanto seu cliente desfrutava da atenção proativa de um advogado que entendia mais do que apenas de leis.

Em 1961, Charlie enveredou pela primeira vez pelo ramo imobiliário, em parceria com o cliente e amigo Otis Booth. O empreendimento, a construção de condomínios residenciais em terrenos próximos ao Caltech, foi um sucesso estrondoso e os sócios tiveram um considerável lucro de 300 mil dólares a partir de um investimento de 100 mil. Seguiram-se outros projetos de construção e desenvolvimento bem-sucedidos em Pasadena. Mais tarde, Charlie participou de projetos semelhantes em Alhambra, Califórnia, aguçando seu tato para os negócios ao lidar com vendas e contratos. Em todas as ocasiões, destinou seus lucros a novos empreendimentos imobiliários, para que projetos cada vez maiores fossem concretizados. Quando parou, em 1964, tinha um total de 1,4 milhão de dólares somente em projetos imobiliários.

Em fevereiro de 1962, Charlie abriu um novo escritório de advocacia, dessa vez com quatro colegas do Musick, Peeler & Garrett. Os sócios originais foram Roy Tolles, Rod Hills, Dick Esbenshade, Fred

Warder e Charlie. A eles se juntaram a esposa de Rod, Carla, e James T. Wood, um advogado amigo do casal que até então atuava de modo independente. O escritório foi batizado inicialmente de Munger, Tolles & Hills. Ao longo dos anos, o nome sofreu várias alterações, mas sempre começava com "Munger, Tolles". Com a entrada de Ron Olson, por fim se tornou o atual Munger, Tolles & Olson, abreviado como Munger, Tolles ou MTO.

Para Charlie, uma carreira de sucesso no direito era não um objetivo final, mas uma parada temporária. Mais ou menos na época em que abriu seu novo escritório ele estava elaborando cuidadosamente seu plano de saída. Charlie formou uma parceria de investimento com Jack Wheeler, e mais tarde Al Marshall se juntou a eles. A ideia dessa parceria tinha surgido alguns anos antes, quando a morte do pai de Charlie o obrigou a voltar a Omaha para tratar do espólio. Na ocasião, os filhos de seu amigo e mentor Ed Davis organizaram um jantar para receber Charlie de volta a sua cidade natal. Os dois filhos de Davis, Eddie Jr. e Neil, tinham sido amigos de infância de Charlie e agora eram médicos, enquanto a filha, Willa, se casara com um empresário de Omaha, Lee Seemann. No jantar estavam presentes também Willa e Lee, Neil e sua esposa, Joan, e um sujeito chamado Warren Buffett.

Charlie reconheceu o sobrenome de Warren de seus tempos na Buffett & Son, enquanto Warren tinha ouvido falar de Charlie alguns anos antes, quando estava levantando capital para investimento em Omaha. Warren tinha se encontrado um dia com o Dr. Davis e sua esposa, Dorothy, para explicar sua filosofia de investimento e eles concordaram em colocar grande parte de suas economias de vida (100 mil dólares) nas mãos dele. Por quê? O médico explicou que Warren lhe lembrava Charlie Munger. Warren não conhecia Charlie, mas já tinha pelo menos um bom motivo para gostar dele.

Durante o jantar de boas-vindas, Charlie e Warren perceberam que tinham muitas ideias em comum. Também ficou evidente para os outros presentes que aquela conversa não incluiria terceiros. Ao longo da noite, os dois jovens homens – Warren tinha 29 anos, e Charlie, 35 – falaram de negócios, finanças e história. Onde um tinha conhecimento, o outro tinha avidez por aprender.

Warren não demonstrou entusiasmo com a ideia de Charlie de prosseguir na carreira jurídica. Segundo ele, embora o direito pudesse ser um bom hobby, não era uma área tão promissora quanto os negócios que Warren vinha fazendo. A lógica do novo amigo ajudou Charlie a tomar a decisão de abandonar a advocacia o mais rápido possível.

Quando voltou para Los Angeles, Charlie continuou em contato com Warren por telefone e por longas cartas, algumas de até nove páginas. Ficou evidente para os dois que deveriam trabalhar juntos. Não houve uma parceria formal nem relação contratual – o vínculo foi estabelecido por um aperto de mãos e garantido por duas pessoas que entendiam e respeitavam o valor da palavra.

A parceria trouxe muitos benefícios: amizade, oportunidades de investimento e a capacidade única de compreender as ideias e observações um do outro. Mais tarde, as duas organizações que eles comandavam também se beneficiariam. As aquisições e os investimentos de Warren eram formalizados pelo escritório de Munger, o que lhe proporcionou, ao longo do tempo, o privilégio de ter à sua disposição uma das principais firmas de advocacia do país. E o escritório de Charlie, além de receber os honorários pagos por Buffett, lucrava com sua reputação, pois atraía outros clientes de primeira linha.

No entanto, o Munger, Tolles não tinha o dinheiro como único propósito. Espelhando a forma como Charlie conduzia sua vida pessoal, o escritório cultivava um histórico invejável de oferecer assistência *pro bono* discretamente a grupos de apoio a pessoas desfavorecidas e em situação de pobreza na comunidade de Los Angeles. Embora Charlie tenha deixado o escritório como sócio ativo em 1965, após três anos apenas, sua influência permanece indelével. Ele dizia: "Você não precisa de cada centavo" e "Escolha clientes como escolhe seus amigos". Até 2023, seu nome ainda encabeçava a lista de 175 advogados do escritório. Quando ele saiu, não levou sua parte no capital da empresa, determinando que fosse para o espólio de seu jovem sócio, Fred Warder, que morrera de câncer deixando esposa e filhos.

O plano de Charlie para a independência financeira logo teve grande êxito. Ele passou muito tempo construindo a base de ativos da Wheeler, Munger & Co., sua parceria de investimentos com Jack Wheeler. Também passou um bom tempo trabalhando em diversos empreendimentos imobiliários. Tudo ia conforme planejado, sem nenhum contratempo significativo. Na Wheeler, Munger & Co., Charlie investia em ações, parte com seu próprio dinheiro, parte com o de outras pessoas. Ele se concentrava mais em colocar seu capital para trabalhar do que em atrair novos clientes. Como Jack Wheeler detinha dois assentos na Bolsa de Valores do Pacífico, a empresa pagava comissões de negociação baixas, enquanto a Wheeler, Munger & Co. mantinha os custos indiretos próximos a zero.

Charlie e Warren mantinham suas frequentes conversas telefônicas e cartas, trocando ideias e conceitos de investimento. Às vezes concordavam em investir na mesma empresa, outras vezes seguiam direções opostas. Com o tempo, suas carteiras independentes passaram a ter investimentos sobrepostos. Warren investiu na Blue Chip Stamp Co. e se tornou seu maior acionista individual. Charlie se tornou o segundo maior acionista e, tempos depois, a Berkshire Hathaway acabou por adquirir a empresa.

Charlie se dedicou à Wheeler, Munger & Co. de 1962 a 1975. A empresa teve um desempenho excepcional nos primeiros 11 anos, com crescimento a uma taxa bruta de 28,3% (20% líquida), contra 6,7% do índice Dow Jones, sem um único ano de baixa. Mas a parceria foi duramente afetada pela severa crise de 1973 e 1974, quando o portfólio teve uma queda de 31,9% e 31,5%, à medida que as maiores participações da empresa, a Blue Chip Stamps e o New America Fund, despencavam. Esse declínio ocorreu apesar de, como disse Charlie, "ter praticamente garantido que seus principais investimentos eram vendáveis a preços superiores aos de mercado". A incrível recuperação veio em 1975, com um crescimento de 73,2%, levando o histórico global de mais de 14 anos para 19,8% (13,7% líquidos) de retorno anual composto, contra 5% do Dow Jones.

Após essa difícil experiência, Charlie decidiu, tal como Warren fizera, não mais administrar fundos diretamente para investidores (Warren havia encerrado suas parcerias em 1969). Em vez disso, eles resolveram construir capital adquirindo ações por meio de uma holding. Quando a Wheeler, Munger & Co. foi liquidada, seus acionistas receberam ações da Blue Chip Stamps e da Diversified Retailing. Mais tarde, esses papéis foram convertidos em ações da Berkshire Hathaway, que fecharam o ano de 1975 valendo 38 dólares. Hoje, cada ação dessas vale mais de 85 mil, o que incluiu Charlie na lista da *Forbes* dos 400 americanos mais ricos do mundo. Embora o dinheiro não o incomodasse nem um pouco, ele lamentou que seu nome figurasse na lista.

Mesmo tendo uma autoimagem saudável, Charlie preferiria permanecer anônimo.

A história do extraordinário sucesso da Berkshire Hathaway sob a liderança de Warren e Charlie foi contada muitas vezes em outros lugares, portanto os detalhes não serão repetidos aqui. De modo resumido, contudo, eles têm um histórico espetacular na identificação de empresas subvalorizadas e na subsequente compra de grandes participações nessas empresas, ou na sua aquisição direta. Nessa segunda categoria, eles adquiriram uma gama diversificada de empresas, como Johns Manville, *The Buffalo Evening News*, FlightSafety International, NetJets, Shaw Carpet, Benjamin Moore, GEICO e Dairy Queen. Além disso, compraram participações significativas em empresas de capital aberto como *The Washington Post*, Coca-Cola, Gillette e American Express. Em sua maior parte, mantiveram seus principais investimentos no longo prazo – aliás, Buffett ainda detém quase todos os negócios que já adquiriu.

A afinidade de Charlie com a carreira diversificada de Benjamin Franklin na política, nos negócios, nas finanças e na indústria fica clara em seus inúmeros discursos e sempre que ele se dirige ao público, seja grande ou pequeno. No 75º aniversário da See's Candies, Charlie disse:

> Sou louco por biografias. Quando você tenta ensinar os grandes conceitos que deram certo, ajuda relacioná-los à vida e à personalidade das pessoas que os desenvolveram. Acho que se aprende melhor economia se transformamos Adam Smith em amigo. Parece engraçado fazer amizades entre "mortos eminentes", mas, se você passar a vida fazendo amizade com os mortos eminentes que tiveram as ideias certas, acho que terá mais sucesso na sua vida e na sua formação. É muito melhor do que meramente apresentar os conceitos básicos.

Franklin usou a riqueza que acumulou para alcançar independência financeira, de modo que pudesse se concentrar no aprimoramento da sociedade. Charlie admirava essa característica em seu mentor e se esforçou para imitá-lo. Teve um longo envolvimento com o Good Samaritan Hospital e a Harvard-Westlake School, ambos em Los Angeles, e presidiu o conselho das duas instituições. Junto com a esposa, também apoiou por muito tempo a Universidade Stanford e a Huntington Library, Art Collections, and Botanical Gardens, em San Marino, Califórnia. Eles financiaram uma grande expansão da Huntington, chamada Munger Research Center. Embora se autodenomine um republicano conservador, uma das causas que Charlie mais apoia é a organização Planned Parenthood. Ele acredita que toda criança merece nascer de uma mãe acolhedora. Também contribui com esforços para melhorar o meio ambiente e a qualidade da educação. Com 8 filhos e 16 netos, Charlie entende que seu legado é ajudar as gerações futuras a herdar um mundo melhor.

CAPÍTULO 2

Os filhos relembram Charlie

CHARLES T. MUNGER JR.

No último dia da nossa viagem em família à estação de esqui de Sun Valley, quando eu devia ter uns 15 anos, meu pai e eu estávamos voltando pela neve quando ele fez um desvio de 10 minutos para abastecer o jipe vermelho que dirigia. Estávamos com pressa devido ao horário do voo de volta para casa, então fiquei surpreso ao notar, quando ele chegou ao posto, que ainda tínhamos meio tanque. Quando perguntei por que havíamos parado se tinha gasolina suficiente, meu pai me advertiu: "Charlie, quando a gente pega emprestado o carro de alguém, tem que devolver com o tanque cheio."

No meu primeiro ano em Stanford, um conhecido me emprestou o carro dele — não porque me conhecesse bem, mas porque alguns amigos em comum o convenceram. O tanque estava pela metade e o carro, um Audi Fox, era vermelho. Então me lembrei do jipe e enchi o tanque antes de devolver o carro. Ele percebeu. Tivemos muitos bons momentos desde então; inclusive, ele foi meu padrinho de casamento.

Depois de Stanford, descobri que naquelas férias estávamos hospedados na casa de Rick Guerin e que o jipe era dele. Rick é um cara que com certeza não teria se incomodado se seu carro estivesse com menos gasolina do que quando saíra. Na verdade, dificilmente repararia. Mesmo assim, meu pai não ignorou uma questão de dever e consideração. Naquele dia, portanto, aprendi não apenas a fazer um bom amigo, mas também a mantê-lo.

WENDY MUNGER

Meu pai usava o "fórum" da mesa de jantar para tentar educar os filhos. Suas ferramentas pedagógicas favoritas eram o Conto da Moralidade, em que alguém se via diante de um problema ético e escolhia o caminho correto, e o Conto da Espiral Descendente, em que alguém fazia a escolha errada e sofria uma série de perdas pessoais e profissionais catastróficas.

Sua especialidade era o Conto da Espiral Descendente. Ele sabia trabalhar muito bem o tema das consequências apocalípticas. Usava exemplos tão extremos e terríveis que muitas vezes, quando terminava, estávamos chocados e rindo ao mesmo tempo. Ele pertencia a uma categoria à parte quando se trata de descrever resultados negativos e as lições que podem nos ensinar.

Seus Contos da Moralidade eram mais diretos. Eu me lembro da história que meu pai contou aos filhos, então com idades entre 5 e 25 anos, sobre o erro cometido pelo diretor financeiro de uma de suas empresas que resultou na perda de centenas de milhares de dólares. Assim que percebeu seu erro, esse executivo foi até o presidente da empresa e relatou o ocorrido. Meu pai nos contou que o presidente disse, na ocasião: "Foi uma falha terrível e não queremos que se repita, mas as pessoas erram e podemos perdoá-lo. Você agiu certo ao admitir seu erro. Se tivesse tentado escondê-lo ou encobri-lo, mesmo que por pouco tempo, estaria fora da empresa. Como não fez isso, queremos que fique." Eu me lembro dessa história sempre que ouço falar de mais um funcionário do governo que escolheu encobrir uma falha em vez de fazer uma confissão honesta.

Não sei por que uso o pretérito quando descrevo as aventuras pedagógicas do meu pai à mesa de jantar. Seus filhos mais velhos estão chegando aos 60 anos, a mesa agora está lotada de netos e ele até hoje usa seu estilo característico de contar histórias para nos manter no lado do bem. Temos muita sorte por tê-lo à cabeceira da mesa.

WILLIAM H. (HAL) BORTHWICK

Passaram-se (quase) 50 fascinantes e maravilhosos anos desde que Charlie e minha mãe se casaram. Foram muitas as oportunidades que dei a Charlie de pôr em prática suas habilidades de educador. Eis algumas.

Faça direito de primeira.
Esta história remonta aos tempos de Minnesota. Uma das minhas tarefas quando adolescente era buscar e levar a governanta à sua cidade, Cass Lake. Não era um percurso simples; primeiro eu atravessava o lago de barco até a marina, onde entrava no carro para ir até a cidade, e depois refazia todo o caminho de volta. Parte das minhas obrigações pela manhã era aproveitar minha ida à cidade e comprar o jornal.

Bem, um dia caiu uma tremenda tempestade: chuva, ondas, vento, tudo. Com toda aquela agitação e adversidade, fui até a cidade e voltei com a governanta, mas esqueci o jornal. Charlie e eu tivemos uma discussão de cerca de um segundo depois que ele perguntou "Cadê o meu jornal?" e eu respondi com uma negativa. Ele então ordenou: "Você vai voltar, trazer o jornal e nunca mais esquecer!" Então lá fui eu de novo. Atravessei a tempestade para buscar o jornal, o barco oscilando ao sabor das ondas e da chuva, pensando comigo mesmo que nunca mais deixaria algo assim acontecer de novo.

Seja responsável.
Todo verão a mãe de Charlie dirigia de Omaha a Minnesota. Quando ela estava lá, usávamos o carro dela. Havia apenas um molho de chaves, e um dia, quando eu estava brincando com uns amigos em um veleiro no lago de cerca de um metro e meio de profundidade, ele caiu do meu bolso e sumiu na água turva – ou assim imaginei. Fui para casa e confessei o ocorrido. É claro que em Great North Woods não há muitos chaveiros, e Charlie não tinha paciência para uma estupidez daquelas. A solução, mais uma vez, veio em cerca de um segundo: "Vá lá com seus amigos e mergulhe até encontrar a chave. Não volte de mãos vazias." Depois de cerca de duas horas de buscas, enquanto o sol afundava como uma pedra no céu, o brilho milagroso do metal em meio à vegetação atingiu meus olhos e eu pude voltar para casa.

Há muitas dessas pérolas de Minnesota porque, naquela época, quando Charlie trabalhava tanto e por tantas horas, esse era o único tempo significativo que passávamos com ele. Nos dias úteis, ele saía antes do amanhecer e voltava na hora do jantar, depois estudava o Standard & Poor's e, mais tarde, passava algumas horas ao telefone com Warren.

DAVID BORTHWICK

Muitos anos atrás, meu pai decidiu que nossa casa no lago em Minnesota precisava indiscutivelmente de uma máquina lançadora de bolas de tênis na quadra que havia sido construída alguns anos antes. Sem dúvida ele queria que os filhos praticassem seus *groundstrokes*, mas não era só isso. Porque quem mais ficava na quadra era ele mesmo, com a máquina posicionada de modo que pudesse praticar voleios junto à rede. Em pouco tempo ele era capaz de voleios fáceis e bem colocados, o tipo de bola que todos os outros instintivamente tentavam matar mas que acabavam na rede ou totalmente fora. Ao adaptar o jogo curto do golfe para o tênis, algo que poucas pessoas se dariam ao trabalho de fazer, meu pai deu a si mesmo uma bela vantagem competitiva – como fez a vida inteira –, ainda que enlouquecedora. Eu tinha medo de verdade de enfrentá-lo em quadra, principalmente em duplas, onde o jogo na rede conta de verdade. Graças a Deus era no tênis, e não nos negócios.

Pensar no meu pai me lembra um antigo comercial cômico de cerveja, no qual um homem vestido elegantemente está sentado à mesa tão absorto em seu copo de bebida que não repara em um touro furioso indo em direção a um toureiro bem na frente dele. O sujeito não se abala nem quando o touro destrói a mesa. O vídeo termina com o locutor dizendo em off algo como: "Experimente tal cerveja para uma experiência verdadeiramente única."

Substitua a cerveja por relatórios do mercado financeiro, plantas arquitetônicas ou uma biografia acadêmica de Keynes e você terá uma representação exata do meu pai em sua poltrona preferida noite após noite, debruçado sobre algum assunto, quase surdo à algazarra dos filhos mais novos, aos altos brados da TV e aos chamados da esposa para ir jantar.

Mesmo quando não estava lendo, meu pai ficava tão imerso em contemplação que um trajeto rotineiro para levar Molly e Wendy de volta a Pasadena poderia se transformar em uma excursão a San Bernardino se nossa mãe não lembrasse a ele as saídas corretas da rodovia. O que quer que estivesse na cabeça dele não era o resultado de um jogo de futebol nem uma tacada errada de golfe. Sua capacidade de isolar as distrações mais intrusivas de qualquer tarefa mental em que estivesse envolvido (uma prática ao mesmo tempo divertida e irritante para quem estivesse tentando chamar a atenção dele) é a principal responsável por seu sucesso.

MOLLY MUNGER

Quando entrei na faculdade, em 1966, tive muita sorte de estar completamente sob a influência de meu pai. Em uma era marcada por ódios e radicalismos, eu comprava o *The Wall Street Journal* ou a *Fortune* no quiosque do metrô bem em frente ao portão da universidade e levava debaixo do braço para as aulas de economia e administração. Estudantes estavam ocupando a reitoria, sendo presos. Eu estava na Biblioteca Lamont, de Harvard, aprendendo a interpretar balanços patrimoniais.

Papai nos criou para sermos céticos, até mesmo do contra, e essa foi uma forma de pensar particularmente útil em meio ao turbilhão do final da década de 1960. Por muitos anos, sentado na biblioteca da nossa casa na June Street, ele nos contou muitas histórias engraçadas de pessoas que seguiam determinado grupo cegamente ou que explodiam de modo intempestivo. "Maluco", "desajustado", "extravagante", "presunçoso" – sabíamos, pelos adjetivos usados, o que ele achava que deveríamos evitar.

Em Minnesota, nosso pai encontrou uma maneira de infundir essa mensagem fisicamente. Ele tinha conseguido que o antigo fabricante Larson Boat Works fizesse um "aquaplano" para nós, um pesado artefato de madeira no qual subíamos e ele puxava com o barco. Papai fazia curvas acentuadas, para ver se conseguíamos nos segurar, e a única maneira de evitar uma terrível queda era ajustar continuamente a distribuição de peso de modo a compensar os ângulos muito fechados. Naquela época, e por muito tempo, eu tinha um pavor visceral de pensamentos ou atividades que parecessem estar saindo do controle, para qualquer direção.

Quando eu estava na faculdade, papai tinha outros sete filhos para criar, trabalhava em uma área decadente da Spring Street e possuía apenas uma empresa, uma fábrica pequena e suja de aditivos para motores. Mas ele via que eram tempos confusos. A mesada que me mandava era de um pai muito mais rico, o que me permitia usar minhas camisas passadas de maneira impecável e me sentir elegante como uma escultura. A quase 5 mil quilômetros de distância, ele continuava me ajudando a manter o equilíbrio.

Eu poderia citar muitos outros momentos, mas me atenho a dizer que nosso pai sempre soube o que estava fazendo, tanto em seu papel familiar quanto em muitas outras áreas. Sou muito grata. Até hoje.

EMILIE OGDEN

"Você tem as mãos do seu pai", comentou meu marido, do nada, enquanto tomávamos uma taça de vinho. O comentário me surpreendeu, não pela comparação, mas pela telepatia. Eu vinha elaborando um pequeno texto sobre meu pai e pretendia fazê-lo justamente em torno desse tema.

Já tinha notado que as mãos do meu filho mais velho são como as do avô, a ponta dos dedos ligeiramente quadrada e as unhas em formato de xícara de chá em vez de ovais. Mas, antes de tudo, é algo nas posições que a gente faz com as mãos que gera a comparação. Assim como meu pai, meu filho e eu cruzamos as mãos nas costas da mesma maneira – a mão esquerda segurando o punho direito – enquanto caminhamos, a cabeça em outro lugar.

"O que especificamente tem nas minhas mãos que lembra as do meu pai?", perguntei.

"É a curva entre o indicador e o polegar", explicou ele, me mostrando. "O jeito como você segura as coisas entre esses dedos."

Meu pai estende as mãos acima de mim. Seus dedos estão dobrados exceto pelos polegares, apontados um para o outro como o guidão de uma bicicleta. Estico meus braços de menina, agarro seus polegares e ele me levanta do chão. Eu me penduro ali, maravilhada, até não ter mais forças. E quando um filho fica grande demais para os "polegares" tem sempre outro, na linhagem dos netos.

Às vezes insistíamos que ele largasse o *The Wall Street Journal* para brincarmos de "sanduíche". Com ele sentado na poltrona verde da biblioteca, nos amontoávamos um em cima do outro como o bacon, a alface e o tomate, suas mãos nos apertando em um abraço de várias camadas.

Meu pai está segurando um ovo de galinha imaculado. Ganhamos a competição de arremesso de ovo entre pais e filhas, o que me valeu um dos meus pertences preferidos: uma réplica dourada de um ovo em tamanho real sobre uma base de mármore com folhas de acanto douradas. Esse troféu fica na minha mesa, para me lembrar do dia de sol em que meu pai foi tão presente e tão gentil que saímos com as mãos ilesas, sem que nenhum ovo voador se quebrasse.

As mãos do meu pai conseguem identificar o nível de resistência à tração de diferentes linhas de pesca só pelo tato. Sabem amarrar uma isca artificial ou o bom e velho anzol. Suas mãos vão até os lábios, onde ele aperta o nó com os dentes e arranca a linha que sobra. Suas mãos se molham quando ele as mergulha no balde de metal com as iscas e pegam sanguessugas pretas retorcidas ou um dos famosos peixinhos da Leroy, que vêm com "a garantia de fisgar um peixe ou morrer tentando". Suas mãos então pegam de um vidro um picles verde-amarelado, tão picante que uma mordida provoca risadas, e sanduíches de manteiga de amendoim com mostarda.

As mãos do meu pai se levantam cedo, assim como ele inteiro, e aparecem nas bordas do caderno de negócios do jornal. Em Minnesota, ele às vezes amassava as páginas em bolas de papel, construía uma pirâmide de gravetos no fogão-aquecedor a lenha, acendia um fósforo comprido e soprava a chama com o fole de madeira na forma do naipe de espadas. Com o fogo aceso, preparava panquecas de mirtilo e trigo--sarraceno usando uma velha espátula de cabo de madeira com a tinta vermelha lascada.

Mas, se você estiver jogando *Password* e a pista for "mãos de Charlie Munger", qualquer um vai dizer "livros". Não importa onde ele esteja, suas mãos estão sempre segurando um livro aberto, normalmente uma biografia de Ben Franklin ou o mais recente tratado sobre genética. Também se pode responder "papel milimetrado", para os edifícios que ele estiver desenhando.

Quando penso nas mãos do meu pai, também as vejo no palco, diante de milhares de habitantes de Omaha todos os anos. Seus dedos seguram uma Coca diet, beliscam um crocante de amendoim ou o palito de um picolé Dilly Bar, ou ainda vasculham às cegas uma caixa de See's Candies tentando achar o bombom de rum. Suas mãos estão cruzadas sobre o peito enquanto ele balança a cabeça dizendo "Nada a acrescentar". Ou se movem ao ritmo de uma resposta filosófica mais extensa, fazendo todas as mãos no estádio baterem palmas.

As mãos do meu pai, gesticulando a cada piada espirituosa e a cada parábola que ele conta, me moldaram com a segurança de um escultor. Não posso me sentir nada além de feliz e grata pelo toque das mãos do meu pai nas minhas e nas do meu filho.

BARRY MUNGER

Vários anos atrás, deparei com um livro de Calvin Trillin chamado *Messages from My Father* [Mensagens do meu pai], uma coletânea de memórias sobre o pai do autor, Abe, que nasceu na Ucrânia, cresceu no

Missouri e passou grande parte de sua carreira administrando pequenas mercearias em Kansas City. Abe Trillin considerava a parcimônia uma virtude moral, pagava suas contas no dia em que chegavam e se levantava às quatro da manhã, seis dias por semana, para comprar produtos frescos para suas lojas. Homem de poucas palavras, era, no entanto, sociável, incisivamente engraçado e com um talento natural para falar com crianças. Era habilidoso com cartas. Era sarcástico, mas seu otimismo subjacente o levava a crer que, com a perspectiva e o caráter adequados, podia-se viver bem.

O fato de meu pai compartilhar muitas dessas qualidades, mesmo que não seja famoso por seu conhecimento sobre hortifrútis, não dá conta de explicar meu apego a esse livrinho leve, sagaz e anedótico. Lê-lo evoca em mim meu pai, embora nas linhas gerais de sua vida ele não tenha quase nada em comum com Abe Trillin — exceto pelo fato de ter trabalhado em uma mercearia do Meio-Oeste, a Buffett & Son.

Assim como meu pai, Abe Trillin tinha uma personalidade reservada, em parte típica do Meio-Oeste, que parecia contraditória diante de sua grande afabilidade. Para ele, uma longa viagem de carro ou uma pescaria não eram oportunidades para colocar a conversa em dia. Não se demorava ao telefone. Calvin Trillin se diz, no livro, maravilhado em perceber "quanto meu pai conseguiu transmitir para mim sem termos tido aquelas conversas sentimentais sobre as quais li que pais e filhos têm no escritório, no barco ou no carro". O título *Messages from My Father* vem da suposição do autor de que seu pai devia estar comunicando suas expectativas por meio de mensagens cifradas. "É possível que tivesse um código tão sutil que eu não tenha percebido", escreve ele.

Quem conhece meu pai sabe que ele nem sempre se expressa de modo sutil, mas tem muitas formas de transmitir suas mensagens. Se não gosta de como seu parceiro de bridge jogou uma rodada, por exemplo, pode ser que diga "Você jogou como um encanador", mas, se quiser oferecer um conselho sério a um de seus filhos, é mais provável que o faça contando uma história curta, de preferência em grupo, para não expor ninguém. Em ambos os casos, ele soa direto e paternal — aquele Charlie inimitável —, mas na mesa de jogo não recorre a desvios em suas provocações inofensivas e, à mesa de jantar, evita particularizações para preservar sentimentos. É um homem mais sutil do que parece.

Um amigo meu recentemente começou a contar uma história sobre meu pai dizendo "Aí seu pai estava sentado na poltrona dele, como o monte Rushmore...", e eu captei perfeitamente o sentido. Poucas pessoas conseguem evocar a imagem de uma montanha de granito de 1.700 metros de altura com os rostos de quatro presidentes esculpidos simplesmente ao se acomodar em uma poltrona. Meu pai consegue. Todos os seus filhos, uma vez ou outra, já abordaram o "monte Rushmore" para fazer um pedido e se sentiram como Dorothy ao chegar perto de Oz, com a diferença de que Oz era mais loquaz. Rushmore nem sempre respondia. Às vezes emitia um ruído baixo e constante vindo de algum ponto perto da laringe, como se o monte tivesse se transformado em um vulcão – o que não era assim tão fácil de interpretar. Existe sutileza maior do que ficar em silêncio?

Ao contrário de Abe Trillin, talvez, meu pai realmente envia mensagens, na forma dos discursos que escreveu, da correspondência que trocou e de artigos de fontes diversas sobre sociopolítica, psicologia, ética empresarial e direito, entre outros tópicos. Muitos deles constam neste livro. O que não consta são os comentários que costumam acompanhar os materiais recebidos dele. Geralmente são poucas palavras, apenas uma lista de "enviar exemplar para", mas de vez em quando têm um quê de ironia – como estas de 1996, que vieram junto a uma longa e elogiosa carta de um acionista da Berkshire Hathaway na Suécia: "Espero que se divirta. Quem dera eu tivesse sobre a minha esposa e os meus filhos a influência que tenho em outros continentes!"

Enviei o livro de Trillin ao meu pai quando terminei a leitura. Mesmo que não se reconhecesse nele, imaginei que fosse gostar da ambientação no Meio-Oeste, do esforço imigrante da família Trillin e do humor. É um livro escrito com tanto carinho que pensei em usá-lo para comunicar tais sentimentos ao meu pai de forma indireta, que é o melhor caminho. No mínimo, achei que o conteúdo poderia tranquilizá-lo de que suas mensagens estavam sendo recebidas, mesmo que nem sempre fossem seguidas.

Cerca de uma semana depois, o livro voltou, num envelope acolchoado, meu endereço impresso em uma etiqueta providenciada por sua secretária. Não havia nenhum bilhete junto, então eu não sabia se ele o tinha lido ou rejeitado. Parecia intocado, então concluí que minha mensagem não fora recebida – papéis lançados em vão no monte Rushmore. Mas poucas coisas passam despercebidas por meu pai. O que tinha acontecido era que ele simplesmente havia orientado a secretária a mandar exemplares para a família inteira.

PHILIP MUNGER

Algumas das lembranças mais afetivas que tenho do meu pai são de comprarmos roupas na Brooks Brothers e na Marks & Spencer. Todos sabem que papai nunca foi um grande fashionista. Uma vez ele disse que, já sendo bastante dissidente em seu comportamento e suas opiniões, fazia sentido seguir uma linha mais conformista no vestuário. Sua adesão às normas sociais e seu senso de humor eram o que, segundo ele, permitia uma interação harmônica com as pessoas apesar de seu temperamento às vezes irascível.

Eu me lembro vividamente de ir com meu pai à Brooks Brothers, quando a loja ainda funcionava naquela linda construção antiga de painéis de madeira no centro de Los Angeles, para comprar meu primeiro terno de verdade. Eu devia ter uns 11 ou 12 anos. Se fechar os olhos, ainda consigo ver as portas de latão polido do elevador se abrindo. Depois de examinarmos as prateleiras, meu pai escolheu um terno de risca de giz cinza-grafite. Mais tarde, quando eu tinha 16 anos, fomos comprar outro, dessa vez de três peças, que usei religiosamente nos debates do colégio. Naquele mesmo dia, compramos também um par de sapatos de bico fino para meu estágio de verão no *The Daily Journal* (um rito de passagem para a maioridade que nosso pai obrigava todos os seus filhos homens a cumprir), sapatos esses que duram até hoje.

Há outro tema aqui. Quando compramos um blazer marrom de tweed na Marks & Spencer, em Londres, meu pai disse: "Este mantém o vinco para sempre." Ele admirava essas duas lojas porque eram instituições duradouras, bem como seus produtos, e porque praticavam preços justos. A durabilidade sempre foi uma virtude de primeira linha na visão do meu pai, junto com o ritual e a tradição. Uma vez adquiridos seus hábitos básicos, ele jamais tinha vontade de mudá-los, tal como Franklin, fossem relacionados à vestimenta ou a outras questões.

Ainda faço compras na Brooks, em parte porque todos os anos, no Natal, meu pai dá a cada filho um vale-presente – bem na época da liquidação de inverno. Mas sempre acabo indo com mais frequência do que isso. Houve um ano em que aproveitei a generosidade dele para comprar uma calça plissada. Meu pai olhou de soslaio e disse: "Você está querendo parecer um baterista de jazz?"

Em Nova York, a Brooks ainda fica em seu imponente prédio antigo. Penso em meu pai toda vez que vou lá; sou muito apegado ao lugar. Quando fui estudar em Oxford, no inverno de 1988, ele me deu um antigo casaco seu da Brooks, dos anos 1940. Era de um tom escuro, meio oliva, acho, com um forro removível que aquecia bem. Toda noite, quando eu voltava da Biblioteca Bodleiana, aquele frio inglês desagradável, úmido e penetrante não conseguia penetrar. Quando voltei para os Estados Unidos, percebi que o tinha esquecido num ônibus. Chorei com a perda. Até hoje lamento não ter mais aquele casaco.

CAPÍTULO 3

Munger sobre *a* vida, *o* aprendizado *e a* tomada *de* decisões

Autodidata quase por completo, Benjamin Franklin foi espetacularmente bem-sucedido em campos muito diversos – jornalista, editor, tipógrafo, filantropo, político, cientista, diplomata e inventor. Grande parte do seu sucesso se deveu a sua natureza – sobretudo ao seu apetite pelo trabalho, mas também a sua curiosidade insaciável e sua paciência. Acima de tudo, ele tinha uma mente rápida e perspicaz que lhe permitia dominar facilmente cada nova área em que decidisse se envolver. Não surpreende que Charlie Munger considere Franklin seu maior herói, pois Charlie também é, em grande parte, autodidata e tem em comum com Franklin muitas de suas características singulares. Assim como Franklin, tornou-se um grande mestre da preparação, da paciência, da disciplina e da objetividade. Ele aproveitou esses atributos para obter grande sucesso em seus empreendimentos pessoais e comerciais, principalmente nos investimentos.

Para Charlie, o investimento bem-sucedido é simplesmente um subproduto de sua conduta altamente cuidadosa e focada. Warren Buffett disse certa vez: "Charlie é capaz de avaliar qualquer tipo de negócio com mais rapidez e precisão do que qualquer ser humano vivo. Ele enxerga um ponto fraco relevante em 60 segundos. É o parceiro perfeito." Por que Buffett fez elogios dessa dimensão? A resposta está na abordagem original que Munger aplica à vida, ao aprendizado e à tomada de decisões – o tema principal deste capítulo.

Um aviso antes de começarmos: dada a complexidade da filosofia de investimentos de Charlie, o que se segue não tem como objetivo constituir um passo a passo para aspirantes. É, antes, uma panorâmica. Nosso objetivo aqui é apresentar em linhas gerais a postura de Charlie, de modo a facilitar a absorção dos abundantes detalhes que traremos no restante do livro. Se você está ansioso para chegar às questões centrais, o capítulo Onze Discursos – apresentados nas exatas palavras de Charlie – é a melhor fonte de conselhos precisos sobre uma variedade de assuntos. Por ora, vamos nos limitar a apresentar os processos gerais de pensamento que Charlie empregava ao considerar um investimento e, em seguida, um resumo de suas diretrizes para investir.

A ABORDAGEM DOS "MÚLTIPLOS MODELOS MENTAIS" PARA ANÁLISE E AVALIAÇÃO DE NEGÓCIOS

Charlie Munger tem uma abordagem bem diferente dos sistemas usados pela maioria dos investidores. Em vez de fazer uma análise superficial e isolada das informações financeiras de uma empresa, ele examina detidamente tanto o funcionamento interno da companhia quanto o ecossistema integrado em que ela opera. As ferramentas utilizadas são chamadas de múltiplos modelos mentais. Discutidos em detalhes em suas falas (em especial nos discursos Dois, Três e Quatro), esses modelos constituem um sistema para coletar, processar e tomar decisões a partir de informações. Utilizam ferramentas analíticas, métodos e fórmulas emprestados (e bem costurados) de disciplinas tradicionais como história, psicologia, fisiologia, matemática, engenharia, biologia, física, química, estatística, economia e diversas outras.

Eis a lógica incontestável da abordagem ecossistêmica de Charlie à análise de investimentos: assim como múltiplos fatores moldam praticamente qualquer sistema, são necessários múltiplos modelos de uma variedade de áreas, bem aplicados, para compreendê-lo. "Quando tentamos isolar determinado aspecto, descobrimos que ele está atrelado a todo o restante do universo", observou John Muir sobre a interconectividade da natureza.

Charlie procura descobrir o universo atrelado a cada uma de suas candidatas a investimento obtendo uma compreensão sólida de todos os fatores relevantes em seus ambientes interno e externo (ou pelo menos da maioria). Depois de devidamente coletados e organizados, seus múltiplos modelos mentais (cerca de 100, segundo suas estimativas) fornecem um contexto, ou uma rede, que proporciona insights notáveis sobre o sentido e a natureza da vida. Quanto ao nosso propósito aqui, seus modelos oferecem a estrutura analítica que lhe permite sintetizar o caos e a confusão inerentes a um problema de investimento complexo em um conjunto de fundamentos facilitadores. Alguns exemplos especialmente importantes são: os modelos de redundância e sistema de backup da engenharia; o modelo de juros compostos da matemática; os modelos de ponto de ruptura, ponto de não retorno e autocatálise da física e da química; a neodarwinista teoria sintética da evolução; e modelos de viés cognitivo da psicologia.

O resultado final dessa ampla análise é uma compreensão aprimorada de como os muitos fatores que afetam uma candidata a investimento se fundem e se interligam. Às vezes essa compreensão revela a existência de efeitos de segunda ordem, de propagação ou de transbordamento; outras vezes, os fatores em ação se combinam e têm resultados de dimensões gigantescas, sejam bons ou ruins. Considerando esse sistema aplicado por Charlie, podemos afirmar que ele vivia em um universo à parte em termos de análise de investimentos. Sua abordagem reconhece a complexidade inerente aos problemas de investimento e, com um rigor mais comumente observado na investigação científica do que na forma convencional de se investir, os ataca com um grau surpreendente de preparação e ampla pesquisa.

O método que Charlie emprega na análise de investimentos, baseado em "grandes ideias de grandes disciplinas", é decerto único no mundo dos negócios – assim como sua origem. Não tendo encontrado nenhum modelo já existente que lhe parecesse adequado à tarefa, Charlie tratou de criar o seu, meticulosamente, como autodidata. Ele próprio relatou: "Até hoje nunca fiz nenhum curso, em lugar nenhum, seja de química, economia, psicologia nem administração." E no entanto essas disciplinas, principalmente a psicologia, constituem a base de seu sistema.

Foi esse método distinto, levado a cabo por seu brilhante intelecto, seu temperamento e suas décadas de experiência, que fez de Charlie o gênio da identificação de padrões de negócios tão valorizado por Buffett. Tal como um grande mestre do xadrez, por meio da lógica, do instinto e da intuição ele define os movimentos de investimento mais promissores, ao mesmo tempo projetando a ilusão de que o insight surgiu com facilidade, até mesmo simplicidade. Mas não se engane: essa simplicidade aparece apenas no final de uma longa jornada rumo à compreensão – e não no começo. Tamanha clareza foi conquistada com muito esforço, sendo fruto de uma vida inteira de estudo dos padrões de comportamento humano, dos sistemas empresariais e de numerosas outras disciplinas científicas.

Entre as diretrizes fundamentais de Charlie estão preparação, paciência, disciplina e objetividade. Ele nunca se desvia dessas diretrizes, não importando a dinâmica do grupo, as questões emocionais ou o senso comum de que "desta vez é diferente". Quando seguidas à risca, elas convergem em uma das características mais conhecidas de Charlie: não comprar nem vender com frequência. Assim como Buffett, ele acredita que uma trajetória bem-sucedida nos investimentos se resume a apenas um punhado de decisões. Assim, quando gosta de um negócio, Charlie faz uma aposta muito alta e normalmente mantém sua posição por bastante tempo. Ele chama isso de *sit-on-your-ass investing* ("sentar a bunda em cima do investimento"). As vantagens: "Você paga menos corretagem, escuta menos bobagens e, se der certo, o sistema tributário lhe permite lucrar 1, 2 ou 3 pontos percentuais a mais por ano." Para ele, um portfólio de três empresas já é bastante diversificado. Assim, Charlie está disposto a comprometer percentuais extraordinariamente altos de suas reservas em oportunidades individuais, "focadas". Tente encontrar um escritório de Wall Street, consultor financeiro ou gestor de fundos mútuos disposto a fazer uma afirmação dessas!

Dado o histórico de sucesso de Charlie, para não falar do aval de Buffett, por que suas práticas de investimento não são imitadas com mais frequência? Talvez porque, para a maioria das pessoas, a abordagem multidisciplinar de Charlie é simplesmente muito complicada. Além disso, poucos têm a mesma disposição em assumir riscos por não seguir a manada. Fervoroso em sua objetividade, Charlie fica feliz em nadar imperturbavelmente contra a maré – para todo o sempre, se for preciso –, um atributo raro no investidor comum. E, embora essa postura às vezes possa parecer simples teimosia ou rebeldia, não é essa a característica que a define. Charlie apenas se contenta em confiar no próprio julgamento, mesmo quando isso se opõe à visão da maioria. Esse seu jeito de "lobo solitário" raramente recebe o devido crédito como uma das razões pelas quais ele repetidamente se sai melhor do que a comunidade financeira. Aliás, se o temperamento consiste em essência de tendências inatas, talvez o trabalho, o intelecto e a experiência sejam, a despeito da intensidade, insuficientes para dar origem a um grande investidor como Charlie Munger. Como vamos testemunhar no restante do livro, também é necessário o tipo certo de programação genética.

Na reunião anual da Berkshire Hathaway de 2004, um jovem acionista perguntou a Buffett como ter sucesso na vida. Depois de Buffett falar, Charlie deu sua contribuição: "Não use cocaína. Não tente correr mais rápido que trens. E evite situações de risco de contrair aids." Muitos considerariam essa resposta aparentemente irreverente uma simples piada, mas, na verdade, ela reflete de modo fiel tanto sua visão geral sobre como evitar problemas na vida quanto seu método para evitar erros nos investimentos.

Como bem ilustra essa fala, Charlie muitas vezes se concentra primeiro no que evitar – isto é, no que *não* fazer – antes de analisar os passos afirmativos a dar. Ele adora dizer: "Tudo que eu quero saber é onde vou morrer, para nunca ir lá." Nos negócios, assim como na vida, Charlie obtém enormes vantagens em eliminar sumariamente as áreas pouco promissoras do tabuleiro, liberando seu tempo e sua atenção para as mais produtivas. Ele procura reduzir situações complexas aos seus fundamentos mais básicos e objetivos. No entanto, nessa busca pela racionalidade e pela simplicidade, tem o cuidado de evitar o que chama de inveja da física: o desejo humano comum de reduzir sistemas extremamente complexos (como os da economia) a fórmulas newtonianas que sirvam para tudo. Em vez disso, honra a advertência de Albert Einstein: "Uma teoria científica deve ser o mais simples possível, porém não mais simples que o necessário." Ou, em suas próprias palavras: "Sou contra você ser confiante demais e achar que sabe, com certeza, que sua ação específica fará mais bem do que mal. Você está lidando com sistemas altamente complexos, em que tudo interage com tudo."

Outro Benjamin – Graham, não Franklin – desempenhou um papel significativo na formação da filosofia de investimento de Charlie. Um dos conceitos mais duradouros do livro *O investidor inteligente*, de Graham, é o Sr. Mercado. Normalmente, o Sr. Mercado é um sujeito moderado e razoável, mas tem dias em que é dominado pelo medo irracional ou pela ganância. Graham advertiu o investidor a usar cuidadosamente o próprio julgamento de valor desprovido de emoção em vez de confiar no comportamento muitas vezes bipolar dos mercados financeiros. Da mesma forma, Charlie reconhece que as pessoas mais competentes e motivadas nem sempre tomam decisões puramente racionais. Por essa razão, ele considera os fatores psicológicos dos erros de julgamento humano um dos modelos mentais mais importantes a serem aplicados a oportunidades de investimento:

Pessoalmente, passei a usar uma espécie de análise de duas vias. Primeiro, quais são os fatores que de fato regem os interesses envolvidos, em termos racionais? Segundo, quais são as influências inconscientes que levam o cérebro a fazer automaticamente essas coisas – que em geral são úteis, mas muitas vezes dão errado? Uma abordagem é pela racionalidade, a forma como se resolveria um problema do jogo de bridge: analisando os interesses reais, as probabilidades reais e assim por diante. E a outra é analisar os fatores psicológicos que levam a conclusões inconscientes, muitas das quais são equivocadas.

Para mais detalhes sobre esse tema, veja o Discurso Onze, em que Charlie aplica modelos mentais da psicologia para ilustrar 25 causas comuns de erros de julgamento humano.

Obviamente, os métodos descritos até aqui não podem ser aprendidos em uma sala de aula nem em Wall Street. Eles foram desenvolvidos do zero por Charlie, a fim de atender integralmente a seus requisitos. Provavelmente merecem um título próprio, algo como "Livre-se rapidamente do grande universo do que não fazer; prossiga com um ataque fluente e multidisciplinar sobre o restante; então aja de maneira decisiva quando, e somente quando, as circunstâncias certas surgirem".

Vale a pena o esforço para desenvolver e adotar tal abordagem? Charlie parece acreditar que sim: "É um tanto divertido superar intelectualmente pessoas muito mais inteligentes do que você só porque você se educou a ser mais objetivo e mais multidisciplinar. Além disso, ganha-se muito dinheiro, como posso atestar por experiência própria."

O PROCESSO DE ANÁLISE DE INVESTIMENTOS DE MUNGER

Como vimos, Charlie não é de fazer muitos investimentos. Seu posicionamento talvez seja expresso com mais precisão por Thomas John Watson, fundador da IBM: "Não sou nenhum gênio. Sou inteligente em algumas áreas e me concentro nelas." Se tem uma coisa que Charlie sabe, é identificar cuidadosamente seus círculos de competência. Para se manter dentro deles, primeiro realiza uma triagem básica, projetada para limitar seu campo de investimento a "candidatas simples e compreensíveis". Afinal, segundo ele: "Existem três cestas para investir: sim, não e muito difícil de entender."

Para identificar potenciais empresas candidatas ao "sim", Charlie procura franquias dominantes e fáceis de entender, que possam se sustentar e prosperar em todos os ambientes de mercado. Compreensivelmente, poucas resistem a essa primeira etapa. Muitos queridinhos dos investidores, como as indústrias farmacêutica e tecnológica, vão direto para a cesta "muito difícil de entender". Negócios e IPOs altamente promovidos recebem um não imediato. Aqueles que sobrevivem a essa primeira triagem estão sujeitos às telas e aos filtros dos modelos mentais de Charlie. O processo é intenso e darwiniano, mas também eficiente. Charlie detesta o processo de mineração que peneira pilhas de areia em busca de minúsculos fragmentos de ouro. Prefere aplicar suas "grandes ideias de grandes disciplinas" para encontrar as pepitas de ouro graúdas, não identificadas, que por vezes estão à vista de todos.

Ao longo de sua exaustiva análise, Charlie não fica preso a um banco de dados. Ele leva em consideração todos os aspectos relevantes, tanto internos quanto externos, da empresa e do seu setor de atuação, mesmo que sejam difíceis de identificar, medir ou reduzir a números. Seu rigor, no entanto, não o faz esquecer o tema geral do ecossistema: por vezes, a maximização ou minimização de um único fator (principalmente a especialização, como ele gosta de salientar em relação ao modelo de atacado da rede de supermercados Costco) pode imprimir a ele uma importância desproporcional.

Charlie tratava os relatórios financeiros e a contabilidade com uma dose do ceticismo típico do Meio-Oeste. Na melhor das hipóteses, são apenas o início de um cálculo adequado da avaliação intrínseca de uma empresa, e não o fim. A lista de fatores adicionais que ele examina parece interminável, incluindo os contextos regulatórios atual e futuro; a situação das relações com empregados, fornecedores e clientes; o impacto potencial de inovações tecnológicas; as vantagens e vulnerabilidades competitivas; o poder de precificação; a escalabilidade; questões ambientais; e, em especial, a presença de fragilidades ocultas (Charlie sabe que não existe candidata a investimento sem risco, mas busca aquelas com riscos menores e facilmente compreensíveis). Ele remodela todos os números das demonstrações financeiras para se adequarem à sua visão da realidade, incluindo os próprios fluxos de caixa livre ou dos acionistas, estoques e outros ativos de capital de giro, ativos imobilizados e ativos intangíveis frequentemente superdimensionados enquanto patrimônio de marca. Também efetua uma avaliação do verdadeiro impacto, atual e futuro, dos custos de *stock options* para funcionários, fundos de pensão e benefícios de saúde para aposentados. Aplica um escrutínio idêntico ao lado do passivo das demonstrações. Por exemplo, nas circunstâncias certas, ele pode considerar determinadas obrigações como ativos – um exemplo é o *float* de seguradoras, os valores recebidos de clientes em prêmios e que podem não ser gastos em sinistros por muitos anos. Charlie avalia sobretudo a gestão de uma empresa muito além da análise de números convencional – em particular, o grau em que são "competentes, confiáveis e orientadas à geração de valor ao acionista". Por exemplo, como a empresa aplica o dinheiro? Ela o aloca de forma inteligente, em benefício dos acionistas, ou distribui bônus em excesso, ou mesmo o investe num crescimento pautado no ego, sem objetivos definidos?

Acima de tudo, ele tenta avaliar e compreender a vantagem competitiva em todos os seus aspectos (produtos, mercados, marcas registradas, funcionários, canais de distribuição, tendências sociais e assim por diante) e a durabilidade dessa vantagem. Charlie se refere à vantagem competitiva de uma empresa como o seu fosso: a barreira "física" que ela tem contra tentativas de invasão. As melhores empresas possuem um fosso profundo que é continuamente ampliado de modo a oferecer proteção duradoura. Por essa mesma lógica, Charlie analisa em detalhes as forças de destruição competitiva que, a longo prazo, deixam a maioria das empresas sitiada. Munger e Buffett são extremamente atentos a essa questão. Em suas longas carreiras, aprenderam, por vezes pelo caminho difícil, que poucas empresas sobrevivem por múltiplas gerações, por isso buscam identificar e comprar apenas aquelas com boas chances de superar essa dura probabilidade.

Por fim, Charlie busca calcular o valor intrínseco do negócio e, com margem para uma possível diluição e outros fatores, estabelecer um valor por ação aproximado para comparar com os preços de mercado. Essa última comparação é o propósito fundamental de todo o processo – comparar valor (o que você obtém) com preço (o que você paga). Em relação a esse tópico, ele é famoso por seu ponto de vista de que "um ótimo negócio a um preço razoável é melhor que um negócio razoável a um preço ótimo". Warren Buffett costuma creditar Charlie por tê-lo convencido da sabedoria dessa abordagem: "Charlie entendeu isso cedo. Eu sou mais devagar." A visão de Charlie ajudou Buffett a passar do investimento ao estilo puramente Benjamin Graham para se concentrar em grandes empresas, como *The Washington Post*, GEICO, Coca-Cola, Gillette e outras.

Embora seja extremamente meticuloso, Charlie é capaz de ignorar detalhes insignificantes e distrações comuns. As variáveis de investimento, assim como todas as outras, passam por processos específicos de eliminação. Quando termina sua análise, ele já reduziu a empresa candidata a seus elementos mais relevantes e alcançou um notável grau de confiança quanto a agir ou não. A avaliação, por fim, se torna mais filosófica e menos matemática. Nas etapas finais, emerge uma "sensação", em função tanto da análise em si quanto da experiência acumulada ao longo da vida e de sua habilidade em identificar padrões.

Nesse ponto, apenas uma candidata excepcional permanece na disputa. Mas Charlie não sai correndo para comprá-la. Ciente de que o timing certo complementa uma boa análise, ele aplica então uma camada ainda mais precisa, um checklist para o momento de "puxar o gatilho" que é especialmente útil na avaliação das chamadas situações de risco oculto. A lista inclui itens como:

Quais são o preço, o volume financeiro e as outras considerações gerais?

Que sensibilidades existem, como o momento de divulgação?

Há estratégias de saída contingentes?

Existem aplicações melhores do capital disponíveis atualmente ou potencialmente disponíveis?

O capital líquido é suficiente ou precisa ser levantado?

Qual é o custo de oportunidade desse capital?

E assim por diante.

Esse exaustivo processo de triagem exige disciplina considerável e resulta em longos períodos de aparente inatividade, porém, como diz Charlie, "o trabalho duro é um elemento essencial para manter e aperfeiçoar uma estratégia ou para executá-la". Para Charlie e Warren, o trabalho não para, mesmo que não resulte em uma decisão favorável ao investimento – o que acontece na maioria dos casos.

Essa prática de dedicar muito mais tempo a aprender e pensar do que a fazer não é por acaso. É a combinação de disciplina e paciência demonstrada por verdadeiros mestres de um ofício: um compromisso inegociável de "fazer o melhor com as cartas que se tem". Tal como o renomado jogador de bridge Richard Zeckhauser, Charlie pontua não tanto pela mão que lhe coube, mas pelo jogo que faz. Embora resultados ruins sejam perdoáveis no universo Munger-Buffett – já que alguns fogem ao controle –, a negligência na preparação e na decisão jamais é perdoável, porque *pode* ser controlada.

Nas relativamente poucas ocasiões em que todas as circunstâncias são adequadas e Charlie decide investir, ele geralmente faz uma aposta grande e decisiva. Não é de comer pelas beiradas, não assume posições iniciais nem faz pequenos investimentos especulativos – esses comportamentos denotam insegurança, e os movimentos de Charlie, ainda que poucos, são tudo menos inseguros. Em suas próprias palavras, ele pratica "paciência extrema combinada com determinação extrema". A autoconfiança de Charlie não se baseia em quem ou quantos concordam ou discordam dele, mas em sua capacidade de se ver e se avaliar objetivamente. Esse autodomínio lhe proporciona uma rara objetividade na avaliação de seu conhecimento, sua experiência e sua acuidade de pensamento. Mais uma vez, vemos o importante papel desempenhado pelos tipos certos de qualidade: disciplina, paciência, calma, independência. Sem isso, o sucesso de Charlie nos investimentos teria sido impossível.

O que constitui um ótimo modelo de negócio, na visão de Charlie? Suas leituras recomendadas fornecem algumas pistas. *Armas, germes e aço*, de Jared Diamond, *O gene egoísta*, de Richard Dawkins, *Ice Age*, de John Gribbin, e *Darwin's Blind Spot*, de Frank Ryan – todos têm um tema em comum: o enfoque na questão da destruição competitiva e um exame de por que algumas entidades são, no entanto, capazes de se adaptar, sobreviver e até mesmo dominar ao longo do tempo. Quando esse tema é extrapolado para a seleção de investimentos, surge o negócio preferido de Munger: alguns prosperam por meio da concorrência (à la *O gene egoísta*); outros, por meio da cooperação (à la *Darwin's Blind Spot*). Mais uma vez, vemos em ação o rico conhecimento de Charlie em uma variedade de disciplinas: quantos investidores analisam, como ele faz rotineiramente, um espectro tão amplo e sofisticado de fatores? Para citar apenas alguns, ele analisa conversão, isto é, como as leis da termodinâmica se cruzam com as da economia (por exemplo, como papel e petróleo se transformam em um jornal que é entregue na porta da sua casa); tendências e estímulos psicológicos (mais especificamente, as pressões comportamentais extremas que criam, tanto boas como más); e sustentabilidade fundamental ao longo do tempo (a interação constante e muitas vezes letal entre fatores positivos, como os fossos, e os estragos causados pela destruição competitiva). Charlie talvez seja incomparável no que diz respeito ao checklist de fatores de investimento atípicos que considera e a sua fluência nas diversas disciplinas das quais esses fatores foram extraídos.

UM CHECKLIST DE PRINCÍPIOS DE INVESTIMENTO

Acabamos de examinar a abordagem de Charlie a respeito do pensamento em geral e dos investimentos em particular. Fiéis em nossa intenção de observar como ele parecia fazer isso, vamos recapitular sua abordagem usando a metodologia de checklist que ele defende (para conferir as palavras de sabedoria do próprio Charlie sobre o valor e a importância dos checklists, veja o Discurso Cinco). Observe, entretanto, que esses princípios seguramente não são seguidos por Charlie de forma individual ou única, como seu formato pode sugerir. Tampouco podem ser hierarquizados em termos de importância aparente ou relativa. Cada um deve ser considerado como parte de um todo mais complexo ou *gestalt* do processo de análise de ativos, da mesma forma que um azulejo isolado é parte integrante do mosaico que constitui.

Risco
Todas as análises de investimento devem começar pela medição do risco, especialmente de reputação.
» Inclua uma margem de segurança apropriada.
» Evite lidar com pessoas de caráter duvidoso.
» Insista no retorno adequado pelo risco assumido.

- » Tome sempre cuidado com a exposição a inflação e taxas de juros.
- » Evite grandes erros; fuja de perdas permanentes de capital.

Independência
"Somente nos contos de fadas as pessoas dizem ao rei que ele está nu."
- » Objetividade e racionalidade exigem independência de pensamento.
- » Lembre-se de que não é porque outras pessoas concordam ou discordam de você que você está certo ou errado – a única coisa que importa é em que medida sua análise e seu julgamento estão corretos.
- » Seguir a manada é um convite à regressão à média (desempenho meramente mediano).

Preparação
"A única forma de vencer é trabalhar, trabalhar, trabalhar, trabalhar e torcer para ter alguns insights."
- » Torne-se autodidata por meio da leitura voraz. Cultive a curiosidade intelectual e dedique-se a se tornar um pouco mais sábio a cada dia.
- » Mais importante do que a vontade de vencer é a vontade de se preparar.
- » Adquira letramento em modelos mentais das principais disciplinas acadêmicas.
- » Se quiser se tornar mais inteligente, pergunte repetidamente: "Por quê, por quê, por quê?"

Humildade intelectual
Admitir o desconhecimento é o princípio da sabedoria.
- » Mantenha-se dentro de um círculo de competência bem definido.
- » Identifique e concilie evidências conflitantes.
- » Resista ao desejo de falsa precisão, falsas certezas, etc.
- » Acima de tudo, nunca engane a si mesmo. Lembre-se de que você é a pessoa mais fácil de ser enganada.

Rigor analítico
O uso do método científico e de checklists eficazes reduz erros e omissões.
» Determine valor independente de preço, progresso independente de atividade, riqueza independente de dimensão.
» É melhor relembrar o óbvio do que aprender o complexo.
» Seja um analista de negócios, não um analista de mercado, de macroeconomia ou de títulos.
» Leve em conta a totalidade do risco e do efeito. Observe sempre os impactos potenciais de segunda ordem e de grau superior.
» Pense de trás para a frente e de frente para trás: inverta, sempre inverta.

Alocação
Uma boa alocação de capital é a tarefa número um do investidor.
» Lembre-se de que o maior e melhor uso é sempre medido pelo segundo melhor uso (custo de oportunidade).
» Boas ideias são raras. Quando as probabilidades estiverem fortemente a seu favor, aposte (aloque) alto.
» Não se apaixone por um ativo específico. Esteja sempre ciente da realidade e voltado para oportunidades.

Paciência
Resista ao viés de ação, tão natural ao ser humano.
» "Juros compostos são a oitava maravilha do mundo" (frase atribuída a Einstein). Nunca os interrompa desnecessariamente.
» Evite tributos transacionais desnecessários e custos friccionais. Nunca aja apenas por agir.
» Esteja pronto para quando a sorte vier.
» Aproveite o processo e não apenas o lucro, pois o processo é que acompanha seus dias.

Determinação
Quando as circunstâncias forem adequadas, aja com determinação e convicção.
» Tenha medo quando os outros forem gananciosos e ganancioso quando os outros tiverem medo.

» Oportunidades não surgem com frequência, portanto trate de aproveitá-las.
» Oportunidades vão ao encontro de quem tem a mente preparada – esse é o jogo.

Mudança
Conviva com as mudanças e aceite a complexidade inevitável.
» Identifique e se adapte à verdadeira natureza do mundo ao seu redor. Não espere que o mundo se adapte a você.
» Questione continuamente seus conceitos e ideias preferidos e reformule-os de bom grado.
» Reconheça a realidade mesmo quando ela não for do seu agrado – principalmente quando não for.

Foco
Simplifique e tenha sempre em mente o que você se propôs a fazer.
» Lembre-se de que sua reputação e integridade são seus ativos mais valiosos – e podem ser perdidas num piscar de olhos.
» Proteja-se contra os efeitos da arrogância e do tédio.
» Não negligencie o óbvio afogando-se em minúcias.
» Tenha o cuidado de deixar de lado informações desnecessárias: "Um pequeno vazamento pode afundar um grande navio."
» Encare seus maiores problemas, não os varra para debaixo do tapete.

Desde que começaram a investir, os seres humanos procuram uma receita fácil para obter riqueza instantânea. Como você pode ver, o desempenho acima da média de Charlie não vem de uma fórmula mágica nem de um sistema inspirado por alguma escola de negócios, mas daquilo que ele chama de "busca constante por melhores métodos de pensamento", de uma vontade de "pagar antecipado" por meio de uma preparação rigorosa e dos resultados extraordinários do seu modelo de pesquisa multidisciplinar. No fim das contas, tudo se resume às diretrizes mais básicas de Charlie, sua filosofia fundamental de vida:

Preparação. Disciplina. Paciência. Determinação.

Cada atributo é inútil isoladamente, mas juntos eles formam a massa crítica dinâmica para a cascata de efeitos positivos pelos quais Munger é famoso (o *lollapalooza*).

Para concluir, algumas palavras sobre a razão pela qual este resumo da filosofia de investimento de Charlie se concentrou tanto na questão de "o que comprar" e tão pouco em "a hora de vender". A resposta, nas palavras de Charlie, serve como um maravilhoso resumo da escola Munger de investimentos altamente concentrados e focados aqui descrita:

> Gostamos de colocar grandes quantias onde não teremos que tomar nenhuma outra decisão. Se você for comprar porque aquele negócio está subvalorizado, vai ter que pensar em vender quando se aproximar da estimativa que você fez de seu valor intrínseco. Isso é difícil. No entanto, se você conseguir comprar algumas poucas boas empresas, não precisa fazer mais nada. Isso é ótimo.

Assim como seu herói, Benjamin Franklin, Charlie Munger desenvolveu e aperfeiçoou meticulosamente abordagens únicas a empreitadas nas esferas pessoal e de negócios. Recorrendo a esses métodos, bem como ao desenvolvimento e à manutenção de hábitos sólidos e duradouros, ele alcançou um sucesso extraordinário.

CAPÍTULO 4

Onze Discursos

Charlie Munger não é nem um pouco tímido quando se trata de fazer críticas francas e dar conselhos construtivos. Ao se concentrar em uma questão — seja uma prática de corrupção empresarial, um fracasso acadêmico ou um escândalo financeiro —, ele não mede palavras. O que não quer dizer que passe todo o tempo debruçado em aspectos negativos. Charlie se sente igualmente à vontade em falar sobre os valores da aprendizagem contínua e das alegrias de um casamento bem-sucedido. Qualquer que seja o assunto, é capaz de falar das coisas como elas são, e é exatamente isso o que ele tem feito em décadas de pronunciamentos públicos.

Aqui estão, portanto, 11 dos melhores discursos de Charlie Munger, incluindo uma compilação especial que ele preparou exclusivamente para este livro. Aproveite.

1. Cerimônia de Formatura da Harvard School (p. 73)
2. Uma lição sobre sabedoria elementar para a gestão de investimentos e os negócios (p. 83)
3. Uma lição sobre sabedoria elementar para a gestão de investimentos e os negócios — revisitado (p. 123)
4. Pensamento prático sobre pensamento prático? (p. 165)
5. A necessidade de mais competências multidisciplinares por parte dos profissionais: implicações pedagógicas (p. 183)
6. Práticas de investimento das principais fundações de caridade (p. 197)
7. Reunião matinal da organização Philanthropy Roundtable (p. 207)
8. O grande escândalo financeiro de 2003 (p. 219)
9. Economia acadêmica: pontos fortes e fracos sobre a necessidade de interdisciplinaridade (p. 233)
10. Discurso de Formatura da Faculdade de Direito da USC Gould (p. 267)
11. A psicologia dos erros de julgamento (p. 283)

DISCURSO UM

Cerimônia *de* Formatura *da* Harvard School

13 DE JUNHO DE 1986
HARVARD SCHOOL, LOS ANGELES

Com uma promessa que estudantes do mundo todo torceram para que descumprisse, Charlie proferiu "o único discurso de formatura que farei na vida" em 1986, na Harvard School, em Los Angeles. Entre os formandos no ensino médio estava Philip Munger, o último dos seus cinco filhos homens a entrar nessa escola que prepara os alunos para ingressar em universidades de prestígio (originalmente só para rapazes, hoje é uma instituição mista, chamada Harvard-Westlake).

Apesar da modéstia de Charlie ao afirmar que não tem "experiência significativa em falar em público", ele demonstra talentos retóricos imponentes neste breve discurso. Também obtemos uma boa ideia do seu sistema de valores e sua inteligência. Enquanto a maioria dos discursos de formatura oferece uma receita para uma vida feliz, Charlie, usando o princípio de inversão que recomenda na própria fala, defende de maneira convincente o caminho contrário, indicando o que fazer para atingir um estado de fracasso e sofrimento.

Caso deseje se tornar ou permanecer inculto e desafortunado, não leia, em hipótese alguma, este texto.

Já que o diretor Berrisford escolheu um dos conselheiros mais velhos para este discurso de formatura, cabe ao orador responder a duas perguntas que estão na cabeça de todos:

1   Por que essa escolha?
2   Quanto tempo vai durar o discurso?

Vou responder à primeira pergunta com base em minha longa convivência com Berrisford. A intenção dele com essa escolha é aumentar a reputação de nossa escola, de forma análoga ao sujeito orgulhosíssimo com seu cavalo que sabe contar até 7. O sujeito sabe que contar até 7 não é uma grande façanha matemática, mas espera aprovação apenas porque quem está contando é um cavalo.

A segunda pergunta, relativa à duração do discurso, não vou responder. Isso privaria esses rostos atentos de vocês de uma curiosidade viva e de uma evidente expectativa que prefiro manter.

Mas vou lhes contar como minha reflexão sobre a duração do discurso deu origem ao tema do discurso em si. Fiquei orgulhoso quando recebi o convite. Embora não tenha experiência significativa em falar em público, sou faixa preta em *chutzpah*, portanto imediatamente me espelhei em Demóstenes e Cícero[1] e ansiei por tentar ganhar um elogio como o de Cícero quando perguntado sobre qual era o seu preferido entre os discursos de Demóstenes. Ele respondeu: "O mais longo."

Para alívio deste público, também me lembrei do famoso comentário de Samuel Johnson[2] sobre o poema "Paraíso Perdido", de Milton.[3] Ele disse: "Ninguém jamais desejou que fosse mais extenso." E isso me fez refletir sobre quais dos 20 discursos de formatura da Harvard School que já ouvi eu desejei que fossem mais extensos. Houve apenas um, proferido por Johnny Carson,[4] com suas recomendações para garantir uma vida fracassada. Decidi, portanto, repetir o discurso de Carson, com algumas prescrições adicionais de minha autoria. Afinal de contas, sou muito mais velho do que Carson era quando proferiu seu discurso, sem contar que fracassei e fui infeliz mais vezes e de formas mais variadas do que seria possível para um jovem humorista encantador. Sou claramente qualificado para ampliar o tema.

Carson afirmou que não tinha capacidade de dizer à turma de formandos como ser feliz, mas que podia lhes dizer, por experiência própria, como garantir a infelicidade. A receita de Carson para o fracasso garantido incluía:

1. O uso de substâncias químicas para alterar o humor ou a percepção
2. Inveja
3. Ressentimento

Ainda hoje me lembro da absoluta convicção de Carson ao contar que havia tentado essas coisas repetidas vezes e que a cada nova tentativa se sentira igualmente péssimo.

É fácil entender a primeira prescrição de Carson para o fracasso, o consumo de substâncias químicas. Posso contribuir com minha visão sobre isso. Meus quatro melhores amigos da juventude eram extremamente inteligentes, éticos e bem-humorados, privilegiados tanto em termos pessoais quanto sociais. Dois se foram há tempos, sendo o álcool um fator relevante na causa da morte. O terceiro segue vivo e segue sendo um alcoólatra – se é que podemos chamar isso de vida.

Embora a suscetibilidade varie, o vício pode acometer qualquer um, por meio de um processo sutil em que os laços de degradação são leves demais para serem sentidos até se tornarem fortes demais para serem quebrados. E no entanto ainda não conheci ninguém, em mais de seis décadas de existência, cuja vida tenha sido prejudicada por temer e evitar esse enganoso caminho rumo à destruição.

A inveja, é claro, concorre com as substâncias químicas na disputa por uma espécie de prêmio àquele que mais contribui para a desgraça pessoal. Ela já vinha causando estragos muito antes da publicidade negativa que recebeu nos Dez Mandamentos. Se não quiserem perder o tremendo potencial da inveja de contribuir para uma vida fracassada, recomendo que jamais leiam nenhuma das biografias do bom cristão Samuel Johnson, pois sua trajetória demonstra de modo atraente a possibilidade e as vantagens de se transcender a inveja.

Quanto ao ressentimento, sempre funcionou para mim exatamente como para Carson. Não há palavras para recomendá-lo caso o que desejem seja o fracasso. Johnson afirmou, muito corretamente, que a vida já é bastante difícil sem acrescentarmos o sabor amargo do ressentimento.

Para aqueles de vocês que desejam uma vida fracassada, também recomendo absterem-se da prática da concessão a exemplo de [Benjamin] Disraeli, concebida para pessoas que acham impossível abandonar o ressentimento de uma hora para outra. Em sua trajetória para se tornar um dos maiores primeiros-ministros britânicos da história, Disraeli aprendeu a deixar de lado a vingança como motivação para agir, mas manteve algum espaço para o ressentimento ao guardar em uma gaveta papéis com o nome das pessoas que lhe haviam feito mal. De tempos em tempos ele relia aqueles nomes e sentia prazer em ver como o mundo havia derrubado seus inimigos sem seu envolvimento.

Bem, essas foram as três prescrições de Carson. Agora as quatro de Munger.

Primeiro, não sejam confiáveis. Descumpram rigorosamente o que se comprometerem a fazer. Essa única prática, sozinha, já vai mais do que compensar o efeito somado de todas as suas virtudes, por maiores que elas sejam. Se gostam de alimentar desconfianças e ser excluídos das melhores contribuições e companhias humanas, esta recomendação é para vocês. Adquiram esse hábito e vocês sempre serão como a lebre na fábula, com a diferença de que, em vez de serem derrotados por uma admirável tartaruga, serão derrotados por hordas e hordas de tartarugas medíocres, até mesmo algumas tartarugas medíocres de muletas.

Devo adverti-los de que, se não seguirem minha primeira recomendação, vai ser difícil fracassar, ainda que vocês partam em desvantagem. Tive um colega na faculdade que era e ainda é extremamente disléxico. Mas talvez seja o sujeito mais confiável que já conheci. Teve uma vida maravilhosa até agora: uma esposa e filhos excepcionais, é CEO de uma empresa multibilionária. Se quiserem evitar um resultado tradicional e bem ajustado como esse, não podem simplesmente contar com suas outras desvantagens para impedi-los se insistirem em ser confiáveis.

Não posso passar pela referência a uma vida descrita como "maravilhosa até agora" sem mencionar a ressalva do aspecto "até agora" da condição humana, repetindo a observação de Creso,[5] que já foi o rei mais rico do mundo. Enquanto aguardava em seu cativeiro para ser queimado vivo, Creso disse: "Bem, agora me vêm à mente as palavras do historiador Sólon: 'A vida de uma pessoa jamais deve ser considerada feliz até que tenha terminado.'"

Minha segunda recomendação para o fracasso e a infelicidade é limitar todo aprendizado ao que puder apreender de sua própria experiência, evitando a qualquer preço o que se aprende indiretamente com as experiências boas e ruins de outras pessoas, vivas e mortas. Essa recomendação é um método infalível para infelicidade e conquistas de segunda categoria.

Vocês podem ver os resultados de não aprender com os erros alheios simplesmente olhando ao redor. Reparem na falta de originalidade em tragédias comuns: mortes por dirigir embriagado, mutilações por direção imprudente, brilhantes universitários se tornando zumbis por sofrerem lavagem cerebral em seitas destrutivas, falências devido à repetição de erros óbvios já cometidos por antecessores, inúmeras formas de "loucura coletiva" e assim por diante. Para se meter em problemas graves por meio de erros nada originais e fruto de pura negligência, recomendo ter como lembrete interno o ditado: "Se você não fizer direito da primeira vez, bem, lá se foi seu hobby como paraquedista."

Outra maneira de evitar a sabedoria adquirida por meio de terceiros é não aprender com os melhores trabalhos feitos antes de vocês. A recomendação é ser o menos instruído possível.

Talvez com uma breve história vocês entendam melhor o tipo de resultado nada infeliz que evitarão. Era uma vez um homem que, com muita diligência, dominou o trabalho de seus melhores antecessores, apesar de ter tido um começo ruim e momentos muito difíceis com a geometria analítica. Até que seu próprio trabalho acabou atraindo grande atenção. Em relação a isso, ele afirmou: "Se enxerguei um pouco mais longe do que outros, é porque me apoiei nos ombros de gigantes." Esse homem hoje está enterrado na Abadia de Westminster, sob uma inscrição inusitada: "Aqui jazem os restos de tudo que foi mortal em Sir Isaac Newton."[6]

Minha terceira recomendação para o fracasso é cair e continuar no chão quando vocês sofrerem o primeiro, o segundo e o terceiro grave revés na batalha da vida. Como há muitas adversidades por aí, mesmo para quem tem muita sorte e sabedoria, isso vai garantir que no devido tempo vocês fiquem permanentemente atolados na desgraça.

Ignorem a todo custo a lição contida no epitáfio escrito para si mesmo por Epicteto: "Aqui jaz Epicteto, um escravo mutilado no corpo, o mais pobre de todos, e privilegiado pelos deuses."[7]

Minha última recomendação para uma vida de infortúnios e raciocínio turvo é ignorar uma história que me contaram quando eu era criança, sobre um camponês que disse: "Tudo que eu quero saber é onde vou morrer, para nunca ir até lá." A maioria das pessoas ri, como vocês agora, da ignorância do camponês e deixa de ver sua sabedoria. Se minha experiência servir de guia, a lógica do camponês deve ser evitada a todo custo por alguém inclinado ao fracasso. Para acelerar seus passos rumo ao fracasso, descartem como mera idiossincrasia, sem nenhuma mensagem útil, o método do camponês, que é o mesmo usado no discurso de Carson.

O que Carson fez foi abordar o estudo de como criar X invertendo a questão — isto é, estudando como criar não X. O grande algebrista Jacobi usava essa mesma estratégia de Carson e era famoso por repetir frequentemente a frase: "Inverta, sempre inverta." É da natureza das coisas, como Jacobi sabia, que muitos problemas difíceis só sejam bem resolvidos quando abordados de trás para a frente. Por exemplo, quando quase todo mundo estava tentando revisar as leis eletromagnéticas de [James Clerk] Maxwell[8] para serem consistentes com as leis do movimento de Newton, Einstein[9] descobriu a teoria especial da relatividade ao dar uma volta de 180 graus e revisar as leis de Newton para se ajustarem às de Maxwell.

É minha opinião, como grande entusiasta de biografias, que Charles Robert Darwin[10] teria ficado na média entre esta turma de formandos. E hoje o nome dele está inscrito na história da ciência. Esse é o tipo de exemplo com o qual vocês não devem aprender nada caso estejam empenhados em minimizar os resultados dos próprios talentos.

As conquistas de Darwin se deveram em grande parte ao seu método de trabalho, que violava todas as minhas regras para o fracasso e enfatizava uma inversão, no sentido de que ele sempre deu atenção prioritária às evidências que tendiam a refutar qualquer teoria duramente elaborada que tivesse desenvolvido e à qual fosse apegado. A maioria das pessoas adquire rapidamente a tendência a processar informações novas e refutadoras de uma forma que mantenha intacta qualquer conclusão original, traço que o tempo só aprofunda. Tornam-se assim pessoas sobre as quais o escritor Philip Wylie observou: "Não era possível espremer uma moeda de 10 centavos entre o que elas já sabem e o que ainda aprenderão."

A vida de Darwin demonstra como uma tartaruga pode ultrapassar uma lebre se contar com extrema objetividade. Em uma brincadeira de colocar o rabo no burro, a pessoa objetiva pode se revelar o único jogador sem venda nos olhos.

Se desprezarem a objetividade, vocês estarão ignorando não apenas uma lição de Darwin, mas também uma de Einstein, que afirmou que suas teorias bem-sucedidas eram fruto de "curiosidade, concentração, perseverança e autocrítica". E, por autocrítica, ele queria dizer o teste e a destruição de suas próprias ideias mais queridas.

Por fim, desprezar a objetividade ajudará vocês a evitar o fardo de possuir bens materiais, porque ela não funciona apenas para grandes físicos e biólogos. A objetividade também acrescenta energia ao trabalho de um bombeiro hidráulico na cidadezinha de Bemidji. Assim, se vocês interpretarem que para ser fiel a si mesmo é preciso preservar tudo em que acreditavam na juventude, estarão no caminho certo para maximizar não apenas a ignorância como qualquer sofrimento que possa ser obtido por meio de experiências malsucedidas nos negócios.

É apropriado que um discurso um tanto ao contrário termine com um brinde ao contrário, inspirado nos repetidos relatos de Elihu Root[11] sobre como o cão chegou a Dover "um passo de cada vez". À turma de 1986: Senhores, que vocês prosperem dedicando cada dia de uma longa vida a metas alcançáveis.

DISCURSO UM REVISITADO

Ao revisar em 2006 este discurso proferido em 1986, eu não mudaria uma única ideia. Aliás, hoje acredito com ainda mais convicção que 1) ser confiável é essencial para progredir na vida e, 2) enquanto aprender mecânica quântica é inacessível à grande maioria das pessoas, praticamente qualquer um pode facilmente aprender a ser confiável.

De fato, muitas vezes me fiz impopular em campi de universidades de elite ao promover o tema da confiabilidade. Digo que o McDonald's é uma das nossas instituições mais admiráveis. Então, à medida que os sinais de choque aparecem no rosto dos meus ouvintes, explico que o McDonald's, ao proporcionar o primeiro emprego a milhões de adolescentes, muitos deles problemáticos, vem ensinando à maioria deles a lição de que mais precisam: aparecer de modo confiável para trabalhar de forma responsável. Depois, costumo prosseguir dizendo que, se os campi de elite tivessem o mesmo êxito do McDonald's em ensinar de maneira sensata, teríamos um mundo melhor.

DISCURSO DOIS

Uma lição *sobre* sabedoria elementar para *a* gestão *de* investimentos *e os* negócios

14 DE ABRIL DE 1994
UNIVERSIDADE DO SUL DA CALIFÓRNIA
MARSHALL SCHOOL OF BUSINESS

Bem conhecido por ter sido publicado na *Outstanding Investor Digest*[1] (em 5 de maio de 1995), este discurso foi proferido em 1994 para a turma de administração do professor Guilford Babcock na Universidade do Sul da Califórnia. Em sua fala, Charlie aborda desde os sistemas educacionais até a psicologia e a importância tanto do senso comum quanto do incomum. Dissecando a gestão empresarial, ele descreve de modo brilhante os impactos psicológicos que podem prejudicar ou beneficiar uma companhia. Também apresenta um excelente conjunto de princípios para investimentos, gestão de negócios e — o mais importante, em sua perspectiva — a tomada de decisões no dia a dia.

Seu tempo investido na leitura deste discurso será recompensado rapidamente pelo efeito que ele terá em seu processo decisório.

Vou pregar uma pequena peça em vocês hoje, porque o tema da minha fala é a arte de escolher ações enquanto subdivisão da arte da sabedoria de vida. Isso vai me permitir começar falando sobre sabedoria, tema muito mais amplo e que me interessa porque acho que ela não é oferecida o suficiente pelos sistemas educacionais modernos, ou pelo menos não com qualidade. Assim, este discurso segue a linha que alguns psicólogos behavioristas chamam de "regra da avó", em referência à sabedoria da nossa avó quando ela dizia que só ganharíamos sobremesa depois que terminássemos de comer as verduras.

As verduras deste discurso são o tema geral da sabedoria de vida, o que é uma ótima forma de começar, já que a teoria da educação moderna diz que é preciso ter uma formação geral antes de se especializar. E acho que, até certo ponto, antes de se tornar competente na seleção de ativos de fato é necessária alguma formação geral. Por isso, enfatizando o que chamo de sabedoria de vida, vou apresentar a vocês algumas noções básicas.

O que é essa sabedoria elementar? Bem, a primeira regra é que não se pode saber efetivamente nada apenas decorando fatos isolados e tentando uni-los à força. Se não se articularem em uma treliça teórica, não poderão assumir uma forma útil. É preciso ter em mente uma coleção de modelos. E aplicar a experiência pessoal – tanto direta quanto indireta – nessa rede de modelos. Vocês devem conhecer aqueles alunos que tentam apenas repetir o que memorizaram. Pois bem. Eles se dão mal na escola e na vida. É preciso estender sua experiência sobre a rede de modelos que têm na mente.

Que modelos são esses? Bem, para começar, é preciso que sejam vários. Se vocês usarem só um ou dois, a própria natureza da psicologia humana vai fazer com que vocês deformem a realidade para que ela se ajuste aos seus modelos, ou pelo menos vão achar que se ajusta. Vocês se tornam assim o equivalente de um quiroprático, que, claro, é o maior ignorante da medicina. É como o velho ditado: "Para quem só tem um martelo, todo problema parece um prego." E, claro, é assim que o quiroprático pratica a medicina. Mas essa é uma forma desastrosa de se pensar e uma forma desastrosa de operar no mundo. Daí a necessidade de se ter vários modelos.

E as fontes desses modelos precisam ser disciplinas variadas, porque não se pode encontrar toda a sabedoria do mundo em um pequeno departamento acadêmico. É por isso que em geral falta aos professores de poesia a sabedoria convencional – eles não têm modelos mentais suficientes. É preciso ter modelos de uma ampla variedade de disciplinas.

Vocês podem dizer: "Meu Deus, isso está ficando muito complicado." Mas, felizmente, não é tão complicado assim, porque 80 ou 90 modelos importantes vão arcar com cerca de 90% do custo de fazer de vocês pessoas sábias. E, desses, apenas alguns arcam com um custo realmente alto.

Vamos então revisar rapidamente quais tipos de modelos e técnicas constituem esse conhecimento básico que todo mundo precisa ter a fim de se tornar realmente bom em uma arte específica como a seleção de ativos.

Primeiro, a matemática. Obviamente, vocês precisam ser capazes de lidar com números e quantidades; aritmética básica. E o modelo mais útil, depois dos juros compostos, é a matemática elementar de permutações e combinações. Na minha época isso se aprendia no segundo ano do ensino médio. Suponho que hoje em dia, nas grandes escolas particulares, seja mais ou menos no oitavo ano. Trata-se de álgebra muito simples. E foi desenvolvida em cerca de um ano, por [Blaise] Pascal e [Pierre de] Fermat, por correspondência.[2] Eles desenvolveram toda a teoria em uma casual troca de cartas.

Não é um modelo muito difícil de aprender. O difícil é absorvê-lo de modo a ser capaz de aplicá-lo rotineiramente, quase todos os dias. O sistema Fermat-Pascal está em forte consonância com o funcionamento do mundo. E é uma verdade fundamental. Vocês precisam dominar essa teoria.

Muitas instituições educacionais já perceberam isso, embora ainda nem de longe em número suficiente. Na Harvard Business School, a turma do primeiro ano se une em torno do que eles chamam de teoria da árvore de decisão. Eles simplesmente pegam a álgebra do ensino médio e a aplicam a problemas da vida real. E os alunos adoram. Ficam fascinados ao descobrir que a matemática da escola serve para a vida.

Em geral, no fim das contas, as pessoas não conseguem fazer isso de forma natural e automática. Para quem entende de psicologia elementar, a razão para isso é muito simples: a rede neural básica do cérebro surgiu de uma evolução genética e cultural mais ampla. E não é do tipo Fermat-Pascal. Ela usa uma aproximação muito rudimentar, que pega o caminho mais curto. Até contém elementos de Fermat-Pascal, mas não é boa. Então vocês precisam aprender de uma maneira mais aplicável essa matemática elementar e empregá-la rotineiramente na vida – da mesma forma que, se quiserem jogar golfe, não podem usar o movimento natural que a evolução nos proporcionou. Terão que aprender uma pegada e balançar o corpo de um modo distinto se quiserem concretizar todo o seu potencial nesse esporte.

Se não incluírem em seu repertório essa matemática básica (ainda que um tanto antinatural) da probabilidade elementar, vocês terão uma longa vida como um sujeito de uma perna só em uma competição de chute no traseiro. Estarão presenteando todos os demais com uma enorme vantagem. Uma das grandes qualidades de um sujeito como Buffett, com quem trabalho há tantos anos, é que ele automaticamente pensa em termos de árvores de decisão e da matemática elementar de permutações e combinações.

Obviamente, vocês também precisam entender de contabilidade, que é a linguagem da vida empresarial prática. A contabilidade é uma ciência muito útil à civilização. Ouvi dizer que ela chegou até nós por meio de Veneza, que, claro, já foi a maior potência comercial do Mediterrâneo. No entanto, a contabilidade pelo método das partidas dobradas foi uma invenção e tanto. E não é tão difícil de ser compreendida. Mas é preciso conhecer o assunto com mais profundidade para entender suas limitações – porque, embora seja o ponto de partida, a contabilidade é apenas uma aproximação grosseira da realidade. E não é muito difícil compreender suas limitações. Por exemplo, todo mundo consegue entender que é preciso estimar de modo aproximado a vida útil de um avião ou coisa parecida. Mas o fato de eu expressar a taxa de depreciação em números não significa que o processo de depreciação seja realmente preciso.

Falando em limitações da contabilidade, uma das minhas histórias preferidas sobre isso envolve um grande empresário chamado Carl Braun, fundador da C.F. Braun Engineering Company.[3] A empresa projetava e construía refinarias de petróleo, algo muito difícil de se fazer. E Braun garantia que ficassem prontas no prazo, não explodissem, fossem eficientes e assim por diante. Isso é uma grande arte.

Teutônico que era, Braun tinha uma série de idiossincrasias. Uma delas foi que ele deu uma olhada na contabilidade convencional e em como ela era aplicada à construção de refinarias de petróleo e disse: "Isso é uma estupidez." Então demitiu todos os seus contadores, pegou seus engenheiros e disse: "Agora vamos desenvolver nosso próprio sistema de contabilidade para esse processo." Com o tempo, as ciências contábeis adotaram muitas das inovações de Carl Braun. Ou seja, ele era um homem de obstinação e talento formidáveis, que demonstrou tanto a importância de se usar a contabilidade como de conhecer suas limitações.

Braun tinha outra regra, da psicologia – que, caso vocês tenham interesse em sabedoria, deveria fazer parte do seu repertório, assim como a matemática elementar de permutações e combinações. A regra dele para todas as comunicações da Braun Company era chamada de cinco Ws: era preciso dizer quem (*who*) faria o quê (*what*), onde (*where*), quando (*when*) e por quê (*why*). Caso uma pessoa escrevesse um memorando ou uma diretriz na Braun Company dizendo a alguém para fazer alguma coisa e não dissesse por quê, ela poderia ser demitida. E *seria* demitida se fizesse isso uma segunda vez.

Vocês podem perguntar: "Por que isso é tão importante?" Bem, mais uma vez, essa é uma regra da psicologia. Assim como a gente pensa melhor quando agrupa o conhecimento em um monte de modelos que são basicamente respostas para a pergunta "Por quê, por quê, por quê?", se você sempre esclarecer o porquê às pessoas, elas vão entender melhor, dar mais importância ao que foi dito e ficarão mais propensas a colaborar. Mesmo que não entendam os seus motivos, será mais provável que colaborem. Portanto, temos como regra de ouro que, da mesma forma que você vai querer começar a adquirir sabedoria perguntando "Por quê, por quê, por quê?", ao se comunicar com outras pessoas sobre qualquer coisa, deve incluir a explicação do porquê, mesmo que seja óbvia.

Quais modelos são mais confiáveis? Bem, sem dúvida os que vêm das ciências duras e da engenharia são os mais confiáveis do planeta. E o controle de qualidade da engenharia – pelo menos a parte que importa para você, para mim e para os que não são engenheiros profissionais – se baseia, em grande parte, na matemática elementar de Fermat e Pascal: custa caro, mas há muito menos probabilidade de quebrar se você pagar esse preço. É tudo matemática de escola. E uma elaboração disso foi o que [W. Edwards] Deming[4] levou ao Japão para toda essa questão do controle de qualidade.

Não acho necessário que a maioria das pessoas seja exímia em estatística. Eu mesmo, por exemplo, não sei se conseguiria determinar a distribuição gaussiana, mesmo conhecendo o conceito e estando ciente de que eventos e grandes aspectos da realidade acabam por se distribuir dessa forma. Posso fazer um cálculo aproximado, mas, se alguém me pedir para resolver algo que envolva distribuição gaussiana com 10 casas decimais, não tenho como sentar e calcular isso. Sou como um jogador de pôquer que aprendeu a jogar muito bem sem dominar Pascal. E esse nível de conhecimento atende minhas necessidades. Mas vocês precisam entender a curva de sino pelo menos de modo tão superficial quanto eu.

E, claro, a ideia da engenharia de um sistema de backup é muito poderosa. Outro modelo da engenharia, o de pontos de interrupção, também é muito poderoso. O conceito de massa crítica, originário da física, é um modelo muito poderoso.

Tudo isso tem muita utilidade na observação da realidade comum. E toda a análise de custo-benefício... ora, é tudo álgebra que se aprende na escola. Só foi um pouco enfeitada com uma linguagem sofisticada. Uma comprovação simples desse argumento é: todas as pessoas presentes nesta sala, ao assistirem à apresentação de um ilusionista mediano, veriam muitas coisas que não estariam acontecendo e deixariam de ver muitas coisas que estariam de fato acontecendo.

Desconfio que, depois da álgebra, os modelos mais confiáveis sejam os da biologia e da fisiologia, porque, afinal de contas, todos nós somos programados pela nossa composição genética para sermos praticamente idênticos.

Quando entramos na psicologia, a coisa se complica. Mas é uma disciplina extremamente importante para quem deseja adquirir sabedoria de vida. Isso porque o aparato perceptivo do ser humano contém atalhos. O cérebro não pode ter circuitos infinitos. Assim, alguém que saiba tirar proveito desses atalhos e induzir o cérebro a efetuar cálculos equivocados de determinadas formas pode nos fazer ver coisas que não existem.

Aqui entramos na questão de a função cognitiva ser distinta da função perceptiva. E nesse aspecto somos igualmente propensos a ser enganados, até mais. Nosso cérebro pega um monte de pequenos atalhos automáticos, pois, como eu disse, é limitado em termos de circuitos e tal. Por conta disso, quando as circunstâncias se configuram de determinada maneira – ou, o que é mais comum, quando alguém começa a agir como o ilusionista e nos manipula de propósito, provocando em nós uma disfunção cognitiva –, fazemos papel de bobo. Assim como uma pessoa que trabalha com uma ferramenta precisa conhecer as limitações dessa ferramenta, a gente precisa conhecer as limitações do nosso sistema cognitivo. Esse conhecimento inclusive pode ser usado para controlar e motivar outras pessoas.

Por isso a parte mais útil e prática da psicologia – que, pessoalmente, eu acredito que pode ser ensinada a qualquer pessoa inteligente em uma semana – é de extrema importância. Ninguém me ensinou, aliás. Tive que aprender numa fase posterior da vida, aos poucos. E foi bastante trabalhoso. É tão elementar, no entanto, que no fim me senti um completo idiota. Sendo que estudei no Caltech, em Harvard e em instituições do gênero. Lugares muito respeitados educaram pessoas como vocês e eu da maneira errada.

A parte elementar da psicologia – a psicologia dos erros de julgamento, como chamo – é extremamente importante. São cerca de 20 pequenos princípios. Só complica um pouco porque eles interagem entre si, mas a essência é fundamental. Pessoas muito inteligentes cometem erros estúpidos por não prestarem atenção nisso. Eu mesmo cometi vários nos últimos dois ou três anos, com consequências graves. Ninguém jamais pode evitar por completo os erros bobos.

Há outro ditado de Pascal que sempre considerei uma das observações mais precisas da história do pensamento: "A mente do homem é ao mesmo tempo a glória e a vergonha do universo." E isso está tremendamente correto. Nossa mente tem esse poder. Mas também tem falhas-padrão de funcionamento que nos levam a muitas conclusões erradas, além de nos tornar extremamente vulneráveis a manipulação. Por exemplo, cerca de metade do exército de Hitler era composta por católicos praticantes. Quando se usa a manipulação psicológica de maneira sagaz, é bem interessante o que os seres humanos são capazes de fazer.

Pessoalmente, passei a usar uma espécie de análise de duas vias numa tentativa de contornar essa questão. Primeiro, quais são os fatores que regem os interesses envolvidos, em termos racionais? Segundo, quais são as influências inconscientes que levam o cérebro a recorrer a esses atalhos – que em geral são úteis, mas muitas vezes dão errado? Assim, uma possibilidade é seguir pelo caminho da racionalidade, da forma como se resolveria um problema do jogo de bridge: analisando os interesses reais, as probabilidades reais e assim por diante. E a outra possibilidade é analisar os fatores psicológicos que levam a conclusões automáticas, muitas delas equivocadas.

Agora chegamos a outra forma de sabedoria humana, um tanto menos confiável: a microeconomia. Aqui, considero bastante útil pensar em uma economia de livre mercado – ou parcialmente livre – como algo mais ou menos equivalente a um ecossistema.

Essa forma de pensar é bastante ultrapassada, porque, logo que Darwin surgiu em cena, pessoas como os barões ladrões presumiam que a doutrina da sobrevivência do mais apto os qualificava como merecedores do poder: "Sou o mais rico. Logo, sou o melhor. Tudo como deve ser", etc. E essa reação dos barões ladrões foi tão irritante que se tornou ultrapassado pensar em uma economia como um ecossistema. Mas a verdade é que parece muito. E vários dos resultados são iguais. Assim como em um ecossistema, quem se especializa pode alcançar a excelência ao ocupar um pequeno nicho. No mundo dos negócios, tal como os animais prosperam em nichos, aqueles que se especializam – e se tornam muito bons porque se especializaram – costumam encontrar uma economia favorável que de outro modo não encontrariam.

Se entramos no assunto da microeconomia, passamos a explorar o conceito de vantagens de escala. Agora estamos nos aproximando da análise de investimentos, porque, em termos de quais empresas prosperam e quais fracassam, as vantagens de escala são extremamente importantes.

Por exemplo, uma grande vantagem de escala ensinada em todas as escolas de negócios do mundo é a redução de custos ao longo da chamada curva de experiência. O simples fato de fazer algo complicado em um volume cada vez maior permite às pessoas, que estão tentando se aprimorar e são motivadas pelos incentivos do capitalismo, fazê-lo de maneira cada vez mais eficiente. A própria natureza das coisas é que, quando se obtém bastante volume por meio da operação, melhora-se o processamento desse volume. Essa é uma enorme vantagem. E contribui fortemente para o resultado de quais negócios prosperam ou fracassam.

Vejamos uma lista – ainda que incompleta – de possíveis vantagens de escala. Algumas vêm da geometria simples. Se você vai construir um tanque circular de aço, quanto maior ele for, é lógico que a quantidade de aço que se usa na estrutura aumenta ao quadrado e a capacidade em volume aumenta ao cubo. Assim, à medida que aumentam as dimensões, você pode reter muito mais volume por unidade de área de aço.

Existe todo tipo de coisa assim em que a pura geometria – a simples realidade – proporciona uma vantagem de escala. Por exemplo, é possível obter vantagens de escala com anúncios de TV. Quando a publicidade televisiva chegou, isto é, quando as imagens coloridas e faladas entraram nas casas das famílias, era um meio incrivelmente poderoso. No início, três redes detinham praticamente todo o mercado, digamos, 90% da audiência.

Bem, se você fosse a Procter & Gamble, poderia se dar ao luxo de usar esse novo canal de publicidade. Poderia arcar com o custo muito alto da TV porque estava vendendo muito. Um negócio pequeno não podia. E não havia como comprar apenas parte, então realmente não havia jeito. Na prática, quem não tivesse um volume grande de produção e venda não tinha condições de recorrer a anúncios em redes de TV, que na época era o veículo mais eficaz. O resultado disso foi que, com o surgimento da TV, as marcas que já eram grandes receberam um vento forte a favor. Elas cresceram tanto, mas tanto, que algumas ficaram inchadas e burras – coisa que a prosperidade acarreta, pelo menos a algumas pessoas.

E a vantagem de escala pode ser uma vantagem informacional. Se eu for a um lugar distante, talvez veja o chiclete Wrigley ao lado do Glotz na prateleira. Bem, eu sei que o Wrigley é bom, mas não sei nada sobre o Glotz, então, se um custar 40 centavos e o outro custar 30, vou pegar um produto que não conheço e colocar na boca, um lugar tão pessoal, por míseros 10 centavos a menos? Portanto o Wrigley, pelo simples fato de ser mais conhecido, tem vantagens de escala – o que podemos chamar de vantagem informacional.

Outra vantagem de escala vem da psicologia. Os psicólogos usam o termo prova social. Todos somos influenciados – tanto inconsciente quanto, até certo ponto, conscientemente – pelo que vemos os outros fazerem e valorizarem. Se todo mundo está comprando aquele produto, achamos que é o melhor. Não gostamos de ser os únicos fora da rota. Como eu disse, apenas parte desse processo acontece num nível inconsciente. Às vezes pensamos consciente e racionalmente: "Nossa, não sei muito sobre esse assunto. Os outros sabem mais do que eu. Então por que não fazer o mesmo que eles?"

O fenômeno da prova social, que extraímos diretamente da psicologia, proporciona enormes vantagens de escala, por meio, por exemplo, de uma distribuição muito ampla, o que, claro, é difícil de conseguir. Uma vantagem da Coca-Cola é que ela está presente praticamente no mundo inteiro.

Pois bem. Imagine que você tem uma pequena fábrica de refrigerante. Como torná-lo disponível no mundo inteiro? O alcance da distribuição mundial, conquistada pouco a pouco por grandes empresas, é uma vantagem gigantesca. E, se vocês pensarem bem, depois que se conquistam algumas vantagens desse tipo, é muito difícil que outra marca roube o seu lugar.

Há outro tipo de vantagem de escala. Em alguns setores, é da própria natureza haver uma espécie de cascata que deságua no domínio esmagador de uma empresa. O exemplo mais óbvio é do setor de jornais diários. Não há praticamente nenhuma cidade nos Estados Unidos, exceto algumas muito grandes, onde exista mais de um jornal diário. E isso é uma questão de escala. Depois de conquistar a maior parte do público leitor, ele fica também com a maior parte da publicidade. Uma vez que tenha a maior parte da publicidade e do público, por que alguém iria querer um jornal mais fino, com menos informações? Isso tende a evoluir para uma situação do tipo "o vencedor leva tudo", outra manifestação do fenômeno das vantagens de escala.

Todas essas enormes vantagens de escala permitem também maior especialização dentro da empresa, de modo que cada pessoa pode ser melhor no que faz. E essas vantagens de escala são tão grandes que, por exemplo, quando Jack Welch[5] entrou para a General Electric, ele disse apenas: "Ou vamos ser a número um ou a número dois em todas as áreas em que atuamos, ou estamos fora. Não me importa quantas pessoas vou ter que demitir nem o que vou ter que vender. Ou vamos ser a número um ou a número dois, ou estamos fora."

Foi uma decisão voluntariosa, mas acredito que muito acertada para maximizar a riqueza dos acionistas. E também não acho que seja algo ruim para uma civilização, pois acredito que a General Electric é mais forte por ter Jack Welch.

Existem também as desvantagens de escala. Por exemplo, nós – e com "nós" quero dizer a Berkshire Hathaway – somos os maiores acionistas do gigante de mídia Capital Cities/ABC. Lá tivemos publicações comerciais que foram massacradas pelos nossos concorrentes. E eles fizeram isso pelo caminho da especialização mais restrita. Se tivéssemos uma revista voltada para viagens de negócios, alguém criava uma que fosse dirigida exclusivamente a viagens corporativas. Assim como em um ecossistema, foi ocorrendo uma especialização cada vez mais estrita.

O fato é que eles ficaram muito mais eficientes e, assim, tinham como prover mais informações ao pessoal que dirigia os departamentos de viagens corporativas. Além disso, não precisavam desperdiçar tinta e papel no que não interessava aos departamentos de viagens corporativas. Era um sistema mais eficiente. E eles arrasaram com a gente, enquanto continuamos nos fiando na nossa revista de linha editorial mais ampla.

Foi o que aconteceu com a *The Saturday Evening Post* e similares. Elas acabaram. Agora só temos a *Motocross*, que é lida por um bando de malucos que gostam de participar de competições para dar cambalhotas na moto. Mas é importante para eles; esse é seu propósito principal na vida. Uma revista chamada *Motocross* é uma necessidade absoluta para essas pessoas. E as margens de lucro dela fariam vocês salivarem. Pense em quão especializado é esse tipo de publicação. Assim vemos que de vez em quando reduzir e intensificar é bem vantajoso. Maior nem sempre é melhor.

O grande problema da escala – embora seja o que torna o jogo interessante, pois contribui para que os grandes nem sempre ganhem – é que, quando um negócio se torna grande, ele ganha por tabela a burocracia. E com a burocracia vem a territorialidade – que também tem raízes na natureza humana. E os incentivos são perversos. Por exemplo, se você trabalhava para a AT&T na minha época, era uma burocracia enorme. Quem é que estava realmente pensando nos acionistas? Além do mais, em um processo burocrático, você acha que o trabalho está concluído quando ele sai da sua caixa de entrada e vai para a caixa de entrada de outra pessoa. Só que não está. Nada será feito enquanto a AT&T não entregar ao cliente o que precisa entregar. O resultado é uma empresa grande, inchada, burra e desmotivada.

Grandes companhias também tendem a se tornar um tanto corruptas. Como acontece na prática? Se eu tenho um departamento e você tem um departamento e de certa forma nós compartilhamos poder nessa dinâmica, existe uma espécie de regra tácita: "Você não me enche o saco, eu não encho o seu e nós dois ficamos bem." Assim vão surgindo novas camadas de gestão e de custos associados que não servem para nada. Mais do que não servir, o que ocorre é que, como as pessoas têm que justificar a existência de todas essas camadas, leva-se uma eternidade para se fazer qualquer coisa. Elas são muito lentas para tomar decisões e pessoas mais ágeis as deixam para trás com facilidade.

A constante maldição da escala é que ela leva ao surgimento de uma burocracia grande e burra – que, claro, atinge sua pior e mais elevada forma no governo, onde os incentivos são realmente terríveis. Isso não significa que não precisemos de governos; precisamos, sim. Mas é um problema enorme fazer com que as grandes burocracias funcionem direito. Por isso as pessoas recorrem a estratagemas. Criam pequenas unidades descentralizadas e programas elaborados de motivação e treinamento. A General Electric, por exemplo, lutou contra a burocracia com uma habilidade incrível para os padrões de grandes empresas, mas eles só conseguiram isso porque têm no comando um sujeito que é um misto de gênio e fanático. E o colocaram lá quando ainda era novo, portanto ele teve tempo de sobra. Claro que estou falando de Jack Welch.

Mas a burocracia é algo terrível. E à medida que as organizações ficam grandes e poderosas demais pode surgir um comportamento seriamente disfuncional. Vejam a Westinghouse. Eles perderam bilhões de dólares em um monte de empréstimos estúpidos para incorporadores imobiliários. Colocaram na chefia um cara de algum setor que não tinha nada a ver – não sei exatamente qual, mas pode ter sido refrigeradores ou algo assim – e de repente ele estava emprestando dinheiro para incorporadores imobiliários que constroem hotéis. É uma competição muito desigual. E, depois de um tempo, eles perderam bilhões.

A CBS oferece um exemplo interessante de outra regra da psicologia, o condicionamento pavloviano.[6] Se as pessoas lhe dizem algo que você não quer ouvir de jeito nenhum, o que é desagradável, a reação de antipatia é quase automática. Você pode se treinar para mudar isso. Não é um mecanismo inevitável. Mas é quase certo que reaja assim se não se dedicar à questão.

Nos seus primórdios, a televisão era dominada por um canal, CBS. E [William S.] Paley era um deus. Mas ele não queria ouvir o que não gostava de ouvir. As pessoas logo entenderam isso e passaram a dizer a Paley só o que ele queria ouvir. Pouco depois ele estava vivendo em um pequeno casulo de fantasia e todo o restante estava corrompido — embora fosse um grande negócio. Como veem, a idiotice que se infiltrou no sistema foi levada por essa onda gigantesca. Os últimos 10 anos do comando de Bill Paley foram como uma festa do chá do Chapeleiro Maluco.

E esse não é o único exemplo, não mesmo. Pode haver graves problemas nos altos escalões, o que provavelmente vai fazer muita diferença caso se esteja investindo. Se considerarmos todas as aquisições que a CBS fez sob o comando de Paley após a aquisição do canal em si, com todos os seus conselheiros estúpidos — banqueiros de investimento, consultores de gestão e outros, todos muito bem pagos —, foi terrível.

Ou seja, a vida é uma batalha eterna entre essas duas forças: de um lado, obter as vantagens de escala, e do outro, a tendência a ficar parecendo o Departamento de Agricultura, onde os funcionários passam o dia sentados à toa. Não sei exatamente o que fazem, só sei que não fazem nada de muito útil.

No que diz respeito às vantagens das economias de escala, considero bastante interessantes as redes de lojas. Pensem comigo. O conceito de rede de lojas é uma invenção fascinante: você tem um enorme poder de compra, o que se traduz em custos mais baixos na aquisição de mercadoria; tem um monte de pequenos laboratórios que pode usar para fazer experimentos; e tem especialização. Se uma loja pequena for tentar comprar 27 categorias de mercadorias de acordo com o que os vendedores falam, vai tomar muitas decisões ruins. Mas, se essa compra for feita pelo responsável por um grupo de muitas lojas, vai haver pessoas muito capacitadas para assessorar esse comprador.

O inverso é demonstrado pela lojinha onde uma pessoa faz todas as aquisições. É como aquela velha história da mercearia cujas prateleiras estão abarrotadas de sal. Um desconhecido chega e diz ao dono da loja: "Você deve vender muito sal." E ele responde: "Que nada. Mas você precisa ver o cara que me vende o sal."

As redes têm enormes vantagens em aquisições. E há também os sistemas bem estruturados que forçam todo mundo a fazer o que dá resultado. Sim, redes de lojas têm potencial para ser empreendimentos fantásticos.

É muito interessante pensar no Walmart,[7] que começou com uma única loja no Arkansas, em comparação com a Sears, uma companhia com nome, reputação e bilhões em caixa. Como é que um sujeito sem dinheiro em Bentonville, Arkansas, supera a Sears? E isso enquanto ainda era vivo – quer dizer, na verdade no final da vida, porque ele já tinha uma idade avançada quando abriu sua lojinha.

Ele se lançou com unhas e dentes no jogo da rede de lojas e se saiu melhor do que qualquer outra pessoa. [Sam] Walton não inventou praticamente nada, mas copiou tudo de inteligente que outras pessoas haviam feito – e fez isso com mais determinação e maior controle sobre os funcionários. Ele simplesmente arrasou a concorrência.

Walton também fez uso de uma estratégia competitiva muito interessante na fase inicial da empresa. Ele era como um lutador de boxe que queria ter um ótimo histórico para poder chegar às finais e causar grande impressão na TV. Então o que ele fez? Foi lá e enfrentou 42 fracotes. Certo? E o resultado foi nocaute atrás de nocaute: 42 vezes. Sagaz, Walton praticamente quebrou outros comerciantes de cidades pequenas. Com seu sistema, talvez ele não conseguisse enfrentar nenhum titã naquele momento, mas com certeza era capaz de destruir outros comerciantes locais. E saiu fazendo isso. Conforme foi crescendo, começou a encarar garotos maiores. Foi uma estratégia muito, muito inteligente.

Vocês podem questionar: "Mas será que essa é a forma correta de agir?" Bem, o capitalismo é brutal, mas, pessoalmente, acho que o mundo é melhor por ter o Walmart. Há quem idealize a vida em cidades pequenas, mas eu vivi muito tempo nelas. E vou dizer uma coisa para vocês: não sejam idealistas demais pensando em todos os negócios que o Walmart destruiu. Até porque no Walmart há muitas pessoas incríveis, cheias de entusiasmo, que criam filhos íntegros. Não sinto que esse tenha sido o caso de uma cultura inferior destruindo uma cultura superior. Acho que pensar assim não passa de nostalgia e romantização. De todo modo, esse é um modelo interessante de como a escala e a determinação podem, quando somadas, dar origem a algo muito poderoso.

Sob outro ângulo também é um modelo interessante – se observarmos como a Sears, mesmo com todas as suas imensas vantagens, foi tão prejudicada pela burocracia. A rede tinha camadas e mais camadas de gerentes desnecessários. Era burocrática demais. Demorava demais para agir. E havia uma forma consagrada de pensamento. Se alguém lá dentro viesse com uma ideia nova, o sistema meio que se voltava contra a pessoa. A empresa tinha tudo que se pode esperar de uma grande burocracia disfuncional.

Para ser justo, a Sears também tinha muitas coisas boas. Ela só não era tão enxuta, impiedosa, esperta e competente quanto Sam Walton. E, com o tempo, nem todas as vantagens de escala foram suficientes para impedir que o Walmart e outros varejistas semelhantes ganhassem de lavada.

Temos problemas com outro modelo, e talvez vocês consigam decifrar melhor a questão. Muitos mercados ficam reduzidos a dois ou três grandes players, ou cinco ou seis. E em alguns desses mercados ninguém ganha dinheiro. Mas, em outros, todo mundo tira uma boa grana. Ao longo dos anos, vínhamos tentando entender por que em alguns mercados a concorrência é mais racional do ponto de vista do investidor, de modo que os acionistas têm um bom retorno, enquanto em outros há uma concorrência destrutiva que corrói sua riqueza.

Se o produto for uma commodity pura, como assentos de avião, dá para entender por que ninguém ganha dinheiro. Vamos refletir sobre os benefícios que as companhias aéreas deram ao mundo: viagens seguras, mais experiências, mais tempo com nossos entes queridos, e por aí vai. No entanto, o montante líquido obtido pelos acionistas desde a invenção do avião é hoje negativo – consideravelmente negativo. A concorrência era tão intensa que, com a desregulamentação, os acionistas de companhias de aviação comercial tiveram sua riqueza arruinada.

Já em outros setores, como o de cereais matinais, quase todos os grandes se dão bem. Se você for um fabricante mediano de cereais, poderá ter um lucro de 15% sobre seu capital. E, se for realmente bom, poderá lucrar 40%. Mas por que os cereais matinais são tão rentáveis nos Estados Unidos, apesar de parecer que estão competindo como doidos com promoções, cupons e tudo mais? Não entendo totalmente.

Claro, existe um fator de identidade de marca nos cereais que não existe nas companhias aéreas. Esse deve ser o principal ponto. E talvez os fabricantes de cereais, de modo geral, tenham aprendido a ser menos insanos na briga por fatias de mercado. Porque, se pelo menos um dos atores nesse cenário decidisse conquistar uma fatia maior... Por exemplo, se eu fosse a Kellogg's[8] e decidisse dominar 60% do mercado de cereais, acredito que conseguiria obter um lucro ainda maior. Eu acabaria com a Kellogg's. Mas acho que conseguiria.

Em alguns setores, os atores se comportam como uma versão demente da Kellogg's. Em outros, isso não acontece. Infelizmente, não tenho um modelo perfeito para prever como isso vai se desenrolar. Por exemplo, vamos encontrar muitos mercados em que as envasadoras parceiras da Pepsi e da Coca-Cola ganham muito dinheiro, e diversos outros em que engolem uma grande porcentagem da rentabilidade das duas franquias. Isso provavelmente se deve às peculiaridades da adaptação individual ao capitalismo de mercado. Seria preciso conhecer as pessoas envolvidas para entender de fato o que ocorre.

Na microeconomia temos, é claro, o conceito de patentes, marcas registradas, franquias exclusivas,[9] etc. As patentes são bem interessantes. Quando eu era mais novo, acho que patentes davam mais despesas do que lucros. Os pedidos de registro tendiam a ser rejeitados com base em argumentos sobre até que ponto algo havia sido realmente inventado ou derivava de técnica anterior. Não é muito claro como funcionava. Mas isso mudou. Não mudaram as leis, apenas a forma de gerenciar o processo, de modo que tudo vai para um único tribunal de patentes. E esse tribunal hoje em dia é muito mais favorável aos registros. Então acho que as pessoas estão começando a ganhar muito dinheiro com a detenção de patentes.

Já as marcas registradas sempre renderam muito dinheiro. Se for bem conhecida, uma marca faz maravilhas por uma grande operação.

A franquia exclusiva também pode ser maravilhosa. Se existissem apenas três canais de TV em uma cidade grande, haveria um limite de horas por dia em que cada um poderia estar no ar, configurando uma posição natural em um oligopólio na época anterior à TV a cabo. Se conseguir a franquia do único restaurante em um aeroporto, você terá uma clientela cativa e uma espécie de pequeno monopólio.

A grande lição da microeconomia é discernir quando a tecnologia vai ajudar seu negócio e quando vai destruí-lo. E a maioria das pessoas não entende isso direito, mas um sujeito como Buffett entende. Por exemplo, quando atuávamos na indústria têxtil, que é um péssimo setor de commodities, produzíamos têxteis de baixo valor agregado, um verdadeiro produto de base. Um dia, chegaram para Warren e disseram: "Inventaram um novo tear que achamos que vai produzir duas vezes mais que os atuais." Ao que Warren respondeu: "Puxa, espero que não funcione, porque, se funcionar, vou fechar a fábrica." E ele estava falando sério.

O que ele pensou? Ele pensou o seguinte: "Este é um péssimo negócio. Estamos tendo retornos abaixo do padrão e mantendo a operação apenas em consideração aos trabalhadores mais velhos. Mas não vamos injetar grandes montantes de capital adicional em um péssimo negócio." E ele sabia que os enormes ganhos de produtividade com uma máquina melhor para fabricar um item de base beneficiariam todos os compradores, mas nada iria para o nosso bolso.

Isto é básico: saber que, por mais maravilhosas que sejam, existem novas invenções que não oferecem nada aos proprietários além da oportunidade de deixar muito mais dinheiro num negócio que permanecerá sendo péssimo. O dinheiro continuará não chegando à sua mão. Apenas os clientes vão aproveitar todas as vantagens das grandes melhorias.

Por outro lado, se você fosse dono do único jornal em Oshkosh e inventassem maneiras mais eficientes de compor o jornal inteiro, então, quando você se livrasse da tecnologia antiga e adquirisse computadores novos e sofisticados e tudo mais, todo o valor poupado com a redução de custos ficaria para você.

Em qualquer caso, as pessoas que vendem o maquinário – e, em geral, até mesmo os burocratas internos que insistem na compra do equipamento – apresentam projeções do montante que a nova tecnologia permitirá poupar em relação aos custos atuais. Só que eles não fazem a segunda etapa da análise, que é determinar quanto vai ficar no negócio e quanto vai para o cliente. Nunca na minha vida vi uma única projeção que incluísse essa segunda etapa. E vejo projeções desse tipo o tempo todo. O que sempre escrevem é: "Este investimento de capital vai lhe poupar tanto dinheiro que se pagará em três anos."

Então o proprietário continua comprando coisas que vão se pagar em três anos. E, depois de 20 anos fazendo isso, fica surpreso ao constatar que obteve um retorno de meros 4% ao ano. A indústria têxtil é assim. E não é que as máquinas não fossem melhores. Acontece que a economia não vai para o proprietário. A redução de custos realmente se concretizou, mas o benefício disso não foi para o bolso de quem comprou o equipamento. Essa é uma percepção tão simples, tão básica... E tanta gente esquece.

Tem outro modelo da microeconomia que eu considero muito interessante. Quando a tecnologia avança rápido como na nossa civilização, ocorre um fenômeno que chamo de destruição competitiva. Sabe como é, o sujeito tem a melhor fábrica de chicotes para cavalos e de repente surge uma espécie de carruagem sem cavalos. Num piscar de olhos, a fábrica de chicotes já era. Ou ele parte para outra atividade, ou está liquidado. Isso acontece o tempo todo.

Quando esses novos negócios aparecem, há enormes vantagens para os que chegarem primeiro. Nesse caso, existe um modelo que eu chamo de surfar a onda. Quando um surfista entra no mar, pega a onda e pode ficar assim por um bom tempo. Mas se ele sair da onda, vai atolar no raso. As empresas têm longas jornadas quando estão na crista da onda, seja a Microsoft, a Intel ou qualquer outro tipo de negócio, inclusive a National Cash Register[19] em seus primórdios.

A caixa registradora foi uma das grandes contribuições para a civilização. Sua história é maravilhosa. [John Henry] Patterson era um pequeno varejista que não ganhava dinheiro nenhum. Um dia, alguém lhe vendeu uma caixa registradora rudimentar, que ele instalou em seu estabelecimento. E passou instantaneamente de perda para lucro, porque ficou muito mais difícil ser roubado pelos funcionários.

O curioso é que Patterson, tendo o tipo de mente que tinha, não pensou: "Ah, que ótimo para o meu negócio." Em vez disso, pensou: "Vou vender caixas registradoras." Ele então criou a National Cash Register. E surfou a onda. Obteve o melhor sistema de distribuição, a maior coleção de patentes, o melhor de tudo. Era fanático por tudo de mais relevante que surgia à medida que a tecnologia evoluía.

Tenho em meus arquivos um relatório antigo da National Cash Register no qual Patterson descreve seus métodos e objetivos. Um orangotango esclarecido conseguiria perceber que comprar uma participação na companhia de Patterson na época, dado o conhecimento dele a respeito de caixas registradoras, era 100% garantido. É justamente isso que um investidor deve procurar. Ao longo de uma vida inteira, você possivelmente lucrará muito com pelo menos algumas dessas oportunidades se desenvolver a sabedoria e a vontade de aproveitá-las. A ideia de surfar a onda é um modelo muito poderoso.

A Berkshire Hathaway em geral não acompanha os investidores que surfam a onda de tecnologias complicadas. Afinal de contas, somos rabugentos e teimosos, como vocês devem ter notado. Além do mais, Warren e eu achamos que não temos nenhuma grande vantagem se entrarmos no setor de alta tecnologia. Pelo contrário: achamos que estaríamos em grande desvantagem se fôssemos tentar compreender a natureza dos desenvolvimentos técnicos de softwares, microprocessadores e coisas do tipo. Então tendemos a evitar essas coisas, por nossa falta de intimidade pessoal com o assunto.

Isso nos leva a mais uma ideia muito, muito poderosa. Cada pessoa tem um círculo de competência. E é muito difícil ampliar esse círculo. Se eu tivesse que ganhar a vida como músico... não consigo nem pensar em um nível baixo o bastante para descrever qual seria minha categoria se a música fosse o padrão de medida da civilização.

Portanto, vocês têm que descobrir quais são suas aptidões. Se insistirem em jogar um jogo em que outras pessoas têm aptidão e vocês não, vocês vão perder. Essa é a previsão mais certeira que se pode fazer. Vocês precisam descobrir em que áreas têm vantagem e jogar dentro do seu círculo de competência.

Se algum de vocês quiser se tornar o melhor tenista do mundo, pode começar a treinar e logo vai descobrir que é impossível – outros tenistas vão massacrá-lo. Mas, se quiserem se tornar o melhor bombeiro hidráulico de Bemidji, isso deve ser possível para dois terços de vocês. É preciso vontade. É preciso inteligência. Mas, depois de um tempo, pouco a pouco vocês vão entender tudo do negócio de hidráulica em Bemidji e vão dominar o ofício. Esse é um objetivo alcançável, desde que tenham disciplina suficiente. E as pessoas que jamais conseguiriam vencer um torneio de xadrez ou jogar na quadra central em um torneio de tênis renomado podem crescer bastante na vida se desenvolverem aos poucos um círculo de competência, que resulta em parte de características inatas, em parte daquilo que apreendem gradualmente.

Algumas vantagens competitivas podem ser adquiridas. E o jogo da vida, até certo ponto, para a maioria das pessoas, é tentar ser o equivalente a um bom bombeiro hidráulico em Bemidji. Pouquíssimos são escolhidos para vencer os torneios mundiais de xadrez. Alguns de vocês podem encontrar oportunidades surfando nas novas áreas da alta tecnologia – as Intels e as Microsofts da vida. O fato de não acharmos que somos muito bons nisso e de termos ficado de fora não significa que não possa fazer sentido para vocês.

Bem, vimos modelos microeconômicos básicos, um pouco de psicologia e um pouco de matemática, para ajudar a criar o que eu chamo de subestrutura geral da sabedoria. Se quiserem passar das verduras para a sobremesa, agora vou tratar da seleção de ativos, tentando tirar proveito dessa sabedoria geral ao longo do processo.

Não pretendo entrar em mercados emergentes, arbitragem nem assuntos do gênero. Não vou falar de nada além da simples escolha de ações. Isso, acreditem, já é bastante complicado. E me refiro à seleção de ações ordinárias.

A primeira questão é: qual a natureza do mercado de ações? Isso nos leva diretamente à hipótese dos mercados eficientes, que virou moda, uma moda absurda, um bom tempo depois que me formei em direito. É uma teoria bastante interessante, porque um dos maiores economistas do mundo é um acionista substancial da Berkshire Hathaway de longa data,[11] desde que Buffett assumiu o comando. O livro desse cara dizia que o mercado de ações é perfeitamente eficiente e que ninguém é capaz de superá-lo. Mas ele colocou o dinheiro na Berkshire e ficou rico. Assim, tal como Pascal em sua famosa aposta, ele fez a aposta segura.

O mercado de ações é tão eficiente que não se pode vencê-lo? Bem, a hipótese dos mercados eficientes é rigorosamente correta, o que significa que os mercados são bastante eficientes e é muito difícil vencê-los por margens significativas contando apenas com a inteligência e com a disciplina na hora de selecionar papéis. O resultado médio tem que ser o resultado médio, claro. Por definição, nem todo mundo pode bater o mercado. Como sempre digo, a regra de ouro da vida é que apenas 20% das pessoas podem estar entre os cinco mais ricos. É assim que as coisas funcionam. Portanto a resposta é que o mercado é em parte eficiente e em parte ineficiente.

A propósito, eu tenho um nome para as pessoas que adotaram a teoria do mercado extremamente eficiente: doidas. Era uma teoria intelectualmente sólida que permitia fazer belos cálculos, por isso compreendo seu poder de atração para aqueles que são bons em matemática. Havia apenas um problema: a suposição fundamental não é de todo fiel à realidade. Vou repetir: para quem só tem um martelo, todo problema parece um prego. Ora, se eu sou bom em matemática avançada, por que não fazer uma suposição que me permita usar minha ferramenta de preferência?

O modelo que me agrada – para simplificar a explicação do que acontece em um mercado de ações ordinárias – é o sistema de apostas parimutuais[12] das corridas de cavalo. Se vocês pararem para pensar, um sistema de apostas parimutuais é um mercado. Todo mundo vai lá e faz suas apostas, e as probabilidades mudam de acordo com o que foi apostado. É igual ao que acontece no mercado de ações.

Qualquer idiota é capaz de entender que um cavalo carregando um jóquei leve, com uma incrível proporção de vitórias e uma boa posição no páreo, tem muito mais chances de vencer do que um cavalo com um histórico péssimo e um jóquei mais pesado. No entanto, se olharmos para as malditas probabilidades, o pior cavalo paga 100 para 1, enquanto o melhor paga 3 para 2. Logo, não fica claro qual é estatisticamente a melhor aposta usando a matemática de Fermat e Pascal. Os preços mudam de tal forma que é muito difícil vencer o sistema. E a casa fica com 17% de tudo. Portanto não basta que o apostador seja mais perspicaz que todos os outros: ele tem que ser mais perspicaz por uma margem tão grande que lhe permita se dar ao luxo de abrir mão de 17% do valor bruto de suas apostas antes mesmo que o restante do seu dinheiro seja efetivamente empregado.

Considerando esses cálculos, é possível vencer nesse tipo de aposta usando apenas a inteligência? É de esperar que a inteligência dê alguma vantagem, porque muita gente que não entende nada de cavalos sai apostando em números da sorte e coisas assim. Portanto, alguém que realmente não pensa em nada além do desempenho do cavalo, é perspicaz e tem boa capacidade de análise poderia ter uma vantagem considerável, caso não houvesse o custo friccional da comissão da casa.

Infelizmente, o que a vantagem de um apostador perspicaz faz, na maioria dos casos, é reduzir para talvez 10% sua perda média ao longo de uma temporada, em comparação com os 17% que ele perderia se obtivesse o resultado médio. Mas algumas pessoas conseguem vencer depois de pagos os 17%.

Quando era jovem, eu jogava pôquer com um cara que ganhava muito dinheiro só apostando em corridas de trote. A propósito, as corridas de trote são um mercado relativamente ineficiente. Não existe a mesma profundidade de inteligência das corridas de cavalo comuns. O que o meu amigo do pôquer fazia era pensar nas corridas como sua verdadeira profissão. E ele apostava apenas eventualmente, quando via alguma aposta subprecificada. Depois de pagar toda a comissão da casa – que presumo que fosse cerca de 17% –, ele ganhava uma bela grana.

Precisamos admitir que isso é raro. No entanto, o mercado não era de todo eficiente. E, se não fosse por essa enorme comissão de 17%, muitas pessoas estariam regularmente vencendo várias outras nas corridas de cavalos. É eficiente, sim. Mas não totalmente. Com bastante astúcia e determinação, algumas pessoas terão resultados melhores que outras.

O mercado de ações funciona da mesma forma, com a diferença de que a comissão da casa é muito mais baixa. Se levarmos em conta os custos de transação – o spread somado às comissões – e se não fizermos mais operações que o necessário, teremos custos bem baixos, até. Assim, com determinação e disciplina, algumas pessoas perspicazes vão conseguir resultados muito acima da média.

Não é nada fácil. E, claro, 50% vão acabar na metade inferior e 70% vão terminar entre os 70% piores. Mas algumas pessoas terão uma vantagem. E, em uma operação com custos de transação bastante baixos, vão obter resultados melhores que a média na escolha de ações.

Como se tornar um dos vencedores (em um sentido relativo), e não um dos perdedores? Mais uma vez, devemos observar o sistema de apostas parimutuais. Ontem, por acaso, jantei com o presidente do hipódromo Santa Anita. Segundo ele, agora que é possível fazer apostas em outros locais que não a pista, há dois ou três apostadores que têm um acordo de crédito com o hipódromo e estão realmente vencendo a casa. A casa tem enviado o valor do prêmio – grande parte para Las Vegas, aliás – a pessoas que estão efetivamente ganhando um pouco, mesmo depois de pagar a comissão cheia. Esses apostadores têm esse nível de perspicácia mesmo num sistema tão imprevisível quanto corrida de cavalos.

Não é possível para nenhum ser humano saber tudo sobre tudo o tempo todo. Mas para aqueles que se esforçam arduamente para isso, que estão sempre atentos em busca de uma aposta subprecificada, é possível encontrar uma de vez em quando. E os mais sábios apostam alto quando o mundo lhes oferece essas oportunidades. Apostam alto quando as chances estão a favor deles. E no restante do tempo não apostam. Simples assim.

Esse é um conceito muito simples. E, para mim, está obviamente correto, como mostra a experiência não apenas do sistema de apostas parimutuais como a de qualquer lugar. Mas na gestão de investimentos praticamente ninguém opera dessa forma. Nós operamos dessa forma – nós, Buffett e Munger. E não somos os únicos. Mas a grande maioria tem algum outro conceito maluco na cabeça. Em vez de esperar para mergulhar fundo na oportunidade certa, as pessoas aparentemente compram a teoria de que, se trabalharem um pouco mais ou contratarem mais alunos egressos das faculdades de Administração, saberão tudo sobre tudo o tempo todo. Isso para mim é uma insanidade total.

De quantos insights vocês precisam? Bem, eu diria que não precisam de muitos ao longo da vida. Se olharem a Berkshire Hathaway e todos os seus bilhões acumulados, os dez principais insights respondem pela maior parte deles. E isso com um sujeito brilhante – Warren é muito mais capaz do que eu e muito disciplinado – dedicando toda a sua vida aos negócios. Não estou dizendo que ele teve apenas dez insights na vida, e sim que a maior parte do dinheiro veio de dez insights.

Portanto vocês podem ter resultados notáveis nos investimentos se pensarem mais como um jogador vencedor no formato parimutual de apostas. Pensem nisso como um jogo em que as probabilidades estão duramente contra vocês, um ambiente cheio de bobagens e insanidades, com uma ou outra subprecificação de vez em quando. Dificilmente vocês serão espertos o bastante para encontrar milhares de casos assim ao longo da vida. Mas, quando encontrarem, vão se dar muito bem. Juro que é simples assim.

Quando vai palestrar em escolas de Administração, Warren costuma dizer: "Eu poderia melhorar a vida financeira de todos aqui se desse a vocês uma cartela com 20 quadradinhos, representando todos os investimentos que poderão fazer ao longo da vida, apenas 20 tentativas. Depois de completar a cartela, vocês não poderiam fazer mais nenhum." E aí ele continua: "Sujeitos a essas regras, vocês pensariam com muito cuidado antes de agir e seriam obrigados a se concentrar no que realmente avaliaram. Assim se sairiam muito melhor."

Esse é mais um conceito que para mim parece óbvio. E para Warren também. Mas esta é uma das poucas turmas de Administração do país a quem uma pessoa diria algo assim. Simplesmente não é a sabedoria convencional.

Para mim é óbvio que o vencedor tem que ser muito seletivo em suas apostas. Isso é lógico para mim desde muito cedo. Não sei por que não é assim para muito mais gente.

Tem uma história que eu conto sobre um vendedor de equipamento de pesca que ilustra muito bem por que caímos nessa bobagem tão grande na gestão de investimentos. Eu perguntei a ele: "Meu Deus, os peixes realmente mordem essas iscas? São roxas e verdes." E ele respondeu: "Senhor, eu não vendo para os peixes."

Os gestores de investimentos estão na mesma posição desse vendedor de material de pesca. São como o vendedor que vende sal para o sujeito que já tem sal demais. Enquanto o cara comprar sal, ele vai vender sal, ora. Mesmo não sendo o que normalmente atende às necessidades do cliente.

Um gestor que investisse no estilo Berkshire Hathaway dificilmente receberia salários tão altos quanto tantos gestores da atualidade, porque teria participação no Walmart, na Coca-Cola e em mais alguma outra empresa. Não teria muito o que fazer. E o cliente dele estaria cada vez mais rico. Depois de um tempo, o cliente ia pensar: "Por que estou dando a esse cara meio por cento das minhas maravilhosas participações passivas?"

O que faz sentido para o investidor não é o que faz sentido para o gestor. E, como é da natureza humana, o que determina o comportamento são os incentivos para quem toma as decisões, e acertar nos incentivos é uma lição muito, muito importante.

De todas as empresas, meu caso preferido para ilustrar o poder dos incentivos é o da Federal Express.[13] O coração e a alma do sistema deles, o que proporciona integridade ao serviço, é fazer com que todos os aviões cheguem a determinado lugar no meio da noite e redistribuir todos os pacotes entre os aviões. Se houver qualquer atraso, a operação perde qualidade. Só que era sempre uma bagunça. Eles nunca conseguiam concluir o processo a tempo. Tentaram de tudo: persuasão moral, ameaças, o que vocês puderem imaginar. E nada funcionava. Até que alguém teve a ideia de pagar as pessoas não por hora, mas por turno, e, quando estivesse tudo feito, todos poderiam ir para casa. Os problemas foram resolvidos da noite para o dia.

Por aí vocês veem que ter os incentivos certos é muito, muito importante. Não estava óbvio para a Federal Express qual seria a solução. Mas talvez seja óbvio para vocês daqui para a frente.

Pois bem, agora sabemos que o mercado é eficiente da mesma forma que um sistema de apostas parimutuais – com a barbada sendo mais propensa a se sair bem na corrida do que o azarão, mas sem necessariamente haver vantagens para quem aposta na barbada.

No mercado de ações, uma ferrovia que vem sendo afetada por concorrentes superiores e sindicatos mais combativos pode estar disponível por um terço do seu valor contábil. Já a IBM, no seu apogeu, podia ser vendida a seis vezes o seu valor contábil. Qualquer idiota podia enxergar que a IBM tinha perspectivas melhores do que a ferrovia, mas, quando se considerava o preço das ações, não era mais tão evidente o que seria melhor para um comprador que tivesse de escolher entre as empresas. Muito parecido com o sistema de apostas parimutuais. Portanto muito difícil de vencer.

Que estilo o investidor deve adotar na hora de selecionar ações ordinárias para tentar vencer o mercado – em outras palavras, para obter um resultado acima da média no longo prazo? Muita gente gosta da chamada estratégia de rotação setorial. Consiste basicamente em descobrir quando o petróleo vai superar as varejistas em desempenho, etc., etc., etc. O sujeito fica pulando para os setores mais "quentes" do mercado, fazendo escolhas melhores do que os demais. Depois de bastante tempo agindo assim, ele supostamente se vê na dianteira.

Eu não conheço ninguém que tenha ficado rico fazendo isso. Talvez algumas pessoas consigam. Não estou dizendo que elas não existam. Só sei que todas as pessoas que conheço que enriqueceram, e conheço muitas, não enriqueceram dessa forma.

A segunda estratégia básica é aquela utilizada por Benjamin Graham,[14] muito admirado por Warren e por mim. Graham tinha um conceito de valor para o proprietário que era o valor integral da empresa caso ela fosse colocada à venda. E era possível calcular isso em muitos casos. Então, se a pessoa pegasse o preço da ação, multiplicasse pelo número de ações e chegasse a um valor que fosse um terço ou menos do valor de venda hipotético, ela diria que tinha uma grande oportunidade. Mesmo que fosse um negócio ultrapassado administrado por um alcoólatra idoso, esse excesso significativo de valor real por ação trabalhando a favor do investidor representava grandes chances de grandes retornos. O investidor tinha uma enorme margem de segurança, como ele descreveu, com esse enorme excedente a seu favor.

Só que, de modo geral, Graham operava numa época em que o mundo se encontrava em estado de choque depois da década de 1930, quando houve a pior retração nos países de língua inglesa em cerca de seis séculos. O trigo em Liverpool, creio eu, atingiu o nível mais baixo dos seis séculos anteriores, considerando valores corrigidos pela inflação. As pessoas ficaram nesse estado por tanto tempo que Graham passava seu contador Geiger pelos escombros do colapso dos anos 1930 e encontrava empresas sendo vendidas abaixo de seu valor contábil e muito mais. Sendo que naquela época o capital de giro pertencia de fato aos acionistas. Se os funcionários não tivessem mais serventia, você simplesmente demitia todo mundo, pegava o capital de giro e enfiava no bolso dos proprietários. Era assim que o capitalismo funcionava naquele tempo.

Hoje em dia, a contabilidade não é realista, porque no momento em que o negócio começa a se retrair já não existem ativos significativos. De acordo com as normas sociais e as novas regras jurídicas da civilização, deve-se tanto aos empregados que, no minuto em que a empresa engata a ré, alguns dos ativos presentes no balanço não existem mais.

Porém isso pode não ser verdade se eu mesmo administro uma pequena concessionária de automóveis. Posso gerenciá-la de uma forma que não haja plano de saúde e isso e aquilo, assim, se as coisas desandarem, pego meu capital de giro e me mando. Mas a IBM não pode, ou pelo menos não fez isso. Basta ver o que desapareceu do balanço quando eles decidiram que precisavam reduzir o tamanho, tanto porque o mundo tinha mudado em termos tecnológicos quanto porque sua posição no mercado havia se deteriorado.

E, em termos de desastre, a IBM é um exemplo. Eram pessoas brilhantes e disciplinadas. Mas houve tanta turbulência de inovações tecnológicas que a IBM morreu na praia depois de surfar na crista da onda por 60 anos. E foi um colapso e tanto – o que constitui uma lição prática sobre as complexidades da tecnologia e uma das razões para que Buffett e Munger não gostem muito desse setor. Achamos que não somos bons nisso e que coisas estranhas podem acontecer.

De qualquer forma, o problema que eu chamo de conceito clássico de Graham é que o mundo foi ficando esperto e essas pechinchas muito óbvias desapareceram. Vocês podem passar o contador Geiger sobre os destroços que ele não vai apitar.

Mas tal é a natureza das pessoas que têm um martelo – para quem, como eu disse, todo problema parece um prego – que os seguidores de Graham recalibraram seus contadores Geiger. Inclusive adotaram outra definição de pechincha. E continuaram mudando a definição para poder fazer o que sempre fizeram. E permaneceu dando certo. Ou seja, o sistema de Ben Graham é muito bom.

A melhor parte é, claro, o conceito de Sr. Mercado. Em vez de acreditar que o mercado era eficiente, Graham o tratou como um maníaco-depressivo que faz uma visita a ele todos os dias. Alguns dias o Sr. Mercado diz: "Vou te vender minha parte por muito menos do que você acha que vale." Em outros, ele chega e diz: "Vou comprar sua parte por um preço muito mais alto do que você acha que vale." E você tem a opção de decidir se quer comprar mais, vender parte do que tem ou não fazer nada.

Para Graham, é ótimo fazer negócios com um maníaco-depressivo que dá essa série de opções o tempo todo. Essa é uma construção mental muito significativa. E vem se mostrando muito útil para Buffett, por exemplo, desde que ele se entende por gente. Mas, se tivéssemos seguido o Graham clássico do jeito que Graham fazia, jamais teríamos o histórico que temos hoje. Porque Graham não estava tentando fazer o que fizemos.

Para começar, Graham jamais quis conversar com a administração. E nunca quis isso porque, tal como os melhores professores – aqueles que voltam suas lições para o grande público –, o que ele queria era desenvolver um sistema que qualquer pessoa pudesse usar. E duvidava que o sujeito comum fosse capaz de conversar com a administração e entender alguma coisa. Ele também acreditava que a administração muitas vezes redigia as informações de maneira enganosa, portanto era complicado demais. E ainda é dessa forma, claro, sendo a natureza humana como é.

Assim, tendo começado como discípulos de Graham – o que, aliás, deu muito certo –, pouco a pouco passamos a ter o que eu chamaria de insights melhores. E percebemos que mesmo uma empresa à venda por duas ou três vezes seu valor contábil ainda poderia ser uma bela pechincha se considerássemos as forças implícitas em sua posição no mercado, às vezes somadas a uma habilidade gerencial incomum de uma ou outra pessoa ou presente em um ou outro sistema. Depois que ultrapassamos a barreira conceitual de reconhecer que algo podia, sim, ser uma pechincha com base em medidas quantitativas que teriam deixado Graham horrorizado, começamos a olhar para negócios em melhor situação.

A propósito, a maior parte dos bilhões da Berkshire Hathaway veio de negócios em melhor situação. Boa parte dos primeiros 200 ou 300 milhões de dólares veio de vasculhar com o nosso Geiger, mas a maior parcela de tudo veio das boas e grandes empresas. E mesmo parte do dinheiro inicial veio da participação temporária em bons negócios.

[A maioria dos gestores de investimentos] está em um jogo no qual os clientes esperam que eles saibam muito sobre muitas coisas. Não tínhamos nenhum cliente que pudesse nos demitir na Berkshire Hathaway, portanto não éramos governados por expectativa semelhante. E desenvolvemos essa estratégia de encontrar negócios subprecificados e apostar alto quando nos sentíamos muito confiantes em nossa avaliação. Logo, somos muito menos diversificados. Mas acho nosso sistema muito melhor.

Justiça seja feita, acredito que [muitos gestores] não conseguiriam vender seus serviços se utilizassem o nosso sistema, mas, para quem está aplicando há 40 anos num fundo de pensão, que diferença faz se a trajetória inteira for um pouco mais acidentada ou um pouco diferente de todas as outras, desde que tudo dê certo no fim? E daí se houver um pouco mais de volatilidade? Na gestão de investimentos de hoje, além de querer ganhar, todo mundo também quer que o caminho nunca se desvie muito do padrão, a menos que seja um desvio positivo. Bem, essa é uma expectativa muito artificial e irracional. É como atar os próprios pés.

Os gestores de investimentos diriam: "Temos que fazer assim, pois é assim que somos avaliados." Eles podem até ter razão em apontar que os negócios hoje em dia funcionam dessa forma, mas, do ponto de vista de um cliente racional, o sistema todo é maluco e atrai muita gente talentosa para atividades socialmente inúteis. E o sistema da Berkshire não é maluco. É tão elementar que mesmo pessoas brilhantes terão um número limitado de insights realmente valiosos, em um mundo muito competitivo, quando estiverem concorrendo com outras pessoas muito brilhantes e empenhadas.

E faz sentido apostar alto nos poucos insights bons que temos em vez de fingir que sabemos tudo sobre tudo o tempo todo. É muito mais provável que vocês se saiam bem se começarem a fazer algo viável em vez de algo inviável. Isso não é óbvio? Quantos de vocês tiveram 56 insights brilhantes com idêntico grau de confiança em todos? Levantem a mão, por favor. Agora, quantos tiveram dois ou três insights nos quais confiam razoavelmente? Sem mais.

Nosso sucesso realmente veio de negócios de alta qualidade. Alguns, compramos por inteiro; em outros, adquirimos apenas uma grande participação. De qualquer modo, quando analisamos o histórico, vemos que a maior parte do dinheiro veio de negócios de alta qualidade. E o mesmo aconteceu com a maioria das outras pessoas que ganharam muito dinheiro.

Eu diria que o sistema da Berkshire Hathaway está se adaptando à natureza do problema dos investimentos tal como ele realmente é. No longo prazo, é difícil que uma ação dê um retorno muito melhor que o negócio que a sustenta. Se uma empresa lucra 6% sobre seu capital em 40 anos e eu mantenho minha participação durante esses 40 anos, meu retorno não vai ser muito diferente de 6%, mesmo que eu tenha comprado os papéis com grande desconto. Por outro lado, se uma empresa ganha 18% sobre seu capital no período de 20 ou 30 anos, mesmo que eu pague aparentemente caro pelos papéis, vou ter um retorno e tanto. O segredo é entrar em bons negócios. E isso envolve todas as vantagens de escala que podemos considerar efeitos de impulso.

Mas como entrar nessas grandes empresas? Um método é o que eu definiria como encontrá-las quando ainda estão pequenas. Por exemplo, compre o Walmart quando Sam Walton abrir o capital. Muita gente tenta fazer isso, e é uma ideia muito sedutora. Se eu fosse jovem, é bem provável que entrasse nesse ramo. Mas isso não funciona mais para a Berkshire Hathaway, porque temos muito dinheiro. Não conseguimos encontrar nada que atenda ao nosso parâmetro de tamanho. Além disso, somos determinados nos caminhos que traçamos. Mas acho que encontrar grandes empresas enquanto ainda são pequenas é uma estratégia inteligente para se perseguir com disciplina. Só não é algo que eu tenha feito.

Lógico que encontrá-las já grandes é muito mais difícil, por causa da concorrência. Até agora, a Berkshire vem conseguindo isso. Mas será que vamos continuar nesse caminho? Qual é a nossa próxima Coca-Cola? Bem, a resposta é que eu não sei. Acho que fica cada vez mais difícil.

Além disso, o ideal (já fizemos muito isso) é entrar em uma boa empresa que tenha uma boa gestão, porque a gestão é importante. Para a General Electric, por exemplo, a entrada de Jack Welch, em vez do cara que assumiu a Westinghouse, fez uma diferença absurda. Absurda. Sim, a gestão é importante. E esse aspecto é, em parte, previsível. Não é preciso ser nenhum gênio para entender que Jack Welch era uma pessoa mais perspicaz e um gestor melhor do que outros gestores de outras empresas. Também não era preciso ser nenhum grande gênio para entender que a Disney tinha forças motrizes muito poderosas e que [Michael] Eisner e [Frank] Wells[15] eram gestores acima da média.

Pois é, de vez em quando a gente tem uma oportunidade de entrar numa grande empresa comandada por um grande gestor. Quando isso acontece, é o paraíso. Não mergulhar de cabeça nessas ocasiões é um grande erro.

De vez em quando vocês vão encontrar um ser humano tão talentoso que é capaz de fazer coisas que os mortais comuns, ainda que habilidosos, não conseguem. Eu diria que Simon Marks[16] – a segunda geração da Marks & Spencer, da Inglaterra – era um desses seres.

Patterson, da National Cash Register, era outro. E Sam Walton também. Essas pessoas aparecem, e não costuma ser tão difícil identificá-las. Se elas saírem com uma mão razoável – com a determinação, a inteligência e tudo mais que geralmente trazem para a equação –, então a gestão pode fazer muita coisa.

Porém apostar na qualidade de um negócio costuma ser melhor do que apostar na qualidade da gestão. Ou seja, se tiver que escolher apenas um, aposte no impulso do negócio e não na habilidade do gestor. Mas muito raramente se encontra um gestor tão bom que faça sentido ir atrás dele em um negócio que pareça medíocre.

Outro efeito muito simples que poucas vezes vejo ser discutido por gestores de investimentos ou qualquer outra pessoa é o efeito dos impostos. Se eu compro um título de 30 anos a 15% ao ano e pago 35% de imposto no vencimento, o que acontece é que, na prática fico com apenas 13,3% ao ano.

Se eu comprasse o mesmo título, mas tivesse que pagar os 35% de imposto a cada ano sobre os 15% de rendimento, meu retorno seria de 15% menos 35% de 15%, ou apenas 9,75% ao ano. A diferença é de mais de 3,5%. E o que esses 3,5% fazem com os números por longos períodos, como 30 anos, é simplesmente impressionante. Se vocês detiverem boas empresas por períodos bem longos, terão uma vantagem gigantesca apenas pelo sistema de cobrança de impostos.

Mesmo com um investimento de 10% ao ano, pagar 35% em imposto no final dá 8,3% de rendimento anual em 30 anos. Mas, se eu pagar 35% a cada ano em vez de pagar só no final, meu rendimento anual cai para 6,5%. Ou seja, são quase 2% a mais de retorno líquido, por ano, mesmo que se obtenha um retorno médio pelos padrões históricos de investimento em ações ordinárias em empresas com baixo índice de distribuição de dividendos.

Só tem uma questão: em termos de erros empresariais que já vi ao longo da vida, eu diria que tentar reduzir demais o que se paga em impostos é uma das principais causas de erros estúpidos. Vejo equívocos terríveis serem cometidos por preocupações excessivas com questões fiscais. Warren e eu não furamos poços de petróleo. Nós pagamos os nossos impostos. E nos saímos muito bem até agora. Sempre que alguém lhes oferecer uma proteção fiscal daqui em diante, meu conselho é: não comprem. Inclusive, sempre que alguém oferecer a vocês algo com uma comissão alta e um prospecto de 200 páginas, não comprem. Uma vez ou outra vocês vão estar errados ao adotar a regra de Munger, mas, ao longo da vida, terão uma enorme vantagem – e deixarão de passar por muitas das experiências infelizes que poderiam reduzir o seu grau de amor ao próximo.

Há enormes vantagens para quem chega a uma posição em que faz alguns grandes investimentos e simplesmente espera: a pessoa paga menos aos corretores, escuta menos bobagens e, se der certo, o sistema tributário lhe permite lucrar 1, 2 ou 3 pontos percentuais a mais por ano. E vocês acham que vão obter essas mesmas vantagens contratando consultores a 1% para eles saírem por aí arranjando mais um monte de impostos para vocês pagarem? Boa sorte.

Há algum risco nessa filosofia? Sim. Tudo na vida tem riscos. Assim como é óbvio que investir em grandes empresas funciona, de vez em quando é terrivelmente exagerado. Na época da Nifty Fifty,[17] todo mundo sabia quais eram as melhores empresas, então os ganhos eram de até 50, 60, 70 vezes. Só que, assim como a IBM caiu da onda, outras empresas também caíram. Os investidores tiveram grandes perdas devido a preços muito elevados. E é preciso estar ciente desse risco. Porque, sim, existem riscos. Nada é automático e fácil. Mas se vocês encontrarem alguma empresa muito boa a um preço justo, comprarem e esperarem, isso tende a funcionar muito, muito bem – principalmente para pessoas físicas.

Dentro do modelo de ações de crescimento existe uma subposição: algumas vezes na vida vocês vão deparar com empresas em que qualquer gestor poderia aumentar absurdamente o retorno apenas aumentando os preços, mas eles não aumentaram. Elas possuem um enorme poder de precificação latente. Essa é a pista mais fácil de todas.

Isso aconteceu com a Disney. É uma experiência única levar seu neto à Disney. A gente não faz isso todo dia, e tem muita gente no país. Então a Disney descobriu que podia aumentar muito os preços e o público continuava aparecendo. Ou seja, grande parte do excelente histórico de Eisner e Wells veio da genialidade absoluta dos dois, mas o restante foi simplesmente por conta do aumento do preço dos ingressos para os parques e da venda de fitas VHS de desenhos animados clássicos.

Na Berkshire Hathaway, Warren e eu aumentamos os preços da See's Candies um pouco mais rápido do que outros talvez tivessem feito. E, claro, investimos na Coca-Cola, que tinha algum poder de precificação inexplorado. E tinha também uma gestão brilhante. [Roberto] Goizueta e [Donald] Keough sabiam fazer muito mais do que aumentar os preços. Foi perfeito.

Vocês vão encontrar algumas oportunidades de lucrar descobrindo preços que podem ser elevados. É sério, tem gente por aí que não sabe o preço dos produtos até o máximo que o mercado facilmente absorveria. Uma vez que se descobre isso, é como achar dinheiro na rua, se você tiver coragem de defender suas convicções.

Se olharmos para os investimentos da Berkshire em que ganhamos muito dinheiro e procurarmos os modelos, veremos que duas vezes compramos jornais locais em cidades com dois jornais, que desde então se tornaram cidades com um único jornal. Foi uma aposta, até certo ponto. Em um desses casos – o *The Washington Post*[18] –, compramos por cerca de 20% do valor a um proprietário privado. Ou seja, compramos no estilo Ben Graham, por um quinto do valor óbvio, e, além disso, ficamos diante de uma situação em que tínhamos a melhor mão num jogo que claramente teria apenas um vencedor no final, além de uma gestão com muita integridade e inteligência. Isso é um verdadeiro sonho. São pessoas fantásticas, a família de Katharine Graham. É por isso que foi um sonho. Um sonho completo, indiscutível.

Não podemos esquecer que isso aconteceu lá em 1973, 1974. E foi quase como em 1932. Foi, provavelmente, aquele tipo de evento que só se vê uma vez a cada 40 anos nos mercados. Esse investimento é cerca de 50 vezes superior ao nosso custo. Eu, no lugar de vocês, não esperaria nenhum investimento tão bom na vida quanto foi o *The Washington Post* em 1973 e 1974.

Agora gostaria de falar de outro modelo. É claro que a Gillette[19] e a Coca-Cola têm produtos com preços bastante baixos e uma tremenda vantagem de marketing em todo o mundo. E a Gillette continua surfando em novas tecnologias. São tecnologias bem simples se comparadas aos microchips, mas os concorrentes não conseguem fazer o mesmo, então a Gillette se manteve no topo das melhorias no produto. Existem países inteiros onde a Gillette detém mais de 90% do mercado de lâminas de barbear.

A GEICO[20] é um modelo muito interessante. Mais um dos cerca de 100 modelos que vocês devem ter na cabeça. Ao longo da vida eu fiz muitos amigos nesse jogo de ressuscitar negócios moribundos. Praticamente todos usam a seguinte fórmula, que eu chamo de fórmula para cirurgia de câncer: eles olham aquela bagunça e tentam descobrir se sobrou alguma parte sadia que possa sobreviver por conta própria. Se encontram, eles simplesmente cortam todo o restante. E, se não funciona, eles liquidam o negócio. Geralmente funciona.

A GEICO tinha um negócio magnífico – sufocado no meio da bagunça, mas que ainda funcionava. Iludida pelo sucesso, a empresa tomou algumas decisões estúpidas. Eles começaram a achar que sabiam tudo, só porque estavam fazendo muito dinheiro. E sofreram perdas enormes. Bastaria que deixassem de lado toda a loucura e retomassem o negócio perfeitamente ótimo que já existia. Se vocês pararem para pensar, esse é um modelo muito simples de investimento, que vemos a todo momento. No caso da GEICO, imaginem quanto dinheiro ganhamos passivamente. Era um negócio maravilhoso misturado com um monte de bobagem que podia ser facilmente eliminada, e estavam chegando pessoas com o temperamento e a inteligência perfeitos para fazer exatamente isso.

Esse é um modelo que vocês devem procurar. Pode ser que encontrem um, dois ou três excelentes até o fim da vida. E pode ser que encontrem 20 ou 30 bons o suficiente para serem bastante rentáveis.

Por fim, gostaria de voltar ao assunto da gestão de investimentos. Esse é um negócio engraçado, porque, em termos líquidos, todo o negócio de gestão de investimentos em conjunto não agrega valor a todos os clientes somados. É assim que tem que ser.

Agora vejam, isso não se aplica aos serviços de hidráulica nem à medicina. Se vocês pretendem fazer carreira no ramo de gestão de investimentos, vão deparar com uma situação muito peculiar. E a maioria dos gestores de investimentos reage a isso com negação, assim como os quiropráticos. Esse é o método-padrão para lidar com as limitações do processo de gestão de investimentos. Mas, se vocês quiserem ter o melhor tipo de vida, recomendo que não usem o modo de negação.

Acredito que um grupo seleto, uma pequena porcentagem dos gestores de investimentos, é capaz de agregar valor. Mas não acho que a genialidade, por si só, seja suficiente para isso. Acho que o sujeito precisa ter um pouco da disciplina de tomar boas decisões e apostar alto se quiser maximizar suas chances de se tornar um dos poucos que oferecem retornos reais acima da média para os clientes no longo prazo.

Mas estou falando apenas de gestores de investimentos que atuam na seleção de ações ordinárias. Sou agnóstico em qualquer outra área. Acho que pode muito bem haver pessoas tão perspicazes em relação a moedas e a isso e aquilo que sejam capazes de alcançar bons resultados no longo prazo operando em grande escala dessa forma. Mas essa não é minha expertise. Estou falando sobre a escolha de ações nos Estados Unidos. Acho que é difícil agregar muito valor ao cliente do gestor de investimentos, mas não é impossível.

DISCURSO DOIS REVISITADO

Ao revisar o Discurso Dois, em 2006, senti que ficaria melhor com os seguintes acréscimos: 1) uma tentativa de explicar o extremo sucesso do investimento de Harvard e Yale nos últimos anos;[21] 2) uma previsão dos resultados para os muitos pools de capital que agora vão tentar replicar o sucesso passado de Harvard e Yale, copiando ou mantendo os métodos usados; e 3) um breve comentário sobre as implicações da hipótese dos mercados eficientes, conforme demonstrado no livro de 2005 *Fortune's Formula* [A fórmula da fortuna], de William Poundstone.

Para mim, parece provável que, quando Harvard e Yale passaram a dar menos ênfase à estratégia convencional de deter um portfólio não alavancado e diversificado de ações ordinárias de empresas americanas, seu sucesso nos investimentos tenha sido impulsionado por fatores que incluem:

1 Ao investir em fundos LBO (*leveraged buyout*, ou aquisição alavancada), Harvard e Yale introduziram a alavancagem nos seus resultados de participações em empresas americanas. E a estrutura dos fundos LBO permitiu uma alavancagem mais segura do que seria possível em uma estrutura normal, sujeita a vendas forçadas em períodos de pânico. Resultados comparativamente razoáveis foram com frequência obtidos em mercados com resultados gerais toleráveis. E isso aconteceu mesmo quando os resultados líquidos após dedução do custo

dos investimentos nos fundos LBO não foram melhores do que teriam sido por meio de um investimento apenas um pouco alavancado em um índice de ações americanas.

2 Em diversas categorias, Harvard e Yale ou selecionaram ou contrataram diretamente gestores de investimentos acima da média, mais uma prova de que os mercados não são de todo eficientes e alguns bons resultados são fruto de competência superior ou de alguma outra vantagem fora da curva. Harvard e Yale, por exemplo, graças a seu prestígio, conseguiram entrar em alguns dos mais rentáveis fundos de capital de risco de alta tecnologia, não disponíveis a qualquer investidor. Aproveitando o impulso proporcionado pelo sucesso passado, esses fundos tiveram uma vantagem de oportunidade sobre operações de capital de risco menos estabelecidas, na medida em que os melhores empresários, logicamente, apresentaram propostas primeiro aos fundos mais bem conceituados.

3 Harvard e Yale foram sábias e imitaram, muito espertamente, a atuação dos bancos de investimento, dedicando-se a diversas atividades não tradicionais, como aplicar em títulos de empresas americanas em dificuldades, em títulos estrangeiros com cupons elevados e em arbitragem alavancada de rendimento fixo, durante um período em que muitas boas oportunidades estavam à mão para operadores qualificados nas atividades escolhidas.

4 Por fim, os benefícios colhidos por Harvard e Yale nos últimos anos por meio da alavancagem e do não convencionalismo foram muitas vezes favorecidos por uma feliz combinação de queda nas taxas de juros e aumento da razão preço-lucro das ações.

O extremo sucesso de Harvard e Yale nos investimentos me proporciona ao mesmo tempo prazer e dor. Prazer com a demonstração de que o conhecimento acadêmico muitas vezes se prova útil em assuntos da vida em geral. Pessoas como eu, que eram atraídas pela academia mas foram para os negócios, naturalmente reagem a essas conquistas da mesma maneira que muitos cientistas modernos que apreciam o exemplo de Tales de Mileto.[22] Esse cientista da Antiguidade obteve grandes lucros alugando a maioria das prensas de azeite de sua região pouco antes de ocorrer uma colheita extraordinariamente abundante.

E a dor vem de 1) prever muitas adversidades no futuro para outras instituições renomadas, levadas pela inveja e por assessores a imitar entusiasticamente Harvard e Yale; e 2) reprovar a conduta de muitos dos consultores que provavelmente terão sucesso em promover a imitação – algo semelhante ao que temo ter acontecido perto do estouro da bolha das ponto-com. Naquela época, a inveja de investidores de capital de risco de alta tecnologia em estágio inicial bem-sucedidos, como Stanford, além dos métodos duvidosos de muitos capitalistas de risco, fizeram com que cerca de 90 bilhões de dólares fossem alocados em empreendimentos imitativos e de baixa qualidade em estágio inicial que agora podem gerar até 45 bilhões de dólares em perdas líquidas para investidores tardios.

Além disso, Harvard e Yale podem agora precisar de novas demonstrações de sabedoria não convencional que sejam diferentes das suas últimas. É bastante contraintuitivo reduzir a parte que funcionou melhor recentemente, mas muitas vezes é uma boa ideia. E o mesmo se pode dizer em relação a reduzir a percepção das próprias necessidades em vez de aumentar os riscos na tentativa de satisfazer as necessidades percebidas.

Este discurso foi proferido em 1994, cerca de 12 anos antes de este adendo ser escrito. E, nesses 12 anos, muitas reflexões úteis e novos dados reforçaram a ideia de que nem os mercados de valores mobiliários nem os sistemas de apostas parimutuais das corridas de cavalos impedem alguns empreendedores de obter resultados altamente satisfatórios e muito acima da média graças a habilidades incomuns. O livro *Fortune's Formula* reúne muitas das evidências desse argumento, descritas de maneira extremamente divertida. Além disso, o livro contém um relato do histórico de investimentos *lollapalooza* de Claude Shannon, cientista pioneiro na teoria da informação, que faz com que os métodos de Shannon se pareçam muito com os de Charlie Munger.

SESSÃO DE PERGUNTAS

Como você e Warren avaliam uma candidata a aquisição?
Temos poucos critérios financeiros. Aplicamos muitos critérios subjetivos: podemos confiar na gestão? Isso pode prejudicar nossa reputação? O que pode dar errado? Entendemos do negócio? Exige injeções de capital para manter a operação? Qual o fluxo de caixa esperado? Não esperamos um crescimento linear. Tudo bem haver ciclos, desde que o preço seja adequado.

O que um jovem deve procurar em uma carreira?
Tenho três regras básicas. Cumprir todas as três é quase impossível, mas é preciso tentar mesmo assim:

- Não venda nada que você mesmo não compraria.
- Não trabalhe para alguém que você não respeite e admire.
- Trabalhe apenas com pessoas de quem você gosta.

Tive uma sorte incrível na minha vida: com Warren todas as três se aplicaram.

Que conselhos de vida você daria aos jovens?
Dedique cada dia a tentar ser um pouco mais sábio do que quando acordou. Cumpra bem e fielmente seus deveres. Passo a passo sempre se avança; correndo, nem sempre – mas você desenvolve disciplina ao se preparar para corridas. Conquiste um centímetro de cada vez, dia após dia, e no fim da vida, se você viver o suficiente, terá o que merece.

A vida e suas diversas fases podem ser difíceis, brutalmente difíceis. As três coisas que descobri serem úteis para lidar com os desafios são:

- Ter expectativas baixas.
- Ter senso de humor.
- Cercar-se do amor de amigos e familiares.

Acima de tudo, conviva com as mudanças e se adapte a elas. Se o mundo não mudasse, eu ainda seria um desastre no golfe.

DISCURSO TRÊS

Uma lição *sobre* sabedoria elementar *para a* gestão *de* investimentos *e os* negócios – revisitado

19 DE ABRIL DE 1996
FACULDADE DE DIREITO DE STANFORD

Este discurso foi proferido em 1996 aos alunos de William C. Lazier, que foi professor de Administração de Nancy e Charles Munger na Faculdade de Direito de Stanford.

Como esta fala – publicada na *Outstanding Investor Digest* em 29 de dezembro de 1997 e em 13 de março de 1998 – repete muitas das ideias apresentadas em outras falas, em especial "Pensamento prático sobre o pensamento prático?", certas passagens foram sintetizadas e acrescentamos comentários para preservar a lógica e o fluxo do discurso. Mesmo com os cortes, o discurso e a sessão de perguntas que se segue contêm muitas ideias singulares, bem como conceitos já familiares expressos de novas maneiras.

O que vou tentar fazer aqui hoje é ampliar as observações que fiz há dois anos na Escola de Administração da USC. Vocês receberam uma transcrição da minha fala. Não há nada que eu tenha dito naquela época que não repetiria hoje, mas quero ampliar o que disse na ocasião.

É evidente que, se Warren Buffett não tivesse aprendido nada de novo depois de concluir a Columbia Business School, a Berkshire seria apenas uma sombra do que é hoje. Warren teria ficado rico, porque o que aprendeu com Ben Graham em Columbia foi suficiente para deixar qualquer pessoa rica, mas não teria uma empresa como a Berkshire se não tivesse continuado a aprender.

Como adquirir sabedoria de vida? Qual sistema usar para integrar o pequeno percentual de pessoas no mundo que possui uma espécie de sabedoria prática elementar?

Faz muito tempo que acredito que o sistema de modelos mentais, que quase qualquer pessoa inteligente é capaz de aprender, funciona muito melhor do que aqueles utilizados pela maioria. Como eu disse na USC, o que vocês precisam é de uma teia de modelos mentais. Então deverão aplicar sua experiência real e sua experiência vicária – obtida pela leitura e por outros meios – sobre essa rede de poderosos modelos. Com esse sistema, as coisas gradualmente se encaixam de uma maneira que aprimora a cognição.

[*Charlie em seguida trata de vários modelos mentais apresentados em outras palestras.*]

O material de leitura para hoje incluía as últimas cartas anuais de Jack Welch e Warren Buffett relacionadas à General Electric e à Berkshire Hathaway, respectivamente. Jack Welch é Ph.D. em engenharia e Warren simplesmente poderia ser Ph.D. em qualquer área que se propusesse a estudar. E ambos são professores inveterados. A sabedoria de vida é bastante acadêmica, se a observarmos bem. Basta ver o que a General Electric conquistou – e o que a Berkshire conquistou.

É claro que Warren teve um professor e mentor, Ben Graham, por quem nutria grande carinho. Graham era tão acadêmico que, quando se formou em Columbia, foi convidado por três departamentos a começar a dar aulas imediatamente em seus programas de doutorado: literatura, matemática e clássicos gregos e latinos.

Graham tinha uma personalidade muito acadêmica. Eu o conheci pessoalmente. Ele era muito parecido com Adam Smith[1] – muito reflexivo, muito genial. Até parecia um acadêmico. E dos bons. Mesmo sem nunca ter tentado muito intencionalmente maximizar a obtenção de riqueza, Graham morreu rico – e ainda foi generoso durante toda a vida, lecionou em Columbia por 30 anos e escreveu, sozinho e em parceria, os melhores livros de sua área. Por tudo isso, eu diria que a academia tem muito a ensinar sobre sabedoria de vida e que os melhores valores acadêmicos de fato funcionam.

Quando recomendo uma abordagem multidisciplinar – isto é, que vocês precisam dispor dos principais modelos de uma variedade de disciplinas e aplicar todos eles –, estou na verdade pedindo que ignorem as fronteiras "jurisdicionais" do conhecimento. Só que o mundo não está organizado dessa forma. O mundo desencoraja que essas fronteiras sejam cruzadas. Os grandes negócios burocráticos desencorajam isso, assim como a própria academia. O que eu posso dizer é que, nesse aspecto, a academia está absurdamente equivocada e é disfuncional.

Algumas das piores disfunções nos negócios vêm do fato de a realidade ser fragmentada em pequenos departamentos, com territorialidade, proteção de fronteiras e assim por diante. Portanto, se quiserem ser bons pensadores, vocês precisam desenvolver uma mentalidade capaz de ultrapassar as fronteiras jurisdicionais. Não precisam saber tudo, basta absorver as melhores ideias de cada disciplina. O que não é tão difícil.

Eu poderia tentar demonstrar esse ponto usando o jogo de cartas bridge. Suponham que vocês queiram ser bons no papel de declarante no bridge. Bem, vocês conhecem o contrato – sabem o que precisam alcançar. E podem contar as vencedoras certas que têm, colocando suas cartas altas e seus trunfos invencíveis. Mas, se faltar uma ou duas vazas, como conseguirão as demais vazas necessárias? Bem, existem apenas seis métodos-padrão: *long suit establishment*, *finesses*, *throw-ins*, *crossruffs*, *squeezes* e as várias maneiras de induzir a defesa a cometer erros, portanto um número muito limitado de modelos. Mas, se vocês conhecerem apenas um ou dois desses modelos, serão péssimos como declarantes. Além disso, essas coisas influenciam umas às outras, então é preciso saber como os modelos interagem, caso contrário vocês não conseguem jogar a mão do modo certo.

De maneira análoga, recomendei que vocês pensassem de trás para a frente e da frente para trás. Bem, os grandes declarantes no bridge pensam: "Como posso conseguir as vencedoras necessárias?" Mas eles também invertem a questão: "O que pode dar errado e me fazer ter muitas perdedoras?" Ambos os métodos de raciocínio são úteis. Portanto, no jogo da vida, coloquem na cabeça os modelos necessários e os utilizem como base para pensar de modo direto e inverso. O que funciona no bridge funciona na vida.

É uma tragédia que o bridge esteja tão fora de moda. A China é muito mais sagaz do que nós nesse sentido. Lá, eles agora aprendem bridge na escola. E Deus sabe que os chineses se saem muito bem quando inseridos na lógica capitalista. Se competirmos com um grupo que realmente sabe jogar bridge e o nosso pessoal não souber, será mais uma desvantagem para nós.

Considerando que a estrutura acadêmica, em geral, não incentiva as mentes a cruzar as fronteiras jurisdicionais, vocês estão em desvantagem, porque, nesse sentido, embora a academia lhes seja muito útil, vocês não foram devidamente ensinados. Minha solução para isso é algo que descobri muito cedo, ainda criança: a história da Pequena Galinha Vermelha.[2] A moral da história é: "'Então eu mesma faço', disse a Pequena Galinha Vermelha."

Ou seja, se os seus professores não lhes transmitirem uma abordagem multidisciplinar adequada – se preferirem abusar dos próprios modelos e subutilizar modelos importantes de outras disciplinas –, vocês mesmos podem contornar essa insensatez. Se eles forem irracionais, isso não significa que vocês precisem ser também. Vocês podem buscar o modelo que melhor resolva o problema. Basta que estejam cientes dessa possibilidade e desenvolvam os hábitos mentais corretos. É até divertido superar intelectualmente pessoas muito mais inteligentes que você só porque se educou a ser mais objetivo e multidisciplinar. Além do mais, pode lhe render muito dinheiro, como posso atestar por experiência própria.

[*Charlie começa a falar do case de negócios da Coca-Cola, tratado em mais detalhes no Discurso Quatro, "Pensamento prático sobre o pensamento prático?", e destaca a importância do sabor dos produtos.*]

Uma das minhas histórias de negócios preferidas é sobre a Hershey.[3] Ela consegue o sabor que tem porque produz manteiga de cacau em velhos moinhos de pedra, que começaram a ser utilizados no século XIX, na Pensilvânia. E um pouquinho da casca do grão do cacau vai parar no chocolate. É daí que vem aquele gosto inesperado que as pessoas adoram no chocolate Hershey's.

Quando quis expandir os negócios para o Canadá, a Hershey teve a sabedoria de não mudar seu sabor, portanto eles replicaram os moinhos de pedra. Bem, levou cinco anos para conseguirem reproduzir o próprio sabor. Como vocês podem ver, sabor pode ser um fator bem complicado. Até hoje existe uma empresa chamada International Flavors and Fragrances. É a única empresa que conheço que produz algo pelo qual não pode obter direitos autorais ou patente, mas que mesmo assim recebe uma espécie de royalties permanentes. Eles ajudam outras empresas a desenvolver sabores e fragrâncias em seus produtos de marca registrada, como creme de barbear. O leve perfume do creme de barbear é muito importante. Todos esses aspectos sensoriais são extremamente importantes.

[*Dando continuidade ao estudo de case da Coca-Cola, Charlie explica como a nossa compreensão das representações gráficas de ideias matemáticas tem origem na biologia.*]

Um amigo meu, Nat Myhrvold, diretor de tecnologia da Microsoft, está incomodado com o seguinte. Ele é doutor em física e entende muito de matemática. O que o intriga é saber que a biologia criou um aparato neural capaz de resolver equações diferenciais em alta velocidade, mas, para onde quer que ele olhe, as pessoas são totalmente inaptas para lidar com probabilidade simples e números comuns.

Eu acho que Myhrvold não deveria se surpreender. A paisagem adaptativa dos tempos antigos obrigou nossos ancestrais a saber atirar lanças, correr e tudo mais muito antes de terem que raciocinar como Myhrvold. Ele não deveria ficar tão surpreso. Mas a diferença é tão abismal que consigo entender por que ele a considera incongruente.

A verdade é que a humanidade inventou um sistema para lidar com o fato de sermos tão intrinsecamente inábeis com números. São os gráficos. Curiosamente, eles surgiram na Idade Média e são a única invenção intelectual dos monges medievais que vale a pena, até onde sei. Um gráfico dispõe os números de uma forma que eles parecem estar em movimento, acionando alguns daqueles recursos neurais primitivos do nosso corpo. Por isso é que os gráficos da Value Line[4] são muito úteis.

O gráfico que distribuí para vocês está em papel logarítmico, que é baseado na tabela natural de logaritmos. E esta, por sua vez, se baseia na matemática elementar dos juros compostos, um dos modelos mais importantes que existem no mundo. Portanto há uma razão para que esse gráfico tenha sido apresentado dessa forma. Se traçarmos uma linha reta através dos pontos de dados em um gráfico em papel logarítmico, ela vai nos mostrar a taxa segundo a qual os juros compostos estão agindo para você. São gráficos extremamente úteis. Eu não utilizo as previsões da Value Line porque o nosso sistema funciona melhor para nós do que o deles – muito melhor, aliás. Mas não consigo imaginar não ter os gráficos e dados deles. É um produto maravilhoso, simplesmente maravilhoso.

[Charlie fala da importância das marcas registradas para o sucesso da Coca-Cola e, em seguida, passa para uma discussão sobre produtos alimentícios e a Carnation, famosa marca de laticínios nos Estados Unidos.]

Quando a Carnation[5] tentou obter o registro de sua marca, havia um cara que vendia peixes sob o nome Carnation Fish. Essa era a marca dele, juro por Deus. Não me perguntem por quê. E toda vez que eles faziam uma proposta, como "Vamos pagar 250 mil dólares pela sua marca", ele retrucava: "Quero 400 mil." Quatro anos depois, eles disseram "Vamos pagar 1 milhão de dólares", e ele respondeu: "Quero 2 milhões." E assim sucessivamente. Eles nunca conseguiram a marca registrada – pelo menos não que eu saiba.

No fim das contas, a Carnation foi até ele com um sorriso no rosto e disse: "Gostaríamos de mandar nossos inspetores de controle de qualidade às suas fazendas marinhas para ter certeza de que seus peixes estão em condições perfeitas. Vamos arcar com todos os custos", o que ele rápida e alegremente permitiu. Assim ele obteve o serviço de controle de qualidade gratuito em suas fábricas, cortesia da Carnation Company.

Essa história ilustra o enorme incentivo que se cria com uma marca registrada. E esse incentivo é muito útil para a civilização. Vejam vocês, a Carnation passou a proteger produtos que nem eram dela. Esse tipo de resultado é muito, muito desejável. Portanto existem algumas razões microeconômicas fundamentais pelas quais até os países comunistas deveriam proteger as marcas registradas. Nem todos o fazem, mas existem argumentos fortíssimos para fazê-lo. E em geral, em termos mundiais, a proteção de marcas registradas tem sido muito boa.

[*Charlie aplica diversos modelos mentais à Coca-Cola.*]

No entanto, se vocês não tiverem nem os modelos mentais básicos nem os métodos mentais básicos para utilizar os modelos, o máximo que podem fazer é ficar olhando para o gráfico da Value Line tamborilando os dedos. Mas não precisa ser assim. O que vocês precisam fazer é aprender 100 modelos mentais e alguns truques mentais e continuar fazendo isso pelo resto da vida. Não é tão difícil assim. E a beleza desse sistema é que a maioria das pessoas não faz isso – em parte porque tiveram uma educação falha. Estou aqui tentando ajudar vocês a evitar alguns dos riscos que podem surgir em decorrência dessa formação inadequada.

Muito bem. Agora que já examinamos algumas das ideias gerais quanto à busca da sabedoria, quero tratar de algo mais extremo e ainda mais peculiar do que o discurso que fiz até agora. De todos os modelos úteis que as pessoas deveriam ter e não têm, talvez o mais importante venha da psicologia.

Recentemente tive uma experiência esclarecedora. Eu tinha acabado de voltar de Hong Kong. Um amigo meu, diretor de uma das principais faculdades de lá, me deu um livro chamado *O instinto da linguagem*, de Steven Pinker.[6] Bem, Pinker é um linguista que emergiu na sombra de Noam Chomsky, professor do Instituto de Linguística do MIT e provavelmente o maior linguista que já existiu. Pinker defende que a capacidade linguística humana não é apenas aprendida – ela está profundamente enraizada, em grande medida, no genoma. A linguagem não está presente no genoma de nenhum outro animal em uma medida significativa, nem mesmo no do chimpanzé. É um presente que os seres humanos ganharam. E Pinker comprova muito bem seu ponto de vista. Claro, Chomsky já havia provado isso. Só sendo muito ignorante para não perceber que uma grande parcela da capacidade linguística humana está no próprio genoma. E, mesmo que seja preciso uma boa dose de estudo para desenvolver e refinar essa habilidade, já partimos com meio caminho andado graças aos nossos genes.

Pinker não consegue entender por que Chomsky – que é um gênio, não custa lembrar – defende a perspectiva de que ainda não está estabelecido por que essa habilidade se encontra no genoma humano. Pinker diz: "Que não está estabelecido o quê! O instinto linguístico entrou nos humanos exatamente da mesma forma que todo o restante: pela seleção natural darwiniana."

Bem, Pinker está claramente certo e a hesitação de Chomsky é um pouco absurda. Mas, se Pinker e eu estamos certos, como foi que um gênio como Chomsky cometeu um erro de julgamento óbvio como esse? A resposta é bastante clara para mim: Chomsky é apaixonadamente ideológico. Ele é um esquerdista extremamente igualitário que vem a ser um gênio. E é tão inteligente que percebeu que, se admitisse esse ponto darwiniano específico, as implicações ameaçariam sua ideologia de esquerda. Logo, sua conclusão é naturalmente afetada pelo viés ideológico. Isso leva a outra lição de sabedoria: se a ideologia é capaz de bagunçar a cabeça de Chomsky, imagine o que ela faz com pessoas como você e eu.

A ideologia provoca distorções terríveis na nossa cognição. Se você entra em contato com muita ideologia pesada quando é novo e começa a absorvê-la e defendê-la, você está, na prática, travando seu cérebro em um padrão muito infeliz. E sua cognição será distorcida.

Tem uma história muito interessante de Warren Buffett como exemplo de sabedoria. Warren adorava o pai, que era um homem maravilhoso. Mas o pai de Warren era um fortíssimo ideólogo – de direita, no caso – que andava com outros fortíssimos ideólogos – de direita, naturalmente. Percebendo isso ainda criança, Warren concluiu que a ideologia era algo perigoso e decidiu se manter bem longe dela. E foi o que fez por toda a vida. Isso colaborou enormemente para a precisão de sua cognição.

Aprendi essa lição de outra maneira. Meu pai odiava ideologia, portanto precisei apenas imitá-lo e permanecer nesse que considero o caminho certo. Pessoas como [Bob] Dornan, da direita, e [Ralph] Nader, da esquerda, claramente ficaram um pouco malucas. Eles são exemplos extremos do que a ideologia causa às pessoas – principalmente quando expressa de forma violenta. Uma vez que ela impõe ideias com mais competência do que as comprova, é algo muito perigoso.

Logo, em um sistema de múltiplos modelos de múltiplas disciplinas, devo acrescentar como regra extra que é preciso ter muito cuidado com ideologias extremadas. O que vocês podem ter é uma ideologia extremada em defesa da precisão, da diligência e da objetividade, mas uma ideologia extremada em que a pessoa tem certeza absoluta de que o salário mínimo deve aumentar ou não e é uma espécie de axioma sagrado... isso a deixa meio pirada.

Esse é um sistema muito complicado. E a vida é uma maldita sequência de relações entre ideias e fatos e tal. Não tem problema nenhum, em geral, em desconfiar que a sociedade será melhor com um salário mínimo maior ou menor. Qualquer posicionamento é válido. Mas, na minha opinião, ter certeza absoluta em questões como essa, com uma ideologia forte e violenta, faz de você um péssimo pensador. Tomem cuidado com imprecisões e equívocos resultantes de ideologia.

[*Charlie lamenta que o campo da psicologia lide tão mal com vieses de incentivos.*]

Outra razão que me levou a falar de Pinker, o linguista que mencionei há pouco, é que no final do livro ele diz, em linhas gerais: "Eu li os clássicos de psicologia. E são uma estupidez." Ele complementa: "Toda essa área está desorganizada e é mal ensinada."

Bem, tenho muito menos qualificações do que Pinker. Jamais estudei psicologia. Mas cheguei exatamente à mesma conclusão: que os textos, embora sejam em parte maravilhosos, também são significativamente estúpidos.

Vejamos algo como o simples mecanismo psicológico de negação. Cerca de três séculos antes do nascimento de Cristo, Demóstenes disse: "O que o homem desejar, nisso também acreditará." E ele estava certo.

Um conhecido da minha família tinha um filho muito querido, um rapaz brilhante e astro do futebol americano, que morreu num acidente de avião. E a mãe acreditava que ele ainda estava vivo. A mente às vezes faz umas contorções e transforma o desejo em crença. Isso acontece em vários níveis. A intensidade da negação psicológica varia de pessoa para pessoa, mas o equívoco resultante da negação permeia de maneira esmagadora a realidade que nos rodeia. No entanto não se encontra nos textos de psicologia um tratamento adequado para a simples negação.

Portanto não é possível aprender psicologia da forma como os professores ensinam. Vocês têm que aprender tudo que eles ensinam, mas também têm que aprender muito mais o que eles não ensinam, porque eles não tratam a própria disciplina da maneira correta.

Para mim, a psicologia, tal como está organizada atualmente, é como o eletromagnetismo depois de [Michael] Faraday,[7] mas antes de Maxwell: muita coisa foi descoberta, mas ninguém ainda conseguiu juntar tudo da forma adequada. E isso deveria ser feito, porque não seria tão difícil assim – e é extremamente importante.

Peguem um texto de psicologia, abram no sumário e procurem pelo tópico *inveja*. Pois bem, a inveja é tema de dois ou três dos Dez Mandamentos. Moisés sabia tudo sobre inveja. Os antigos judeus, quando estavam pastoreando ovelhas, sabiam tudo sobre inveja. Já os professores de psicologia de hoje não sabem nada sobre inveja. Como é que esses calhamaços ensinam psicologia sem tratar de inveja? E sem falar nada da simples negação? Sem falar nada do viés de incentivos?

Os textos de psicologia também não tratam direito de combinações de fatores. Eu já falei para vocês ficarem atentos ao efeito *lollapalooza*, que é quando duas, três ou mais forças atuam na mesma direção. Então: o estudo psicológico mais popular já realizado é o experimento de Milgram,[8] em que os participantes foram orientados a acionar um mecanismo que infligia a pessoas inocentes algo que elas tinham todos os motivos para acreditar que era tortura por choque elétrico. E a maioria dos participantes, pessoas corretas, fez o que foi pedido. [Stanley] Milgram conduziu o estudo logo após Hitler ter conseguido fazer com que um grupo de luteranos, católicos e devotos de outras crenças realizasse atos que eles deveriam saber que eram errados. Milgram estava tentando descobrir que nível de autoridade era necessário para levar pessoas esclarecidas a fazer coisas clara e gravemente erradas. E ele conseguiu levar pessoas conscientes a cometer atos terríveis. Mas, durante anos, esse experimento constou nos livros de psicologia como demonstração da influência da autoridade – como a autoridade podia ser usada para convencer as pessoas a agir de modo muito, muito errado.

Ora, isso é apenas um viés de ancoragem à primeira impressão. Não é a explicação completa e correta. A autoridade faz parte do experimento, mas havia também outros princípios psicológicos, todos atuando no mesmo sentido, que provocaram esse efeito *lollapalooza* precisamente porque agiram em conjunto visando ao mesmo fim. As pessoas descobriram isso aos poucos. Se vocês lerem os textos mais recentes de psicologia de uma instituição como Stanford, vão ver que hoje eles já conseguiram entender cerca de dois terços da ideia. Mas estamos falando do principal estudo da área da psicologia, portanto mesmo em Stanford ainda deixam escapar alguns fatores importantes que contribuíram para os resultados do experimento de Milgram.

Como é possível que pessoas muito inteligentes estejam tão erradas? Bem, a resposta é que elas não fazem o que estou orientando vocês a fazer, que é pegar os principais modelos da psicologia e usá-los como um checklist para analisar os resultados de sistemas complexos.

Nenhum piloto decola sem fazer seu checklist: A, B, C, D... E; nenhum jogador de bridge que precisa de dois trunfos extras joga uma mão sem consultar seu checklist para entender como deve jogar. Os professores de psicologia acham que são tão inteligentes que não precisam disso. Mas eles não são tão inteligentes assim. Quase ninguém é. Ou talvez ninguém seja. Se usassem um checklist, eles perceberiam que a experiência de Milgram se vale de pelo menos seis princípios psicológicos, e não três. Bastaria conferir o checklist para ver quais eles deixaram passar. Da mesma forma, sem o sistema de aquisição dos modelos principais e sem usá-los todos juntos de forma multimodular, vocês também vão cometer erro atrás de erro.

Um dos fatores que explicam por que os professores de psicologia erram tanto em relação à negação é que é difícil fazer experimentos práticos sem ferir a conduta ética. Imaginem só o que vocês teriam que fazer com seus semelhantes para demonstrar como o desespero provoca disfunções mentais. E teriam que fazer isso sem alertá-los do que estaria por vir. Portanto obviamente existem questões éticas que tornam praticamente impossível fazer os experimentos necessários para melhor definir de que maneiras o desespero humano provoca alterações psicológicas.

Na prática, a maioria dos professores resolve esse problema presumindo o seguinte: "Se eu não posso demonstrar com experimentos, é porque não existe." É uma conclusão estúpida. Se existe uma coisa muito importante, mas que não pode ser demonstrada de modo perfeito e preciso devido a restrições éticas, não se pode simplesmente tratá-la como se não existisse. É preciso fazer o melhor possível com as evidências disponíveis.

Pavlov passou seus últimos 10 anos de vida torturando cães. E publicou seu estudo. Graças a ele, temos uma vasta quantidade de dados sobre as alterações no funcionamento mental causadas pelo desespero em cães e como contorná-las. Mas vocês não verão isso em nenhum livro de introdução à psicologia. Não sei se eles se incomodam que Pavlov tenha torturado cães ou se B. F. Skinner,[9] depois de ir longe demais quando entrou no modo literário, tornou impopular atribuir a seres humanos conclusões baseadas no comportamento animal. No entanto, por alguma razão maluca, os livros de psicologia abordam pessimamente a questão das alterações psicológicas provocadas pelo desespero.

Vocês podem questionar: "Que falta faz ignorar tudo isso?" Bem, se eu estiver certo, vocês precisam dos modelos que são apagados por essa ignorância. Se houver 20 modelos, vocês precisam ter todos os 20. Em outras palavras, não se contentem com 10. E procurem usá-los como um checklist. Deem um passo para trás e coloquem dentro da cabeça de vocês o que eu chamaria de psicologia do erro de julgamento, de modo que tenham todos os modelos importantes e consigam usá-los. E são mais necessários quando quatro ou cinco forças desses modelos se combinam e atuam na mesma direção. Nesses casos, muitas vezes ocorre o efeito *lollapalooza* – que pode tanto enriquecer quanto matar vocês. Tomem cuidado.

Só existe uma forma certa de fazer isso: agregando as principais doutrinas e as usando como checklist. E, repetindo para enfatizar, prestem especial atenção nos efeitos combinados que têm consequências do tipo *lollapalooza*.

[*Charlie discorre sobre a ausência de ensino multidisciplinar nas profissões, em especial sobre como a área da psicologia é praticamente ignorada na academia.*]

Quando estiverem jogando o jogo da persuasão, vocês também podem aprender – por um motivo nobre – a combinar essas forças para aprimorar os argumentos que estiverem defendendo. Vou dar um exemplo de bom uso da psicologia intuitiva.

O capitão [James] Cook[10] fazia longas viagens, numa época em que o escorbuto era o terror das longas viagens. A doença fazia a gengiva apodrecer, depois a pessoa enfrentava uma moléstia aflitiva até, por fim, morrer. Cruzar os oceanos numa embarcação a vela primitiva junto com um bando de marinheiros moribundos é algo bastante desagradável.

Portanto todo mundo tinha profundo interesse em erradicar o escorbuto, mas ninguém sabia nada sobre a vitamina C. Bem, o capitão Cook, um homem inteligente e com uma mente que associava múltiplos modelos, notou que os navios holandeses tinham menos casos de escorbuto do que os navios ingleses em viagens longas. "O que os holandeses estão fazendo de diferente?", ele se perguntou. Então reparou que eles levavam muitos barris de chucrute. E pensou: "Eu faço essas viagens longas, que são muito perigosas. O chucrute pode ajudar." Assim, ele encheu o barco de chucrute, que, por acaso, é um alimento rico em vitamina C.

Mas os marinheiros ingleses da época eram tipos durões, mal-humorados e perigosos. E odiavam chucrute. Tinham sua comida e bebida habituais. Como convencê-los a comer chucrute?

Bem, Cook não queria contar a eles que sua esperança era prevenir o escorbuto – porque, se havia o risco da doença, eles deduziriam que seria uma viagem longa, então poderiam se amotinar e tomar o comando do navio. Então o que ele fez? Bem, os oficiais comiam em um lugar onde os marinheiros podiam vê-los. Por um tempo foi servido chucrute aos oficiais, mas não aos marinheiros, até que Cook disse: "Tudo bem, os marinheiros podem comer chucrute um dia por semana." Com o tempo, ele fez a tripulação inteira comer chucrute.

Considero esse um uso muito construtivo da psicologia elementar. Pode ter salvado sabe Deus quantas vidas e permitido sabe Deus quantas conquistas. Mas, se vocês não conhecerem as técnicas corretas, não terão como empregá-las.

[*Charlie fala dos efeitos psicológicos em jogo na comercialização de itens de consumo como Coca-Cola, produtos da Procter & Gamble, Tupperware, etc.*]

A sabedoria de vida é essencialmente muito, muito simples. E o que eu peço a vocês não é tão difícil se tiverem disposição para se esforçar e progredir. As recompensas são incríveis, simplesmente incríveis. Mas talvez vocês não estejam interessados em recompensas incríveis, em evitar muita infelicidade ou em serem mais capazes de contribuir para tudo que mais amam na vida. Se essa for a postura de vocês, então não precisam prestar atenção no que estou tentando dizer, porque já estão no caminho certo.

Nunca é demais repetir que as questões de moralidade estão profundamente entrelaçadas com questões de sabedoria relacionadas com a psicologia. Por exemplo, o roubo. Um percentual muito significativo da população mundial vai roubar se a) for muito fácil e b) não houver praticamente nenhuma chance de ser pego. E, uma vez que comecem a roubar, o princípio da coerência – uma parte considerável da psicologia humana – em breve vai se somar ao condicionamento em ação e tornará o roubo algo corriqueiro. Se vocês comandam um negócio em que, devido aos seus métodos, é fácil roubar, estão causando um enorme prejuízo moral às pessoas que trabalham para vocês.

Essa é mais uma constatação óbvia. É muito, muito importante criar sistemas humanos que sejam difíceis de ser burlados. Caso contrário, vocês estarão arruinando a sua sociedade, porque esses grandes incentivos vão dar origem a vieses e as pessoas começarão a sentir que a má conduta é algo aceitável. Assim, se outra pessoa agir mal, vocês terão pelo menos dois princípios psicológicos em ação: o viés de incentivo e a prova social. Não só, mas vocês também obtêm o "efeito Serpico":[11] se um número suficiente de pessoas estiver lucrando com um clima social geral de fazer algo errado, elas vão se voltar contra vocês e se tornar grandes inimigos se tentarem denunciá-las. É muito perigoso ignorar esses princípios e deixar que a roubalheira se instale. Forças psicológicas poderosas estarão operando a favor do mal.

Como isso se relaciona com o trabalho jurídico? Bem, pessoas estudam em lugares como Stanford e depois são eleitas para as casas legislativas do nosso país, onde terão todas as razões para aprovar leis que serão facilmente usadas para trapacear. Poucas coisas podem ser piores que isso.

Digamos que vocês queiram atuar no serviço público. Como parte natural do seu planejamento, vocês pensam no que não querem fazer e se perguntam: "De que maneiras posso arruinar a sociedade?" É fácil: basta entrar para o Legislativo e aprovar leis que criem sistemas em que as pessoas não encontrem obstáculos para adotar más condutas. Vai funcionar perfeitamente.

Tomemos como exemplo o sistema da Califórnia de seguro contra acidentes e doenças relacionadas ao trabalho. O estresse dos trabalhadores é real, assim como o sofrimento. É claro que queremos compensar as pessoas pelo estresse sofrido no ambiente de trabalho. Soa como algo nobre, mas vejam: o problema com esse tipo de sistema é ser praticamente impossível eliminar um grande volume de má conduta. E, uma vez que a má conduta é remunerada, passamos a ter advogados desonestos, médicos desonestos, sindicatos desonestos e todo mundo participando de programas de indicação. É um miasma total de comportamentos desastrosos. E esses comportamentos, se mantidos ao longo do tempo, tornam todas as pessoas envolvidas piores. A intenção era ajudar a sociedade, mas o resultado foi um prejuízo gigantesco. É muito melhor deixar algumas coisas sem compensação, deixar que a vida seja difícil, do que criar sistemas que facilitem a má conduta.

Outro exemplo: eu tenho um amigo que desenvolveu um produto industrial em uma fábrica no Texas não muito longe da fronteira. Era um setor difícil, com margens baixas. Ele foi vítima de fraudes gigantescas no sistema de indenizações e proteções trabalhistas, a ponto de o custo dos seguros atingir percentuais de dois dígitos na folha de pagamento. E nem era um produto tão perigoso assim de fabricar. Não era demolição nem nada do gênero.

Então ele implorou ao sindicato: "Vocês precisam parar com isso. Esta fábrica não rende o suficiente para fabricar os produtos e ainda cobrir toda essa fraude." Mas, àquela altura, todo mundo já estava acostumado. "É uma renda extra. É dinheiro extra. Todo mundo faz. Não pode ser tão errado assim. Advogados renomados, médicos renomados, quiropráticos renomados, se é que existem esses últimos, estão envolvidos na fraude."

E ninguém era capaz de dizer: "Vocês não podem continuar com isso." O que, aliás, também é mera associação pavloviana. As pessoas ficam com raiva de quem dá a má notícia, então era muito difícil para o representante sindical dizer àquela gente toda que o dinheiro fácil ia acabar. Nenhum representante sindical cresce se fizer isso.

Então meu amigo fechou a fábrica e transferiu suas operações para Utah, junto a uma comunidade mórmon. Bem, os mórmons não gostam de fraudes trabalhistas – pelo menos não na fábrica do meu amigo. E adivinhem quais são as despesas com as indenizações agora. Meros 2% da folha de pagamento.

Esse é o tipo de desgraça que acontece quando se deixa a sujeira correr solta. Sujeira tem que ser cortada logo cedo. É muito difícil travar a negligência e o fracasso moral depois que o problema se estende por muito tempo.

[*Charlie descreve sua concepção da síndrome de super-reação à perda no jogo e no fiasco da New Coke, em meados da década de 1980.*]

Como eu disse, existe uma questão importantíssima a levar em consideração quando vocês forem usar intencionalmente táticas e estratégias baseadas em fenômenos psicológicos elementares: uma vez que vocês aprendam a utilizá-las, existem limites morais reais. Nem tudo que sabemos deve ser usado para manipular as pessoas.

Além disso, se ainda assim vocês decidirem transcender os limites morais e a pessoa que estiverem tentando manipular perceber o que estão fazendo, porque também entende de psicologia, ela vai passar a odiá-los. Existem provas convincentes desse efeito, extraídas das relações trabalhistas, algumas delas em Israel. A conclusão é que não existem apenas objeções morais, mas também práticas – tremendas, em alguns casos.

Perguntas do público:

Como você incorpora a psicologia em suas decisões de investimento? Imagino que seja mais do que apenas escolher produtos que agradam a todo mundo, como a Coca-Cola. Afinal, há muitas pessoas inteligentes por aí que pensam exatamente do mesmo jeito que você mencionou. Você procura falhas no pensamento de outros investidores quando vai selecionar empresas de sucesso?
O que faz dos investimentos uma atividade complicada, como eu disse na USC, é que algumas empresas nitidamente têm negócios melhores que outras, mas o preço das ações sobe tanto que, de repente, fica bastante difícil saber qual é a melhor para comprar. Nunca conseguimos eliminar os complicadores desse problema. E, em 98% do tempo, somos agnósticos em relação ao mercado. Não sabemos a resposta. A General Motors está avaliada corretamente em relação à Ford? Não sabemos.

Estamos sempre procurando alguma coisa com uma visão que nos dê uma grande vantagem em termos estatísticos. Às vezes encontramos na psicologia o que queremos, mas muitas vezes encontramos em outra área do conhecimento. E são poucas, talvez uma ou duas por ano. Não temos nenhum sistema que nos permita fazer bons julgamentos automáticos sobre todas as decisões de investimento que podem ser tomadas. Nosso sistema é totalmente diferente: procuramos as decisões óbvias, só isso. Como Buffett e eu sempre dizemos, não pulamos muros de 2 metros. Preferimos muros de 30 centímetros com grandes recompensas do outro lado. Tivemos sucesso facilitando as coisas em vez de resolver problemas difíceis.

Com base em análises estatísticas e insights?
Bem, quando tomamos uma decisão, sem dúvida achamos que temos algum insight de vantagem. E alguns dos insights são, de fato, resultantes de análise estatística. Mas volto a dizer que encontramos apenas alguns casos assim. Não basta haver probabilidades favoráveis – elas precisam estar em um lugar onde possamos identificá-las. Ou seja, é preciso haver uma oportunidade subprecificada que tenhamos a capacidade de reconhecer. Essa combinação não acontece com frequência. E nem precisa. Se vocês esperarem uma grande oportunidade e tiverem coragem e garra para segurá-la com firmeza quando ela aparecer, quantas serão necessárias? Por exemplo, pensem nos 10 principais investimentos feitos pela Berkshire Hathaway até o momento. Estaríamos muito ricos mesmo que nunca mais tivéssemos feito nada.

Como eu disse, não temos nenhum sistema que nos permita fazer um julgamento perfeito de todas as questões o tempo todo. Isso seria absurdo. Estou apenas tentando apresentar a vocês um método que pode ser usado para analisar a realidade de modo a conseguir uma eventual oportunidade para uma reação racional. Se vocês aplicarem esse método a algo tão competitivo quanto seleção de ações ordinárias, estarão competindo com muitas pessoas brilhantes, portanto só temos algumas oportunidades, mesmo com o nosso método. Felizmente, isso basta.

Você conseguiu criar uma atmosfera onde as pessoas abaixo de você possam agir da mesma forma que você falou que age? Por exemplo, você falou sobre a tendência ao compromisso e à coerência...
Principalmente sobre os erros terríveis que isso nos leva a cometer.

Como você criou uma atmosfera confortável para que as pessoas rompessem com essa tendência e admitissem erros? Por exemplo, alguém da Intel aqui no início do ano falou sobre problemas que ocorreram com o processador Pentium. Uma das coisas mais difíceis para a equipe responsável foi perceber que estavam tratando a questão da maneira errada e que deveriam mudar de rumo. É muito difícil fazer essa admissão em uma estrutura complexa. Como você estimula uma postura diferente?
A Intel e empresas semelhantes criam uma cultura coesa em que as equipes resolvem problemas difíceis na vanguarda da ciência. Isso é radicalmente diferente da Berkshire Hathaway. A Berkshire é uma holding. Nós descentralizamos todo o poder, exceto, naturalmente, sobre a alocação de capital, que cabe à sede.

De modo geral, colocamos pessoas que admiramos nas posições-chave abaixo de nós. Para nós é fácil manter uma boa relação porque gostamos muito delas e as admiramos. São elas que criam a cultura para qualquer inovação e reconhecimento da realidade no negócio que gerenciam. E reconhecer a realidade inclui perceber as conclusões anteriores que estavam erradas.

Mas somos um tipo de empresa totalmente diferente. Não sei se Warren ou eu seríamos assim tão bons fazendo o que Andy Grove[12] faz. Não temos competência especial nessa área. Somos ótimos na relação com as pessoas brilhantes que amamos, mas temos nossos defeitos. Por exemplo, alguns me consideram distraído e teimoso. Eu poderia ser um desastre na Intel. Por outro lado, tanto Warren quanto eu somos muito bons em rever nossas próprias conclusões. Nos empenhamos em desenvolver esse tipo de dispositivo porque sem ele acontecem muitos desastres.

Você poderia falar um pouco sobre sua aparente escolha de não investir em ações de empresas de tecnologia, tanto individualmente quanto pela Berkshire Hathaway? Uma coisa que achei

reveladora e um pouco surpreendente é que não há tantas diferenças assim entre as dificuldades de se administrar uma empresa comum e uma empresa de tecnologia.
Todas são difíceis. Mas por que deveria ser fácil ficar rico? Em um mundo competitivo, não deveria ser impossível haver uma maneira fácil de todo mundo enriquecer? Claro que todas são difíceis.

Não temos participação em negócios de alta tecnologia porque nos falta uma particular aptidão nessa área. E, sim, um negócio aparentemente comum pode ser muito complicado. Experimente abrir um restaurante e fazer com que ele tenha sucesso.

Você parece estar sugerindo que é preciso ter uma aptidão especial para empresas de alta tecnologia – que elas são mais complicadas. Mas não são igualmente complicadas?
A vantagem das empresas comuns para nós é que sentimos que as entendemos muito bem. As outras, não. E preferimos lidar com aquilo que entendemos. Por que iríamos querer entrar num jogo competitivo em uma área onde não temos nenhuma vantagem, talvez até uma desvantagem, em vez de jogar em uma área onde temos uma vantagem inegável?

Cada um de vocês terá que descobrir quais são suas aptidões. E terão que dispor das suas vantagens. Se buscarem o sucesso naquilo em que são piores, terão uma carreira muito ruim. É algo que quase posso garantir. Evitar isso seria como ganhar na loteria ou tirar a sorte grande em alguma outra coisa.

Warren Buffett disse que o investimento da Berkshire em uma companhia aérea foi um bom exemplo do que não fazer. Que lógica de raciocínio levou a essa decisão equivocada?
Entramos na USAir não porque achássemos que os acionistas ordinários certamente teriam ganhos, já que, historicamente, o setor de companhias aéreas tem sido péssimo na atenção dedicada aos acionistas. Eram ações preferenciais resgatáveis. Na verdade, estávamos emprestando dinheiro à USAir e tivemos um aumento de capital. Não apostávamos que seria um ótimo lugar para os acionistas, e sim que continuaria a ter prosperidade suficiente para pagar um instrumento de crédito, com um dividendo fixo e um resgate obrigatório. E achamos

que o negócio não ficaria tão mal a ponto de termos um risco de crédito pelo qual a elevada taxa que íamos receber não nos recompensaria.

Na verdade, a USAir esteve à beira da falência, ficou meses e meses por um fio. E aí se recuperou. Provavelmente receberemos todo o nosso dinheiro de volta com juros, mas foi um erro.

[*A Berkshire realmente recuperou o dinheiro aplicado na USAir.*]

Não pensem que temos uma forma de aprender ou de agir que nos proteja de cometer muitos erros. Só estou dizendo que vocês podem aprender a cometer menos erros do que a maioria – e a consertá-los mais rápido quando não puderem evitá-los. Mas não tem como viver uma vida de verdade sem cometer muitos erros. Parte do que vocês precisam aprender é a lidar com erros e fatos novos que afetam as probabilidades. A vida às vezes é como uma partida de pôquer, em que a gente precisa aprender a desistir, às vezes mesmo quando estamos com a mão muito boa.

Aprender a administrar os erros é uma habilidade para a vida. A incapacidade de lidar com o fenômeno da negação psicológica é a causa de muitas falências. A pessoa se dedicou profundamente àquilo, investiu esforço e dinheiro. E quanto mais ela investe, maior é a força do princípio da coerência, que a faz pensar: "Agora tem que dar certo. Se eu colocar um pouco mais, vai dar certo."

Nesses casos, surge também a síndrome da super-reação à perda: ela vai perder tudo se não investir só mais um pouco. Muita gente vai à falência dessa forma porque não consegue parar, repensar e dizer: "Tenho como abrir mão disso e sobreviver para tentar de novo. Não preciso insistir nisso como uma obsessão, até quebrar."

Você poderia falar sobre as ponderações que o levaram a decidir trocar suas ações da Capital Cities pelas da Disney em vez de sair do negócio? Saiu na imprensa que você mencionou que estava pensando em realizar o lucro.
A Disney é uma empresa sensacional, mas tem um preço muito alto. Parte do que a Disney faz são filmes comuns, um negócio que não me atrai em nada. Porém tem outra parte mais valiosa que uma mina de ouro: as fitas de vídeo... A Disney é um exemplo incrível de autocatá-

lise.¹³ Eles tinham todos aqueles filmes em rolos antigos. Detinham os direitos autorais. Assim como a invenção da geladeira deu um impulso à Coca-Cola, com a invenção do videocassete a Disney não precisou criar nem fazer nada, só pegar o que já estava pronto e passar para fitas VHS. Todos os pais e avós queriam que os filhos e netos ficassem assistindo àquelas fitas em casa. Então a Disney recebeu esse enorme vento favorável da vida. E foram ventos favoráveis na ordem de bilhões de dólares.

Esse é um modelo maravilhoso de encontrar. Você não precisa desenvolver nada! É só ficar parado enquanto o mundo o carrega nas costas.

A Disney acertou em muitas coisas novas. Não me entendam mal, mas boa parte do que aconteceu com a Disney foi como um amigo meu resumiu a trajetória de um irmão de fraternidade dele que era ignorante e teve sucesso na vida: "Ele era um pato boiando no lago, e o nível do lago subiu."

Eisner e Wells fizeram uma gestão brilhante, mas a onda gigantesca que eles surfaram com as vendas de fitas de um monte de conteúdo antigo que estava lá quando eles assumiram... isso caiu do céu para a nova gestão. Para ser justo, os dois têm sido brilhantes nas novas criações, como *Pocahontas* e *O Rei Leão*, para pegar carona na mesma onda. Quando terminar, *O Rei Leão* sozinho vai ter rendido bilhões. E com esse "quando terminar" quero dizer daqui a uns 50 anos. Mas bilhões e bilhões... de um único filme?

Você poderia contar por que decidiu largar o direito?
Eu tinha uma família enorme. Nancy e eu criamos oito filhos. E eu não previ que o direito se tornaria tão próspero como subitamente se tornou. O dinheiro pesado chegou ao direito logo depois que eu saí. Em 1962 eu já estava praticamente fora da área, e em 1965 tinha saído por completo, ou seja, faz muito tempo.

Eu também preferia tomar minhas próprias decisões e apostar meu próprio dinheiro. Até porque eu geralmente achava que sabia mais que o cliente, então por que fazer as coisas do jeito dele? Então em parte foi pela minha personalidade voluntariosa, mas também por um desejo de obter recursos que me dessem autonomia.

Além disso, a maior parte dos meus clientes eram pessoas ótimas, mas havia um ou dois que me desagradavam. Sem contar que eu gosto da independência do capitalista. E sempre tive uma personalidade de apostador. Gosto de analisar as coisas e fazer apostas. Então eu simplesmente fiz o que era natural para mim.

Você também aposta em jogo?
Jamais vou apostar nem mesmo 100 dólares contra a casa, até o dia da minha morte. Não faço esse tipo de coisa. Para quê? Jogo com meus amigos, de forma recreativa. E de vez em quando enfrento um jogador de bridge muito melhor que eu, como Bob Hamman, que talvez seja o melhor jogador de cartas do mundo. Mas sei que estou pagando pela diversão de jogar com ele.

Quanto ao jogo com simples probabilidades mecânicas contra mim, por que raios eu faria isso, ainda mais considerando que detesto a cultura manipuladora do jogo legalizado? Não gosto de jogos de azar. E não me sinto confortável em Las Vegas, apesar de agora haver lá um percentual mais elevado de diversão familiar saudável. Não gosto dos tipos que frequentam cassinos e coisas do gênero.

Eu gosto da arte cavalheiresca da aposta, por assim dizer, e de apostas sociais leves entre amigos. Mas não gosto do ambiente de jogos.

Você poderia falar um pouco sobre como o negócio de fundos mútuos e de gestão de dinheiro mudou desde que você entrou nesse ramo e sobre o crescimento dos mercados de capitais?
Na verdade, eu não entrei realmente. Fiz uma pequena parceria privada por 14 anos, até pouco mais de 20 anos atrás, mas nunca tive um bom volume de dinheiro de outras pessoas na mão, pelo menos não nos padrões atuais de gestão de investimentos. Portanto eu diria que nunca entrei com os dois pés no negócio de fundos mútuos.

Já a gestão de dinheiro tem sido um dos negócios de maior crescimento na história recente dos Estados Unidos, responsável por tornar muitos profissionais ricos e multimilionários. É uma perfeita mina de ouro para quem começou cedo. O crescimento dos fundos de pensão, o valor das empresas americanas e a riqueza mundial criaram uma profissão fabulosa e levaram muita gente à riqueza. Estamos sempre lidando com pessoas desse setor para vários fins, mas não fazemos parte disso há muitos anos. Já tem um bom tempo que apenas investimos o nosso próprio dinheiro, basicamente.

Você espera que essa tendência de alta continue?
Olha, eu duvido muito que daqui a 25 anos o valor capitalizado de todas as empresas americanas não seja consideravelmente maior. E, se as pessoas continuarem negociando a torto e a direito e trocando de papéis como loucas, os gestores devem continuar felicíssimos. Mas nós não lidamos diretamente com isso, exceto pelo que podemos chamar de nosso próprio dinheiro.

Eu gostaria de saber sobre a evolução da sua estratégia de investimento, desde quando você assimilou o modelo de Ben Graham até chegar ao modelo Berkshire Hathaway. Você recomendaria para um iniciante o modelo Berkshire – colocar tudo ou quase tudo numa oportunidade que o investidor avalie como excelente e não mexer nela por décadas? Ou essa estratégia é para um investidor mais maduro?
Cada um tem que jogar de acordo com as próprias considerações de utilidade marginal e levando em conta a própria psicologia. Se a pessoa não se sente confortável com perdas, e algumas perdas são inevitáveis, o mais sensato seria seguir a vida toda pelo caminho mais conservador de investimento e poupança. É uma questão de escolher uma estratégia de acordo com a sua natureza e as suas habilidades.

Acho que não existe uma estratégia de investimento única que eu possa recomendar a vocês. A minha funciona para mim – em parte, porque lido bem com perdas. Meu psicológico administra bem. Mesmo porque é raro acontecer.

Você e Buffett disseram que as ações da Berkshire estão supervalorizadas e que não recomendavam comprá-las.
Não dissemos que estavam supervalorizadas. Dissemos apenas que não compraríamos nem recomendaríamos que nossos amigos comprassem por aqueles preços. Mas isso estava apenas relacionado com o valor intrínseco da Berkshire naquele momento.

Se pudesse, eu compraria. Porque faz 20 anos que vocês dizem que seus retornos vão cair...
Bem, espero que o seu otimismo seja justificado, mas minha opinião se mantém. Afinal, hoje estamos em território desconhecido. Às vezes

digo a amigos meus: "Estou fazendo o melhor que posso, mas nunca envelheci antes. É minha primeira vez e não sei se estou fazendo certo." Warren e eu nunca estivemos nesse tipo de território, com avaliações elevadas e um enorme volume de capital. Nunca fizemos isso antes, ainda estamos aprendendo.

Tudo que você e Buffett dizem parece sensato, mas a linguagem soa exatamente a mesma que Graham usava 30 anos atrás, quando dizia que o mercado de ações estava supervalorizado, sendo que estava a 900 pontos.
Hum, não acho que tenhamos isso em comum com ele. Graham era um grande homem, mas suas previsões sobre o mercado de ações eram meio birutas. Warren e eu somos quase sempre agnósticos em relação ao mercado.

Por outro lado, dissemos que as ações ordinárias normalmente vêm gerando retornos de 10% a 11% descontada a inflação há muitos anos e que esses retornos não têm como permanecer assim por muito tempo. E não podem mesmo. É simplesmente impossível. A riqueza do mundo não vai aumentar nesse ritmo. Qualquer que tenha sido a experiência de Stanford com seu portfólio nos últimos 15 anos, é praticamente certo que será pior no futuro. Pode ainda ser razoável, mas os últimos 15 anos têm sido um paraíso para os investidores. Os efeitos de bonança em uma escala dessas não podem durar para sempre.

O último relatório anual da Berkshire recebeu muita atenção da imprensa por ser pessimista e por expressar preocupação com o número cada vez menor de oportunidades à medida que a empresa cresce. Nesse contexto, onde vocês se veem em 10 anos?
Temos reiterado que, daqui para a frente, o ritmo de crescimento de riqueza que proporcionaremos aos nossos acionistas vai diminuir e que nosso tamanho terá um efeito de âncora, segurando nosso desempenho futuro. E já reiteramos que isso não é uma opinião, mas uma promessa.

No entanto, digamos que a gente consiga aumentar o nosso valor contábil em 15% ao ano a contar de agora. Não seria tão ruim e atenderia bem nossos acionistas de longo prazo. Ou seja, poderíamos nos dar ao luxo de desacelerar um pouco, como certamente vai acontecer, e ainda assim daríamos um bom retorno a eles.

Ah, não estou prometendo que vamos aumentar nosso valor contábil atual em 15% ao ano.

Você falou sobre a importância de não ter uma ideologia extremada. Na sua opinião, qual é a responsabilidade das comunidades empresarial e jurídica em ajudar as diferentes áreas da cidade, seja distribuindo a riqueza ou outras ações do gênero?
Sou totalmente a favor da resolução de problemas sociais. Sou totalmente a favor de ser generoso com os menos afortunados. E sou totalmente a favor de ações que, com base em evidências, farão mais bem do que mal. Mas sou contra ter confiança demais e achar que você sabe, com absoluta certeza, que sua intervenção terá um saldo positivo, dado que está lidando com sistemas altamente complexos em que tudo interage com tudo.

Portanto o ideal é se certificar de que suas ações...
Ninguém tem como se certificar de nada. Meu argumento é esse.

Por outro lado, recentemente refutei as conclusões de dois grupos de engenheiros. Como tive confiança suficiente em uma área do conhecimento tão complicada? Bem, vocês podem pensar: "Ah, esse cara é só um ególatra que acha que sabe tudo só porque ganhou algum dinheiro." Eu posso até ser um ególatra, mas não acho que sei tudo. A questão é que vi que as circunstâncias favoreciam enormemente vieses de ambos os grupos de engenheiros, pois cada um recomendava um curso de ação muito vantajoso para si próprio. E o que diziam estava tão em consonância com um viés natural que não confiei em suas avaliações.

Além disso, talvez eu entenda o suficiente de engenharia para saber que não fazia sentido o que eles estavam dizendo. Acabou que encontrei um terceiro engenheiro e aprovei a solução que ele recomendou. Então o engenheiro do segundo grupo teve a sabedoria de vir até mim e dizer: "Charlie, por que não pensei nisso?" Era uma solução muito melhor, não apenas mais segura como mais barata.

É preciso confiança para desautorizar pessoas com mais credenciais do que você mas cuja cognição foi comprometida por vieses de incentivo ou por alguma nítida força psicológica similar. Mas também há casos em que precisamos admitir que não temos nada a acrescentar e que o melhor a fazer é confiar num especialista. No fundo, precisamos estar cientes do que sabemos e do que não sabemos. O que poderia ser mais útil na vida do que isso?

Você já falou do erro da Coca-Cola. Tem alguma ideia de onde a Apple[14] errou?
Tenho uma resposta muito boa que copiei de Jack Welch, CEO da General Electric. Ele é Ph.D. em engenharia, um executivo renomado, sujeito maravilhoso. E recentemente, na presença de Warren, alguém perguntou a ele: "Jack, o que a Apple fez de errado?"

Sabem o que ele respondeu? "Não tenho nenhuma competência especial que me permita responder a essa pergunta." Vou dizer o mesmo agora. Essa não é uma área em que eu seja capaz de emitir uma opinião especial.

Observem que, ao copiar Jack Welch, estou tentando transmitir uma lição. Quando vocês não souberem algo e não tiverem nenhuma competência especial em um assunto, não tenham medo de dizer que não sabem.

Tem um tipo de pessoa que eu comparo a um exemplo da biologia: uma abelha, quando encontra néctar, volta à colmeia e faz uma dancinha que indica às outras abelhas, por uma questão de programação genética, qual direção seguir e qual é a distância. Pois bem: cerca de 40 ou 50 anos atrás, um cientista esperto colocou o néctar acima da colmeia, mas muito acima. Na vida normal, o néctar nunca está tão acima da colmeia. Então a abelha encontrou o néctar e voltou para a colmeia, mas não tinha a programação genética para fazer uma dancinha que indicasse "bem aqui em cima". Então o que ela fez? Se ela fosse como Jack Welch, não faria nada. Mas a abelha fez uma dança incoerente, que confundiu tudo.

Muitas pessoas são como essa abelha. Tentam responder a uma pergunta desse jeito, o que é um grande equívoco. Ninguém espera que vocês saibam tudo sobre tudo. Tento me afastar de pessoas que sempre falam com segurança sobre assuntos em que não têm nenhum conhecimento real. Para mim, elas são como a abelha fazendo sua dança incoerente: só estão confundindo a colmeia.

Tendo atuado tanto no direito quanto nos negócios, você incorporou em sua prática jurídica esses modelos que menciona? De que modo? Desconfio que muitos aqui já tenham lidado com escritórios de advocacia que parecem não adotar esses modelos.
Bem, os modelos estão aí para serem usados, mas, assim como no mundo acadêmico, existem incentivos perversos nos escritórios de advocacia – alguns são até muito piores.

Aqui vai outro modelo da prática jurídica: quando eu era muito jovem, meu pai era advogado. Grant McFayden, revendedor da Pioneer Ford de Omaha, era cliente dele e também um dos seus melhores amigos. Um sujeito maravilhoso, um irlandês que fez a vida do zero. Ainda jovem e sem instrução, ele fugiu de uma fazenda porque o pai o agredia e abriu caminho no mundo. Era um homem brilhante, íntegro e com grande carisma – simplesmente incrível.

Já outro cliente do meu pai era um sujeito arrogante, afetado, injusto, pomposo e difícil. E eu devia ter cerca de 14 anos quando perguntei: "Pai, por que você trabalha tanto para esse falastrão arrogante do Sr. X em vez de trabalhar mais para caras sensacionais como o Sr. Grant McFayden?"

Meu pai respondeu: "Grant McFayden é correto com seus funcionários, é correto com seus clientes e é correto com seus problemas. Quando se envolve com um maluco, rapidamente vai até o maluco e acha uma saída o mais rápido possível. Portanto McFayden não tem questões jurídicas suficientes para que eu possa me manter. O Sr. X é um maravilhoso campo minado de questões jurídicas."

Esse caso demonstra um dos problemas da prática da advocacia. Os advogados lidam com pessoas extremamente problemáticas, porque elas criam uma infinidade de questões jurídicas rentáveis. E, mesmo quando o seu cliente é um modelo de virtude, muitas vezes haverá pessoas problemáticas na outra parte ou mesmo no tribunal. Esse foi um dos motivos que me fizeram largar o direito. O restante foi minha própria ganância, mas meu sucesso em satisfazer minha ganância me permitiu, em parte, facilitar o processo de ser honrado e sensato.

Eu diria que o modelo do meu pai quando lhe perguntei sobre os dois clientes foi uma postura totalmente correta. Ele me ensinou a lição certa. E qual foi a lição? Ao longo da vida, venda seus serviços de vez em quando para um arrogante irracional, se é disso que você precisa para sustentar sua família. Mas administre sua vida como Grant McFayden.

Foi uma grande lição. E a forma como ele me transmitiu isso foi muito inteligente – porque, em vez de apenas enunciar a conclusão, ele expressou a ideia de uma forma que exigia um leve esforço mental. Precisei de algum raciocínio para perceber que o melhor era me comportar como Grant McFayden. E ele julgou que assim eu aprenderia melhor. De fato, guardo essa lição até hoje, mesmo após tantas décadas. Esse é um método de ensino muito perspicaz.

É também mais um exemplo de psicologia elementar. De literatura elementar. A boa literatura faz com que o leitor se esforce um pouco para entender. Funciona melhor assim, o leitor retém melhor o conteúdo. Isso reflete a tendência humana ao comprometimento e à consistência: quando a pessoa precisa se esforçar, a ideia é melhor absorvida.

Como advogados ou executivos, quando forem ensinar a alguém o que meu pai me ensinou, ou talvez alguma outra coisa, vocês podem usar lições como essa. Não é uma ótima maneira de ensinar uma criança? Meu pai deu essa pequena lição indireta de propósito. E vejam como funcionou – assim como o sábio uso que o capitão Cook fez da psicologia. Passei minha vida inteira tentando seguir o exemplo de Grant McFayden. Posso ter tido alguns lapsos, mas pelo menos estou tentando.

No final do seu artigo sobre desconto de emissão original, você mencionou que apenas alguns gestores de investimentos de fato agregam valor. O que você nos incentivaria a fazer, como futuros advogados, para agregar valor a nossa atuação profissional?
Ao se tornarem pessoas que pensam corretamente, vocês poderão agregar grande valor. Ao aprender tão bem a pensar corretamente que ganhem confiança para intervir quando for preciso um pouco de coragem, vocês poderão agregar grande valor. Se forem capazes de prevenir ou impedir alguma insanidade que possa destruir seu escritório, seu cliente ou algo que é caro a vocês, vocês poderão agregar grande valor.

Existem truques construtivos que vocês podem usar. Por exemplo, Joe Flom, do escritório Skadden, Arps, que foi meu colega de turma: um dos motivos para estar se destacando tanto como advogado é que ele é muito bom em conceber pequenos exemplos vívidos que esclarecem determinada questão de maneira impecável. Durante as reuniões com clientes ou quando se está tentando convencer alguém do melhor a fazer, é extremamente útil incluir um pequeno exemplo engraçado. É um talento especial. Alguém poderia argumentar que os Joe Floms do mundo nasceram com um dom, mas ele aprimorou esse dom. Em algum nível, todos vocês nasceram com ele também e podem aprimorá-lo.

De vez em quando vocês vão deparar com algum extremo. Por exemplo, um cliente que deseja cometer fraude fiscal. Ele não se dá por satisfeito enquanto não forçar a legislação até muito além dos limites. O sujeito não consegue nem fazer a barba pela manhã se achar que tem algum esquema que ele poderia ter feito e ainda não fez. Existem pessoas assim, e elas simplesmente sentem que não estão vivendo de forma agressiva o suficiente.

Existem duas maneiras de lidar com essa situação: afirmar apenas "Não vou trabalhar para ele" ou dizer "Bem, as circunstâncias da minha vida exigem que eu trabalhe para ele, e o que estou fazendo não envolve fraude nenhuma, então vou fazer". Se perceberem que o sujeito quer fazer uma grande bobagem, não adiantará dizer "O que você está fazendo é errado. Eu sou moralmente superior a você". Isso vai ofendê-lo. Vocês são jovens, ele é velho. Em vez de compreender, é mais provável que ele reaja dizendo: "Quem você pensa que é para estabelecer o código moral do mundo inteiro?" Então uma opção melhor é dizer: "Você não pode fazer isso sem que outras três pessoas abaixo de você fiquem sabendo, o que significa que estará correndo o risco de ser chantageado. Também estará arriscando sua reputação, sua família, seu patrimônio", etc. Isso deve funcionar. E vocês não estarão mentindo.

Vocês querem passar muito tempo trabalhando para pessoas com quem precisem usar métodos como esse para fazê-las andar na linha? Imagino que não. Mas, se não tiverem alternativa, apelar aos interesses delas próprias tem mais chances de convencê-las do que qualquer outra coisa a que tentem apelar. Esse é mais um poderoso princípio psicológico com profundas raízes biológicas.

Vi esse princípio ser totalmente ignorado no Salomon Brothers. O diretor jurídico do banco sabia que o CEO, [John] Gutfreund,[15] deveria ter relatado imediatamente às autoridades federais tudo sobre as irregularidades comerciais da empresa, das quais Gutfreund não tinha participado. Ele chegou a instar Gutfreund a fazê-lo, dizendo: "Você não é legalmente obrigado, mas é o certo a fazer. Você realmente deveria." Não funcionou. Era fácil adiar essa tarefa, porque era desagradável, então foi o que Gutfreund fez: ele adiou.

O diretor jurídico praticamente não tinha aliados dentro do Salomon, exceto pelo CEO. Se o CEO caísse, o diretor jurídico cairia junto. Ou seja, toda a carreira dele estava em jogo. Para se safar, ele precisava convencer o CEO procrastinador a fazer a coisa certa.

Fácil. Bastaria que o diretor jurídico dissesse ao chefe: "John, esta situação pode arruinar a sua vida. Você pode perder sua fortuna e destruir sua reputação." Teria funcionado. CEOs não gostam da ideia de serem arruinados, desonrados e demitidos.

O ex-diretor jurídico do Salomon é brilhante e generoso e tinha boas intenções, mas perdeu sua posição porque deixou de empregar um pouco de psicologia elementar. Ele não conseguiu perceber que, na maioria dos casos, o que funciona é apelar aos interesses da própria pessoa envolvida. Vocês não precisam enfrentar consequências desastrosas como essa se passarem por situações semelhantes. Basta lembrar o que aconteceu a Gutfreund e seu diretor jurídico. As lições certas são fáceis de aprender quando estamos atentos a elas. E, se as aprenderem, vocês podem vir a ser extremamente úteis em momentos cruciais, quando outros falharem. À medida que se tornem sábios, diligentes, objetivos e, principalmente, capazes de convencer alguém do melhor a fazer, estarão agregando valor.

Você poderia falar sobre como a ameaça de litígio – ações judiciais de acionistas e outros – e a complexidade jurídica em geral afetam a tomada de decisões em grandes empresas?
Bem, todas as grandes empresas estão sempre reclamando de seus custos legais, de regulamentação excessiva, da complexidade da vida, de que os tribunais sempre favorecem a outra parte, principalmente em ações coletivas. É a mesma litania. Se trocássemos as queixas de uma empresa pelas de outra, não precisaríamos mudar uma palavra.

Mas a causa das reclamações tem sido, até hoje, uma dádiva divina para as firmas de advocacia. Os grandes escritórios ganharam enorme impulso e agora tendem a ficar se lamentando como coveiros durante a peste. Seria muito indecoroso, claro, se o coveiro estivesse pulando e tocando violino, então os sócios dos escritórios dizem: "Ah, como é triste, não? Toda essa complexidade, todos esses litígios, toda essa injustiça..."

Mas na verdade é um tanto contraditório, porque essa enxurrada de ações judiciais tem sido muito boa para eles. Algumas iniciativas recentes na Califórnia deram origem a condutas interessantes. Parte dos advogados de defesa fez um discreto lobby contra certas propostas e, na prática, contra os clientes. Agiram assim porque ficou mais difícil para as pessoas entrar com um processo. Se a pessoa ganha a vida lutando contra excessos e é isso que paga o colégio dos filhos dela, aí vem alguém e propõe um sistema que elimina os excessos... bem, é uma experiência adulta que pede uma escolha adulta.

As grandes corporações se adaptam. Elas têm mais processos, precisam de um departamento jurídico maior. Reclamam do que não gostam, mas se adaptam.

Mas toda essa complexidade jurídica não vem consumindo muito mais recursos das empresas nas últimas décadas?
A resposta é sim. Acho difícil que haja nos Estados Unidos uma empresa que não esteja gastando mais em ações judiciais e no cumprimento de diversas regulamentações do que gastava 20 anos atrás. E, sim, parte da nova regulamentação é estupidez e burrice, mas parte era extremamente necessária. E vai ser sempre assim, com alguns altos e baixos.

Mas você já viu ou atuou em alguma empresa que tenha realizado mudanças em sua tomada de decisões e se tornado menos propensa a investir em produtos de maior risco ou mais inovadores por medo das consequências legais de um possível fracasso dos produtos?
O único lugar em que vi isso – com outro amigo, não com Warren – foi quando eu era coproprietário da maior acionista de uma empresa que inventou um capacete policial melhor. Era feito de Kevlar ou algo parecido. Eles nos apresentaram o produto e queriam que o fabricássemos.

Somos muito pró-polícia. Acredito que a sociedade precisa de uma força policial – embora também acredite que os policiais não deveriam gerar tantas viúvas e tantos órfãos desnecessariamente. Gostamos da ideia de um capacete melhor para policiais. Mas demos uma olhada e dissemos aos inventores do equipamento: "Somos uma corporação rica. Não podemos nos dar ao luxo de fazer um capacete melhor. É assim que funciona. Levando em conta todos os riscos, não vai funcionar para nós, porque seremos alvo fácil de ações judiciais. Mas queremos que a sociedade tenha acesso a esse produto, portanto não vamos cobrar um preço alto pela tecnologia ou pelo direito de fabricação. Arranjem outra empresa para produzi-los. Não vamos fazer." Ou seja, decidimos não produzir os capacetes, mas sem privar os policiais do acesso a um produto melhor.

Dada a forma como a sociedade se desenvolveu, existem setores em que ser o único com o bolso cheio é mau negócio. No futebol americano colegial, por exemplo, é certo que alguém vai ficar paraplégico ou tetraplégico de tempos em tempos. E quem é que tem os bolsos cheios para a vítima processar? O fabricante de capacetes. Todo mundo se compadece, as consequências são terríveis e o caso é difícil para o fabricante. Acho que as corporações grandes e ricas raramente são inteligentes ao fabricar capacetes de futebol americano no tipo de sociedade em que vivemos. E talvez devesse ser mais difícil processar os fabricantes.

Conheço dois médicos, ambos com casamentos sólidos, que, quando as indenizações por negligência aumentaram demais, se divorciaram e transferiram a maior parte dos bens para a ex-esposa. E continuaram a atuar normalmente, só que sem seguro contra erro médico. Estavam com raiva da sociedade, precisaram se adaptar e confiaram na esposa. E foi isso. As pessoas se adaptam a esses tipos de mudança. Existem diversas formas de fazer isso. Sempre foi assim e sempre será.

O que eu mais odeio, pessoalmente, são os sistemas que favorecem as fraudes. Talvez muito mais da metade de toda a receita dos quiropráticos na Califórnia venha de pura fraude. Por exemplo, tenho um amigo que se envolveu em um pequeno acidente de carro num bairro perigoso. Ele recebeu dois cartões de quiropráticos e um de um advogado antes mesmo de deixar o local. Esses caras lucram fabricando alegações de dor no pescoço.

Na Califórnia, acredito que o número de lesões físicas em acidentes seja duas vezes maior que em muitos outros estados americanos. E não estamos de fato sofrendo o dobro de lesões em acidentes, portanto metade disso é fraude. As pessoas simplesmente acham que, se todo mundo faz, não tem problema fazer também. Eu acho terrível permitir que essas coisas comecem.

Se dependesse de mim, o adicional por estresse na remuneração dos trabalhadores seria zero – não porque o trabalho não cause estresse, mas porque acredito que o dano social líquido de se compensar financeiramente o estresse no trabalho é pior que as consequências de as poucas pessoas realmente prejudicadas não receberem compensação por isso.

Eu gosto da lógica da Marinha. Se um capitão precisa dormir depois de 24 horas seguidas acordado e entrega o comando do navio a um imediato competente, em condições difíceis, e o imediato encalha o navio, claramente não foi culpa do capitão e ele não encara o tribunal militar, mas sua carreira naval está acabada.

Vocês poderiam dizer: "Isso é muito severo, não é o que a gente aprendeu na faculdade. Não é o devido processo legal." Bem, o sistema da Marinha é melhor no contexto da Marinha do que seria o modelo da faculdade de direito. O modelo da Marinha realmente obriga as pessoas a prestar atenção sob condições difíceis, porque elas sabem que não vai haver desculpa. Napoleão[16] disse que preferia generais que tinham sorte – ele não gostava de perdedores. Pois a Marinha gosta de capitães que têm sorte. Não importa por que o navio do sujeito encalhou, a carreira dele está acabada. Ninguém está interessado em saber se a culpa foi dele ou não. É apenas uma regra para o bem de todos, considerados os efeitos gerais.

Penso que a sociedade funciona melhor com algumas regras assim, que independem da atribuição de culpa. Mas essas coisas tendem a ser um anátema nas faculdades de direito: "Não é o devido processo legal. Você não está buscando justiça de verdade." Eu busco justiça quando defendo a regra da Marinha – a justiça de menos navios encalharem. Levando em conta o benefício líquido, não me importo que um capitão sofra um pouco de injustiça, afinal, ele não é processado nem nada, só precisa procurar uma nova carreira. Ele não perde os direitos de pensão adquiridos e tal. Não é o fim do mundo.

Enfim, gosto de sistemas como esse. Mas estou em minoria.

Eu gostaria de saber um pouco mais sobre sua opinião a respeito do processo mental de julgamento. Na sua fala, você disse que deveríamos ler os livros de psicologia e pegar os melhores princípios...
Aqueles que são obviamente importantes e obviamente certos. Exato.

Depois vocês pegam aqueles que são obviamente importantes e não estão nos livros, e terão um sistema.

Entendi. Meu problema parece ser o passo anterior, que é determinar quais são obviamente certos. E essa me parece ser a pergunta essencial a ser feita.
Não, não. Não é assim tão difícil. Você tem dificuldade em entender que as pessoas são fortemente influenciadas pelo que outras pessoas pensam e fazem, e que parte disso acontece num nível subconsciente?

Não. Eu entendo.
Então pode assimilar tranquilamente os princípios. E são todos assim, um após outro. Não é tão difícil. Você tem alguma dificuldade com a ideia de que o condicionamento operante funciona — que as pessoas repetem o que já funcionou para elas antes?

É que me parece que há muitas outras ideias por aí que também fazem bastante sentido. O sistema rapidamente se tornaria complexo demais, imagino, como resultado de muita linha cruzada.
Bem, se você for como eu, é divertido que seja um pouco complexo. Se quiser que seja fácil e previsível, talvez devesse entrar para alguma seita que afirme ter todas as respostas. Não acho que seja uma boa saída. Acho que você só precisa suportar o mundo, por mais complexo que seja. Einstein tem uma frase maravilhosa sobre isso: "Tudo deve ser o mais simples possível, porém não mais que o necessário."

Receio que seja assim. Se existem 20 fatores e eles interagem uns com os outros de alguma forma, você tem que aprender a lidar com isso, porque é como o mundo funciona. Mas você não vai achar isso tão difícil se fizer como Darwin, passo a passo, com uma insistência curiosa. Você não imagina como vai se tornar bom.

Você nos apresentou cerca de três modelos que usa. Gostaria de saber onde encontrou os outros. E, segundo, você conhece uma maneira mais fácil de encontrá-los do que nos livros de psicologia? Nada contra, mas leva mais tempo.
Há um número relativamente pequeno de disciplinas e um número relativamente pequeno de ideias realmente grandes. E é muito diverti-

do descobri-las. Além disso, se você mesmo descobrir e esquematizar tudo sozinho, absorverá as ideias melhor do que pegando o conteúdo elaborado por outra pessoa.

E a melhor parte: é uma diversão sem fim. Minha educação foi péssima e eu não tinha me preocupado em aprender o chamado darwinismo moderno.[17] Leio coisas muito diversas, mas simplesmente me escapou. Aí no ano passado de repente percebi que eu era um idiota e não tinha aprendido isso direito. Então voltei e, com a ajuda de [Richard] Dawkins, grande biólogo de Oxford, e outros, aprendi.

Olha, foi uma delícia para mim, aos 70 anos, colocar a síntese evolutiva moderna na cabeça. É uma teoria lindíssima e impecável. E é muito simples, na verdade. Portanto uma das belezas da minha abordagem é que a diversão não acaba nunca. Imagino que acabe nos nossos últimos dias de vida, mas dura muito tempo.

Se eu fosse o czar de uma faculdade de direito – é claro que nenhuma faculdade de direito teria um czar; eles não querem nem que o diretor tenha muito poder –, criaria um curso chamado Sabedoria Elementar Reparadora, que, entre outros conteúdos úteis, incluiria uma boa dose de psicologia ensinada de maneira apropriada. Poderia durar só três semanas ou um mês. Acho que é possível criar um curso muito interessante, com exemplos concisos e fortes e princípios poderosos, que seria um sucesso. E acho que faria com que toda a trajetória do aluno pela faculdade de direito funcionasse melhor.

Todo mundo faz cara feia para essa ideia. "As pessoas não fazem esse tipo de coisa." Elas podem não gostar do deboche implícito no nome Sabedoria Elementar Reparadora, mas essa seria a minha forma de anunciar: "Todo mundo deveria saber isso." E, se algo é básico, não é essa a ideia?

Uma disciplina como essa seria um tremendo sucesso. Existem inúmeros exemplos que poderiam ser usados. Não vejo por que não implementam essa ideia. Talvez porque não queiram, principalmente, mas talvez também não saibam como fazer. E talvez não saibam o que é. Mas toda a experiência da faculdade de direito seria muito mais divertida se as ideias mais elementares fossem integradas e complementadas com bons exemplos por cerca de um mês antes de os alunos iniciarem o estudo do direito em si. Todo o sistema educacional funcionaria melhor. Mas ninguém tem interesse em fazer.

Quando vão além do conteúdo tradicional, as faculdades de direito tendem a fazer isso de uma forma que me parece ridícula. Se vocês acham que a psicologia é mal ensinada, imaginem os cursos de finanças corporativas. Teoria moderna do portfólio? Uma insanidade! Sério.

Não consigo entender como essas coisas acontecem. As ciências exatas e a engenharia costumam ter um ensino bastante confiável. Mas parece que é só sair dessas áreas que certo volume de bobagens vem e se infiltra nas universidades, mesmo entre pessoas com QI elevado. Imaginem como seria uma instituição que acabasse com a maior parte dessas bobagens! O jeito certo de fazer isso não é trazendo um capitalista com mais de 70 anos para chegar aqui e dizer aos formandos: "Aprendam um pouco de sabedoria básica." Não é assim.

Mas um primeiro mês do curso de direito que trabalhasse bem as doutrinas básicas... Muitas das doutrinas jurídicas estão ligadas a outras doutrinas. São como irmãs. Mesmo assim, ensinam-se essas doutrinas jurídicas sem mostrar como estão ligadas a outras importantes. Isso é uma insanidade, uma total insanidade.

Por que temos uma regra que impede os juízes de falar sobre questões jurídicas de casos que não estão nas mãos deles? Na minha época, ensinavam essa regra, mas sem jamais apresentar razões ligadas às entranhas dos cursos de graduação. É uma loucura que as pessoas não conheçam essas razões. A mente humana não foi projetada para funcionar bem na ausência de razões, nós precisamos enquadrar a realidade em uma estrutura teórica sustentada por razões. É assim que tudo se mantém numa forma útil para produzir bons pensadores. Ensinar doutrinas sem fundamentação ou com fundamentação mal explicada é um erro.

Outra razão que me leva a gostar da ideia de ter uma disciplina de sabedoria básica é que isso obrigaria os professores a ter mais bom senso. Seria desconfortável para eles ensinar qualquer coisa que contrariasse as lições obviamente corretas tratadas numa disciplina chamada Sabedoria Básica. Quem fizesse isso teria que se justificar.

É completamente louco o que estou propondo? Pode ser loucura esperar que isso seja feito um dia. Mas se existisse algo assim vocês não achariam útil?

Acho que seria maravilhoso. Mas, infelizmente, não estaremos mais aqui quando acontecer. Você está propondo ensinar as pessoas no formato de disciplina para que seja acessível. Existe alguma forma de ser mais acessível para nós, além de ter que...
Recebo pedidos de dicas para facilitar o aprendizado o tempo todo. Estou tentando trazer um aprendizado um pouco mais fácil hoje, mas uma palestra como esta não é a melhor maneira de fazer isso. O ideal seria por meio de um livro.

Espero que minhas palavras aqui hoje ajudem vocês a ser pessoas melhores e mais competentes. Se não ficarem ricos, não tem importância. A questão é que as pessoas sempre me procuram pedindo o seguinte: "Me ensine tudo que preciso saber." Geralmente, o que elas querem dizer com isso é: "Me ensine a ficar rico rápido e sem esforço, e me ensine rápido."

Não tenho muito interesse em escrever um livro sozinho. Daria muito trabalho para uma pessoa como eu tentar fazer isso aos 70 anos. Tenho muito mais o que fazer na vida. Então não vou escrever livro nenhum. Mas seria uma grande oportunidade para alguém. Eu financiaria o projeto se encontrasse alguém com sabedoria e disposição para escrever um bom livro.

Agora gostaria de abordar algumas das prováveis razões para a baixa qualidade de ensino que temos hoje. Parte do problema é fruto da balcanização da academia. A psicologia, por exemplo, é mais poderosa quando combinada com doutrinas de outros departamentos acadêmicos, mas, se seu professor de psicologia não conhece as outras doutrinas, ele não conseguirá fazer o diálogo necessário. E como alguém se tornaria professor de psicologia se fosse bom em doutrinas de outras disciplinas e estivesse constantemente incorporando-as a seu conteúdo? Os colegas e superiores de um aspirante a professor como esse se ofenderiam com sua atitude.

A história mundial já nos deu professores de psicologia fabulosos. [Robert] Cialdini, da Universidade Estadual do Arizona, foi muito útil para mim, assim como B. F. Skinner – por seus resultados experimentais, ainda que divorciados de sua monomania e de seu utopismo. Mas, na média, não creio que os professores de psicologia aqui dos Estados Unidos tivessem uma carreira alternativa nas áreas mais complexas da física. E isso talvez explique, em parte, a insuficiência de seus métodos de ensino.

As faculdades de pedagogia, mesmo em universidades eminentes, são permeadas de psicologia. E são uma tragédia em termos intelectuais. Não é raro que departamentos acadêmicos, mesmo em grandes instituições, tenham graves deficiências em aspectos importantes. Incluir uma boa dose de material rotulado de psicologia não é uma panaceia. E todas as deficiências acadêmicas são muito difíceis de ser corrigidas, dada a inércia que reina nesse universo.

Vocês sabem como a Universidade de Chicago tentou dar um jeito na área de psicologia por lá? Como os professores titulares eram péssimos, o reitor simplesmente acabou com o departamento inteiro. Em seu devido tempo, a universidade vai acabar formando um novo departamento de psicologia. Provavelmente até já tem, e talvez as condições hoje sejam melhores. Devo admitir que admiro um reitor que faz algo assim.

Não estou sugerindo, com minha crítica, que as imperfeições do ensino acadêmico de psicologia sejam todas atribuíveis a algum defeito humano exclusivo de tais departamentos. Pelo contrário, as causas de muitas dessas imperfeições residem na própria natureza das coisas – em peculiaridades irritantes que não podem ser removidas da psicologia humana.

Gostaria de demonstrar isso por meio de um experimento mental que consiste em duas perguntas. Não existem várias áreas que precisam de um cérebro extraordinário e multifacetado como o de James Clerk Maxwell, mas que jamais atrairiam um? E não será a psicologia acadêmica, por sua natureza, uma das mais infelizes nesse aspecto? Acho que as respostas são sim e sim.

Para ver isso com muita clareza, basta pensarmos em qualquer uma das poucas pessoas de cada geração que conseguem resolver num piscar de olhos problemas da termodinâmica, do eletromagnetismo ou da físico-química. Os mais célebres nomes virão implorar a essa pessoa que siga caminho nas ciências exatas.

Será que essa pessoa de cérebro superior vai escolher a psicologia acadêmica? Uma área onde convivem as realidades muito estranhas: a) de que as tendências demonstradas pela psicologia social paradoxalmente enfraqueçem à medida que mais pessoas as aprendem e b) de que a psicologia clínica (que trata de pacientes) tem que lidar com a estranha constatação de que a felicidade, medida fisiologicamente, tende a aumentar quando se acredita em coisas que não são verdadeiras? A resposta, creio eu, é um retumbante não. Esse cérebro será repelido pela psicologia acadêmica, tal como o físico Max Planck,[18] agraciado com o Nobel, foi repelido pela economia por enxergar ali problemas que não cederiam aos seus métodos.

Costumamos falar muito sobre como equilibrar a qualidade de vida e os compromissos profissionais. Existe tempo para ter uma vida profissional, aprender sobre esses modelos e fazer tudo mais que lhe interessa? Você encontra tempo para fazer atividades divertidas além de aprender?
Sempre reservei bastante tempo para fazer as coisas que acho realmente prazerosas, algumas das quais são atividades simples, como pescar, jogar bridge e jogar golfe.

Cada um de nós deve descobrir o estilo de vida que mais lhe agrada. Vocês podem querer trabalhar 70 horas por semana durante 10 anos para se tornarem sócios do [centenário escritório de advocacia] Cravath e, assim, conquistar a obrigação de fazer mais do mesmo. Ou podem dizer: "Não estou disposto a pagar esse preço." É uma decisão totalmente pessoal, que vocês devem tomar segundo suas convicções. Seja o que for que decidam, acho que é um grande erro não absorver a sabedoria elementar caso sejam capazes, porque isso nos torna mais aptos a servir aos outros e a nós mesmos, além de tornar a vida mais divertida. Se tiverem aptidão para isso, acho que seria uma loucura não fazê-lo. Vocês terão uma vida mais rica – não apenas em termos financeiros, mas em muitos outros aspectos.

Bem, essa foi um fala muito peculiar para um empresário em uma faculdade de direito – um cara que nunca cursou psicologia dizendo que todos os livros de psicologia estão errados. Isso é bem excêntrico. Mas só posso dizer que sou sincero. Há muitas coisas simples que muitos de vocês são perfeitamente capazes de aprender. E suas vidas também vão funcionar muito melhor se aprenderem. Sem contar que aprender é muito divertido, por isso recomendo que vocês aprendam.

Você está, na prática, honrando seu compromisso de compartilhar a sabedoria que adquiriu ao longo dos anos?
Claro. Veja a Berkshire Hathaway. Eu a considero o empreendimento didático definitivo. Warren nunca vai gastar dinheiro. Vai devolver tudo à sociedade. Ele está apenas construindo uma plataforma para

que as pessoas escutem seus conceitos. Não preciso dizer que são conceitos muito bons e a plataforma também não é ruim. Seria possível argumentar que Warren e eu somos acadêmicos à nossa maneira.

A maior parte do que você disse é muito convincente. E a sua busca pelo conhecimento e, portanto, pelo domínio da condição humana e do dinheiro é um objetivo louvável.
Não sei se a busca por dinheiro é tão louvável assim.

Bem, é compreensível.
Com isso eu concordo. Aliás, não estou desmerecendo quem trabalha fazendo ligações de vendas ou revisando contratos de títulos. Se a pessoa precisa de dinheiro, é ótimo ganhar. E, se vocês tiverem que levar vários casos a julgamento ao longo de sua carreira, vão aprender alguma coisa com isso. Todo mundo tem que fazer alguma coisa para ganhar dinheiro. Muitas atividades são dignas por darem dinheiro.

Eu entendo seu ceticismo em relação a pessoas excessivamente ideológicas. Mas não existe um componente ideológico no que você faz? Existe algo pelo qual você nutre uma paixão irracional?
Sim, sou apaixonado pelo conhecimento. Sou apaixonado pela precisão e por alguns tipos de curiosidade intelectual. Talvez eu tenha algum traço de generosidade na minha natureza e um desejo de servir a valores que transcendam minha breve vida. Mas talvez eu esteja só me exibindo ao dizer isso. Quem sabe?

Eu acredito na disciplina de aprender o melhor que outras pessoas já elaboraram. Não acredito em tentar vislumbrar tudo sozinho. Ninguém é tão inteligente assim.

DISCURSO TRÊS REVISITADO

Quando proferi esse discurso, em 1996, argumentei que a animosidade política mais intensa deveria ser evitada porque causa muitas falhas de raciocínio, mesmo em mentes brilhantes. Desde então, a animosidade política se intensificou muito, tanto à esquerda quanto à direita, com tristes reflexos na capacidade das pessoas de enxergar a realidade, justamente como eu previa.

É claro que não fico feliz com o rumo que as coisas tomaram. A essência da minha natureza emocional é responder como Arquimedes[19] responderia se fosse reclamar hoje com Deus: "Como você pôde colocar a Idade das Trevas depois de eu publicar as minhas fórmulas?" Ou como Mark Twain reclamou certa vez: "São dias tristes para a literatura. Homero está morto, Shakespeare está morto, e eu mesmo não me sinto nada bem."

Felizmente, ainda consigo evitar reclamações ao estilo Mark Twain, afinal, nunca tive mais do que a mínima ilusão de que alguma visão minha mudaria o mundo. Sempre soube que mirar baixo era o melhor caminho para mim, então apenas busquei: 1) aprender com aqueles que me superam uns truques mentais que me ajudariam a evitar alguns dos piores erros de percepção comuns na minha faixa etária; e 2) transmitir meus truques mentais apenas para as pessoas que poderiam facilmente aprender comigo, porque já sabiam praticamente tudo que eu estava lhes contando.

Tendo alcançado muito bem esses objetivos bastante limitados, vejo poucos motivos para me queixar hoje da falta de sabedoria do mundo. O que funciona melhor para mim ao lidar com todas as decepções é o que chamo de método judaico: o humor.

Ao revisitar o Discurso Três, em março de 2006, ainda gosto da ênfase na necessidade de tornar os sistemas humanos tão resistentes a fraudes quanto possível, mesmo que isso implique não solucionar algumas mazelas. As pessoas que recompensam a má conduta em grande escala deixam um rastro de destruição, dado que a má conduta se espalha pelo exemplo e é muito difícil de ser revertida.

Além disso, me lembro com carinho da ênfase desse discurso nas lições de vida que aprendi com Grant McFayden e de um método que meu pai me ensinou. Devo muito a esses antecessores há muito falecidos, e, se você está gostando de *A sabedoria de Charlie Munger*, também deve muito a eles.

DISCURSO QUATRO

Pensamento prático *sobre* pensamento prático?

20 DE JULHO DE 1996
UMA CONVERSA INFORMAL

Neste discurso, Charlie explica como toma decisões e soluciona problemas, conduzindo-nos passo a passo por uma variedade de modelos mentais. Ele apresenta um estudo de caso que pergunta, retoricamente, como o espectador faria para criar do zero um negócio de 2 trilhões de dólares, usando a Coca-Cola como exemplo. Naturalmente, ele tem sua própria solução, que soa brilhante e perspicaz.

O estudo de caso o leva a um debate sobre as deficiências das instituições acadêmicas e seu histórico de ter produzido gerações de líderes descuidados. Para esse problema ele aponta outras soluções.

Charlie menciona algumas vezes em sua fala o "fiasco da New Coke", episódio em que a Coca-Cola alterou sua fórmula após resultados positivos de uma ampla pesquisa com consumidores. A "Nova Coca" chegou a fazer sucesso após lançada – até que a empresa descontinuou a Coca antiga, gerando revolta e protestos.

Este discurso foi proferido em 1996, para um grupo que tem como política não divulgar seus programas.

Nota do editor, conforme sugerido por Charlie:
A maioria das pessoas não entende este discurso. Charlie diz que foi um tremendo fracasso de comunicação quando proferido e sempre acham um texto difícil de assimilar, mesmo quando lido devagar, mais de uma vez. Para Charlie, essa dificuldade aponta para "profundas implicações educacionais".

O título da minha fala é "Pensamento prático sobre pensamento prático?", com ponto de interrogação no final.

Ao longo de toda a minha longa carreira, assimilei várias noções gerais ultrassimples que considero úteis na resolução de problemas. Hoje vou descrever cinco delas.

Depois, vou apresentar um problema de escala extrema: transformar um capital inicial de 2 milhões de dólares em 2 trilhões, soma volumosa o suficiente para simbolizar um grande feito.

Em seguida, vou tentar resolver o problema, com a ajuda das minhas úteis noções gerais.

Por fim, explicarei que há importantes implicações educacionais contidas na minha demonstração. Vou fechar dessa forma porque meu objetivo é pedagógico, dado que meu foco hoje é a busca por melhores métodos de pensamento.

A primeira noção útil é que geralmente é melhor simplificar os problemas decidindo primeiro as grandes questões mais óbvias.

A segunda noção útil mimetiza a conclusão de Galileu[1] de que a realidade científica muitas vezes é revelada apenas pela matemática, como se a matemática fosse a linguagem de Deus. A perspectiva de Galileu também se aplica à desordem da vida cotidiana. Sem fluência nos números, na dimensão da vida em que a maioria de nós se encontra, somos como um sujeito de uma perna só em uma competição de chute no traseiro.

A terceira noção útil é que não basta pensar nos problemas de forma direta. Precisamos pensar também de trás para a frente – como o camponês que queria saber o lugar onde iria morrer, para jamais ir até lá. Na verdade, muitos problemas não podem ser solucionados de forma direta. É por isso que o grande algebrista Carl Jacobi disse tantas vezes "Inverta, sempre inverta", e é por isso que os pitagóricos[2] pensaram de trás para a frente a fim de provar que a raiz quadrada de 2 era um número irracional.

A quarta noção útil é que a melhor e mais prática sabedoria é a sabedoria acadêmica elementar. Mas com uma importante condição: pensar de modo multidisciplinar. Devemos usar rotineiramente todos os conceitos fáceis de aprender do módulo básico de todas as disciplinas. Onde quer que as ideias elementares sejam úteis, a resolução de problemas não deve jamais ser limitada – tal como ocorre na academia e em muitas estruturas empresariais, que são limitadas pela extrema balcanização do conhecimento em disciplinas e subdisciplinas, com fortes tabus contra qualquer empreendimento fora do território preestabelecido. Em vez disso, devemos desenvolver o pensamento multidisciplinar, de acordo com a recomendação de Benjamin Franklin em *Poor Richard's Almanack*: "Se você quiser que algo seja feito, vá lá e faça. Se não quiser, delegue."[3]

Se vocês confiarem suas análises e julgamentos inteiramente aos outros – o que costuma ocorrer pela contratação de consultoria profissional –, enfrentarão graves dificuldades sempre que estiverem fora do seu restrito território. E não serão apenas dificuldades de coordenação complexa. Vocês também sofrerão com a realidade evocada pelo personagem de Bernard Shaw que diz, em *O dilema do médico*: "Em última instância, toda profissão é uma conspiração contra os leigos."

Na verdade, pela primeira vez um personagem de Shaw subestimava os horrores de algo que o escritor detestava. Normalmente, o problema não é a má-fé de um consultor, mas seus vieses inconscientes. A cognição dos consultores costuma ser distorcida a favor do cliente, ainda que por incentivos financeiros diferentes. E ele também sofrerá da falha psicológica expressa pelo ditado "Para quem só tem um martelo, todo problema parece um prego".

A quinta noção útil é que efeitos verdadeiramente grandes, do tipo *lollapalooza*, na maioria das vezes só surgem de amplas conjunções de fatores. Por exemplo, a tuberculose foi controlada, pelo menos durante muito tempo, apenas pelo uso rotineiro e combinado de três medicamentos. E outros efeitos *lollapalooza*, como a decolagem de um avião, seguem padrão semelhante.

Agora é hora de apresentar meu problema prático. Aqui vai.

O ano é 1884, o lugar, Atlanta. Vocês são levados, junto com outras 20 pessoas, à presença de um cidadão rico e excêntrico chamado Glotz. Vocês e Glotz têm duas características em comum: primeiro, usam rotineiramente as cinco noções úteis na resolução de problemas, e, segundo, conhecem todas as ideias elementares de todos os cursos universitários básicos, conforme ensinadas hoje. No entanto, todos os pesquisadores e todos os exemplos que demonstram essas ideias elementares são anteriores a 1884. Nem vocês nem Glotz sabem nada sobre qualquer acontecimento posterior a 1884.

Glotz se oferece para investir 2 milhões de dólares, em valores de 1884 – ficando com apenas metade do patrimônio, que será revertido para a Fundação de Caridade Glotz –, em uma nova empresa voltada para a fabricação de bebidas não alcoólicas. Ele deseja permanecer apenas nesse ramo, para sempre. Glotz quer usar um nome que por algum motivo o encantou: Coca-Cola.

A outra metade do patrimônio da nova empresa irá para quem demonstrar do modo mais plausível que seu plano de negócios fará com que a fundação de Glotz valha 1 trilhão de dólares dali a 150 anos, isto é, em 2034, em valores da época, mesmo distribuindo grande parte de seus lucros em dividendos todos os anos. Isso fará com que a nova empresa valha 2 trilhões de dólares, mesmo depois de pagar bilhões em dividendos.

Vocês têm 15 minutos para fazer sua apresentação. O que diriam a Glotz?

Vou apresentar minha solução, minha proposta para Glotz, usando apenas minhas noções úteis e conhecimentos que todo bom aluno do segundo ano da faculdade deveria saber.

Bem, Glotz, comecemos pelas grandes decisões mais óbvias que, para simplificar o nosso problema, devem ser tomadas logo de início. Primeiro, jamais criaremos uma empresa que valha 2 trilhões de dólares com a venda de uma bebida genérica, portanto devemos transformar seu nome, Coca-Cola, em uma marca forte e com proteção legal. Segundo, só podemos chegar a 2 trilhões de dólares se começarmos em Atlanta, depois conquistarmos o país e então, rapidamente, disseminarmos nossa nova bebida por todo o mundo. Para tanto, precisaremos desenvolver um produto com apelo universal por mobilizar poderosas forças elementares. E o lugar certo para encontrar forças elementares poderosas assim é nos cursos acadêmicos elementares.

Agora vamos usar a fluência em números para analisar as implicações do nosso objetivo. Podemos prever com razoável confiança que, até 2034, o mercado mundial de bebidas não alcoólicas será de cerca de 8 bilhões de consumidores. Em média, cada um desses consumidores será muito mais próspero em termos reais do que o consumidor médio de 1884. Cada consumidor é composto majoritariamente por água e deve ingerir cerca de 2 litros de líquido por dia. São 8 porções de 250 mililitros. Assim, se a nossa nova bebida, bem como outras bebidas semelhantes em nosso novo mercado, puderem dar sabor e melhorar apenas 25% da água ingerida em todo o mundo, e se conseguirmos conquistar metade do mercado mundial, poderemos vender 2,92 trilhões de unidades em 2034. E, se conseguirmos o lucro líquido de 4 centavos de dólar por porção, vamos faturar 117 bilhões de dólares. Se nosso negócio continuar crescendo num bom ritmo, isso será suficiente para fazê-lo facilmente alcançar o valor de 2 trilhões de dólares.

Uma grande questão, claro, é se 4 centavos de dólar por porção é uma meta de lucro razoável para 2034. E a resposta é sim, se conseguirmos criar uma bebida com forte apelo universal.

Cento e cinquenta anos é bastante tempo. É quase certo que o dólar, tal como a dracma romana,[4] vai sofrer depreciação.

Ao mesmo tempo, o poder de compra real do consumidor médio de bebidas no mundo terá aumento considerável.

Sua inclinação a melhorar de maneira econômica a experiência de beber líquidos vai aumentar consideravelmente mais rápido. Enquanto isso, à medida que a tecnologia avançar, o custo do nosso produto simples, em unidades de poder de compra constante, vai cair.

Todos esses quatro fatores vão atuar em conjunto em favor de nossa meta de lucro de 4 centavos de dólar por porção. O poder de compra mundial de bebidas, em dólares, provavelmente vai se multiplicar por um fator de pelo menos 40 ao longo desses 150 anos. Pensando de forma indireta, isso faz com que a nossa meta de lucro por porção, nas condições de 1884, seja apenas um quadragésimo de 4 centavos de dólar, isto é, um décimo de centavo por porção. Essa é uma meta fácil de ultrapassar com o tempo se o nosso produto novo tiver apelo universal.

Solucionado isso, devemos resolver o problema de desenvolvimento de um produto com apelo universal. Aqui existem dois desafios de grande escala interligados. Primeiro, nesses 150 anos precisamos fazer com que um novo mercado de bebidas absorva cerca de um quarto da ingestão mundial de água. Segundo, precisamos operar de modo que metade do novo mercado seja nosso, enquanto todos os concorrentes somados dividirão a outra metade.

Esses resultados são um efeito do tipo *lollapalooza*. Assim, devemos atacar o problema mobilizando todos os fatores positivos possíveis a nosso favor. Claramente, apenas uma combinação poderosa de vários fatores será capaz de gerar o efeito *lollapalooza* que desejamos. Por sorte, a solução para esses desafios interligados se mostra bastante fácil caso o aluno permaneça acordado em todas as aulas do primeiro ano de faculdade.

Comecemos por explorar as consequências da nossa decisão simplificada e óbvia de que precisamos contar com uma marca forte. Essa conclusão nos leva, automaticamente, a compreender a essência do nosso negócio nos devidos termos acadêmicos elementares. Graças ao curso de introdução à psicologia, podemos ver que, em essência, nosso negócio consistirá na criação e manutenção de reflexos condicionados. O nome comercial e a identidade da Coca-Cola vão atuar como estímulos, e a compra e o consumo serão as respostas desejadas.

Como criar e manter reflexos condicionados?

Bem, os textos de psicologia dão duas respostas: 1) por meio do condicionamento operante; e 2) por meio do condicionamento clássico, também chamado de condicionamento pavloviano, em homenagem ao grande cientista russo. Como queremos gerar um resultado *lollapalooza*, será preciso usar ambas as técnicas de condicionamento e tudo que pudermos conceber para potencializar os efeitos de cada uma.

A parte do condicionamento operante é fácil de resolver. Precisamos apenas: 1) maximizar as recompensas da ingestão da nossa bebida; e 2) minimizar as possibilidades de que os reflexos desejados, uma vez criados por nós, sejam eliminados por condicionamentos operantes que venham a ser criados por concorrentes.

Para recompensas de condicionamento operante, existem apenas algumas categorias que consideraremos práticas:

1. Valor nutricional em calorias ou outros elementos.
2. Sabor, textura e aroma que atuem como estímulos ao consumo sob pré-programação neural humana por meio da seleção natural darwiniana.
3. Efeito estimulante, como o do açúcar ou da cafeína.
4. Efeito de resfriamento (quando a pessoa estiver com calor) ou de aquecimento (quando estiver com frio).

Na busca por um resultado *lollapalooza*, é claro que vamos incluir recompensas em todas essas categorias.

Para começar, o mais lógico é decidirmos por conceber uma bebida para ser consumida gelada. Aliviar o calor excessivo sem a ajuda de uma bebida é muito mais difícil do que aliviar o frio excessivo. Além disso, ao contrário do frio, o calor excessivo por si só já torna necessário consumir muito líquido.

Também é lógico optarmos por incluir açúcar e cafeína na composição. Afinal, chá, café e limonada já são bastante consumidos. E também está claro que devemos ser obstinados em determinar, por meio de tentativa e erro, o sabor e outras características que vão maximizar o prazer ao tomar a água açucarada e cafeinada que ofereceremos.

E, para neutralizar o risco de que os reflexos condicionados operantes criados por nós sejam eliminados por condicionamentos operantes criados por produtos concorrentes, a resposta também é óbvia: será uma obsessão permanente em nossa empresa garantir, o mais rápido possível, que a nossa bebida esteja disponível no mundo todo, o tempo todo. Afinal de contas, um concorrente, se nunca for experimentado, não pode funcionar como recompensa e criar um hábito conflitante. Todas as pessoas casadas sabem disso.

Devemos analisar, a seguir, o condicionamento pavloviano que também precisamos utilizar. Por esse mecanismo, poderosos efeitos resultam da mera associação. O sistema neural do cachorro de Pavlov faz com que ele salive ao ouvir a campainha, mesmo que não possa comer o som. E o cérebro do homem anseia pelo tipo de bebida oferecida pela mulher bonita, mesmo que ele não possa tê-la. Por isso, Glotz, devemos usar todo tipo de condicionamento pavloviano ético que pudermos imaginar. Porque, enquanto estivermos nesse negócio, nossa bebida deve ser associada, na cabeça dos consumidores, a tudo de que eles mais gostem ou que admirem.

Um condicionamento pavloviano tão abrangente vai sair muito caro, principalmente a publicidade. Serão gastos altos a perder de vista. Mas será dinheiro gasto de maneira eficiente. À medida que nos expandirmos depressa no nosso novo mercado de bebidas, nossos concorrentes vão enfrentar grandes desvantagens de escala na compra de espaço publicitário para criar seu próprio condicionamento pavloviano. Essa e mais outras vantagens decorrentes do alto volume de produção deverão nos ajudar a conquistar e manter pelo menos 50% do novo mercado em todo o mundo. Inclusive, como os consumidores estarão dispersos pelos países, nosso maior volume de produção vai nos proporcionar vantagens de custo extremas na distribuição.

Além disso, os efeitos pavlovianos provenientes da mera associação vão nos ajudar a escolher o sabor, a textura e a cor da nossa nova bebida. Levando em conta esses efeitos, escolheremos sabiamente o nome exótico e sofisticado "Coca-Cola", em vez de um nome prosaico como "Água cafeinada e açucarada do Glotz". Por razões pavlovianas semelhantes, seria bom que a aparência da nossa bebida lembrasse o vinho em vez de parecer água com açúcar, portanto adicionaremos corantes caso a fórmula final resulte em um líquido transparente. Também vamos gaseificar a água, o que criará uma semelhança com o champanhe ou alguma outra bebida cara, ao mesmo tempo que vamos aprimorar seu sabor e dificultar a imitação. E, dado que vamos atribuir tantos efeitos psicológicos de associação a outros produtos caros, o sabor deve ser diferente de qualquer outro, a fim de criarmos o máximo de dificuldade para os concorrentes e evitarmos benefícios ocasionais a outros produtos com sabor semelhante.

O que mais a psicologia nos oferece que possa ajudar nossa empresa? Bem, existe aquele aspecto poderoso da natureza humana que os psicólogos chamam de prova social – a mera visão como gatilho de consumo. A prova social não só vai ajudar a estimular as pessoas a experimentar nossa bebida como também vai reforçar as recompensas percebidas no consumo. Vamos sempre levar em conta esse fator poderoso ao elaborar publicidade e promoção de vendas e ao renunciar a lucro imediato para aumentar o consumo atual e futuro. Mais do que com a maioria dos outros produtos, o aumento do nosso poder de venda virá de cada aumento nas vendas.

Agora podemos ver, Glotz, que, ao combinar 1) bastante condicionamento pavloviano, 2) poderosos efeitos de prova social e 3) uma bebida de sabor maravilhoso, energética, estimulante e idealmente gelada que provoca bastante condicionamento operante, conseguiremos vendas aceleradas por muito tempo, devido à associação de fatores que escolhemos. Daremos início a uma espécie de reação química autocatalítica – justamente o tipo de efeito *lollapalooza* desencadeado por fatores múltiplos de que precisamos.

A logística e a estratégia de distribuição serão simples. Existem apenas duas opções práticas para vendermos nossa bebida: 1) como xarope, para restaurantes e outros estabelecimentos usarem em máquina de mistura, ou 2) como produto já em sua forma final, gaseificado, em recipientes. Para obter resultados *lollapalooza*, naturalmente faremos as duas coisas. E, para obter enormes efeitos pavlovianos e de prova social, sempre investiremos em publicidade e promoção de vendas mais de 40% do preço do xarope por porção.

Algumas poucas fábricas de xarope serão suficientes para atender a demanda mundial, mas, para o envase do produto pronto, vamos precisar de muitas fábricas espalhadas pelo globo se quisermos evitar o transporte desnecessário de água e ar. Vamos maximizar os lucros se, como a General Electric fez com as lâmpadas no início de suas operações, sempre definirmos o preço de primeira venda, seja para 1) o xarope para uso em máquina ou 2) qualquer recipiente do nosso produto em sua forma final. A melhor maneira de organizar esse desejável controle para crescimento do lucro é fazer com que todo envasador independente que usarmos seja subcontratado, não um revendedor, muito menos um revendedor em sistema de franquia perpétua que mantenha o preço do xarope em seu nível inicial para sempre.

Não sendo possível obter patente nem copyright sobre o nosso sabor, faremos esforços desmedidos para manter nossa fórmula em segredo. Vamos alardear que temos um segredo, o que vai aumentar os efeitos pavlovianos. Com o tempo, a engenharia de alimentos vai avançar tanto que em algum momento será possível copiar nosso sabor com exatidão quase perfeita, mas até lá estaremos tão à frente, com marcas tão fortes e uma distribuição mundial tão completa e "sempre disponível", que uma boa cópia não vai nos afetar. Além disso, os avanços na engenharia de alimentos que ajudem os concorrentes serão quase certamente acompanhados por avanços tecnológicos que também vão nos ajudar, incluindo refrigeração, melhorias no transporte e, para quem faz dieta, a possibilidade de adicionar o sabor do açúcar sem as calorias do açúcar. Para completar, surgirão oportunidades de adquirir bebidas relacionadas, que vamos aproveitar.

Isso nos leva a fazer uma última revisão do nosso plano de negócios. Vamos, mais uma vez, pensar de maneira inversa, como Jacobi. O que devemos evitar, por não ser do nosso interesse? Há quatro respostas claras.

Primeira, temos que atentar ao sabor residual, que pode levar o consumidor a enjoar e parar de consumir o produto, por exemplo. Isso é parte da fisiologia humana, desenvolvida ao longo da evolução para melhorar a replicação dos genes, pois nos obriga a ser moderados. Para nossos fins, é preciso que, em dias quentes, o consumidor consiga beber garrafas e mais garrafas do nosso produto quase sem obstáculos do sabor residual. Vamos encontrar um sabor maravilhoso, por meio de tentativa e erro, e assim solucionaremos esse problema.

Segunda, não podemos perder nem metade da nossa poderosa marca registrada. Sairá muito caro, por exemplo, se, por negligência nossa, permitirmos que seja vendido qualquer outro tipo de "cola" – digamos, uma "Peppy-Cola". Se algum dia existir uma Peppy-Cola, seremos nós os proprietários.

Terceira, diante de tamanho sucesso que faremos, precisamos evitar os efeitos negativos da inveja, que ocupa um lugar de destaque nos Dez Mandamentos porque faz parte da natureza humana. A melhor forma de evitar a inveja, como afirma Aristóteles,[5] é ser indiscutivelmente merecedor do sucesso. Seremos obcecados pela qualidade do produto, pela qualidade da apresentação do produto e pela manutenção de preços razoáveis, levando em conta o prazer inofensivo que proporcionaremos.

Quarta, depois que o nosso sabor registrado dominar o novo mercado, precisamos evitar qualquer mudança relevante e repentina. Mesmo que um novo sabor tenha melhor desempenho em testes cegos, seria burrice mudar. Isso porque, sob tais condições, nosso antigo sabor estará tão arraigado na preferência do consumidor, devido a fatores psicológicos, que uma grande mudança proporcionaria pouca vantagem por um lado e, por outro, causaria imenso prejuízo. A alteração desencadearia nos consumidores a síndrome de super-reação à perda, que dificulta todo tipo de negociação e faz com que a maioria dos apostadores seja tão irracional. Além disso, uma mudança de sabor tão grande permitiria a um concorrente, ao copiar a nossa fórmula original, tirar proveito 1) da super-reação hostil à perda, por parte dos consumidores, e 2) do enorme apego pelo nosso sabor original, que teremos criado com nosso trabalho.

Bem, essa é a minha proposta para o meu próprio problema de transformar 2 milhões de dólares em 2 trilhões de dólares, mesmo pagando bilhões em dividendos. Acho que eu teria conquistado Glotz em 1884 e que convenci vocês mais do que esperavam no início. Afinal de contas, as estratégias corretas ficam claras depois de serem relacionadas às ideias acadêmicas elementares acionadas pelas noções úteis.

Até que ponto minha solução condiz com a história da verdadeira Coca-Cola Company? Bem, ainda em 1896, 12 anos depois de o Glotz fictício ter dado seu vigoroso pontapé inicial de 2 milhões de dólares, a verdadeira Coca-Cola Company tinha um patrimônio líquido inferior a 150 mil dólares e ganhos em torno de 0. Mais tarde, a verdadeira Coca-Cola Company de fato perdeu metade de sua marca registrada e concedeu franquias de envasamento perpétuas a preços fixos do xarope. Algumas das envasadoras não eram muito eficientes, mas não podiam ser facilmente substituídas, de modo que esse sistema levou a verdadeira Coca-Cola Company a perder uma boa parcela do controle de preços que, caso mantido, teria melhorado seus resultados.

Apesar disso, a verdadeira Coca-Cola Company seguiu tão à risca o plano apresentado a Glotz que hoje vale cerca de 125 bilhões de dólares. Assim, a empresa precisaria de um crescimento de apenas 8% ao ano até 2034 para atingir um valor de mercado de 2 trilhões de dólares. E pode atingir uma meta de volume físico anual de 2,92 trilhões de porções se elas crescerem apenas 6% ao ano até 2034, resultado consistente com grande parte da experiência passada e que deixa ainda bastante ingestão de água pura para que a Coca-Cola domine após 2034. Portanto eu diria que o Glotz fictício, se tivesse começado mais cedo e mais forte e evitado os piores erros, teria facilmente atingido a meta de 2 trilhões de dólares. E bem antes de 2034.

Isso me leva, enfim, ao objetivo central da minha fala. Existem gigantescas implicações pedagógicas, caso minha resposta ao problema de Glotz esteja mais ou menos correta e se fizermos mais uma suposição que acredito ser verdadeira: que a maioria dos professores doutores, incluindo professores de psicologia e diretores de faculdades de Administração, não teria dado a mesma resposta simples que eu dei. E, se eu estiver certo nesses aspectos, isso indica que a nossa sociedade mantém hoje um grande número de educadores que não conseguem explicar satisfatoriamente o negócio da Coca-Cola, mesmo em retrospecto e mesmo a observando de perto durante toda a vida. Esse não é um cenário favorável.

Um resultado ainda mais extremo é que os executivos brilhantes e competentes que, rodeados de profissionais egressos das faculdades de administração e direito, dirigiram a Coca-Cola Company com glorioso sucesso nos últimos anos também não entendiam de psicologia elementar o suficiente para prever e evitar o fiasco da New Coke, que colocou a empresa em grave risco. O fato de que pessoas tão talentosas, cercadas de profissionais formados pelas melhores universidades, demonstrem tamanha lacuna em sua formação também não é um cenário favorável.

Tal despreparo extremo, tanto nos altos escalões do meio acadêmico quanto nos altos escalões das empresas, é um efeito *lollapalooza* negativo que evidencia graves falhas na nossa educação. Por ser um efeito *lollapalooza*, é esperado que encontremos múltiplas causas interligadas. Desconfio de pelo menos duas.

Primeiro, a psicologia acadêmica, embora seja admirável e útil como um compêndio de experimentos engenhosos e importantes, carece de síntese intradisciplinar.[6] Em especial, não se dá atenção suficiente aos efeitos *lollapalooza* resultantes da combinação de tendências psicológicas. Isso cria uma situação semelhante à de um professor que tenta simplificar o trabalho escolar arredondando o valor de pi para 3, além de violar a afirmação de Einstein de que "tudo deve ser o mais simples possível, porém não mais que o necessário". Em geral, a psicologia é apresentada e mal compreendida, tal como o eletromagnetismo seria hoje se a física tivesse produzido muitos pesquisadores brilhantes na experimentação, como Michael Faraday, mas nenhuma grande mente sintetizadora, como James Clerk Maxwell.

Segundo, há uma terrível carência de síntese interdisciplinar, isto é, pouco se combina a psicologia a outras disciplinas acadêmicas. E só uma abordagem interdisciplinar é capaz de fazer frente à realidade – seja no meio acadêmico ou no caso específico da Coca-Cola Company.

Em suma, os departamentos acadêmicos de psicologia são muito mais importantes e mais úteis do que os outros departamentos pensam. Ao mesmo tempo, os departamentos de psicologia são muito piores do que a maioria dos seus professores pensa. É normal que a autoavaliação seja mais positiva do que a avaliação externa – aliás, talvez seja por causa de um problema desse tipo que estou aqui como orador hoje –, mas a lacuna é absurdamente grande. Tão grande que a eminente Universidade de Chicago simplesmente extinguiu seu departamento de psicologia, talvez na esperança de montar um melhor no futuro.

Foi nesse estado de coisas, muitos anos atrás e já com uma boa parte de falhas evidentes, que ocorreu o fiasco da New Coke. Naquele contexto, os executivos da Coca-Cola estiveram perto de destruir a marca mais valiosa do mundo. A reação academicamente correta a esse imenso e amplamente divulgado fiasco seria a mesma cabível à Boeing caso três de seus aviões novos caíssem na mesma semana. Afinal, em ambos os casos está em jogo a integridade do produto. Foi um tremendo fracasso pedagógico.

Mas quase não houve uma reação responsável por parte da academia, que até hoje continua, em seu modo balcanizado, tolerando professores que ensinam mal a psicologia, professores oriundos de outras áreas que desconsideram os efeitos psicológicos obviamente cruciais em sua disciplina e faculdades que preservam cuidadosamente essa ignorância, orgulhando-se de suas inadequações.

Embora essas cegueira e indolência lamentáveis sejam hoje o panorama acadêmico normal, será que existem exceções? Será que podemos ter esperança de que as vergonhosas deficiências do establishment educacional sejam algum dia corrigidas? Minha resposta a isso é um sim bastante otimista.

Por exemplo, vejamos o comportamento recente do departamento de economia da Universidade de Chicago. Ao longo da última década, esse departamento praticamente monopolizou o Nobel de Economia, em grande parte por suas boas previsões a partir de modelos de livre mercado que defendem a racionalidade do ser humano. E qual foi a reação desse departamento depois de tamanho êxito com sua teoria da escolha racional? Bem, eles acabam de convidar para um lugar precioso junto aos seus grandes nomes um sábio e espirituoso economista da Cornell, Richard Thaler.[7] E fizeram isso porque Thaler desdenha de muitas das concepções que são sagradas na Universidade de Chicago. Inclusive Thaler acredita, como eu, que as pessoas muitas vezes são extremamente irracionais, em contextos já mapeados pela psicologia que devem ser levados em consideração na microeconomia.

Com esse movimento, a Universidade de Chicago está seguindo o exemplo de Darwin, que passou grande parte de sua longa vida utilizando a inversão como método de raciocínio: ele tentava refutar as próprias teses, e justo aquelas que mais valorizava e que mais esforço tivessem exigido. Enquanto houver na academia quem mantenha vivos seus melhores valores pensando como Darwin, podemos nutrir esperanças confiantes de que práticas pedagógicas estúpidas acabarão por ser substituídas por outras melhores, justamente como Carl Jacobi teria previsto.

Isso vai acontecer porque a estratégia darwiniana, com sua objetividade habitual vista como uma espécie de penitência, é extremamente poderosa. Ninguém menos que Einstein observou que uma das quatro razões de sua conquista foi a autocrítica, ao lado da curiosidade intelectual, da concentração e da perseverança.

Para apreciarmos ainda mais o poder da autocrítica, vejamos onde fica o túmulo desse estudante de graduação "desprovido de talento", Charles Darwin. Fica na Abadia de Westminster, em Londres, bem ao lado da lápide de Isaac Newton, talvez o pensador mais talentoso que já existiu, homenageado com oito palavras em latim que constituem o elogio mais eloquente de todos os epitáfios: *"Hic depositum est, quod mortale fuit Isaaci Newtoni"* ["Aqui jaz o que foi mortal em Isaac Newton"].

Uma sociedade que coloca Darwin no mesmo nível de Newton acabará por desenvolver e assimilar a psicologia de modo adequado e prático, potencializando assim todo tipo de habilidade. Mas todos nós que temos muito poder e vemos a luz devemos ajudar nesse processo. Há muita coisa em jogo. Se, em muitos ambientes de alto nível intelectual, um produto universal tão bem-sucedido como a Coca-Cola continuar sendo incompreendido e mal explicado, não será um bom sinal de competência em tantos outros assuntos importantes.

É claro que aqueles que tiverem hoje 50% de seu patrimônio líquido em ações da Coca-Cola, porque alocaram 10% depois de pensar como eu fiz em minha proposta para Glotz, podem ignorar tudo que falei sobre psicologia, pois certamente é algo elementar demais para ter alguma utilidade a vocês. Mas não recomendo o mesmo ao restante. É como um antigo anúncio da Warner & Swasey, um dos meus preferidos: "A empresa que precisa de uma nova máquina e ainda não a comprou já está pagando por ela."

DISCURSO QUATRO REVISITADO

Neste discurso tentei demonstrar falhas cognitivas grandes, importantes e corrigíveis nas universidades e nas empresas americanas. Em suma, argumentei que: 1) se as instituições acadêmicas e as empresas operassem com o máximo de eficiência, a maior parte das pessoas que integram uma ou outra seria capaz de explicar o sucesso da Coca-Cola Company por meio do uso parcimonioso de conceitos básicos e técnicas de resolução de problemas, mas, 2) como o fiasco da New Coke e suas consequências indicam, nem as universidades nem as empresas tinham uma compreensão razoável das realidades simples que levaram ao sucesso da Coca-Cola.

Segundo se constatou, meu discurso de 1996 não tocou a maioria das pessoas que o ouviu. Mesmo depois, entre 1996 e 2006, sua versão escrita alcançava o mesmo efeito, ainda que lida devagar e mais de uma vez, por pessoas muito inteligentes que me admiravam. Quase sempre, a mensagem não era transmitida de maneira construtiva. Por outro lado, ninguém me disse que a lógica do discurso era equivocada. O que acontecia era que as pessoas ficavam intrigadas por alguns momentos e depois esqueciam o assunto.

Tudo isso mostra que meu fracasso como comunicador foi ainda maior que o fracasso cognitivo que eu tentava explicar. Por quê?

A melhor resposta, acredito hoje, é que fiz papel de bobo como professor amador. Sonhei alto demais. Sempre evitei o tipo de pessoa que quer conversar demoradamente sobre o "significado de significado", porém escolhi como título "Pensamento prático sobre pensamento prático?". Adentrei um território complicado. Em seguida, desfiei uma interação longa e complexa sobre cinco poderosos truques gerais de resolução de problemas com ideias básicas de várias disciplinas. Incluí em particular a psicologia, sobre a qual queria demonstrar que existe muita ignorância, lamentavelmente, mesmo entre pessoas de ótima formação, algumas das quais professores de psicologia. Minha demonstração, claro, se baseou em psicologia correta como parte da minha pretensa demonstração. Isso tinha um fundamento lógico. Mas, se a ignorância a respeito de conteúdos da psicologia é generalizada, como é que meus ouvintes perceberiam que minha versão da psicologia estava correta? Logo, para a maioria dos ouvintes, fiz o equivalente aproximado de tentar explicar algumas ideias de difícil compreensão redefinindo essas mesmas ideias de forma circular.

E meu papel de bobo não parou por aí. Depois de saber que a versão escrita do meu discurso era de difícil compreensão, concordei com uma organização de *A sabedoria de Charlie Munger* em que meu discurso sobre psicologia era o Onze, muitas páginas à frente do Quatro. Eu deveria ter reconhecido que a ordem desses dois discursos deveria ser invertida, levando em conta que o Discurso Quatro presume que os leitores já dominaram a psicologia básica, tema do Discurso Onze. Por fim, preferi manter a ordem original e inútil. Fiz isso porque gosto de encerrar o livro com minha mais recente coleção de psicologia em uma espécie de checklist que há muito vem se provando útil para mim.

Os leitores, se quiserem, podem reler o Discurso Quatro depois de assimilarem o último, corrigindo assim parte das falhas pedagógicas que insisti em manter. Se estiverem dispostos a suportar essa provação, prevejo que pelo menos alguns vão achar proveitoso.

DISCURSO CINCO

A necessidade *de* mais competências multidisciplinares *por* parte *dos* profissionais: implicações pedagógicas

24 DE ABRIL DE 1998
50º ENCONTRO DA FACULDADE DE DIREITO DE HARVARD
TURMA DE 1948

Depois das críticas do discurso anterior a tudo que há de errado na academia, Charlie apresenta aqui as soluções. Proferida em 1998, no 50º reencontro de sua turma da Faculdade de Direito de Harvard, esta palestra se concentra numa questão extremamente complexa – a miopia na educação de elite – e aponta elementos cujas soluções, quando implementadas em conjunto, compõem uma resposta satisfatória ao problema.

Por meio de uma série de perguntas retóricas, Charlie postula que profissionais como os advogados carecem de competências multidisciplinares, o que resulta em prejuízo próprio. A partir dos seus amplos estudos multidisciplinares, ele identifica "tendências mentais inconscientes" que impedem as pessoas de ampliar seus próprios horizontes a contento. No entanto, traz soluções únicas e memoráveis para a questão.

Este discurso – um dos preferidos do organizador desta edição – demonstra claramente o "senso comum incomum" de Charlie. Ele diz: "Quando importa de verdade, como acontece com a formação de pilotos e cirurgiões, os sistemas pedagógicos empregam estruturas altamente eficazes, mas não utilizam essas mesmas estruturas bem compreendidas em outras áreas de aprendizado que também são importantes. Se há estruturas melhores disponíveis, por que os educadores não fazem uso delas de maneira mais ampla? O que poderia ser mais fácil que isso?"

Hoje vou jogar com vocês um jogo que remete a nossos antigos professores: Método Socrático Unilateral. Vou fazer cinco perguntas e respondê-las brevemente:

1   Os profissionais de ampla atuação precisam ser mais multidisciplinares em suas competências?
2   Nossa formação foi multidisciplinar?
3   Nas ciências sociais de excelência e ampla atuação, como seria, em essência, uma formação multidisciplinar factível e otimizada?
4   Nos últimos 50 anos, em que medida as universidades de excelência progrediram rumo à melhor forma de uma multidisciplinaridade factível?
5   Que práticas pedagógicas acelerariam esse progresso?

Comecemos pela primeira pergunta: Os profissionais de ampla atuação precisam ser mais multidisciplinares em suas competências?

Para responder a isso, devemos primeiro definir se maior multidisciplinaridade vai melhorar a cognição no contexto profissional. E, para determinar o que pode corrigir falhas cognitivas, é válido saber o que as provoca. Um personagem de Bernard Shaw explicou as deficiências profissionais da seguinte forma: "Em última instância, toda profissão é uma conspiração contra os leigos."

Há uma grande parcela de verdade no diagnóstico de Shaw, como demonstrado já no século XVI, quando a profissão dominante, o clero, queimou William Tyndale[1] na fogueira por traduzir a Bíblia para o inglês.

Mas Shaw claramente subestima o problema ao sugerir que sua principal causa é uma suposta má intenção consciente e egoísta. Existem tendências mentais inconscientes e interligadas que costumam afetar gravemente os profissionais. As duas que mais geram problemas são: 1) o viés do incentivo, um desvio cognitivo natural que leva o profissional a concluir que o que é bom para si é bom também para o cliente e para a sociedade; e 2) a "tendência do martelo", derivada do ditado "Para quem só tem um martelo, todo problema parece um prego".

Uma solução parcial para a tendência do martelo é óbvia: se um homem tem habilidades diversas em múltiplas disciplinas, ele, por definição, carrega consigo múltiplas ferramentas, o que limita os prejuízos cognitivos dessa tendência. Além disso, quando ele tem multidisciplinaridade suficiente para absorver da psicologia prática a ideia de que terá de combater por toda a vida os efeitos negativos das duas tendências principais que mencionei, tanto em si como nos outros, já deu um passo construtivo em direção à sabedoria.

Se A é uma doutrina profissional restrita e B é o conjunto de grandes conceitos mais do que úteis de outras disciplinas, então claramente o profissional que possuir A mais B estará em melhor situação, de modo geral, do que o pobre detentor de apenas A. E como poderia ser diferente? Assim, a única desculpa racional para não adquirir mais de B é que não é prático fazê-lo, dada a necessidade que a pessoa tem de A e outras exigências urgentes em sua vida. Adiante vou tentar demonstrar que essa desculpa para a unidisciplinaridade, pelo menos para os mais dotados, costuma ser frágil.

Minha segunda pergunta é tão fácil de responder que não vou perder muito tempo com ela. Nossa educação foi bastante unidisciplinar. Problemas de grande escala, por definição, atravessam muitas disciplinas acadêmicas, de modo que tentar solucioná-los com uma abordagem unidisciplinar é como jogar bridge apenas contando trunfos, ignorando todo o restante. Isso é maluquice, é como a festa do chá do Chapeleiro Maluco, mas mesmo assim muitas coisas do gênero continuam presentes na prática profissional e, pior ainda, há tempos são incentivadas em departamentos isolados das ciências sociais, que podemos definir como tudo que é menos fundamental que a biologia.

Mesmo em nossos tempos de juventude, alguns dos melhores professores já se horrorizavam com os efeitos da balcanização da academia em enclaves insulares bem protegidos, nos quais conceitos eram sustentados por dogmas e pela excomunhão dos infiéis. Alfred North Whitehead[2] há tempos deu o alerta em alto e bom som quando falou da "desconexão fatal das disciplinas acadêmicas". Desde então, as instituições educacionais de elite, cada vez mais em concordância com Whitehead, vêm lutando firmemente contra isso trazendo mais multidisciplinaridade. Graças a isso, alguns louros memoráveis foram conquistados em nosso tempo por grandes combatentes da desconexão nas fronteiras das disciplinas acadêmicas, como E. O. Wilson em Harvard e Linus Pauling no Caltech.[3] A universidade moderna oferece hoje mais multidisciplinaridade do que tivemos e isso é um acerto inegável.

A terceira pergunta naturalmente é a seguinte: Qual é o objetivo agora? Como seria, em essência, a melhor forma factível de multidisciplinaridade na educação de excelência? Essa também é fácil. Basta examinar a mais bem-sucedida das nossas formações de escala restrita, identificar os elementos essenciais e ampliá-los que chegaremos a uma boa solução.

Para encontrarmos o melhor modelo educacional de escala restrita, devemos olhar não para escolas que não estão sob ameaça e afins, orientadas demais pelas nossas duas tendências psicológicas contraproducentes e outras más influências, mas para aquelas onde os incentivos para uma educação eficaz são mais fortes e os resultados mais mensuráveis. Isso nos leva a uma área óbvia: a formação altamente eficaz, hoje obrigatória, para pilotos de avião. Sim, estou sugerindo que a poderosa Harvard seria melhor se mirasse mais no treinamento de pilotos.

Na pilotagem, como em outras profissões, a tendência do martelo representa um grande risco. Não queremos jamais que um piloto reaja a um perigo como se fosse o perigo X só porque sua mente contém apenas o modelo X de perigo. Por essa e outras razões, eles são treinados em um sistema estrito de seis elementos:

1 Educação formal ampla, cobrindo praticamente tudo que é útil na pilotagem.
2 O ensino de quase todas as competências necessárias não é voltado apenas à aprovação em uma ou duas provas. Todo o conhecimento se destina à fluência prática, abrangendo inclusive como lidar com dois ou três perigos interligados ao mesmo tempo.
3 Como qualquer bom algebrista, o piloto é levado a pensar às vezes de forma direta e às vezes de forma inversa. Desse modo, aprende a se concentrar bastante no que quer que aconteça e também a evitar o contrário.
4 O tempo de treinamento do piloto é distribuído entre as disciplinas segundo a necessidade de minimizar riscos futuros. Assim, o que é mais importante para o desempenho terá mais tempo de prática, de tal modo que o piloto alcance os mais altos níveis de fluência.
5 Rotinas de checklist são sempre obrigatórias.

6 Mesmo após a formação principal, o piloto é obrigado a manter uma rotina especial de manutenção de conhecimentos. Isso se faz com a utilização regular do simulador de aeronave para compensar o desuso prolongado de habilidades necessárias para lidar com problemas raros, porém relevantes.

Trata-se de um sistema nitidamente correto e com grandes exigências, em uma área de escala restrita onde os riscos são elevados. A necessidade desse sistema está enraizada na estrutura mais profunda da mente humana. Portanto, devemos esperar que a formação necessária para a resolução de problemas em larga escala contenha todos esses elementos, mas com uma cobertura imensamente ampliada para cada um. E como poderia ser diferente?

Assim, da mesma forma que a noite segue o dia, para obter os melhores resultados na nossa educação de excelência de ampla atuação precisamos de uma cobertura multidisciplinar de grande amplitude, com todas as competências necessárias elevadas a um nível de fluência baseada na prática constante, incluindo considerável poder de síntese nas fronteiras interdisciplinares. Nesse cenário, os mais altos níveis de fluência são alcançados onde se fazem mais necessários, com técnicas de pensamento progressivo e reverso empregadas de uma maneira que lembra a inversão na álgebra e com checklists como parte permanente do sistema de conhecimento. Não há outro caminho, nem um caminho mais fácil, para a sabedoria ampla. Portanto a tarefa, quando identificada pela primeira vez em sua imensa amplitude, parece intimidadora, quase impossível.

Porém, se considerada em todo o seu contexto, ela está longe de ser impossível quando levamos em conta três fatores:

Primeiro, o conceito de "todas as competências necessárias" permite reconhecer que nem todo mundo precisa ter o mesmo nível de competência em mecânica celeste que [Pierre-Simon] Laplace.[4] Tampouco é preciso que todos alcancem um nível de competência semelhante em todas as matérias. As ideias realmente grandes de cada disciplina sãos os pilares, quando se entende sua essência. E elas não são tão numerosas, nem suas interações tão complexas, a ponto de impossibilitar uma compreensão ampla e multidisciplinar por muita gente, caso se invista muito talento e tempo.

Segundo, na educação de excelência está disponível a grande quantidade de talento e de tempo necessários. Afinal, estamos educando o 1% mais competente, com professores que, em média, detêm ainda mais competência que os alunos. E temos cerca de 13 longos anos para transformar os nossos jovens mais promissores de 12 anos em profissionais iniciantes.

Terceiro, o pensamento inverso e o uso de checklists são algo fácil de aprender, tanto na vida como na pilotagem.

Além disso, podemos acreditar na viabilidade de uma ampla competência multidisciplinar pela mesma razão dada pelo sujeito do Arkansas para justificar sua crença no sacramento do batismo: "Já vi acontecer."[5] Todos nós conhecemos pessoas, os modernos Ben Franklin, que 1) alcançaram uma grande síntese multidisciplinar com menos tempo de educação formal do que aquela hoje disponível aos nossos inúmeros jovens talentosos; e 2) se tornaram, assim, melhores em desempenho em suas disciplinas, não piores, apesar do tempo desviado para a aprendizagem de assuntos fora das fronteiras de sua área de conhecimento.

Há muito tempo e talento disponíveis, bem como muitos exemplos de mestres bem-sucedidos em múltiplas disciplinas. Assim, nosso atual fracasso em minimizar os efeitos negativos da tendência do martelo comprova que só não tira grandes proveitos da multidisciplinaridade nas ciências sociais quem não se esforça o suficiente para dar um passo além. E quem não se esforça para isso é porque está satisfeito demais com o status quo ou porque teme as dificuldades da mudança.

O que nos leva à nossa quarta questão: Em relação ao objetivo de um ensino multidisciplinar otimizado e viável, em que medida a educação de excelência nas ciências sociais progrediu depois que saímos?

A resposta é que muito se experimentou em busca de progresso nesse sentido. E, depois de alguns resultados contraproducentes, houve melhorias consideráveis, na prática. Mas ainda há muito a ser feito, e parece muito distante.

Por exemplo, as ciências sociais têm considerado cada vez mais útil que professores de diferentes disciplinas colaborem uns com os outros ou que um mesmo professor seja qualificado em mais de uma disciplina. Mas o que tem funcionado melhor é uma prática de "pegue o que quiser" que encoraja qualquer disciplina a simplesmente assimilar qualquer conteúdo de outras. Talvez isso funcione melhor porque contorna as disputas acadêmicas enraizadas na tradição e na territorialidade – que justamente deram origem à insanidade unidisciplinar que agora se quer corrigir.

Graças à popularização do "pegue o que quiser", muitas disciplinas das ciências sociais reduziram a loucura decorrente da tendência do martelo. Por exemplo, lideradas por nosso colega Roger Fisher,[6] as faculdades de direito incorporaram a negociação, recorrendo a outras disciplinas. Mais de 3 milhões de exemplares do livro de negociação sensata e ética de Roger já foram vendidos, no que talvez seja a maior conquista de todos os tempos da nossa classe. As faculdades de direito também absorveram muito conteúdo sólido e útil da economia, e até mesmo alguma boa teoria dos jogos, para esclarecer a lei antitruste explicando melhor como a concorrência funciona na prática.

A economia, por sua vez, tomou de um biólogo o modelo da tragédia dos comuns,[7] encontrando corretamente um perverso pé invisível para fazer companhia à angelical mão invisível de Adam Smith. Hoje em dia a economia comportamental vai sabiamente buscar ajuda na psicologia.

Porém uma prática extremamente permissiva como o "pegue o que quiser" não poderia ter resultados 100% admiráveis nas ciências sociais. Em alguns dos piores desfechos, acabou contribuindo para mudanças como a assimilação de Freud em departamentos de literatura; para a importação, em muitos locais, de ideologias políticas extremistas de esquerda ou de direita que tornaram bastante improvável recuperar a objetividade, tanto quanto é improvável recuperar a virgindade; e para a adoção, em muitas faculdades de direito e de administração, de uma forma dura da hipótese dos mercados eficientes por equivocados aspirantes a especialistas em finanças corporativas, um dos quais explicava o sucesso da Berkshire Hathaway adicionando desvios-padrão, até que, depois do sexto desvio-padrão, reações de escárnio recebidas o obrigaram a buscar outra explicação.

Mesmo quando evita tais insanidades, o "pegue o que quiser" tem alguns defeitos graves. Por exemplo, muitos empréstimos tomados de disciplinas mais fundamentais foram feitos sem o devido crédito, às vezes recebendo novos nomes, sem o necessário cuidado de privilegiar os conceitos fundamentais. Tais práticas 1) são como um péssimo sistema de processamento que só prejudica o uso e a síntese do conhecimento absorvido; e 2) não maximizam nas ciências sociais o equivalente à mineração sistemática da física feita por Linus Pauling para melhorar a química. Tem que haver um caminho melhor.

Isso nos leva à nossa última questão: Nas ciências sociais de excelência, que práticas acelerariam nosso progresso em direção a uma disciplinaridade otimizada? Aqui também há algumas respostas fáceis.

Primeiro, muitas outras matérias deveriam ser obrigatórias, não opcionais. E, para isso, quem decide o que é obrigatório precisa possuir conhecimento multidisciplinar amplo e fluente. Essa é uma conclusão óbvia para a formação do aspirante a solucionador de problemas em larga escala – tanto quanto para a formação do aspirante a piloto. Por exemplo, a formação jurídica deveria incluir o domínio da psicologia e da contabilidade, o que, no entanto, ainda hoje não é o padrão nas instituições de excelência. Os criadores dos programas têm uma mente tão limitada que, além de não enxergarem o que é necessário e o que falta, também são incapazes de corrigir deficiências.

Segundo, deveria haver muito mais práticas de resolução de problemas que cruzassem diversas disciplinas, incluindo práticas equivalentes à função do simulador de voo, para prevenir a perda de habilidades por falta de uso.

Vou citar um exemplo, que lembro sem muita exatidão, desse tipo de ensino. Muitas décadas atrás, houve um professor sábio, porém atípico, na Harvard Business School. Ele passou à turma uma avaliação na qual contava a história de duas senhorinhas pouco versadas em negócios que tinham acabado de herdar uma fábrica de sapatos de grife na Nova Inglaterra. Os negócios, no entanto, vinham enfrentando sérios problemas, descritos com riqueza de detalhes na prova. O professor deu aos alunos um bom tempo para que formulassem conselhos por escrito às proprietárias. As notas foram baixas, exceto por um aluno, que ficou no topo com uma ampla margem.

Qual foi essa resposta que obteve a maior nota? Era bem curta e dizia mais ou menos assim: "Este setor e este negócio em particular, nesta localização, apresentam problemas cruciais tão difíceis que senhorinhas alheias ao mundo dos negócios não conseguiriam resolvê-los nem com a assistência de profissionais contratados. Dadas as dificuldades e os inevitáveis custos de agência, as senhoras deveriam vender a fábrica de calçados quanto antes, de preferência para um concorrente, que teria a vantagem da maior utilidade marginal."

Vemos que a resposta vencedora se baseou não no que os alunos tinham aprendido mais recentemente na faculdade de Administração, mas em conceitos mais fundamentais, como custos de agência e utilidade marginal, extraídos dos cursos de psicologia e economia. Ah, meus colegas da turma de direito de Harvard de 1948... se ao menos tivéssemos sido postos à prova dessa forma com muito mais frequência! Imaginem o que mais não teríamos conquistado.

Muitas escolas particulares de elite hoje empregam sabiamente esses métodos multidisciplinares no ensino de ciências do sétimo ano, enquanto outras instituições de pós-graduação ainda não viram a mesma luz. Esse é mais um triste exemplo da desconexão fatal que Whitehead aponta na educação.

Terceiro, a maioria das faculdades de ciências sociais deveria intensificar o uso dos melhores periódicos de negócios, como *The Wall Street Journal*, *Forbes*, *Fortune*, etc. Essas publicações são hoje muito boas e desempenham a função de simulador de voo para estimular a prática de relacionar eventos a causas multidisciplinares, muitas vezes interligadas. Por vezes, até introduzem novos modelos para as causas em vez de meramente atualizar conhecimentos antigos. Além disso, é no mínimo sensato que o aluno exercite na escola o que deve praticar ao longo da vida após concluir a educação formal, se quiser ampliar a capacidade de bom julgamento. Não conheço nenhuma pessoa no mundo dos negócios, respeitada por seu bom senso, cujo sistema de manutenção da sabedoria não inclua o acesso a tais periódicos. Por que no próprio ensino deveria ser diferente?

Quarto, ao se preencherem as restritas vagas disponíveis para professores, aqueles de ideologia política superforte e apaixonada, seja de esquerda ou de direita, devem normalmente ser evitados. O mesmo vale para os estudantes. A melhor forma de multidisciplinaridade exige uma objetividade que essas pessoas fervorosas perderam e é pouco provável que mentes presas a grilhões ideológicos alcancem uma síntese difícil. No nosso tempo, alguns professores de direito de Harvard puderam apontar, e apontaram, um exemplo maravilhoso desse exato tipo de loucura. Tratava-se, claro, da Faculdade de Direito de Yale, que, para muitos em Harvard, estava tentando aprimorar sua formação jurídica importando uma ideologia política específica como fator dominante.

Quinto, as ciências sociais deveriam imitar mais intensamente o éthos organizador fundamental das ciências exatas, definidas como a combinação fundamental de quatro disciplinas: matemática, física, química e engenharia. Esse éthos merece mais imitação. Afinal de contas, as ciências exatas têm, por uma ampla margem, o melhor histórico tanto em evitar a insensatez unidisciplinar quanto em facilitar o uso de uma grande fatia de domínio multidisciplinar, com frequentes resultados bons como os do físico Richard Feynman[8] quando rapidamente identificou em anéis de vedação frios a causa do nosso maior desastre envolvendo um ônibus espacial.

Ampliações anteriores desse éthos para outras ciências funcionaram bem. Por exemplo, a biologia, que começou há 150 anos com uma confusão descritiva não muito relacionada com teoria profunda, aos poucos absorveu o éthos organizador fundamental com resultados maravilhosos, à medida que novas gerações passaram a utilizar melhores métodos de pensamento contendo modelos que respondem à pergunta "Por quê?". E não há uma razão clara para que o éthos das ciências exatas não possa também contribuir para disciplinas muito menos fundamentais que a biologia.

Este, a meu ver, é o éthos organizador fundamental de que estou falando:

1. Deve-se classificar e empregar as disciplinas em ordem de fundamentalidade.
2. Deve-se, goste-se ou não, dominar a fluência testada e usar rotineiramente os conteúdos de fato essenciais de todas as quatro disciplinas constituintes da combinação fundamental, dedicando atenção especial àquelas que forem mais fundamentais que a sua.
3. Não se deve jamais absorver conteúdos de outras disciplinas sem atribuir a elas o devido crédito. Tampouco se deve fazê-lo sem respeitar o princípio econômico de não explicar de qualquer outra forma alguma ideia que já possa ser explicada por um conteúdo mais fundamental de sua própria disciplina ou de alguma outra.

4 Caso a abordagem do passo 3 não produza muitos insights novos e interessantes, deve-se formular hipóteses e testá-las para estabelecer novos princípios, geralmente usando métodos semelhantes aos que criaram princípios antigos bem-sucedidos. Mas não se pode usar nenhum novo princípio inconsistente com um antigo a menos que se possa refutá-lo.

Vocês perceberão que, em comparação com muitas das práticas atuais nas ciências sociais, o éthos organizador fundamental das ciências exatas é mais rígido. Não por coincidência, isso lembra o treinamento de pilotos. A realidade está aí para quem quiser ver. Assim como a formação de pilotos, o éthos das ciências exatas não diz "pegue o que quiser", mas "domine tudo, goste você ou não". E a organização racional do conhecimento multidisciplinar é forçada quando se tornam obrigatórios 1) o reconhecimento explícito e formal da origem de uma teoria ou um conceito importado de outra disciplina e 2) a preferência pela explicação mais fundamental.

Essa ideia simples pode parecer inútil de tão óbvia, mas existe uma velha regra em duas partes que costuma produzir maravilhas nos negócios, na ciência e em outros campos:

1 Pegue uma ideia simples e básica
2 Leve-a muito a sério

Como prova do valor de levar muito a sério o éthos organizador fundamental, cito como exemplo minha própria vida.

Entrei para a Faculdade de Direito de Harvard com uma formação muito rudimentar, hábitos de trabalho inconstantes e sem o diploma exigido. Fui admitido graças à intervenção de um amigo da família, Roscoe Pound, apesar da objeção de Warren Abner Seavey. Eu tinha feito um curso bobo de biologia no ensino médio, aprendendo brevemente, quase tudo à base de decoreba, uma teoria da evolução incompleta, partes da anatomia do paramécio e da rã, além de um conceito ridículo de "protoplasma" que já se tornou obsoleto.

Até hoje nunca fiz nenhum curso, em lugar nenhum, de química, economia, psicologia ou administração. Mas logo cedo estudei física e matemática elementares e prestei atenção suficiente para, de alguma forma, assimilar o éthos organizador fundamental das ciências exatas. Fui incorporando esse éthos a ciências mais subjetivas, fazendo dele meu modelo de organização e sistema de arquivamento na busca por qualquer sabedoria multidisciplinar fácil.

Assim, minha vida se tornou uma espécie de experiência educativa acidental no que diz respeito à viabilidade e à utilidade de uma ampliação acadêmica muito grosseira do éthos organizador fundamental por um sujeito que também aprendeu muito bem o que sua própria disciplina tinha a ensinar.

Nas minhas duradouras tentativas de completar minha educação deficitária por meios informais, descobri que, recorrendo apenas à vontade comum, mas tendo como guia o éthos organizador fundamental, minha capacidade de me dedicar a tudo que eu amava foi reforçada muito além das minhas lacunas. Grandes ganhos vieram de lugares que pareciam improváveis quando comecei, às vezes me fazendo parecer a única pessoa sem venda nos olhos em uma brincadeira de prender o rabo no burro com um prêmio altíssimo ao vencedor. Por exemplo, fui conduzido de forma produtiva à psicologia, aonde não tinha planos de ir, o que me rendeu grandes vantagens que merecem ser contadas em outra oportunidade.

Isso é tudo. Respondi às minhas próprias perguntas da melhor maneira que pude em um tempo curto. O mais interessante para mim nas minhas respostas é que, embora tudo que eu disse não seja original e seja óbvio há muito tempo, a ponto de parecer banal para mentes sãs e instruídas, todos os males que condeno continuam presentes no melhor dos nossos domínios educacionais das ciências sociais, em que praticamente todo professor tem a mente excessivamente unidisciplinar, mesmo quando existe um modelo melhor do outro lado do corredor.

Para mim, esse fato ridículo faz com que os departamentos de ciências sociais tolerem incentivos perversos. Os incentivos equivocados são um fator importante porque, como observou tão sabiamente o Dr. [Samuel] Johnson, é difícil assimilar a verdade que se opõe aos nossos interesses. E, se são os incentivos institucionais que causam o problema, então existe solução, porque eles podem ser alterados.

Tentei demonstrar hoje, e pelo meu exemplo de vida, que não é inevitável nem vantajoso para os domínios educacionais das ciências sociais tolerar tanta teimosia unidisciplinar como se faz hoje. Por favor, lembrem-se da palavra que o Dr. Johnson usou para descrever a manutenção da ignorância acadêmica que pode ser eliminada por meio da diligência: "traição".

E, se não fizermos o que é certo por dever, que seja pelas vantagens. Haverá imensas recompensas, para as faculdades de direito e para outros domínios acadêmicos, assim como para Charlie Munger, em seguirmos uma abordagem mais multidisciplinar para muitos problemas, sejam eles comuns ou não. E mais diversão, bem como mais realizações. O reino mental mais feliz que recomendo é aquele do qual ninguém retorna por vontade própria. Retornar seria como cortar as próprias mãos.

DISCURSO CINCO REVISITADO

Ao revisar o discurso Cinco em 2006, eu não mudaria uma única palavra. E continuo acreditando que minhas ideias são importantes. Com essa postura, talvez demonstre uma semelhança muito grande com um familiar meu há muito falecido, o reverendo Theodore Munger, antigo capelão de Yale. Theodore publicou uma coletânea de sermões em que apresenta a conduta adequada com um forte tom ex cathedra. Então, no fim da vida, ele compilou uma edição final, contando no prefácio que não havia feito nenhuma alteração e que a nova edição se justificava apenas porque a extrema popularidade de seus sermões havia causado um desgaste excessivo nas chapas de impressão originais.

DISCURSO SEIS

Práticas *de* investimento *das* principais fundações *de* caridade

14 DE OUTUBRO DE 1998
DISCURSO PROFERIDO PARA O FOUNDATION FINANCIAL OFFICERS
GROUP NO MIRAMAR SHERATON HOTEL, SANTA MÔNICA, CALIFÓRNIA,
PATROCINADO PELA CONRAD HILTON FOUNDATION, PELA AMATEUR
ATHLETIC FOUNDATION, PELO J. PAUL GETTY TRUST E PELA
RIO HONDO MEMORIAL FOUNDATION.

Este discurso contribui para comprovar a seguinte frase de Charlie: "É triste, mas é verdadeiro: nem todo mundo me ama." Em sua fala, ele ataca com humor afiado, embora sempre sem maldade, a ortodoxia aceita e praticada por seu público. Charlie tem uma crença profunda e duradoura na filantropia, como demonstram suas doações generosas, e aqui ele procura salvar a comunidade filantrópica de si mesma.

Charlie acredita que tais fundações devem servir de exemplos sociais, o que significa que devem desencorajar práticas inúteis e improdutivas. Ele propõe a seu público que escolha entre o modelo do genial estadista Ben Franklin e o do desmoralizado gestor de fundos Bernie Cornfeld. Referindo-se à época em que atuou como gestor de sociedades de responsabilidade limitada, Charlie lança mão, como é típico dele, da autodepreciação e da autorreflexão: "O antigo Charlie Munger é um péssimo modelo de profissional para os jovens." Se ele conseguiu sair daquele estado, Charlie parece dizer, então os erráticos gestores de fundações presentes na plateia também conseguem.

Estou aqui hoje a convite do meu amigo John Argue.[1] Ao contrário de muitos outros oradores na programação deste evento, não tenho nada para vender a nenhum de vocês. E John tinha plena ciência de que, em decorrência disso, eu não demonstraria reverência a muitas das práticas de investimento atuais de grandes instituições, incluindo fundações de caridade. Portanto, qualquer hostilidade que minha fala venha a despertar deve ser direcionada a John Argue – que talvez até goste, já que vem da carreira jurídica.

Durante muito tempo foi norma nas grandes fundações de caridade investir sobretudo em títulos nacionais não alavancados negociáveis, principalmente ações, selecionadas por uma ou por poucas consultorias. Nos últimos anos, no entanto, tem despontado a tendência a uma maior complexidade. Seguindo o exemplo de instituições como Yale, algumas fundações tentaram se tornar versões muito melhores do "fundo de fundos" de Bernie Cornfeld.[2] Isso é incrível. Poucas pessoas teriam previsto que, muito tempo depois de Cornfeld cair em desgraça, as universidades de destaque estariam encaminhando as fundações para o sistema dele.

Agora, em algumas fundações há inúmeros consultores de investimentos, escolhidos por uma camada adicional de consultores contratados para decidir quais consultores de investimentos são os melhores. O objetivo é ajudar na alocação de fundos entre diferentes categorias, para garantir que os títulos estrangeiros não sejam negligenciados em favor dos nacionais, para confirmar a validade de supostos históricos de investimento, para assegurar que os estilos de investimento anunciados sejam escrupulosamente seguidos e para ajudar a aumentar uma diversificação já grande de modo que esteja em conformidade com as mais recentes concepções dos professores de finanças corporativas sobre volatilidade e "beta".

No entanto, mesmo com essa nova camada de consultores surpreendentemente ativa e supostamente polimática escolhendo consultores, os conselheiros de investimentos individuais, na hora de escolher ações ordinárias, ainda têm forte dependência de uma terceira camada de consultores.

Essa terceira camada consiste em analistas de bancos de investimento que recebem salários altíssimos, por vezes fixados na casa dos sete dígitos após serem disputados por instituições. Os bancos que os contratam recuperam esse dinheiro de duas formas: 1) comissões e spreads pagos pelos compradores de títulos, parte dos quais é abatida como *cash equivalent* pelos gestores de finanças, e 2) taxas pagas por empresas que apreciam a ênfase com que seus títulos são recomendados pelos analistas.

Uma coisa é certa em toda essa complexidade, incluindo o toque de comportamento desprovido de qualquer rigor da honra: mesmo quando não envolve nada além de uma seleção desalavancada de ações, o custo total da gestão de investimentos, somado aos custos tangenciais de entrar e sair com frequência de muitas grandes posições, pode facilmente atingir os 3% do patrimônio líquido das fundações por ano se, incentivadas pelos consultores, elas acrescentarem novas atividades ano após ano. Esse custo total não aparece na contabilidade convencional, mas apenas porque a contabilidade tem limitações, não porque o custo total não esteja ali.

Agora vamos a um pouco de aritmética: uma coisa é pagar anualmente aos crupiês 3% da riqueza inicial quando a fundação média está obtendo um retorno real de, digamos, 17% antes de descontar esses 3%. Mas não está escrito nas estrelas que as fundações vão ganhar sempre 17% brutos, ainda que esse tenha sido um resultado comum nos últimos anos. E se o retorno real bruto médio anual do investimento indexado em ações voltar a ficar em, digamos, 5% por um longo período no futuro e a parte dos crupiês continuar a ser o desperdício que sempre foi, mesmo para o bom jogador médio, então a fundação inteligente média estará em uma prolongada e desconfortável contração. Afinal, 5% menos 3% menos 5% em doações resulta em uma contração anual de 3%.

Todos que investem em ações, somados, vão sem dúvida arcar com uma desvantagem de desempenho anual igual ao total dos custos dos crupiês que escolheram financiar conjuntamente. Esse é um fato inevitável. Também é inevitável que precisamente metade dos investidores obtenha um resultado abaixo da média após paga a parte dos crupiês, cujo resultado médio pode muito bem se situar entre o desinteressante e o péssimo.

Sendo a natureza humana como é, a maioria das pessoas descarta as questões que estou levantando. Afinal, séculos antes de Cristo, Demóstenes observou: "O que um homem deseja, nisso ele acreditará." E nas autoavaliações de perspectivas e talentos é norma, como previu Demóstenes, que as pessoas sejam ridiculamente otimistas. Por exemplo, uma pesquisa meticulosa realizada na Suécia mostrou que 90% dos motoristas se consideravam acima da média. E as pessoas que vendem algo com sucesso, como os consultores de investimentos, fazem os motoristas suecos parecerem depressivos. A avaliação pública de praticamente todos os especialistas em investimentos é que eles estão acima da média, não importando as provas em contrário.

Vocês podem pensar: "Minha fundação, pelo menos, estará acima da média. É bem financiada, contrata os melhores e leva em consideração todas as questões de investimento detalhadamente e com profissionalismo." A isso eu respondo que o excesso de aparente profissionalismo muitas vezes é terrivelmente prejudicial, porque leva a uma confiança excessiva.

A General Motors cometeu esse erro recentemente e foi um *lollapalooza*. Recorrendo a sofisticadas pesquisas com os consumidores – o tal excesso de profissionalismo –, a empresa concluiu que não deveria colocar uma quarta porta numa caminhonete projetada para servir como o equivalente a um automóvel confortável para cinco passageiros. Seus concorrentes ficaram no básico e apenas observaram a forma como cinco pessoas entravam e saíam de carros. Além disso, notaram que as pessoas estavam acostumadas a ter quatro portas em um carro confortável para cinco passageiros e que as criaturas biológicas normalmente preferem fazer o mínimo esforço possível em atividades rotineiras. Tampouco gostam de perder benefícios de que há muito desfrutam. Apenas duas palavras me vêm instantaneamente à cabeça ao pensar na terrível decisão da General Motors, que desperdiçou muitas centenas de milhões de dólares, e uma delas é "ops!".

Da mesma forma, o hedge fund conhecido como Long-Term Capital Management[3] entrou em colapso devido ao excesso de confiança nos seus métodos altamente alavancados, apesar de o QI de seus dirigentes ser em média 160. Pessoas inteligentes e dedicadas não estão livres de sofrer desastres profissionais devido ao excesso de confiança. Muitas vezes elas encalham nas empreitadas mais difíceis a que se propõem, acreditando na autoavaliação de que possuem talentos e métodos superiores.

Claro que é irritante saber que tanto cuidado não é inteiramente bom, que também introduz erros. No entanto, a maioria das coisas boas tem efeitos colaterais indesejados, e o pensamento não é exceção. A melhor proteção contra isso é a dos maiores físicos, que sistematicamente fazem autocríticas extremas, baseados no que pontuou Richard Feynman, vencedor do Nobel: "O primeiro princípio é não se enganar, e você é a pessoa mais fácil de ser enganada."

Mas suponhamos que uma fundação atipicamente realista, pensando como Feynman, receie maus resultados de investimentos. Ela não está disposta a presumir que suas ações desalavancadas vão superar os índices, descontados todos os custos de investimento, apenas porque adotou a estratégia de se tornar um fundo de fundos, com muito giro e camadas de consultores que se acham acima da média. Quais são as opções dessa fundação na busca por perspectivas melhores?

Existem pelo menos três opções modernas:

1. Dispensar os consultores e reduzir o volume de transações à medida que muda para investimentos vinculados a índices.
2. Seguir o exemplo da Berkshire Hathaway e assim conseguir que os custos anuais totais do crupiê sejam inferiores a um décimo de 1% do capital por meio de uma gestão essencialmente passiva, com investimentos em um número reduzido de empresas nacionais muito admiradas. E nada impede que recorra a algumas recomendações externas. Basta que o pagador de honorários controle adequadamente os grandes talentos nas firmas de consultoria, para que o servo seja uma ferramenta útil a seu mestre em vez de servir a si próprio sob os incentivos perversos de uma espécie de festa do Chapeleiro Maluco.
3. Complementar o investimento não alavancado em títulos com liquidez investindo em sociedades de responsabilidade limitada que tenham alguma combinação dos seguintes fatores: investimento desalavancado em empresas de alta tecnologia iniciantes; investimentos alavancados em aquisições corporativas; negociações alavancadas de valor relativo em ações; e negociações de convergência alavancadas e outras negociações exóticas em todos os tipos de títulos e derivativos.

Pelas razões óbvias apresentadas pelos distribuidores de títulos indexados, acredito que a opção 1, a indexação, é uma escolha mais sábia para a fundação média do que a que ela está fazendo atualmente, o investimento em ações não alavancadas. Principalmente porque os atuais custos totais do crupiê excedem 1% do capital ao ano. A indexação não tem como funcionar bem para sempre se quase todo mundo recorrer a ela, mas vai funcionar bem o suficiente por muito tempo.

A opção 3, investir em sociedades limitadas atraentes, está muito além do escopo desta palestra. Digo apenas que a Munger Foundation não investe dessa forma e vou mencionar brevemente duas considerações relativas aos fundos LBO.

A primeira é que comprar 100% de empresas com muita alavancagem financeira e duas camadas de incentivos financeiros – uma para os gestores da instituição e outra para os gestores do LBO – não é garantia de que os índices serão superados no futuro se tiverem um desempenho ruim. Em suma, um fundo LBO é uma forma melhor de comprar equivalentes de títulos com liquidez na margem, e a dívida pode se revelar desastrosa se as ações tiverem desempenho ruim. Ainda mais se o mau desempenho for consequência de condições desfavoráveis para o negócio de modo geral.

A segunda consideração é o aumento da concorrência para candidatos a LBO. Por exemplo, se os candidatos forem boas empresas de serviços, a General Electric pode comprar hoje mais de 10 bilhões de dólares por ano em créditos da GE Capital, com 100% de financiamento a uma taxa de juros apenas ligeiramente superior àquela que o governo americano paga. Não é uma competição qualquer, mas uma supercompetição. E existem hoje muitos fundos LBO, grandes e pequenos, na sua maioria inundados de dinheiro e com sócios sob forte incentivo para comprar alguma coisa. Além disso, há uma maior concorrência de compra por parte de outras empresas que não a GE, utilizando alguma combinação de dívida e capital próprio.

Em suma, no domínio dos LBO existe uma correlação oculta com as ações – rumo ao desastre em condições de mercado ruins –, e a concorrência hoje é enorme.

As restrições de tempo me impedem de falar mais sobre sociedades de responsabilidade limitada, uma das quais já administrei. Assim, resta apenas a opção 2 para discutirmos: adotar em maior grau as práticas de investimento da Berkshire Hathaway de manter carteiras de títulos com liquidez com praticamente zero de giro e participação em pouquíssimas empresas. Isso nos leva à questão de até que ponto a diversificação nos investimentos é desejável para as fundações.

Tenho mais do que ceticismo quanto à visão ortodoxa de que uma diversificação imensa é o caminho sábio a seguir e que investir em índices de ações não é a maneira racional de investir em ações. Acho que a visão ortodoxa está terrivelmente equivocada.

Nos Estados Unidos, uma pessoa ou instituição com quase todo o patrimônio investido no longo prazo em apenas três boas empresas nacionais é seguramente rica. Então por que essa pessoa ou instituição deveria se importar se a maioria dos outros investidores estiver se saindo um pouco melhor ou um pouco pior? Ainda mais se ela acredita racionalmente, como a Berkshire, que seus resultados serão melhores devido aos custos mais baixos, ao necessário enfoque no longo prazo e à concentração nas escolhas de sua preferência.

Vou ainda mais longe. Acredito que em algumas situações, para uma família ou fundação, pode ser uma escolha racional manter 90% de seu patrimônio em uma só empresa. Inclusive espero que os Munger sigam esse caminho, de modo geral. E observo que as fundações [Robert] Woodruff[4] provaram, até agora, ser extremamente sábias em manter uma concentração de aproximadamente 90% nas ações da Coca-Cola de seu fundador. Seria interessante imaginar como todas as fundações americanas teriam se saído se nunca tivessem vendido um único lote das ações de seus fundadores. Muitas, acredito eu, estariam hoje em situação bem melhor.

No entanto, um de vocês poderia dizer, aqueles que diversificam estão simplesmente contratando um seguro contra uma catástrofe que não aconteceu. E eu respondo: há coisas piores do que uma fundação perder sua influência relativa no mundo, e as instituições ricas, tal como as pessoas ricas, deveriam fazer muitos seguros se quiserem maximizar seus resultados no longo prazo.

Além disso, as doações a fundações não respondem por todo o bem feito no mundo. As operações das empresas em que as fundações investem trazem muito mais benefícios. E algumas empresas fazem muito mais bem do que outras, dando aos investidores perspectivas de longo prazo melhores que a média. E não considero burrice, estupidez, maldade ou crime que uma fundação concentre seus investimentos nas atividades que admira ou mesmo ama. Aliás, foi precisamente isso que Ben Franklin exigiu do fundo de caridade criado por sua vontade expressa em testamento.

Outro aspecto da prática de investimento da Berkshire merece menção para fins de comparação. Até hoje quase não houve investimento estrangeiro direto na Berkshire, mas houve muito investimento estrangeiro nas fundações.

Em relação a esse histórico divergente, gostaria de dizer que concordo com Peter Drucker[5] quando ele afirma que a cultura e o sistema jurídico dos Estados Unidos são especialmente favoráveis aos interesses dos acionistas em comparação com outros interesses e com a maioria dos outros países. Na verdade, há muitos outros países onde qualquer ganho destinado aos acionistas públicos tem prioridade muito baixa e praticamente qualquer outra parte interessada está à frente na fila.

Esse fator, acredito eu, não é devidamente considerado em muitas instituições de investimento, talvez porque não pode ser facilmente quantificado usando as ferramentas financeiras e métricas modernas. Mas um fator importante não perde força só porque algum "especialista" consegue medir melhor outros tipos de força. Em geral, tendo a preferir, em vez do investimento estrangeiro direto, a prática da Berkshire de alocação em economias estrangeiras por meio de empresas como a Coca-Cola e a Gillette.

Para concluir, apresentarei uma previsão e um argumento controversos.

A previsão controversa é que, se alguns de vocês adotarem um estilo de investimento mais parecido com o da Berkshire Hathaway, é pouco provável que tenham motivos para se arrepender no futuro distante, mesmo que não consigam fazer com que Warren Buffett trabalhe de graça para vocês. A Berkshire é que terá motivos para lamentar, uma vez que enfrentará uma concorrência mais inteligente. Mas a Berkshire não vai lamentar caso isso resulte em alguma desvantagem para nós. Queremos apenas o sucesso que podemos obter mesmo encorajando outros a pensar como nós.

Meu argumento controverso é uma consideração adicional que pesa contra as modalidades de investimento complexas e de alto custo, cada vez mais populares entre as fundações. Mesmo que tais modalidades contrariem minhas suspeitas e se provem ótimas, a maior parte da atividade lucrativa conteria efeitos profundamente antissociais. Isso aconteceria porque a atividade exacerbaria a atual tendência nociva em que o poder intelectual jovem e ético da nação é atraído para uma gestão lucrativa do dinheiro e para as fricções modernas que a acompanham em vez de para um trabalho que proporcione muito mais valor aos outros. A gestão do dinheiro não cria os exemplos certos. O antigo Charlie Munger é um péssimo modelo de profissional para os jovens, porque não entregou o suficiente à sociedade em troca do que arrancou por meio do capitalismo. E outros modelos de carreira são ainda piores. Em vez de encorajar tais modelos, uma escolha mais construtiva nas fundações é concentrar o investimento de longo prazo em algumas empresas nacionais que são merecidamente admiradas.

Por que não imitar Ben Franklin? Afinal de contas, o velho Ben era muito eficaz em fazer o bem à coletividade. E também era um bom investidor. Melhor o modelo dele, penso eu, que o de Bernie Cornfeld. Mas a escolha cabe a vocês.

DISCURSO SEIS REVISITADO

Muita água passou debaixo da ponte desde que este discurso foi proferido, em 1998. E o que aconteceu de lá para cá é que hoje, em 2006, vemos muito mais episódios da conduta que critiquei.

Em particular, houve um aumento acentuado dos custos friccionais para os investidores no mercado de ações e um aumento também no percentual de capacidade intelectual jovem que se tornou, nesse aspecto, o equivalente ao informante nas corridas de cavalos. Inclusive, recentemente ouvi Warren Buffett dizer que, se as atuais tendências de investimento fossem adotadas nas corridas de cavalos, a maioria dos apostadores tentaria melhorar os resultados levando sempre consigo um informante pessoal bem remunerado.

Contudo, ao mesmo tempo que os amantes dos custos friccionais têm gastado mais no que amam, tem havido também um aumento nas participações em ações que acompanham os índices de uma forma que implica custos irrisórios. Esse grupo avesso aos custos e que acompanha os índices não cresce tão rápido a ponto de evitar um aumento nos custos friccionais totais, porém mais participações acionárias estão sendo aos poucos convertidas para o modo passivo e indexado.

DISCURSO SETE

Reunião matinal *da* organização Philanthropy Roundtable

10 DE NOVEMBRO DE 2000
PHILANTHROPY ROUNDTABLE, PASADENA, CALIFÓRNIA

Este discurso foi proferido em novembro de 2000, na Philanthropy Roundtable,[1] em Pasadena. Surpreendendo familiares e amigos de Charlie, Jody Curtis, da *Foundation News and Commentary*, descreveu-o como "um tiozinho simpático, com um agradável senso de humor".

Assim como no discurso anterior, o objetivo de Charlie aqui é salvar as fundações de si mesmas levando-as a investir de maneira mais eficaz, com o mínimo de desperdício. Ele faz um alerta às fundações, que muitas vezes agem com imprudência por falta de "compreensão das próprias operações de investimento, relacionadas ao sistema mais amplo" no qual estão inseridas.

Do tipo que não faz rodeios, Charlie desafia o público com coragem e franqueza a curar a ignorância que tem colocado em risco suas fundações e aqueles que delas dependem. Charlie cunha o termo "*febezzlement*" – o equivalente funcional de *embezzlement*, apropriação indébita – para definir como a riqueza é "depenada" por camadas desnecessárias de assessores e gestores de investimentos.

Estou aqui hoje para falar sobre o chamado efeito riqueza decorrente do aumento nos preços das ações nos Estados Unidos.

Devo começar admitindo que, embora o efeito riqueza[2] seja um conceito da economia como área de conhecimento, nunca fiz um único curso de economia, bem como jamais tentei ganhar um único dólar, nem uma vez sequer, prevendo mudanças macroeconômicas. Mas cheguei à conclusão de que a maioria dos economistas subestima o poder do efeito riqueza nas atuais condições.

Todos hoje concordam em duas coisas. Primeiro, que a tendência ao gasto é influenciada no sentido ascendente quando os preços das ações sobem e no sentido descendente quando os preços das ações caem. E, segundo, que a tendência ao gasto é extremamente importante na macroeconomia.

Porém os profissionais divergem quanto à dimensão e ao momento em que ocorre o efeito riqueza e quanto à forma como ele interage com outros efeitos. Isso inclui a evidente complicação de que o aumento dos gastos tende a fazer os preços das ações subirem, ao passo que os preços das ações aumentam necessariamente os gastos. Além disso, é claro, o aumento nos preços das ações aumenta os ganhos das empresas, mesmo quando o gasto é estático – por exemplo, ao reduzir os acréscimos de custos com aposentadorias, o que faz com que os preços das ações tendam a subir ainda mais. Portanto o efeito riqueza envolve um quebra-cabeça matemático que está longe de ser tão bem desvendado como as teorias da física – e nunca será.

O efeito riqueza decorrente do aumento dos preços das ações nos Estados Unidos é particularmente interessante neste momento por duas razões. Primeiro, porque nunca houve um aumento tão radical no preço das participações acionárias em geral, e, com os preços das ações subindo muito mais depressa que o PIB, o efeito riqueza relacionado deve ser maior do que costumava ser. Segundo, o que aconteceu no Japão nos últimos 10 anos aproximadamente abalou a comunidade de economistas, é lógico, gerando um enorme medo de que um efeito riqueza invertido leve a recessão.

No Japão, onde há muita corrupção financeira, houve forte aumento nos preços das ações e dos imóveis. Isso se prolongou por muito tempo e foi acompanhado por um tremendo crescimento econômico real em comparação com os Estados Unidos. Então os preços caíram e a economia japonesa estagnou, mantendo-se num patamar muito abaixo do ideal. Depois disso, o Japão, uma economia moderna que aprendeu todos os truques keynesianos[3] e monetários corretivos, aplicou essas medidas com força e por um período prolongado. Durante muitos anos o país registrou não só um gigantesco déficit público como também reduziu as taxas de juros para perto de zero e assim as manteve. Apesar disso, a economia permanece estagnada, ano após ano, dado que a tendência japonesa ao gasto resiste teimosamente a todos os recursos e os preços das ações continuam baixos.

Essa experiência japonesa é um exemplo perturbador para todo mundo, e se algo semelhante acontecesse aqui, nos Estados Unidos, provocaria um encolhimento nas entidades filantrópicas, que se sentiriam traídas pelo destino. Só nos resta torcer para que a triste situação no Japão tenha sido provocada sobretudo por efeitos sociopsicológicos e pela corrupção singulares do país. E é provável que tenha sido isso mesmo. Nesse caso, podemos de fato contar com pelo menos metade da segurança que se supõe.

Bem, já que a tendência ao gasto, influenciada pelos preços das ações, é hoje um tema relevante e que a longa recessão japonesa é perturbadora, qual a dimensão das influências dos preços das ações sobre a economia nos Estados Unidos?

Uma conclusão mediana dos economistas, baseada em grande parte em dados recolhidos pelo Federal Reserve, seria provavelmente que o efeito riqueza sobre os gastos resultante dos preços das ações não é assim tão grande. Afinal de contas, mesmo hoje o patrimônio líquido real das famílias, excluindo pensões e aposentadorias, provavelmente aumentou menos de 100% ao longo dos últimos 10 anos e continua a ser um valor bastante modesto por família, enquanto o valor de mercado das ações ordinárias ainda não deve chegar a um terço do patrimônio líquido agregado das famílias, excluindo pensões. Além disso, essa riqueza familiar em ações ordinárias está incrivelmente concentrada e os super-ricos não consomem na proporção da sua riqueza. Excluindo aposentadorias, o 1% dos agregados familiares mais ricos detém provavelmente cerca de 50% do valor das ações ordinárias e os 80% mais pobres detêm provavelmente cerca de 4%.

Com base nesses dados, somados à fraca correlação passada entre os preços das ações e as despesas, é fácil para um economista profissional concluir, por exemplo, que, mesmo que o agregado familiar médio gaste de forma progressiva a uma taxa de 3% dos valores dos ativos em ações, os gastos do consumidor teriam subido menos de 0,5% ao ano nos últimos 10 anos, como consequência do enorme, duradouro, consistente e nunca antes visto boom nos preços das ações.

Acredito que tal pensamento econômico ignora a realidade subjacente deste momento. Para mim, esse tipo de pensamento analisa os números errados e faz as perguntas erradas. Permitam que eu, um amador por excelência, tente corajosamente fazer um pouco melhor, ou pelo menos um pouco diferente.

Ouvi dizer, e deve ser verdade, que, devido a obstáculos práticos, a coleta de dados pelo Federal Reserve não leva devidamente em conta os efeitos das aposentadorias. Suponham que um dentista de 63 anos tenha 1 milhão de dólares em ações da GE em um plano de previdência privada. O valor dessas ações sobe para 2 milhões. Empolgado, o dentista vende seu Chevrolet velho e faz um leasing para um novo Cadillac pelo preço praticado atualmente. Para mim, esse é um óbvio e impactante efeito riqueza nos gastos do dentista. Para muitos economistas, utilizando os dados do Federal Reserve, desconfio que a ocasião pareça mais uma despoupança perdulária. Para mim, o dentista e muitos outros como ele parecem estar gastando muito mais devido a um fortíssimo efeito riqueza relacionado às aposentadorias e pensões. Assim, acredito que o atual efeito riqueza dos planos de aposentadoria está longe de ser trivial e é muito maior do que era antigamente.

Por outro lado, o pensamento tradicional dos economistas muitas vezes não leva em conta as implicações da ideia de "*bezzle*". Permitam-me repetir: *bezzle*, B-E-Z-Z-L-E. *Bezzle* é uma contração de *embezzlement* (apropriação indébita) e foi cunhada pelo professor de economia John Kenneth Galbraith,[4] de Harvard, para se referir ao aumento de apropriação indébita não descoberta em determinado período qualquer.[5] Galbraith difundiu esse termo porque percebeu que os desfalques não descobertos têm forte efeito de estímulo aos gastos. Afinal de contas, o fraudador gasta mais porque tem um aumento no valor à sua disposição e seu empregador gasta como antes porque não sabe que seus bens foram subtraídos.

Mas Galbraith não insistiu em sua visão. Ele optou por deixar de ser aquele que cutuca e instiga. Portanto vou tentar agora levar o conceito de *bezzle* ao nível lógico seguinte.

Como demonstrou Keynes, em uma economia nativa baseada na renda recebida, quando a costureira vende um casaco ao sapateiro por 20 dólares, o sapateiro tem menos 20 dólares para gastar e a costureira tem mais 20 dólares para gastar. Não há efeito *lollapalooza* nos gastos agregados. Mas, quando o governo imprime uma nota de 20 dólares e a utiliza para comprar um par de sapatos, o sapateiro tem mais 20 dólares e ninguém se sente mais pobre. E, quando o sapateiro compra um casaco, o processo continua, não até um aumento infinito, mas com o efeito que hoje é chamado de multiplicador keynesiano, uma espécie de efeito *lollapalooza* sobre os gastos.

De modo similar, os efeitos estimulantes de uma fraude são mais fortes do que uma troca honesta de bens no mesmo volume. Galbraith, sendo escocês, apreciava a frieza da vida demonstrada pelo seu insight. Afinal de contas, os escoceses aceitaram com entusiasmo a ideia da condenação irreversível de crianças não batizadas. Mas o restante de nós não gosta da visão de Galbraith. No entanto, temos que admitir que ele estava mais ou menos certo.

Não há dúvida de que Galbraith viu os efeitos econômicos do tipo multiplicador keynesiano prometidos por aumentos nas apropriações indébitas. Mas parou por aí. Afinal, a fraude não poderia crescer demais, porque é quase inevitável que um desfalque gigantesco seja descoberto e isso certamente teria consequências reversas no devido tempo. Logo, o aumento da apropriação indébita não poderia impulsionar as economias infinitamente, pelo menos não por um período considerável, como é possível com os gastos públicos.

Desencorajado pela aparente insignificância dos efeitos econômicos resultantes de seu insight, Galbraith não se fez a seguinte pergunta lógica: existem equivalentes funcionais da fraude que sejam grandes e não prontamente autodestrutivos?

Minha resposta é sim. Vou descrever apenas um. Farei como Galbraith e criarei novas palavras: primeiro, "*febezzle*", para representar o equivalente funcional da fraude; segundo, "*febezzlement*", para descrever seu processo de criação; e terceiro, "*febezzlers*", para me referir às pessoas envolvidas nessa prática. Depois disso, vou identificar uma importante fonte de *febezzle* nesta sala. Vocês, acredito eu, criaram muita *febezzle* por meio de suas práticas incongruentes de gestão de investimentos ao lidar com suas grandes participações em ações.

Se uma fundação ou outro investidor desperdiça 3% de seus ativos por ano em custos de investimento desnecessários e improdutivos na gestão de uma carteira de ações em forte crescimento, ainda assim se sente mais rico, apesar do desperdício, enquanto os agentes que ficam com os 3% desperdiçados, embora sejam *febezzlers*, acham que estão ganhando dinheiro de maneira honrada. A situação funciona como uma apropriação indébita, mas sem autolimitação. Na verdade, o processo pode se expandir por um longo período, se retroalimentando. Ao mesmo tempo, o que parece ser uma despesa proveniente do rendimento auferido pelos beneficiários dos 3% desperdiçados é, em essência, uma despesa resultante de um efeito riqueza disfarçado, decorrente da alta nos preços das ações.

Neste recinto estão presentes muitas pessoas bem escoladas pelo passar dos anos, tanto da minha geração quanto da seguinte. Tendemos a enxergar frugalidade e aversão ao desperdício como coisas boas, um processo que funcionou bem para nós. É paradoxal e perturbador para nós que os economistas há muito elogiem gastos estúpidos como um ingrediente necessário para uma economia bem-sucedida. Vamos chamar esses gastos estúpidos de "gastúpidos". E agora vocês, detentores de valores antigos, estão ouvindo um dos seus acrescentar, ao caso dos gastúpidos, o equivalente funcional da apropriação indébita, os *febezzlements*. Pode não parecer uma boa forma de começar um novo dia. Eu não gosto nem um pouco de *febezzlements*, mas acredito que eles estão generalizados e têm fortes consequências econômicas. E também acredito que devemos admitir a realidade mesmo quando não gostamos dela – na verdade, principalmente quando não gostamos dela. Além disso, acho que devemos lidar alegremente com o paradoxo de que não temos como eliminar as coisas só com a força do pensamento. Mesmo na matemática pura ainda não se conseguiu eliminar todos os paradoxos, e precisamos admitir que precisaremos suportá-los, gostemos disso ou não.

Permitam-me também aproveitar esta ocasião para afirmar que a minha estimativa anterior de 3% dos ativos por ano em desperdícios sobretudo da gestão de investimentos institucionais em ações provavelmente é muito subestimada na maioria dos casos. Outro dia, após uma fala minha para diretores financeiros de fundações, um amigo me enviou o resumo de um estudo sobre investidores de fundos mútuos. O estudo concluiu que o cotista típico de fundos mútuos ganhou 7,25% ao ano em um período de 15 anos, enquanto o fundo de ações médio ganhou 12,8% ao ano, provavelmente descontados os custos. Assim, o abismo real no desempenho dos investidores era superior a 5% dos ativos por ano, para além de qualquer percentual anual em que os fundos mútuos, após despesas, ficassem abaixo das médias do mercado de ações.

Se estiver mais ou menos correto, esse estudo sobre fundos mútuos levanta amplas questões sobre a troca constante de gestores de investimentos que acontece nas fundações, como fazem os investidores de fundos mútuos. Se existir o abismo ainda maior relatado no estudo, é provável que a principal causa seja a insensatez de ficar o tempo todo retirando ativos de gestores de carteiras com mau desempenho forçados a liquidar participações acionárias, para em seguida alocá-los a novos gestores que são como mangueiras de alta pressão, ávidos por injetar dinheiro em seus fundos e obter novos clientes, que no entanto não terão resultados melhores graças à injeção super-rápida de recursos.

Estou sempre tendo problemas como esse causado pelo novo estudo sobre fundos mútuos. Descrevo algo de maneira realista, e isso soa tão terrível que a minha descrição é desprezada como sendo só um grande deboche em vez da realidade. Então a nova realidade supera e muito o horror da minha descrição que foi desprezada. Não admira que as noções de realidade de Munger não sejam muito bem--vindas. Pode ser que esta seja minha última palestra para fundações de caridade.

Agora acrescentemos ao *febezzlement* na gestão de investimentos cerca de 750 bilhões de dólares em riqueza flutuante, sempre crescente e sempre renovada a partir de *stock options* (opção de compra de ações por funcionários). Assim teremos muito mais efeito riqueza relacionado a ações comuns impulsionando o consumo, com parte do efeito riqueza de funcionários advindo de *stock options* sendo, em essência, um efeito *febezzle*, auxiliado pela prática contábil corrupta agora exigida pela prática-padrão.

Em seguida, tenhamos em mente que cada 100 pontos de avanço no S&P acrescenta cerca de 1 trilhão de dólares ao valor do mercado de ações e produz uma espécie de multiplicador keynesiano relacionado a todo o *febezzlement*. Os efeitos macroeconômicos relacionados com a riqueza, creio eu, se tornam muito maiores do que convencionalmente se supõe.

E um efeito riqueza adicional advindo dos preços das ações pode se tornar muito grande mesmo. É lamentável que excessos estúpidos sejam capazes de afetar os preços das ações ordinárias em seu conjunto. Elas são avaliadas em parte como títulos, com base em projeções racionais do valor de uso na produção de caixa futuro, mas também são avaliadas como as pinturas de Rembrandt: compradas principalmente porque até hoje os preços sempre subiram. Essa situação, somada a um grande efeito riqueza, inicialmente ascendente e depois descendente, pode causar muitos prejuízos.

Vamos fazer um experimento mental para tentar analisar isso. Certa vez, um dos maiores fundos de pensão britânicos comprou uma grande quantidade de arte antiga, com a intenção de revender as obras 10 anos depois. Isso foi feito, com um lucro modesto. Suponhamos que todos os fundos de pensão usassem os seus recursos integralmente para comprar arte antiga, apenas arte antiga. Não acabaríamos tendo uma confusão terrível em nossas mãos, com graves consequências macroeconômicas? E a confusão não seria grave ainda que só metade de todos os fundos de pensão tivesse investido tudo em arte antiga? E, se metade de todo o valor das ações for uma consequência de mania especulativa, a situação não será muito parecida com o caso em que metade dos ativos de pensão está em arte antiga?

Minha premissa anterior de que o valor agregado das ações possa aumentar irracionalmente vai de encontro à dura teoria dos mercados eficientes que muitos de vocês aprenderam como um evangelho com seus professores equivocados. Seus professores equivocados foram muito influenciados pelos modelos de comportamento humano do "sujeito racional" da economia e muito pouco pelos modelos do "sujeito estúpido" da psicologia e da experiência do mundo real. O efeito manada – a tendência que os seres humanos têm de em certas circunstâncias agir como lemingues – explica muitas ideias estúpidas de pessoas brilhantes, bem como muitas atitudes estúpidas, como as práticas de gestão de investimentos de tantas fundações representadas aqui hoje. É triste ver que o maior medo de todo investidor institucional é não estar seguindo o restante da manada em suas práticas de investimento.

Bem, acho que já tivemos o suficiente de reflexões não qualificadas para um café da manhã. Se eu estiver correto, o impulso que nosso atual cenário de prosperidade teve em decorrência de um efeito riqueza dos preços de ações, em parte reprovável, foi muito maior do que em vários booms anteriores. Nesse caso, o que foi maior no lado positivo do mais recente boom também poderá ser maior no lado negativo no momento de queda futura. Aliás, os economistas podem muito bem concluir, em algum momento, que, quando os altos e baixos do mercado de ações são vistos como duradouros, há mais força descendente sobre o consumo opcional por dólar de queda da Bolsa do que a força ascendente por dólar de alta. Desconfio que os economistas já acreditariam nisso se estivessem mais dispostos a receber ajuda das melhores ideias fora de sua disciplina, ou mesmo a olhar mais atentamente para o Japão.

Falando em Japão, também quero levantar a possibilidade de que, a longuíssimo prazo, existam efeitos virtuosos na economia – da mesma maneira que a contabilidade corrupta generalizada acabará por gerar consequências negativas, como uma espécie de efeito inverso do impulso gerado pela introdução do método das partidas dobradas no apogeu de Veneza. Sugiro que, quando o cenário financeiro começar a lembrar Sodoma e Gomorra, vocês comecem a temer as consequências práticas, mesmo que estejam gostando de fazer parte dos acontecimentos.

Por fim, acredito que as implicações das minhas conclusões de hoje para as fundações de caridade, combinadas com as conclusões da minha fala anterior para os executivos financeiros das fundações, vão muito além das implicações para as técnicas de investimento. Se eu estiver certo, quase todas as fundações americanas são imprudentes por não compreenderem como suas operações de investimento se relacionam com o sistema mais amplo. Isso não é bom. Uma regra geral na vida é que, ao lidar com um sistema complexo, uma organização estúpida em um aspecto do sistema provavelmente será estúpida em outros também. Portanto a sabedoria das doações das fundações pode precisar de tanto aprimoramento quanto as práticas de investimento das fundações. E aqui temos mais duas regras antigas para nos orientar. Uma é ética e a outra é cautelar.

A regra ética vem de Samuel Johnson. Segundo ele, o ocupante de um cargo executivo que insiste na ignorância quando poderia facilmente corrigi-la está falhando gravemente com suas obrigações morais.

Já a regra cautelar é aquela que se extrai do antigo anúncio da Warner & Swasey: "A empresa que precisa de uma nova máquina e não a comprou já está pagando por ela." A regra da Warner & Swasey também se aplica, acredito eu, ao pensamento. Se não tiverem as ferramentas de pensamento certas, vocês e as pessoas que procuram ajudar já estarão arcando com as consequências da sua ignorância de fácil eliminação.

DISCURSO SETE REVISITADO

Esta minha fala de novembro de 2000 se revelou bastante oportuna, porque o descontentamento do mercado de ações aumentou consideravelmente desde então, sobretudo no caso das empresas de tecnologia. Porém, que eu saiba, não houve nenhuma reação teórica de quem ouviu ou leu o discurso. Ainda acredito em tudo que falei sobre os efeitos macroeconômicos significativos do *febezzlement* por meio dos custos excessivos de investimento, mas ninguém com formação em economia jamais tentou discutir esse assunto comigo.

Sem me deixar intimidar por essa apatia, vou agora levar meu raciocínio um pouco além, apresentando um experimento mental que extrapola o raciocínio combinado dos discursos Seis e Sete até um nível mais elevado de custos de investimento.

Suponhamos que em 2006 os preços das ações subam 200%, ao passo que os lucros das empresas não aumentem. Desse modo, todos os lucros sensatamente distribuíveis de todas as empresas americanas combinados somarão um valor inferior ao total dos custos de investimento dos acionistas, já que tais custos aumentam proporcionalmente aos preços das ações.

Enquanto essa situação persistir, nenhum dinheiro, descontados os custos de investimento, sairá das empresas para todos os acionistas combinados. Os beneficiários de custos friccionais obterão mais do que todos os lucros empresariais sensatamente distribuíveis. E, no final de qualquer ano, os acionistas em seu conjunto só poderão obter dinheiro por meio da detenção de ações através da venda a fornecedores de "dinheiro novo", que, considerando os elevados custos de investimento contínuo para si e para outros, devem esperar que os preços das ações continuem a subir indefinidamente, enquanto todos os acionistas somados não receberão nada líquido, a menos que vendam ações por mais dinheiro novo.

Para muitos dos beneficiários de custos de investimento friccionais, essa situação peculiar pareceria ideal, com mais de 100% dos lucros empresariais sensatamente distribuíveis indo para o tipo certo de pessoa em vez de serem desperdiçados com os acionistas. E alguns economistas considerariam o resultado bom, porque surgiu dentro de um mercado. Para mim, isso se assemelharia a um misto estranho e perturbador de 1) um cassino impondo um percentual excessivamente ganancioso para a comissão da casa com 2) uma forma de esquema Ponzi, semelhante ao mercado de arte cara, no qual a participação seria inadequada para fundos de pensões, etc., e 3) uma bolha especulativa que, ao estourar, provavelmente teria consequências macroeconômicas desastrosas. E a situação não pareceria um estado de coisas que provavelmente funcionaria bem na orientação do desenvolvimento do capital da sociedade à sua volta.

Penso que tal situação, ou mesmo uma versão reduzida dela, afetaria negativamente a reputação do nosso país, e não à toa.

DISCURSO OITO

O grande escândalo financeiro *de* 2003

VERÃO DE 2000
UM RELATO DE CHARLES T. MUNGER

Este misto de parábola e auto de moralidade dá a Charlie a chance de expressar sua raiva pelo papel dos contadores na má conduta corporativa. Escrito no verão de 2000, quando Charlie estava de férias, o discurso é uma previsão sinistra dos escândalos que acabaram eclodindo muito antes da data por ele prevista (2003) e continuam sendo uma questão importante até hoje.

A Quant Tech em sua fase inicial parece ser vagamente inspirada na C. F. Braun Engineering, cujas práticas e cujo brilhante fundador, Carl F. Braun, Charlie admirava muito. (A empresa acabou sendo vendida ao governo do Kuwait, portanto a Quant Tech posterior certamente não foi inspirada na C. F. Braun.)

Charlie narra como a mudança de liderança pode lançar uma empresa de muito sucesso na mediocridade – ou, pior, no descrédito e no fracasso. Quando a nova gestão adota técnicas modernas de engenharia financeira, principalmente *stock options* que não são contabilizadas como despesa, tudo está perdido.

Em *Henrique VI*, de Shakespeare, o protagonista diz: "A primeira coisa a fazer é matar todos os advogados." Charlie, sendo advogado, pode rejeitar essa ideia, mas quanto aos contadores, bem...

O grande escândalo financeiro eclodiu em 2003 com a súbita e merecida desgraça da Quant Technical Corporation, comumente chamada de Quant Tech. À época, a Quant Tech era a maior empresa de engenharia pura do país, devendo seu sucesso às contribuições de seu lendário fundador, o engenheiro Albert Berzog Quant.

Depois de 2003, as pessoas passaram a ver a história da Quant Tech como uma espécie de peça moral em dois atos. O Ato I, a era do grande engenheiro fundador, foi visto como uma era de ouro dos valores sólidos. O Ato II, a era dos sucessores imediatos do fundador, foi visto como a dos falsos valores, com a Quant Tech vindo a se transformar, no final, em uma espécie de Sodoma ou Gomorra.

Como este relato deixará claro, a mudança do bem para o mal não ocorreu de uma vez, logo após a morte do fundador, em 1982. Muitas coisas boas se mantiveram depois disso, assim como graves males já existiam muito antes na cultura financeira em que a Quant Tech precisava operar.

A história da Quant Tech é melhor compreendida como um tipo de tragédia clássica, em que uma única falha é punida por um destino implacável. A falha em questão foi o tratamento contábil peculiar que se deu às *stock options* no país. As vítimas foram a Quant Tech e o país. A história do Grande Escândalo Financeiro, tal como realmente aconteceu, poderia ter sido escrita por Sófocles.[1]

Ao encerrar sua vida, em 1982, Albert Berzog Quant entregou a seus sucessores e ao Criador uma empresa de tremenda prosperidade e utilidade. A Quant Tech atuava em uma única frente, projetando (mediante pagamento) por todo o mundo centrais elétricas inovadoras. Pequenas e altamente limpas e eficientes, as centrais da Quant Tech melhoravam a geração de eletricidade.

Em 1982, a Quant Tech tinha uma participação de mercado dominante em seu setor e lucrava 100 milhões de dólares sobre uma receita de 1 bilhão. Seus custos praticamente se resumiam à remuneração dos funcionários técnicos envolvidos nos projetos. O custo direto de remuneração dos funcionários representava 70% das receitas. Desses 70%, 30% eram salários-base e 40% eram bônus de incentivo pagos de acordo com um elaborado sistema formulado pelo fundador. As remunerações eram sempre pagas em dinheiro. Não havia opção de compra de ações, porque o velho Quant considerava o tratamento contábil exigido para *stock options* "fraco, corrupto e desastroso" e não queria uma contabilidade capenga no seu negócio, assim como não queria uma engenharia capenga. Além disso, ele acreditava na adequação dos seus enormes bônus de incentivo a padrões estabelecidos com precisão para o desempenho individual ou de pequenos grupos em vez de permitir que houvesse o que considerava resultados indesejáveis de remuneração, tanto altos demais quanto baixos demais, como acreditava que ocorria nos planos de *stock options* de outras empresas.

No entanto, mesmo com o sistema do velho Quant, a maioria dos dedicados funcionários de longa data ou estava enriquecendo, ou certamente enriqueceria. Isso porque eles estavam comprando papéis da Quant Tech no mercado, igual a qualquer acionista. Para o velho Quant, era razoável esperar que pessoas inteligentes e autodisciplinadas, capazes de projetar usinas elétricas, cuidassem de suas finanças de modo igualmente inteligente e disciplinado. Ele às vezes aconselhava um funcionário a comprar ações da Quant Tech, mas se recusava a ser mais paternalista que isso.

Quando o fundador morreu, a Quant Tech não tinha dívidas e, exceto como forma de impulsionar sua reputação, não precisava de capital social para manter suas operações, não importando o ritmo de crescimento das receitas. Porém o velho Quant acreditava, tal como Ben Franklin, que "saco vazio não fica em pé" – e ele queria que a Quant Tech ficasse de pé. Além disso, amava o negócio que havia construído, bem como a seus funcionários, e sempre fez questão de ter grandes montantes de equivalentes de caixa, para maximizar as chances de investimento ou de recuperação caso ocorressem adversidades ou surgissem oportunidades inesperadas. Assim, em 1982 a Quant Tech tinha 500 milhões de dólares em equivalentes de caixa, valor que correspondia a 50% de suas receitas.

Contando com um sólido balanço patrimonial, uma cultura produtiva e uma massa crítica de experiência em um setor em rápida mudança e rápido crescimento, a Quant Tech, usando os métodos de seu fundador, em 1982 estava destinada a manter os lucros em 10% da receita por mais 20 anos, enquanto as receitas aumentariam 20% ao ano. Após esses 20 anos, isto é, a partir de 2003, a margem de lucro se manteria em 10%, enquanto o crescimento das receitas desaceleraria para 4% ao ano, cenário que perduraria por muito tempo. Mas ninguém na empresa sabia exatamente quando começaria o inevitável período de lento crescimento da receita.

A política de distribuição de dividendos do velho Quant era da mais pura simplicidade: ele jamais pagou dividendos. Todos os ganhos simplesmente se acumulavam em equivalentes de caixa.

Todo investidor em ações ordinárias verdadeiramente sofisticado conseguia enxergar que as ações da rica Quant Tech proporcionavam uma esplêndida oportunidade de investimento em 1982, quando eram vendidas por apenas 15 vezes os lucros e, apesar de suas perspectivas brilhantes, tinham uma capitalização de mercado de apenas 1,5 bilhão de dólares. Essa baixa capitalização de mercado era vigente em 1982 porque outras excelentes ações ordinárias também eram vendidas a 15 vezes os lucros ou menos, como consequência natural das elevadas taxas de juros à época, além dos retornos de investimento decepcionantes que tinham ocorrido ao longo de muitos anos anteriores para os detentores de carteiras diversificadas típicas de ações ordinárias.

Um resultado da baixa capitalização de mercado da Quant Tech em 1982 foi que os membros do conselho de administração ficaram inquietos e insatisfeitos logo após a morte do fundador. Um conselho de administração mais sábio teria comprado ações da Quant Tech de forma agressiva, usando todo o dinheiro disponível e ainda pedindo recursos emprestados para aplicar da mesma forma. Porém tal decisão não estava de acordo com a sabedoria corporativa em 1982, portanto os diretores tomaram uma decisão convencional: trouxeram um novo CEO e um novo CFO de fora, mais especificamente de uma empresa que tinha um plano convencional de *stock options* e uma capitalização de mercado de 20 vezes o lucro declarado, embora seu balanço patrimonial fosse mais fraco que o da Quant Tech e seus lucros estivessem crescendo mais devagar. Em consonância com o recrutamento dos novos executivos, estava claro que os conselheiros da Quant Tech queriam maior capitalização de mercado o mais rápido possível.

Os recém-empossados executivos da Quant Tech logo perceberam que a empresa não poderia aumentar a taxa de crescimento de suas receitas nem elevar sua margem de lucro. O fundador havia atingido o ótimo nos dois casos. Nem os novos executivos ousariam mexer em uma cultura de engenharia que funcionava tão bem. Assim, sentiram-se atraídos a empregar o que chamavam de "moderna engenharia financeira",[2] que requeria o uso de quaisquer meios legais para elevar os lucros reportados, a começar por mudanças simples e grandes.

Por uma estranha ironia do destino, a convenção contábil para *stock options* que tanto havia desagradado o fundador da Quant Tech agora facilitava o trabalho dos novos executivos e acabaria por arruinar a reputação da Quant Tech. Havia então uma convenção contábil nos Estados Unidos que determinava que, quando fossem emitidas ações para os empregados abaixo do valor de mercado, o ganho dos empregados, embora um equivalente de caixa, não poderia ser contabilizado como despesa na determinação do lucro reportado da empresa. Apesar da objeção de alguns de seus membros mais sábios e éticos, essa convenção foi adotada porque os gestores das empresas, em geral, preferiam que seus ganhos do exercício de opções das ações dos empregados não fossem contabilizados como despesa na determinação da remuneração dos empregados.

A classe dos contadores, ao tomar essa decisão tão peculiar, simplesmente seguiu a regra muitas vezes adotada por pessoas bastante diferentes dos prósperos e entrincheirados contabilistas. A regra era aquela normalmente seguida por pessoas inseguras e impotentes: dançar conforme a música. Por sorte, as autoridades tributárias não tinham a mesma ideia contábil tão peculiar que a classe dos contadores teve. Prevaleceu o senso comum elementar, e o ganho no exercício de *stock options* foi tratado como óbvia despesa de remuneração dedutível na determinação do resultado para fins de tributação.

Astutos em finanças como eram, os novos executivos da Quant Tech perceberam logo que, dada a convenção contábil tão peculiar e as regras de tributação adequadas, a empresa tinha ali uma oportunidade incrível de aumentar seus lucros reportados com medidas simples. O fato de uma enorme parcela das despesas anuais da Quant Tech ser com bônus de incentivo proporcionava uma oportunidade incomparável de praticar a moderna engenharia financeira.

Por exemplo, os executivos perceberam facilmente que se em 1982 a Quant Tech tivesse substituído suas despesas com bônus de incentivo, de 400 milhões de dólares, pelo ganho dos trabalhadores no exercício de *stock options* e usado o dinheiro economizado com os bônus mais os preços de opção pagos para recomprar todas as ações emitidas no exercício de opções, sem fazer mais nada, o resultado teria sido aumentar o lucro reportado da Quant Tech em 400%. De 100 milhões de dólares, teria subido para 500 milhões, enquanto as ações em circulação permaneceriam exatamente as mesmas! Assim, o truque adequado para os diretores era substituir os bônus de incentivo pelos lucros do exercício de opções dos empregados. Por que um grupo de engenheiros, afeitos a números, iria se preocupar se seus bônus eram pagos em dinheiro ou em equivalentes quase perfeitos de dinheiro? Fazer a substituição, em qualquer cronograma, não parecia uma tarefa difícil.

No entanto, os executivos também perceberam facilmente que seria desejável certa dose de cautela e moderação ao promoverem seu novo truque. Obviamente, se eles insistissem demais nesse novo truque em determinado ano, poderia haver uma rebelião por parte dos contadores ou hostilidade por parte de outras fontes. E isso seria pôr em risco a galinha dos ovos de ouro dos executivos. Afinal, estava claro que seu truque aumentaria o lucro declarado pela simples adição ao lucro real de um elemento de lucro falso – falso no sentido de que a Quant Tech não se beneficiaria de qualquer efeito econômico (exceto um efeito fraudulento temporário semelhante ao de superestimar os estoques) decorrente da parte do lucro declarado devida ao uso do truque. O novo CEO chamava, privadamente, o desejável e cauteloso enfoque de "mentira justificada".

Os novos executivos perceberam que seria prudente passar dos pagamentos de bônus para os lucros do exercício de opção dos empregados em moderados montantes por ano, durante muitos anos. Em particular, eles chamavam o plano prudente que adotaram de "sistema grão em grão", que acreditavam ter quatro vantagens óbvias:

1) Seria menos provável que notassem um volume moderado de rendimentos falsos em qualquer determinado ano, se comparado a um grande volume.

2) O grande efeito acumulado a longo prazo de muitas quantias moderadas de rendimentos falsos também tenderia a ser obscurecido no sistema "grão em grão". Como disse em privado o CFO, de forma enérgica: "Se misturarmos apenas um pequeno percentual de excremento às passas ano após ano, provavelmente ninguém vai perceber a grande quantidade de excremento que teremos após vários anos."

3) Os auditores externos, depois de abençoarem algumas demonstrações financeiras apresentando um aumento nos lucros, dos quais

apenas uma pequeníssima parte seria falsa, provavelmente se sentiriam constrangidos a abençoar novas demonstrações financeiras contendo a mesma proporção falsa de aumento nos lucros reportados.

4) O sistema grão em grão tenderia a evitar a desgraça, ou algo mais gravemente prejudicial, para os executivos da Quant Tech. Com praticamente todas as outras empresas tendo planos de *stock options* cada vez mais liberais, os executivos poderiam sempre justificar que era necessária uma transição moderada rumo à remuneração na forma de exercício de opções de compra para ajudar a atrair ou a reter talentos. Inclusive, dada a probabilidade de existir cultura empresarial e entusiasmo no mercado de ações como consequência da estranha convenção contábil para as *stock options*, essa afirmação seria com frequência verdadeira.

Com essas quatro vantagens, o sistema grão em grão parecia tão claramente desejável que só restava aos executivos decidir o ritmo em que obteriam seus "grãos" anuais de ganhos falsos. Essa foi mais uma decisão fácil. Os executivos estabeleceram três condições razoáveis a serem cumpridas:

1) Queriam poder manter seu sistema grão em grão sem grande descontinuidade por 20 anos.

2) Queriam que os lucros reportados aumentassem mais ou menos na mesma porcentagem a cada ano, ao longo desse período. Isso porque acreditavam que os analistas financeiros que representavam investidores institucionais valorizariam mais as ações da Quant Tech se as altas dos lucros anuais reportados nunca apresentassem variações significativas.

3) Eles jamais ameaçariam a crença dos investidores de que a Quant Tech obtinha mais de 40% de suas receitas dos projetos de usinas elétricas. Assim protegeriam a credibilidade dos lucros reportados.

Com esses requisitos, o cálculo era fácil, dada a suposição dos executivos de que os resultados e as receitas não falsos da Quant Tech cresceriam 20% ao ano por 20 anos. Os executivos rapidamente decidiram usar seu sistema grão em grão para fazer com que os lucros reportados aumentassem 28% ao ano em vez dos 20% que teriam sido reportados pelo fundador.

E assim o grande esquema da moderna engenharia financeira avançou rumo à tragédia na Quant Tech. E poucos esquemas condenáveis foram mais eficazes. Os lucros reportados pela Quant Tech, certificados por seus contadores, aumentaram regularmente 28% cada ano. Ninguém questionou os relatórios financeiros, exceto algumas pessoas consideradas por todos como misantropos intransigentes e excessivamente teóricos. Descobriu-se que a política do fundador de nunca pagar dividendos, que foi mantida, ajudou muito a preservar a credibilidade dos relatórios da Quant Tech que reportavam um aumento constante dos lucros de 28% ao ano. Com os equivalentes de caixa disponíveis tão notavelmente elevados, os efeitos pavlovianos de mera associação, que tantas vezes comprometem a percepção da realidade, serviram bem para evitar que se detectasse o elemento falso em meio aos lucros reportados.

Era natural, portanto, que, após alguns anos da implantação do sistema grão em grão, os executivos da Quant Tech desejassem que o lucro por ação declarado continuasse subindo 28% ao ano, enquanto os equivalentes de caixa cresciam muito mais rápido do que antes. Isso acabou sendo moleza. A essa altura, as ações estavam sendo vendidas a um múltiplo muito acima dos lucros reportados e os executivos simplesmente começaram a provocar alguns exercícios incrementais de opções de compra de ações que não tinham lastro nem em reduções dos bônus pagos em dinheiro nem em recompras de ações.

Os executivos logo perceberam que essa mudança foi um ajuste muito rentável do seu plano original. Não só a detecção do elemento falso nos lucros reportados se tornou bem mais difícil, à medida que a acumulação de dinheiro acelerou vigorosamente, como também uma quantidade significativa de esquema Ponzi, ou efeito cascata, foi introduzida na Quant Tech, com benefícios reais para os acionistas, incluindo os executivos.

Nesse momento, os executivos corrigiram também outras falhas em seu plano original. Eles perceberam que, conforme os lucros reportados, contendo um elemento cada vez mais falso, continuavam a aumentar em 28%, os impostos sobre o rendimento como percentual dos lucros declarados antes dos impostos continuavam a cair cada vez mais. Isso claramente aumentava os riscos de atraírem perguntas e questionamentos indesejados. Esse problema foi logo solucionado.

Muitas usinas elétricas em países estrangeiros pertenciam a governos, por serem construções financiadas por verbas públicas, e foi fácil conseguir que alguns aumentassem os valores pagos pelos projetos da Quant Tech, desde que, em cada caso, um valor pouco maior que o aumento fosse revertido ao governo na forma de impostos.

Por fim, nos relatórios referentes ao ano de 2002, a Quant Tech reportou um lucro de 16 bilhões de dólares sobre uma receita de 47 bilhões, que agora incluía muito mais receitas provenientes de juros sobre equivalentes de caixa do que teriam existido sem emissões líquidas de novas ações ao longo dos anos. Os equivalentes de caixa disponíveis ascendiam agora a espantosos 85 bilhões de dólares e, de alguma forma, não parecia impossível para a maioria dos investidores que uma empresa aparentemente nadando em dinheiro estivesse lucrando esses 16 bilhões. Em seu pico, no início de 2003, a capitalização de mercado da Quant Tech foi de 1,4 trilhão de dólares, cerca de 90 vezes os lucros reportados em 2002.

Contudo, todas as progressões geométricas desejadas pelo ser humano, se escolhida uma elevada taxa de crescimento, algum dia atingirão seu limite em um planeta finito. E o sistema social do planeta em algum momento se revela justo o suficiente para que quase todas as fraudes em massa acabem em desgraça. E, em 2003, a Quant Tech viu a desgraça em ambos os aspectos.

Em 2003, na verdade, a Quant Tech crescia apenas 4% ao ano, após o crescimento das vendas ter desacelerado para 4%. Tornou-se inevitável que a Quant Tech causasse uma grande decepção aos seus acionistas, agora sobretudo investidores institucionais. Essa desilusão desencadeou uma alarmante queda de 50% no preço das ações. Essa queda, por sua vez, deu início a um exame minucioso das práticas utilizadas pela Quant Tech em seus relatórios financeiros, o que, por fim, convenceu quase todo mundo de que grande parte dos lucros reportados tinha sido durante muito tempo fabricada e que as gigantescas e deliberadas mentiras vinham se estendendo por muitos anos. Isso desencadeou uma queda ainda maior no preço das ações, até que, em meados de 2003, a capitalização de mercado da Quant Tech era de apenas 140 bilhões de dólares, uma baixa de 90% em relação ao pico, apenas seis meses antes.

Uma queda acelerada de 90% no preço das ações de uma empresa tão importante, antes tão amplamente negociada e admirada, provocou imenso sofrimento humano, levando-se em conta que 1,3 trilhão de dólares em valor de mercado havia desaparecido. E, claro, com a merecida desgraça da Quant Tech, a reação pública e política incluiu ódio e repulsa intensos, embora os admiráveis engenheiros da empresa ainda projetassem as melhores usinas elétricas do país.

E o ódio e a repulsa não pararam na Quant Tech. Espalharam-se depressa para outras empresas, algumas das quais tinham culturas financeiras claramente indesejáveis, diferindo apenas em grau em relação à da Quant Tech. O ódio público e político, tal como o comportamento que o havia provocado, logo transbordou e passou a se alimentar de si mesmo. A desgraça financeira se alastrou para além do mercado de ações, chegando a configurar uma grave recessão, como a do Japão na década de 1990, após o longo período de fraudes contábeis.

Houve uma enorme antipatia pública por certas profissões após o Grande Escândalo. A classe dos contadores foi a mais afetada, é claro. O órgão regulador da contabilidade há muito atende pela sigla FASB (Financial Accounting Standards Board), e hoje quase todo mundo diz que significa "Financial Accounts Still Bogus" (Relatórios Financeiros Ainda Falsos).

Os professores de economia, de maneira análoga, foram alvo de muitas críticas por não terem exposto a contabilidade falsa e não terem feito alertas suficientes em relação aos potenciais efeitos macroeconômicos negativos da contabilidade falsa generalizada. Tamanha foi a decepção com os economistas convencionais que John Kenneth Galbraith, de Harvard, recebeu o Nobel de Economia. Afinal de contas, ele já tinha previsto que fraudes corporativas em massa teriam um estrondoso efeito estimulante sobre a economia enquanto permanecessem incólumes. E as pessoas agora conseguiam ver que algo muito próximo da previsão de Galbraith realmente acontecera nos anos anteriores a 2003 e, nos anos posteriores, havia colaborado para uma grave recessão.

Com o Congresso e a Comissão de Valores Mobiliários dos Estados Unidos tão fortemente povoados de advogados, e com os advogados profundamente envolvidos na elaboração de documentos de divulgação financeira agora vistos como falsos, havia uma nova piada de advogado a cada semana. Uma delas era "O açougueiro diz: 'A reputação dos advogados caiu vertiginosamente', ao que o caixa retruca:

'Como é que alguém consegue cair vertiginosamente sendo um pano de chão?'"

Mas a hostilidade às classes profissionais não se limitou aos contadores, economistas e advogados. Houve muitos efeitos adversos na reputação de profissionais que sempre tinham apresentado bom desempenho até então, entre eles os engenheiros, que não compreendiam a fraude financeira que seu país tinha transformado em requisito funcional. No fim das contas, muito do que havia de bom no país e era necessário a sua felicidade futura passou a ser odiado de maneira generalizada e insensata.

Nesse ponto, a ação veio de um Reino Superior. O próprio Deus, que tudo analisa, mudou Seu cronograma para avaliar o triste caso do Grande Escândalo Financeiro de 2003. Tendo convocado seu investigador-chefe, Ele lhe disse: "Smith, traga para um julgamento severo porém justo o mais imoral dentre os responsáveis por esse episódio terrível."

No entanto, Smith levou a Ele um grupo de analistas de investimentos que havia muito recomendavam de olhos fechados as ações da Quant Tech. O Juiz Supremo não gostou. "Smith", disse Ele, "não posso ser severo demais com erros cognitivos básicos, muitos dos quais causados inconscientemente pelos sistemas de incentivos-padrão do mundo."

Em seguida, Smith Lhe apresentou um grupo de agentes da Comissão de Valores Mobiliários e políticos poderosos. "Não, não", disse o Juiz Supremo, "essas pessoas operam em um turbilhão de forças desfavoráveis. Não é razoável esperar que atendam o padrão de comportamento que procuramos impor."

Agora o detetive achava que tinha entendido. Ele então levou os executivos que haviam praticado sua versão de moderna engenharia financeira na Quant Tech. "Você está chegando perto", disse o Juiz Supremo, "mas eu lhe disse para trazer os mais depravados. Esses executivos vão receber, é claro, severas punições por sua gigantesca fraude e pela gestão repugnante do legado do grande engenheiro, mas quero que você me traga os malfeitores que em breve estarão no círculo mais baixo do Inferno, aqueles que facilmente poderiam ter evitado toda essa calamidade."

Enfim o detetive-chefe entendeu. Lembrando que o círculo mais baixo do Inferno estava reservado aos traidores, ele levou do Purgatório um grupo de idosos que, em seus dias na Terra, tinham sido sócios proeminentes de grandes empresas de contabilidade.

"Aqui estão os traidores", anunciou o detetive-chefe. "Eles adotaram a falsa convenção contábil para *stock options*. Ocuparam altos cargos em uma das profissões mais nobres, que, como a Sua, ajudam a fazer a sociedade funcionar bem, estabelecendo as regras certas. Eram muito inteligentes e estavam em uma posição segura, e é imperdoável que tenham gerado deliberadamente todas essas mentiras tão previsíveis. Eles sabiam muito bem que o que estavam fazendo era desastroso, mas fizeram mesmo assim. Devido à pressão sobre Vosso Sistema Judicial, foi um erro puni-los de maneira tão leve. Mas agora podemos mandá-los para o círculo mais baixo do Inferno."

Espantado diante de tamanha ênfase e presunção, o Juiz Supremo fez uma pausa. Por fim, disse calmamente: "Muito bem, meu bom e fiel servo."

Este relato não é uma previsão para 2003. É uma obra de ficção. Com exceção do caso do professor Galbraith, qualquer semelhança com pessoas ou empresas reais é mera coincidência. Ele foi escrito na tentativa de direcionar uma atenção possivelmente útil a certos comportamentos e sistemas de crenças modernos.

DISCURSO OITO REVISITADO

Eu me diverti muito escrevendo isto, no verão de 2000, mas estava falando sério ao afirmar que o tratamento contábil de *stock options* é o equivalente funcional dos tipos mais básicos de fraudes usadas para inflar artificialmente o valor de uma empresa.

Para mim, uma classe profissional e um país que permitem uma contabilização inadequada dos custos de gestão estão seguindo a mesma direção moral que o grupo que deixa a maior parte do aço fora do concreto na construção de arranha-céus. Além disso, uma contabilidade frágil é mais virulenta do que as práticas mortais na construção civil. Afinal de contas, os empreiteiros sem caráter têm mais dificuldade em racionalizar seu comportamento deplorável, portanto a contabilidade débil se espalha mais facilmente do que construções defeituosas. Foi justamente isso que aconteceu conforme a contabilização deficiente das *stock options* se tornou onipresente. Tivemos boas notícias desde que o Discurso Oito foi escrito.

A classe dos contadores hoje exige que alguma provisão para o custo das *stock options* seja debitada dos lucros. No entanto, no momento em que elas são exercidas, o custo total cobrado em geral é muito inferior ao custo total incorrido. Além disso, a parte do custo imputada aos lucros muitas vezes é manipulada para baixo por meio de técnicas controversas.

O que essa saga contábil representa é mais um triste exemplo de como o mal é recompensado por demorar a morrer, pois muita gente acha que, se está lucrando com algo, não pode ser ruim.

DISCURSO NOVE

Economia acadêmica: pontos fortes *e* fracos *sobre* *a* necessidade *de* interdisciplinaridade

3 DE OUTUBRO DE 2003
DISCURSO ANUAL DE FORMATURA DO DEPARTAMENTO DE ECONOMIA
DA UNIVERSIDADE DA CALIFÓRNIA EM SANTA BÁRBARA

O organizador deste livro passou 12 horas seguidas com Charlie no dia em que ele proferiu este discurso. Nossa programação naquele dia: duas horas de carro para ir e mais duas para voltar de Los Angeles, almoço, reuniões pré-palestra, a palestra em si, recepção pós-palestra e, por fim, um jantar na casa de Jeff Henley, CFO (hoje presidente do conselho) da Oracle. Apesar de estar a poucos meses de completar 80 anos, Charlie foi um virtuose incansável. Sua perspicácia, sua resistência e seu bom humor durante aquele longo dia foram surpreendentes e inspiradores.

O que Charlie apresentou nessa ocasião pode ser chamado de Grande Teoria Unificada de Munger. A palestra incorpora muitas ideias de que ele tratou em suas palestras anteriores e as apresenta no formato checklist, como uma filosofia sistematizada.

O público (o departamento de economia dessa importante universidade) era a audiência perfeita à qual dirigir este lamento – bem como as propostas de solução – sobre a falta de multidisciplinaridade nas ciências sociais.

Tenho aqui comigo algumas observações que rascunhei para transmitir a vocês e depois vou responder a perguntas enquanto ainda aguentarem me ouvir, até que me arrastem para onde quiserem que eu vá.

Como vocês podem imaginar, aceitei o convite para estar aqui hoje porque a questão de como fazer com que as ciências sociais se comuniquem melhor entre si é um tema que me interessa há décadas. E a economia é, em muitos aspectos, a rainha das ciências sociais. Espera-se dela que seja melhor que as demais. Na minha opinião, a economia é melhor no quesito multidisciplinaridade. Porém também sou da opinião de que ela ainda é deficiente, e é sobre essas deficiências que gostaria de discutir com vocês.

Já que vou falar sobre os pontos fortes e fracos da economia acadêmica, um fato interessante que vocês têm o direito de saber é que nunca fiz um curso de economia. Diante dessa expressiva falta de credenciais, vocês podem se perguntar por que tenho a *chutzpah* de estar aqui falando. E a resposta é que sou faixa preta em *chutzpah*. Nasci assim. Algumas pessoas que conheço são faixa preta em gastar. Elas nasceram com esse dom. Mas o que eu recebi foi uma faixa preta em *chutzpah*.

Venho de duas peculiares vertentes de experiência que podem ter me proporcionado alguns insights econômicos úteis. Uma é a Berkshire Hathaway, outra é a minha formação pessoal. A Berkshire, como sabem, acabou ficando interessante. Quando Warren assumiu a direção, a capitalização de mercado era de cerca de 10 milhões de dólares. Quarenta e tantos anos depois, o volume de ações em circulação não é muito maior do que na época e a capitalização de mercado é de cerca de 100 bilhões, 10 mil por ação. E como isso ocorreu de maneira lenta e gradual ao longo dos anos, e com pouquíssimos reveses, acabou por chamar alguma atenção, sugerindo que talvez Warren e eu soubéssemos algo de útil em microeconomia.

Durante muito tempo, um economista ganhador do Nobel explicou o sucesso da Berkshire da seguinte forma:

Primeiro ele dizia que a Berkshire tinha batido o mercado investindo em ações ordinárias graças a um desvio-padrão de sorte, porque ninguém poderia vencer o mercado senão por sorte. Essa versão dura da hipótese dos mercados eficientes era ensinada na maioria das faculdades de economia da época. As pessoas aprendiam que ninguém era capaz de superar o mercado.

Depois, esse professor passou a alegar dois desvios, e em seguida três desvios, e quatro desvios, e, quando finalmente chegou aos seis desvios de sorte, as pessoas estavam rindo tanto que ele parou.

Então ele deu um giro de 180 graus na explicação: "Não, ainda eram seis desvios, mas eram seis desvios de competência." Pois bem. Essa história muito triste demonstra a veracidade da seguinte observação de Benjamin Franklin em *Poor Richard's Almanack*: "Se quiser convencer alguém, apele ao interesse, não à razão." O sujeito mudou sua visão estúpida quando os eventos o obrigaram a isso, não antes.

Vi a mesma coisa acontecer no Instituto de Oftalmologia Jules Stein, da Universidade da Califórnia em Los Angeles. A certa altura, perguntei: "Por que vocês ainda estão tratando a catarata com uma cirurgia totalmente obsoleta?" E o sujeito me respondeu: "Charlie, é uma cirurgia maravilhosa de ensinar." Ele só parou de utilizar aquela técnica quando os pacientes desapareceram. Mais uma vez: apele ao interesse, e não à razão, se quiser mudar os resultados.

Todo o nosso histórico na Berkshire foi alcançado sem que déssemos um pingo de atenção à hipótese dos mercados eficientes em sua forma dura ou aos herdeiros dessa teoria. Essa ideia nasceu no mundo acadêmico, foi parar nas finanças corporativas e se transformou em obscenidades, como o modelo de precificação de ativos financeiros, ao qual também não damos nenhuma atenção. Eu teria que acreditar na fada do dente para achar que é possível superar o mercado em 7 pontos percentuais por ano apenas investindo em ações de alta volatilidade.

No entanto, as pessoas já acreditaram nessas coisas – tal como o médico do Jules Stein. E, graças ao viés de incentivo, a crença se espalhou. E ainda tem muita gente que a defende. Nunca demos atenção a essa ideia. Ultimamente, acho que o mundo está vindo mais para o nosso lado, enquanto a ideia de perfeição em todos os movimentos do mercado está em extinção.

Sempre foi claro para mim que o mercado de ações não poderia ser de todo eficiente, porque, durante a minha adolescência, conheci o hipódromo de Omaha, onde havia o sistema de apostas parimutuais. E era bastante óbvio para mim que, se a comissão da casa era de 17%, algumas pessoas perdiam regularmente muito menos de 17% de todas as suas apostas e outras perdiam regularmente mais de 17% de todas as suas apostas. O sistema de apostas de Omaha não tinha uma eficiência perfeita. Por isso nunca aceitei o argumento de que o mercado de ações era sempre de uma eficiência perfeita no apreçamento racional de ativos.

Aliás, desde então tem havido alguns casos documentados de pessoas que compreenderam tão bem toda a lógica dos cavalos e das probabilidades que conseguem vencer as casas de apostas mesmo longe das pistas. Não são muitas, mas nos Estados Unidos existem algumas.

Já minha trajetória educacional é interessante porque as deficiências do processo e minhas peculiaridades pessoais acabaram por me render vantagens. Eu tinha uma mentalidade multidisciplinar precoce e acima da média, sei lá por quê. Não suportava ter de recorrer a uma ideia pequena na minha disciplina quando outras disciplinas ofereciam grandes ideias logo ali dobrando a esquina. Então eu buscava em todas as direções as grandes ideias que realmente funcionavam. Ninguém me ensinou a fazer isso. Apenas tive sorte de nascer com esse impulso.

Também é inato em mim o enorme desejo de síntese. Quando isso não acontecia com facilidade, o que era algo frequente, eu decupava o problema, e quando isso não funcionava, eu o deixava de lado por um tempo, depois voltava e o decupava de novo. Levei 20 anos para entender como e por que os métodos de conversão das seitas funcionam. Bem, os teóricos de psicologia até hoje não entenderam, então ainda estou à frente deles.

O fato é que tenho essa tendência de querer esmiuçar as questões. Durante a Segunda Guerra Mundial eu mergulhei na física, e a Aeronáutica me mandou para o Caltech, onde estudei um pouco mais dessa disciplina como parte da formação para meteorologista. E lá, muito jovem, absorvi o que chamo de éthos fundamental de atribuição de crédito das ciências exatas. Isso foi extremamente útil para mim, por isso gostaria de explicar a vocês.

Sob esse éthos, uma pessoa precisa conhecer todas as grandes ideias de todas as disciplinas fundamentais. Qualquer explicação que possa ser dada de maneira mais fundamental jamais poderá ser dada de outro modo. E a pessoa deve sempre analisá-la dando crédito total às ideias mais fundamentais que precisar usar. Quando usar a física, diga que está usando a física. Quando usar a biologia, diga que está usando a biologia, e assim por diante. Desde cedo notei que esse éthos funcionaria como um excelente sistema de organização para o meu pensamento. E eu tinha uma forte suspeita de que ele se aplicaria muito bem tanto às ciências sociais quanto às exatas, então simplesmente o empreguei durante toda a minha vida, em todas as ciências. Foi uma sorte muito grande, para mim, ter esse conceito à disposição.

Permitam-me explicar quão radical é esse éthos nas ciências exatas. Existe uma constante, uma das fundamentais da física, conhecida como constante de Boltzmann.[1] Provavelmente todos vocês a conhecem muito bem. O interessante aqui é que não foi [Ludwig] Boltzmann que descobriu a constante de Boltzmann. Então por que esse nome? Bem, porque Boltzmann derivou essa constante da física básica de uma forma mais fundamental do que o pobre sujeito já esquecido que encontrou a constante primeiro, mas de uma forma menos fundamental.

O éthos das ciências exatas é tão favorável ao reducionismo – à construção do conhecimento a partir de seus elementos nucleares – que é possível eliminar da história a pessoa que primeiro descobriu algo novo se alguém que vier depois dela tratar sua descoberta de maneira mais fundamental. E eu acho isso correto. Acho que a constante de Boltzmann deve mesmo ser batizada em homenagem a Boltzmann.

Bem, a Berkshire alcançou êxito econômico considerável ignorando a forma dura da hipótese dos mercados eficientes, que já foi muito popular na academia, e ignorando os herdeiros dessa doutrina atuantes nas finanças empresariais, onde os resultados se revelaram ainda mais estúpidos do que na economia. Isso, naturalmente, me encorajou.

Por fim, dada minha trajetória singular, também tenho coragem de estar aqui hoje porque pelo menos quando mais novo eu não era um imbecil completo. Durante um ano na Faculdade de Direito de Harvard fui o segundo melhor em um grupo bem grande e sempre achei que, mesmo havendo muitas pessoas bem mais inteligentes que eu, eu não precisava ficar totalmente para trás no jogo do raciocínio.

Bem, gostaria de começar tratando dos óbvios pontos fortes da economia acadêmica. O primeiro – e isto vale para muitos lugares de grande reputação – é que ela estava no lugar certo na hora certa. Duzentos anos atrás, impulsionada pelo avanço da tecnologia e por outros desenvolvimentos na sociedade, a produção real per capita começou a crescer cerca de 2% ao ano em termos compostos. Antes disso, por milênios, tinha aumentado a uma taxa que pairava apenas um fio de cabelo acima de zero. E, claro, a economia cresceu em meio a esse enorme sucesso – em parte contribuindo para ele, em parte o explicando. E com isso, é lógico, cresceu também como disciplina acadêmica. Recentemente, com o colapso do comunismo, à medida que as economias de livre mercado ou de mercado parcialmente livre floresciam, a reputação da economia aumentou. Tem sido uma área bastante favorecida da academia.

A economia sempre foi mais multidisciplinar do que as demais ciências sociais, recorrendo ao que precisasse conforme a necessidade. E essa tendência de simplesmente pegar tudo que você precisa de outras áreas do conhecimento, se você for um economista, atingiu um ponto bastante alto no novo livro de N. Gregory Mankiw.[2]

Eu li esse livro. Devo ter sido um dos poucos empresários nos Estados Unidos que o comprou assim que foi lançado, porque sabia que Mankiw tinha recebido um adiantamento polpudo. Eu queria descobrir o que o cara tinha feito para conseguir isso, então fui dar uma folheada no livro. E lá encontrei, expressos como princípios: o custo de oportunidade é um superpoder, a ser usado por todas as pessoas que tenham alguma esperança de encontrar a resposta certa. Além disso, incentivos são superpoderes. E, por último, a tragédia dos comuns, teoria popularizada por meu amigo de longa data Garrett Hardin, da Universidade da Califórnia em Santa Bárbara.[3] Hardin foi responsável pela deliciosa introdução na economia do perverso e maldito pé invisível, colocando-o junto à benevolente mão invisível de Smith. Bem, eu achei que o modelo de Hardin tornava a economia mais completa. Quando me apresentou seu modelo da tragédia dos comuns, eu sabia que em algum momento ele chegaria aos manuais. Eis que isso finalmente aconteceu, cerca de 20 anos depois. É ótimo que Mankiw se aproxime de outras disciplinas e se agarre ao modelo de Hardin e a qualquer outra ideia que funcione.

Outra coisa que ajudou a economia foi que desde o início ela atraiu os melhores cérebros das ciências sociais. Seus estudiosos também interagiam mais com o mundo do que era de praxe nas ciências sociais e em todo o meio acadêmico, o que trouxe resultados muito dignos de crédito, como as três nomeações do Dr. George Shultz[4] e a de Larry Summers para o Conselho Econômico da Casa Branca. Essa tem sido uma área muito valorizada da academia.

A economia também atraiu desde cedo alguns dos melhores escritores da história humana. Começou com Adam Smith. Smith era tão bom pensador e tão bom escritor que seu contemporâneo Immanuel Kant, então o maior intelectual alemão, simplesmente declarou que não havia ninguém em seu país equiparável a ele. Pois Voltaire, sendo um orador ainda mais incisivo que Kant, o que aliás não era muito difícil, logo retrucou: "Ora, a França não tem ninguém que sequer se possa comparar a Adam Smith."

Assim, a economia começou com alguns homens excepcionais e com grandes escritores. Depois houve outros grandes escritores, como John Maynard Keynes, que cito com frequência e que em muito enriqueceu meu entendimento. E por fim, mesmo na era atual, se vocês lerem os ensaios de Paul Krugman, ficarão impressionados com sua fluência. Não defendo as ideias políticas de Krugman, estou do outro lado, mas adoro os ensaios dele. Para mim, é um dos melhores ensaístas vivos. Ou seja, a economia tem atraído escritores fabulosos. E eles são tão bons que têm enorme influência, muito além do universo econômico, o que é bastante raro em outras áreas.

Muito bem, chega de elogios e vamos às críticas. Vimos que a economia é melhor do que outros departamentos acadêmicos das ciências sociais em muitos aspectos. É uma das glórias da civilização. Agora é justo apontarmos algumas de suas falhas.

UM
Desconexão fatal que leva à síndrome do martelo, muitas vezes cometendo o erro de superestimar fatores mensuráveis em detrimento dos não mensuráveis

Acho que tenho oito... não, nove objeções, sendo que algumas são subdivisões lógicas de uma grande objeção geral. Minha grande objeção geral à economia é aquela descrita por Alfred North Whitehead ao falar da desconexão fatal das disciplinas acadêmicas, no sentido de que os professores sequer conheciam os modelos das outras disciplinas, menos ainda tentavam sintetizá-las com as suas. Acho que um termo que consegue descrever essa abordagem que Whitehead condenava é "biruta". É um modo de agir completamente insano. E, tal como muitas outras áreas acadêmicas, a economia é absurdamente insular.

O problema dessa desconexão é que se gera o que chamo de síndrome do martelo, em referência ao ditado "Para quem só tem um martelo, todo problema parece um prego." Isso é de uma eficácia ímpar para engessar todas as profissões, todos os departamentos acadêmicos e, inclusive, a maior parte da vida prática.

O único antídoto para a tragédia absoluta decorrente da síndrome do martelo é contar com um kit completo de ferramentas em vez de ter só um martelo. E um detalhe: é preciso organizar essas ferramentas em um checklist, porque não dá para ficar esperando que a ferramenta certa simplesmente apareça na sua mão sempre que você precisar. No entanto, se tiver um conjunto completo de ferramentas e acessar ativamente esse catálogo mental, você vai encontrar muitas respostas que não encontraria de outra forma. É muito importante contornar essa limitação geral que tanto incomodava Alfred North Whitehead, e existem recursos mentais para ajudar nisso.

Há uma versão especial dessa síndrome do martelo que é terrível não só na economia, mas em praticamente qualquer área, incluindo os negócios. É desastrosa. Acontece quando se tem um sistema complexo, do qual se extraem números maravilhosos que permitem mensurar alguns fatores. Mas existem outros fatores extremamente importantes, só que não há valores precisos que se possa atribuir a eles. O sujeito sabe que eles são importantes, mas não tem valores com os quais trabalhar. Em casos assim, quase todo mundo 1) dá peso excessivo aos fatores que podem ser mensurados, porque podem submetê-los às técnicas estatísticas ensinadas nas faculdades, e 2) não inclui os fatores difíceis de mensurar, mesmo que possam ser mais importantes. Passei a vida inteira atento a esse erro para evitar cometê-lo e não me arrependo.

O grande Thomas Hunt Morgan, já falecido, foi um dos maiores biólogos que já existiu. Quando chegou ao Caltech, ele tinha um método muito interessante e radical para evitar o equívoco de superestimar o mensurável e subestimar o não mensurável. Naquela época não havia computadores e a alternativa disponível para a ciência e a engenharia era a calculadora Friden. O Caltech tinha várias. Thomas Hunt Morgan baniu a calculadora Friden do departamento de biologia, e lhe perguntaram: "Que raios você está fazendo, Dr. Morgan?". Ele respondeu: "Bem, sou igual ao sujeito que estava prospectando ouro nas margens do rio Sacramento em 1849. Com um pouco de inteligência, consigo me abaixar e pegar grandes pepitas. E, enquanto eu puder fazer isso, não vou permitir que ninguém no meu departamento desperdice recursos escassos praticando mineração de aluvião."[5] E assim Thomas Hunt Morgan levou a vida.

Adotei a mesma técnica e aqui estou, com 80 anos. Ainda não precisei fazer nenhuma mineração de aluvião. E ao que tudo indica vou chegar assim até o fim, como sempre desejei. Claro, se eu fosse médico, principalmente um médico acadêmico, teria que fazer as estatísticas, a mineração de aluvião, mas é incrível o que se consegue conquistar na vida sem isso quando se tem alguns bons recursos mentais e quando se abordam os problemas como Thomas Hunt Morgan.

DOIS
Não seguir o éthos fundamental das ciências exatas, de creditar as disciplinas das quais se toma conteúdo emprestado

O problema com a forma como Mankiw faz economia é que ele se baseia em outras disciplinas sem dar o devido crédito. Ele não identifica os conceitos que pega emprestados da física, da biologia, da psicologia, da teoria dos jogos ou do que for, creditando-os de modo genérico ao conhecimento básico. Não fazer isso é como administrar uma empresa com um sistema de arquivos bagunçado: reduz seu potencial de ser o melhor possível.

Só que Mankiw é tão inteligente que se sai muito bem mesmo com uma técnica imperfeita, tanto que recebeu o maior adiantamento já oferecido a qualquer autor de livros técnicos. Mesmo assim, estaria melhor se tivesse absorvido um pouco do éthos das ciências exatas, que tem sido muito útil para mim.

Tenho nomes para a estratégia de Mankiw de pegar tudo que precisa sem dar o devido crédito. Às vezes chamo de "pegue o que quiser", às vezes de "kiplinguismo", me referindo a um trecho de um poema de [Joseph Rudyard] Kipling[6] que é mais ou menos assim: "Quando Homero o alaúde fez soar, ouviu homens cantar por terra e mar, e o que julgou que fosse precisar, foi lá e tomou, como eu, sem hesitar."

É assim que Mankiw faz. Sai pegando. Isso é muito melhor do que não pegar, mas é muito pior do que pegar dando o devido crédito e com o máximo de disciplina, utilizando todo o conhecimento e o reducionismo extremo sempre que possível.

TRÊS
Inveja da física

A terceira fraqueza que vejo na economia é o que chamo de inveja da física, parafraseando um dos maiores idiotas de todos os tempos, Sigmund Freud, e sua "inveja do pênis". Mas ele foi muito popular em sua época e o conceito ganhou grande popularidade.

Uma das piores consequências da inveja da física foi ter levado a economia a adotar a hipótese dos mercados eficientes em sua forma dura. As deduções lógicas dessa teoria equivocada levam a conclusões como a de que jamais seria correto, para qualquer empresa, comprar ações próprias. Como o preço das ações, por definição, é totalmente eficiente, jamais poderia haver qualquer vantagem, CQD. Algum sócio da McKinsey aprendeu essa teoria na faculdade de Administração, em alguma universidade que tinha adotado essa linha maluca de raciocínio, e o sócio virou consultor do *The Washington Post*. As ações do *The Washington Post* estavam sendo vendidas por um quinto do preço que um orangotango seria capaz de calcular como o valor por ação apenas somando os valores e dividindo. Mas o sujeito acreditava tanto no que havia aprendido na faculdade que recomendou ao jornal que não comprasse ações próprias.

A sorte foi que Warren Buffett entrou para o conselho e os convenceu a recomprar mais da metade dos papéis em circulação, o que enriqueceu os demais acionistas em muito mais de 1 bilhão de dólares. Ou seja, pelo menos um caso rapidamente foi capaz de enterrar uma teoria acadêmica equivocada.

Na minha opinião, a economia poderia evitar muitos desses problemas que advêm da inveja da física. Quero que a economia adote o éthos básico das ciências exatas, o hábito de dar o devido crédito, mas não o desejo de uma precisão inatingível que vem da inveja da física. O tipo de fórmula precisa e confiável como a constante de Boltzmann dificilmente vai surgir na economia, pois ela trata de um sistema muito complexo. E esse desejo de uma precisão como a da física só causa problemas às pessoas, como foi o caso do pobre idiota da McKinsey.

Acredito que seria muito mais proveitoso se os economistas aprendessem com Einstein e Sharon Stone. Einstein é fácil: porque ele é famoso por dizer "Tudo deve ser o mais simples possível, porém não mais que o necessário". Ora, essa frase é uma tautologia, mas é muito útil, e algum economista – talvez tenha sido Herb Stein – tinha uma frase semelhante que eu adoro: "Se uma coisa não pode durar para sempre, algum dia vai acabar."

Quanto a Sharon Stone, ela contribui para o tema por sua resposta quando lhe perguntaram se ela sofria de inveja do pênis: "Não mesmo. O que tenho já me dá problemas suficientes."

Quando falo dessa falsa precisão, dessa grande esperança em fórmulas confiáveis, penso em Arthur Laffer, que é do meu partido político e por vezes adota uma abordagem equivocada quando se trata de economia. O problema é o desejo dele de uma falsa precisão, o que não é uma forma madura de lidar com tais assuntos.

Pessoas como Laffer me lembram um legislador inculto – e isto realmente aconteceu nos Estados Unidos. Eu não invento essas histórias. A realidade é sempre mais ridícula do que eu poderia inventar. Pois bem, um legislador ignorante apresentou um projeto de lei no seu estado para que pi fosse arredondado para 3,2. Ele queria que ficasse mais fácil para os alunos fazerem as contas.

Ora, vocês poderiam argumentar que isso é ridículo demais e que não é justo comparar professores de economia como Laffer a um legislador ignorante como esse, mas acho que estou pegando leve, isso sim. Quando esse legislador propôs arredondar pi, pelo menos foi um erro relativamente pequeno. Mas, quando se tenta inserir um alto volume de falsa precisão em um sistema complexo como a economia, os erros podem se agravar a ponto de serem piores que os do consultor da McKinsey ao orientar o *The Washington Post*. Portanto a economia deveria imitar o éthos fundamental da física, mas querer imitar a física na busca de fórmulas precisas quase sempre é um equívoco.

QUATRO
Ênfase excessiva na macroeconomia

Minha quarta crítica é que há ênfase de mais na macroeconomia e de menos na microeconomia. Acho que isso está errado. É como tentar ser exímio em medicina sem saber anatomia e química. Sem contar que microeconomia é muito divertido. Além de ajudar a entender direito a macroeconomia, é um assunto prazeroso. Duvido que o pessoal da macro se divirta muito. A começar pelo fato de eles cometerem muitos erros devido à extrema complexidade do sistema que buscam compreender.

Gostaria de demonstrar o poder da microeconomia resolvendo dois problemas, um simples e outro um pouco mais complicado.

Primeiro problema: a Berkshire Hathaway abriu uma loja de móveis e eletrodomésticos em Kansas City, no estado do Kansas. Na época, a loja desse segmento que mais vendia no mundo também era de propriedade da Berkshire e faturava 350 milhões de dólares em mercadorias por ano. A nova loja, aberta em uma cidade inesperada, começou a vender mais de 500 milhões por ano. Desde o dia da inauguração, as 3.200 vagas do estacionamento estavam sempre ocupadas. As mulheres tinham que fazer fila para usar o banheiro, porque os arquitetos não entendiam de biologia. É um sucesso estrondoso.

Bem, o problema está apresentado. Agora, me digam o que explica o grande sucesso dessa nova loja de móveis e eletrodomésticos que está vendendo mais do que qualquer outra no mundo.

Eu mesmo dou a resposta. Essa é uma loja com posicionamento de preços altos ou de preços baixos? Não teríamos tamanho sucesso em uma cidade inesperada com uma loja de preços altos. Levaria tempo. Número dois, se está movimentando mercadorias no valor de 500 milhões de dólares, é uma loja descomunal de grande, já que móveis ocupam espaço. E o que uma loja grande faz? Oferece uma seleção grande. Logo, o que poderia ser senão uma loja de baixo preço com uma seleção grande?

Mas talvez vocês estejam se perguntando: por que isso não foi feito antes? Mais uma vez, a resposta imediata que vem à mente é: custa uma fortuna abrir uma loja desse tamanho, por isso ninguém fez antes. A resposta é fácil. Com alguns conceitos básicos, problemas microeconômicos que parecem de difícil solução podem ser resolvidos num estalar de dedos. Gosto de formas fáceis de pensar que são muito rentáveis. Recomendo que vocês também aprendam mais de microeconomia.

Agora vou apresentar um problema mais difícil. Existe uma rede de lojas de pneus no Noroeste que cresceu pouco a pouco ao longo de 50 anos, a Les Schwab.[7] Foi bem gradual. Ela começou a competir com as lojas de grandes fabricantes, como Goodyear e outras. E, é claro, os fabricantes privilegiavam suas próprias lojas, porque tinham uma grande vantagem de custo. Mais tarde, a Les Schwab despontou na concorrência com grandes lojas de descontos, como Costco e Sam's Club, e, antes disso, Sears, Roebuck e outras. E segue firme e forte, com centenas de milhões de dólares em vendas. Assim como seu fundador, Les Schwab, que segue firme e forte aos 80 e tantos anos, um homem sem educação formal que realizou tudo isso.

Como ele conseguiu? Não estou vendo muitas pessoas na plateia com cara de que têm um palpite. Bem, vamos analisar isso pela perspectiva da microeconomia.

Será que Schwab surfou alguma onda? No minuto em que fazemos a pergunta, a resposta aparece. Os japoneses tinham zero posição em pneus e cresceram, portanto esse cara deve ter pegado a mesma onda, bem no comecinho. Já o sucesso lento e gradual que a loja obteve depois deve ter tido outras causas. E o mais provável é que esse cara tenha acertado em muitas, mas muitas coisas mesmo. Por exemplo, ele deve ter aproveitado o que Mankiw chama de superpoder dos incentivos. Schwab deve ter um sistema de incentivos muito inteligente impulsionando seu pessoal. E também um bom sistema de recrutamento e seleção. E ele deve ser muito bom em publicidade – o que é verdade. O cara é um gênio.

Pois bem, então Mankiw pegou carona na invasão japonesa, considerando o sucesso dos japoneses no setor de pneus. E um cara tão talentoso como ele só pode ter acertado em um monte de coisas e conseguido mantê-las certas com sistemas inteligentes. Mais uma vez, não é uma resposta tão difícil. Mas o que mais seria uma causa provável desse sucesso peculiar?

Contratamos recém-formados em Administração e eles não são melhores que vocês na solução desses problemas. Talvez seja por isso que contratamos tão poucos.

Bem, como eu resolvi essa questão? Usando um mecanismo de pesquisa simples para percorrer meu checklist mental e usando alguns algoritmos[8] básicos que funcionam muito bem em sistemas complexos. É mais ou menos assim:

O sucesso extremo tem como causa provável alguma combinação dos seguintes fatores:

1. Maximização ou minimização extrema de uma ou duas variáveis. Exemplo: Costco ou nossa loja de móveis e eletrodomésticos.
2. Adição de fatores de sucesso de modo que uma combinação maior conduza ao sucesso, muitas vezes de forma não linear, como nos lembra o conceito de ponto de ruptura e o de massa crítica da física. Os resultados costumam não ser lineares. Ganha-se um pouco mais de massa e obtém-se um efeito *lollapalooza*. Passei a vida inteira correndo atrás desse tipo de resultado, por isso tenho muito interesse em modelos que expliquem sua ocorrência.
3. Bom desempenho extremo em muitos fatores. Exemplo: Toyota ou Les Schwab.
4. Surfar uma onda grande. Exemplo: Oracle. A propósito, citei a Oracle em minha fala antes de saber que seu CFO [Jeff Henley] estaria participando dos eventos aqui hoje.

Geralmente eu recomendo e emprego algoritmos rápidos na solução de problemas, e acho que vocês deveriam usá-los tanto no sentido linear quanto no sentido inverso. Vou dar um exemplo. Eu irrito minha família propondo pequenas charadas. Há pouco tempo, apresentei uma assim: "Há uma atividade nos Estados Unidos com competições individuais e com um campeonato nacional. A mesma pessoa venceu o campeonato nacional duas vezes, com cerca de 65 anos de diferença. Que atividade é essa?"

Mais uma vez, não estou vendo muitas caras de quem sabe a resposta. Na minha família foi a mesma coisa. Mas tenho um filho físico que aprendeu mais o tipo de pensamento de que eu gosto. E ele descobriu a resposta na hora, raciocinando assim: não pode ser nada que exija muita coordenação olho-mão. Ninguém de 85 anos vai ganhar um campeonato nacional de bilhar, muito menos de tênis. É simplesmente impossível. Também não poderia ser xadrez, porque é muito difícil, coisa que ele sabe porque joga muito bem. A complexidade do sistema e a resistência necessária no xadrez são enormes. Mas isso o levou ao jogo de damas. Ele pensou: "Ah! Existe um jogo em que uma vasta experiência pode ajudar a pessoa a ser a melhor, mesmo aos 85 anos."

Recomendo esse tipo de charada para todos vocês, fazendo tanto o raciocínio linear quanto o inverso. E recomendo que a economia acadêmica melhore na microeconomia de pequeníssima escala, como demonstrado aqui.

CINCO
Síntese insuficiente

Minha quinta crítica é que há pouquíssima síntese na economia, não apenas de temas externos à disciplina tradicional como também dentro da própria economia.

Apresentei a turmas de duas faculdades de Administração o seguinte problema: "Vocês estudaram as curvas de oferta e demanda e aprenderam que, quando se aumenta o preço, normalmente o volume que se pode vender diminui, e quando se reduz o preço, o volume que se pode vender aumenta. Isso está correto? Foi o que vocês aprenderam?" Todos assentiram. Então eu disse: "Agora me apresentem mais de uma ocasião em que, se vocês quiserem que o volume físico aumente, a resposta correta é aumentar o preço." Fez-se um longo e terrível silêncio. Em ambas as faculdades em que fiz isso, talvez uma pessoa em cada 50 tenha conseguido citar um único exemplo. Elas sugeriram a ideia de que, em determinadas circunstâncias, um preço mais alto aumenta o volume de vendas por funcionar como indicador aproximado de qualidade.

Isso aconteceu com meu amigo Bill Ballhaus. A Beckman Instruments, durante a gestão dele, fabricava um produto complicado que, se apresentasse defeito, causaria enormes prejuízos ao cliente. Digamos que fosse uma bomba de extração de petróleo. As vendas daquele produto iam muito mal, embora a qualidade fosse superior à de qualquer outro fabricante, e ele entendeu que isso acontecia porque o preço era mais baixo. Isso fazia as pessoas acharem que era um equipamento de baixa qualidade. Então ele aumentou o preço em cerca de 20% e o volume de vendas aumentou.

Mas apenas um em 50 estudantes consegue apresentar esse único exemplo em uma faculdade de Administração moderna – sendo uma delas a de Stanford, onde é tão difícil entrar. E até hoje ninguém citou a resposta que eu mais aprecio.

Digamos que eu aumente o preço e use o dinheiro extra para subornar o comprador do meu cliente. Isso funciona? E será que existem equivalentes funcionais em economia, em microeconomia, de aumentar o preço e usar as receitas extras para aumentar as vendas? Claro, existem inúmeros, desde que você dê o salto mental. É muito simples.

Um dos exemplos mais extremos está no setor da gestão de investimentos. Digamos que eu seja gestor de um fundo mútuo e queira vender mais. As respostas que costumo ouvir são: aumente a comissão, o que reduzirá o número de unidades reais de investimentos entregues ao comprador final, de modo que você terá aumentado o preço por unidade vendida. Então use a comissão extra para subornar o comprador do seu cliente. O objetivo do suborno é que ele traia o cliente e aplique o dinheiro no produto de comissão mais alta. Isso já rendeu pelo menos 1 trilhão de dólares em vendas nos fundos mútuos.

Essa tática não é uma parte atraente da natureza humana, e quero dizer que sempre a evitei por completo. Não acho que seja necessário passar a vida vendendo algo que você jamais compraria. Embora seja lícito, não acho uma boa ideia. Mas não aceitem tudo que digo, porque correm o risco de ficar desempregados. Não aceitem tudo que digo a menos que estejam dispostos a correr o risco de nunca serem contratados por ninguém, com raras exceções.

Acredito que minha experiência com esse simples problema exemplifica a pouca síntese que as pessoas conseguem fazer, mesmo em ambientes acadêmicos avançados, sobre questões econômicas. São perguntas óbvias, com respostas igualmente óbvias, mas as pessoas estudam economia, depois se especializam em negócios, têm QI altíssimos e escrevem um monte de ensaios, mas não conseguem sintetizar nada.

O motivo dessa falha não é que os professores saibam tudo isso e ocultem de seus alunos de propósito. Os próprios professores não são muito bons nesse tipo de raciocínio. A formação deles foi diferente.

Não lembro se foi Keynes ou Galbraith quem disse que os professores de economia são os mais econômicos com ideias. Eles pegam algumas que aprenderam na especialização e fazem durar a vida toda.

O segundo problema interessante com a síntese envolve dois dos exemplos mais famosos da economia. O primeiro é o princípio da vantagem comparativa no comércio, de [David] Ricardo,[9] e o outro é a fábrica de alfinetes, de Adam Smith.[10] Ambos, é claro, atuam para aumentar exponencialmente a produção econômica por pessoa e são semelhantes no fato de cada um, de alguma forma, direcionar funções para as mãos de bons executores. No entanto, são também radicalmente diferentes, na medida em que a fábrica de alfinetes é o exemplo máximo de planejamento central, em que todo o sistema foi organizado por alguém, enquanto o de Ricardo se dá como consequência natural do comércio.

E quando você descobre a alegria da síntese, imediatamente pensa: "Essas coisas interagem?" Claro que interagem. Lindamente. Esse é um dos fatores que explicam o poder de um sistema econômico moderno.

Vi um exemplo desse tipo de interação anos atrás. A Berkshire tinha uma antiga empresa de crédito e emprestou uma quantia para um hotel bem em frente ao hipódromo de Hollywood Park. Com o tempo, o bairro foi tomado por gangues, cafetões e traficantes. Os canos de cobre das paredes eram arrancados para esconder drogas, sujeitos armados rondavam o hotel... ninguém se hospedava ali mais. Executamos a hipoteca duas ou três vezes e o valor do empréstimo caiu para zero. Ao que parecia, tínhamos um problema econômico insolúvel – um problema microeconômico.

Bem, poderíamos ter recorrido à McKinsey, ou talvez a professores de Harvard, e receberíamos um relatório de 500 páginas com diversas opções de como lidar com um hotel falido em um bairro perigoso. Em vez disso, colocamos uma placa anunciando que o lugar estava à venda.

Então apareceu um sujeito dizendo assim: "Eu invisto 200 mil para reformar seu hotel e o compro a um bom preço a crédito se vocês me arranjarem uma licença para transformar o estacionamento em um minicampo de golfe."

Nós respondemos: "Mas um hotel precisa de um estacionamento. Onde você está com a cabeça?"

E ele disse: "Não, não. Eu trago idosos da Flórida, hospedo-os perto do aeroporto e os levo de ônibus para a Disney e vários lugares. Não me importa se o bairro é violento, porque meus clientes não saem do hotel. Eles entram no ônibus de manhã e voltam à noite. Não precisam de estacionamento, e sim de um campo de golfe."

Então fechamos com o cara. O empréstimo foi quitado e tudo se acertou na mais perfeita paz.

Isso é uma interação entre Ricardo e a fábrica de alfinetes, lógico: o inusitado sistema que esse cara projetou para divertir os idosos era pura fábrica de alfinetes, e encontrar o cara com esse sistema foi puro Ricardo. Essas coisas interagem.

Bem, conduzi vocês até meio caminho da síntese. Fica mais difícil quando se quer determinar quanta atividade deveria estar dentro das empresas privadas e quanta deveria estar dentro do governo, e quais fatores determinam quais funções devem estar onde, e por que falhas acontecem, e assim por diante.

Na minha opinião, qualquer pessoa formada em economia com um QI alto deveria ser capaz de sentar e escrever uma síntese de 10 páginas de todas essas ideias que seja bastante convincente. Mas eu apostaria muito dinheiro em que, se fizesse esse teste, o resultado seriam sínteses péssimas em praticamente todo o país. Falariam de Ronald Coase,[11] de custos de transação. Pegariam algo que ouviram dos professores e cuspiriam de volta. Mas tenho certeza de que não seriam capazes de compreender de fato como tudo se encaixa. Inclusive, se algum de vocês tiver interesse, experimentem fazer isso. Imagino que vão achar difícil. Nesse contexto, uma das coisas interessantes que quero mencionar é que Max Planck, o grande prêmio Nobel que descobriu a constante de Planck, tentou cursar economia. E desistiu.

Vejam bem, por que Max Planck, uma das pessoas mais inteligentes que já existiram, desistiu da economia? Segundo ele: "É muito complicado. A melhor solução que se pode obter é confusa e incerta." Isso não satisfez o desejo de ordem de Planck, portanto ele desistiu. E, se Max Planck percebeu desde o início que nunca conseguiria uma ordem perfeita, posso prever com segurança que todos vocês terão exatamente o mesmo resultado.

A propósito, vou contar uma história famosa sobre Max Planck, que é apócrifa. Depois de ganhar o Nobel, ele foi convidado a falar em tudo quanto é lugar, e tinha um motorista que o levava para as palestras pela Alemanha. O motorista chegou a decorar a palestra e um dia sugeriu a ele que trocassem de lugar. Então foi lá e apresentou a palestra. No fim, um físico se levantou e fez uma pergunta extremamente difícil, mas o motorista estava preparado para isso. Ele disse: "Bem, fico surpreso que alguém de uma cidade cosmopolita como Munique faça uma pergunta tão elementar, portanto vou pedir a meu motorista que responda."

SEIS
Ignorância extrema e contraproducente de conceitos da psicologia

Pois bem, chegamos ao sexto problema principal, que é uma ramificação da falta de multidisciplinaridade: uma extrema e contraproducente ignorância do conteúdo da psicologia. Vou apresentar um problema muito simples. Sou especialista em problemas simples.

Vocês são proprietários de um pequeno cassino em Las Vegas que possui 50 máquinas caça-níqueis. Idênticas na aparência, idênticas na função. Todas têm exatamente as mesmas taxas de prêmio. Os fatores que geram os prêmios são exatamente os mesmos. Ocorrem nas mesmas porcentagens. Mas tem uma máquina nesse grupo que, não importa onde vocês a coloquem, em pouco tempo passa a apresentar 25% mais rendimentos do que qualquer outra máquina, na conferência ao fim do dia.

Com certeza teremos a resposta. O que essa máquina tem de diferente? Alguém sabe me dizer?

***Membro da plateia*: Mais pessoas jogam nela.**
Não, não, eu quero saber *por que* mais pessoas jogam nela. O que essa máquina tem de diferente é que se usou de tecnologia moderna para que ela dê uma proporção maior de *quase vitórias*. Ela dá *bar, bar, limão* ou *bar, bar, uva* com muito mais frequência que as outras máquinas, e isso faz com que as pessoas joguem mais nela.

Como deduzir isso? Fácil. Obviamente, a causa só pode ser psicológica: essa máquina está fazendo algo para desencadear alguma reação psicológica básica. Assim, se vocês conhecem os fatores psicológicos, se têm um checklist deles na mente, basta repassá-los e pronto! Vocês vão achar um que deve explicar esse fato. Não existe outra forma eficaz de fazer isso.

Quem não quiser aprender esses métodos de resolução de problemas não vai encontrar essas respostas. Se vocês querem passar a vida como um sujeito de uma perna só em uma competição de chute no traseiro, fiquem à vontade. Mas, se quiserem ser pessoas fortes com duas pernas, terão que aprender esses métodos, inclusive empregando a micro e a macroeconomia junto com os conhecimentos de psicologia.

Nesse sentido, quero mencionar agora um estranho caso latino-americano de uma economia disfuncional que foi consertada. Numa pequena filial da América Latina, desenvolveu-se uma cultura em que todo mundo roubava tudo. Eram desvios de recursos da empresa, furtos de tudo que havia à disposição na comunidade. E, claro, a economia praticamente estagnou. Mas isso foi corrigido.

Onde foi que eu li sobre esse caso? Vou dar uma dica: não foi nos anais da economia. Encontrei esse caso nos anais da psicologia. Pessoas inteligentes mergulharam no problema e usaram vários recursos psicológicos na tentativa de corrigi-lo. E corrigiram.

Se há casos maravilhosos como esse da economia disfuncional que é consertada e outros truques simples que resolvem muitos problemas, mas você é economista e não sabe fazer as correções e não entende os problemas... para mim, não existe justificativa para isso. Por que ser tão ignorante a ponto de não conhecer os recursos da psicologia que podem corrigir seus sistemas econômicos disfuncionais?

Vou dar um conselho radical a vocês que é ainda mais difícil que o éthos organizador fundamental das ciências exatas. Foi atribuído a Samuel Johnson. Ele disse, em essência, que se um estudioso insiste em se manter ignorante em um aspecto quando poderia facilmente corrigir essa ignorância, isso equivale a uma traição. Essa foi a palavra que ele usou, "traição". Por aí vocês entendem por que eu amo essas coisas. Ele diz que o estudioso tem o dever de ser o menos atrapalhado possível e, portanto, precisa estar sempre eliminando do seu organismo o máximo de ignorância removível que puder.

SETE
Pouca atenção aos efeitos de segunda ordem e de ordem superior

Passemos então ao próximo, o sétimo defeito: a economia não dá atenção suficiente aos efeitos de segunda ordem e mesmo aos de ordem superior. Esse defeito é perfeitamente compreensível, porque as consequências têm consequências, e as consequências das consequências têm consequências, e assim por diante. A coisa complica. Quando eu era meteorologista, achava esse tipo de coisa muito irritante, e a economia consegue fazer a meteorologia parecer brincadeira de criança.

A extrema ignorância da economia ficou comprovada quando vários especialistas, inclusive doutores, previram os custos da lei original do Medicare[12] fazendo extrapolações simples de custos anteriores. E erraram por um fator de mais de 1.000%. Os custos que eles projetaram foram inferiores a 10% dos custos efetivos. Depois de implantarem vários novos incentivos, o comportamento mudou e os números ficaram bem diferentes da projeção deles. E a medicina inventou remédios novos e caros, é claro.

Como um grupo grande de especialistas conseguiu errar tanto numa previsão? Resposta: simplificaram demais. Quiseram obter números fáceis, como o sujeito que propôs arredondar pi para 3,2. Optaram por não levar em conta efeitos de efeitos de efeitos, e assim por diante.

Uma coisa boa sobre essa forma comum de equívoco do ponto de vista acadêmico é que os empresários são ainda mais ignorantes em relação à microeconomia. A versão corporativa da insanidade estilo Medicare é quando você possui uma fábrica têxtil e um cara chega e diz: "Veja que maravilha, inventaram um novo tear. O custo vai se pagar em três anos, a preços atuais, porque acrescenta muita eficiência à produção." E você está sempre comprando esses teares e seus equivalentes por 20 anos e continua lucrando 4% sobre o capital; nunca chega a lugar algum. A resposta é: não é que a tecnologia não tenha funcionado, é que as leis da economia fizeram com que os benefícios dos novos teares fossem para as pessoas que compraram os tecidos, não para o dono da fábrica.

Como alguém pode não saber disso se teve aulas de economia no primeiro ano ou fez uma faculdade inteira de Administração? Acho que as faculdades estão fazendo um péssimo trabalho. Se fossem boas, insanidades assim não aconteceriam com tanta frequência.

Eu normalmente não uso projeções formais. Não deixo que as pessoas façam isso para mim porque não gosto de vomitar em cima da mesa, mas vejo que são feitas o tempo todo e que são estúpidas, mas muita gente acredita nelas, por mais estúpidas que sejam. É uma técnica de vendas eficaz nos Estados Unidos apresentar uma projeção estúpida. E, se você é um banqueiro de investimento, é uma espécie de arte. Também não leio as projeções deles. Uma vez, Warren e eu compramos uma empresa e o sujeito que a vendeu tinha um grande estudo feito por um banqueiro. Era um calhamaço. Nós apenas o viramos, como se fosse um animal doente. Ele disse: "Pagamos 2 milhões de dólares por esse estudo." Eu disse: "Não usamos isso. Nem olhamos."

Como mostrou o exemplo do Medicare, todos os sistemas humanos são como jogos, por razões profundamente enraizadas na psicologia, e existe muita gente com habilidade nisso, porque a teoria dos jogos tem muito potencial. É esse o problema do sistema de remuneração e indenização dos trabalhadores na Califórnia. Jogar e manipular foi elevado a uma forma de arte. Ao jogar com o sistema, as pessoas aprendem a ser desonestas. Isso é bom para a sociedade? É bom para a economia? Claro que não. As pessoas que projetam sistemas facilmente manipuláveis merecem o círculo mais baixo do inferno.

Tenho um amigo cuja família controla cerca de 8% do mercado de caminhões de tração. Ele acabou de fechar sua última fábrica na Califórnia e tinha uma no Texas que era ainda pior. Os adicionais dos trabalhadores na fábrica do Texas chegaram a um percentual de dois dígitos sobre a folha de pagamento. Bem, o mercado de caminhões de tração não tem lucros dessa magnitude. Então ele fechou a fábrica e a transferiu para Ogden, Utah, onde um grupo de mórmons está criando famílias grandes e não frauda o sistema. Lá, a despesa com adicionais dos trabalhadores é de 2% da folha de pagamento.

Os latinos que trabalhavam para a fábrica desse meu amigo no Texas são intrinsecamente desonestos ou piores em comparação com os mórmons? Não. É apenas a estrutura de incentivos que recompensa toda essa fraude, implementada por legisladores ignorantes, muitos dos quais se formaram em direito e simplesmente não pensam nas coisas terríveis que estão fazendo à sociedade, porque não consideram os efeitos de segunda ordem e de terceira ordem da mentira e da trapaça. Isso acontece em toda parte, e, quando uma economia é tomada por esse tipo de coisa, bem, passa a ser como tudo na vida.

Houve um exemplo maravilhoso de manipulação de um sistema humano na carreira de Victor Niederhoffer[13] no departamento de economia de Harvard. Niederhoffer era filho de um tenente da polícia e precisava tirar notas máximas, mas ele não queria nada sério em Harvard, porque o que realmente gostava de fazer era 1) jogar damas em nível profissional; 2) apostar alto em jogos de cartas, nos quais era muito bom, a qualquer hora do dia e da noite; 3) ser campeão americano de squash, o que ele de fato foi durante anos; e 4) ser o melhor jogador amador de tênis.

Com todos esses objetivos, não lhe restava muito tempo para tirar notas máximas em Harvard, então ele foi para o departamento de economia. Vocês poderiam pensar que ele escolheria poesia francesa, mas, lembrem-se, esse era um cara que sabia jogar damas em nível profissional. Ele achava que conseguiria ser mais esperto que o departamento de economia de Harvard. E foi.

Niederhoffer percebeu que os alunos de pós-graduação faziam a maior parte do trabalho chato que, se não fosse por eles, iria para os professores. E percebeu também que, por ser tão difícil conseguir entrar para a pós-graduação de Harvard, todos eram muito brilhantes, organizados e esforçados, assim como muito necessários aos professores agradecidos. Portanto, por hábito, e como seria de esperar pela força psicológica chamada tendência à reciprocidade, em um curso de pós-graduação realmente avançado os professores sempre davam notas máximas. Assim, Victor Niederhoffer se inscreveu apenas nas disciplinas mais avançadas do departamento de economia de Harvard, e é claro que só tirava nota máxima, praticamente sem pisar numa sala de aula. Durante algum tempo, os diretores de Harvard podem ter pensado que tinham um novo prodígio em seu corpo discente.

Essa é uma história boba, mas o esquema ainda funciona. E Niederhoffer é famoso, virou até verbo: chamam seu estilo de "niederhoffear a grade curricular".

Isso mostra como todos os sistemas humanos são manipuláveis. Outro exemplo de não pensar nas consequências das consequências é a reação-padrão na economia à teoria da vantagem comparativa de Ricardo,[14] que confere benefícios a ambos os lados no comércio.

Ricardo apresentou uma explicação maravilhosa e nada óbvia, tão poderosa que as pessoas ficaram encantadas, e ainda ficam, porque é uma ideia muito útil. Toda a área da economia entende que a vantagem comparativa é um grande problema quando se consideram as vantagens de primeira ordem no comércio provenientes do efeito Ricardo. Mas digamos que haja um grupo étnico muito talentoso, como os chineses, e eles são muito pobres, e nós somos uma nação avançada e fazemos livre comércio com a China, e isso se prolonga por muito tempo. Agora vamos atrás das consequências de segunda e terceira ordens. Você é mais próspero do que se não tivesse negociado com a China, em termos de bem-estar médio nos Estados Unidos, certo? Ricardo provou isso. Mas qual nação vai crescer mais depressa, em termos econômicos? Obviamente, a China. Eles estão absorvendo toda a tecnologia moderna do mundo por meio desse grande facilitador do livre comércio, e, tal como os Tigres Asiáticos provaram, vão progredir rapidamente. Vejam Hong Kong. Vejam Taiwan. Vejam o Japão em seus primórdios.

Ou seja, você começa de um ponto onde tem uma nação fraca de 1,25 bilhão de pessoas, e no final eles serão uma nação muito maior e mais forte do que você, talvez até com mais e melhores bombas atômicas. Bem, Ricardo não provou que esse seja um resultado maravilhoso para a nação anteriormente na liderança. Ele não tentou estabelecer os efeitos de segunda ordem e de ordem superior.

Se tentarmos falar nesses termos com professores de economia – e já fiz isso três vezes –, eles se retraem, horrorizados e ofendidos, porque não gostam desse tipo de conversa. Essas coisas atrapalham demais a bela disciplina que eles têm, que é muito mais simples quando ignoramos as consequências de segunda e terceira ordens.

A melhor resposta que recebi sobre esse assunto – nas três tentativas – foi de George Shultz. Ele disse: "Charlie, a forma como eu enxergo é que, se pararmos de negociar com a China, as outras nações avançadas vão negociar de qualquer forma. Não impediríamos a ascensão da China em comparação a nós e perderíamos as vantagens comerciais diagnosticadas por Ricardo." O que é obviamente certo.

Eu respondi: "Bem, George, você acabou de inventar uma nova forma de tragédia dos comuns. Você está preso nesse sistema e não tem como consertá-lo. Você está em um trem em alta velocidade rumo ao inferno, se ir para o inferno significa ter sido uma vez o grande líder mundial mas depois parar lá no fim da fila da liderança."

E ele disse: "Charlie, não quero pensar sobre isso."

Eu acho que ele é sábio. George é ainda mais velho do que eu, e talvez eu deva aprender alguma coisa com ele.

OITO
Atenção insuficiente ao conceito de *febezzlement*

Muito bem, chego agora à minha oitava objeção: a economia não dá a devida atenção ao princípio mais simples e mais fundamental da álgebra.

Soa ofensivo dizer que a economia não utiliza a álgebra, eu sei. Mas quero tentar dar um exemplo... Posso estar errado. Sou um velho iconoclasta, e falo mesmo assim. Acho que a economia não dá a devida atenção ao conceito de *febezzlement*. Criei esse termo a partir de um conceito de Galbraith.

O conceito de Galbraith é que apropriações indébitas não descobertas têm forte efeito estimulante keynesiano sobre a economia, porque o sujeito que sofreu o desvio gasta de acordo com a riqueza que pensa ainda ter, enquanto o cara que desviou o dinheiro tem todo um novo poder de compra. Acho que é uma análise correta da parte de Galbraith. O problema com esse conceito é que ele descreve um fenômeno menor. Porque, quando o desvio for descoberto, o que quase sempre acontece, o efeito será revertido muito depressa. Ou seja, o efeito é rapidamente anulado.

Mas digamos que vocês tenham prestado bastante atenção nas aulas de álgebra, o que acho que Galbraith não fez, e pensem: "Bem, o princípio fundamental da álgebra é 'Se A é igual a B e B é igual a C, então A é igual a C'." Vocês têm então um princípio fundamental que exige buscar equivalentes funcionais, todos os que encontrar.

Então digamos que vocês se perguntem: "Existe algo equivalente na economia?" A propósito, Galbraith inventou a palavra *bezzle* para descrever o tamanho de *embezzlement* não descoberto, então inventei a palavra *febezzlement*, que é o equivalente funcional do *embezzlement*, e o fiz depois de me perguntar se existia esse equivalente funcional. Encontrei muitas maravilhosas respostas afirmativas. Alguns casos estavam na gestão de investimentos, afinal, eu lido de perto com isso. Considerei os bilhões de dólares totalmente desperdiçados pelos investidores americanos em carteiras de ações. Enquanto o mercado continuar subindo, o cara que está desperdiçando todo esse dinheiro não percebe porque está olhando para valores cada vez maiores. E, para quem está ganhando dinheiro assessorando o investidor, o dinheiro parece uma renda merecida, quando na verdade ele está vendendo prejuízo – sem dúvida o equivalente funcional de um *embezzlement* não descoberto. Vocês podem ver por que não sou muito chamado para dar palestras.

Por isso digo que, se procurarmos *febezzlements* em economia, vamos encontrar alguns fatores extremamente poderosos. Eles criam um efeito riqueza anabolizado em relação ao velho efeito riqueza. Mas, como quase ninguém pensa como eu, abro mão da minha ideia para qualquer estudante de pós-graduação faminto que tenha recursos próprios dos quais precisará antes mesmo da aprovação do tema de sua tese.

NOVE
Atenção insuficiente aos efeitos da virtude e do vício

Bem, minha nona objeção: a economia não dá a devida atenção aos efeitos da virtude e do vício.

Desde cedo ficou claro para mim que existem enormes efeitos da virtude e enormes efeitos do vício na economia, embora os economistas fiquem muito desconfortáveis quando se fala desse assunto. Não rende muitas colunas de números. Mas eu diria que a difusão da contabilidade pelo método das partidas dobradas, desenvolvido pelo monge Fra Luca de Pacioli,[15] foi um grande efeito de virtude na economia. Os negócios se tornaram mais controláveis e mais honestos.

Teve também a caixa registradora, invenção que fez mais pela moralidade humana do que a Igreja. Foi um fenômeno poderoso que ajudou um sistema econômico a funcionar melhor, do mesmo modo que um sistema que pode ser facilmente fraudado acaba com uma sociedade. Um sistema muito difícil de ser fraudado, como o que se baseia em caixa registradora, contribui para o desempenho econômico de uma sociedade ao reduzir os vícios, mas poucas pessoas da economia falam sobre isso nesses termos.

Eu vou além: a meu ver, os sistemas econômicos funcionam melhor quando existe um éthos de confiança extrema. Nos Estados Unidos, a forma tradicional de se obter um éthos de confiança é por meio da religião, ou pelo menos era nas gerações anteriores. As religiões incutiam culpa. Na minha vizinhança há um encantador padre católico irlandês que adora dizer: "Os judeus podem ter inventado a culpa, mas nós a aperfeiçoamos." A culpa originada na religião tem sido um grande impulsionador na formação de um éthos de confiança, algo muito útil para os resultados econômicos.

Muitos efeitos negativos do vício são claros. Vemos booms malucos e negócios inflados artificialmente – basta ler os jornais dos últimos seis meses. É tanto vício por toda parte que não sei como não sufocamos. A propósito, todo mundo está enfurecido com os bônus injustos que os líderes corporativos vêm recebendo, e com razão. Enfrentamos agora várias panaceias malucas de governança inventadas por advogados e professores que não nos dão uma solução, mas tem uma coisa óbvia que seria uma boa solução parcial: se os diretores fossem grandes acionistas que não recebessem salário, imaginem só o que aconteceria com os bônus dos executivos à medida que passassem os efeitos da tendência à reciprocidade.

Um equivalente aproximado desse sistema sem salário já foi testado em um lugar improvável: na Inglaterra. Lá, juízes leigos trabalham nas instâncias penais inferiores, que podem mandar pessoas para a prisão por até um ano ou aplicar multas substanciais. São turmas de três magistrados, e todos recebem zero em salário. As despesas deles são reembolsadas, mas com limites. E eles trabalham cerca de 40 dias por ano, em meio período, como voluntários. Funciona perfeitamente há uns 700 anos. Pessoas capazes e honestas competem para se tornarem juízes leigos, cumprir seu dever e obter status, mas sem remuneração.

Esse é o sistema que Benjamin Franklin, já perto do fim da vida, desejou para o governo dos Estados Unidos. Ele queria que o alto escalão, em vez de ser pago, fosse como ele ou como os ministros e dirigentes da Igreja Mórmon, todos já abastados e não remunerados. Quando vejo o que aconteceu na Califórnia, fico em dúvida se ele não tinha certa razão. Mas ninguém hoje segue esse ideal de Franklin. Inclusive, professores – e a maioria deles precisa de dinheiro – são nomeados diretores.

Nem sempre se admite que, para funcionar melhor, a moralidade deve às vezes parecer injusta, como aliás é o caso na maioria das coisas. O desejo de justiça perfeita gera graves problemas no funcionamento geral. Alguns sistemas precisam ser injustos com algumas pessoas porque assim são mais justos com a coletividade. Dessa forma, pode haver virtude na aparente falta de justiça.

Sempre cito o exemplo do capitão que é afastado da Marinha porque o navio encalhou, mesmo que não tenha sido culpa dele. Digo que a injustiça com o inocente é mais do que compensada por uma justiça maior para os demais, pois assim todo capitão dá o sangue para que seu navio não encalhe. Tolerar um pouco de injustiça para alguns em troca de uma justiça maior para todos é um modelo que recomendo a todos. Mas, novamente, eu não escreveria isso num trabalho acadêmico se fosse vocês, principalmente em faculdades de direito modernas, que geralmente demonstram um amor excessivo pela busca da justiça.

Existem, claro, enormes efeitos do vício na economia. As bolhas econômicas, por exemplo, repletas de fraudes e insanidades. As consequências costumam ser muito desagradáveis, e tivemos algumas nos últimos tempos. Uma das primeiras grandes bolhas foi, como sabem, o terrível caso da Companhia dos Mares do Sul,[16] na Inglaterra. Houve um desfecho curioso.

Muitos de vocês provavelmente não se lembram do que aconteceu após a quebra da Companhia dos Mares do Sul, que causou uma fortíssima contração financeira e muito sofrimento. Por décadas ficou proibida a negociação pública de ações na Inglaterra, salvo raras exceções. O Parlamento aprovou uma lei que permitia ter uma sociedade com alguns parceiros, mas não negociar ações publicamente. E a Inglaterra continuou a crescer. Quem ganha muito dinheiro com a negociação frenética de papéis, como em um cassino, não ia gostar desse exemplo se o estudasse a fundo.

Não foi um desastre para a Inglaterra ter um longo período sem ações negociadas publicamente. Foi a mesma coisa no setor imobiliário – durante anos tivemos todos os shoppings, concessionárias de automóveis e outros de que precisávamos mesmo sem termos ações de empresas imobiliárias negociadas em bolsa. É um mito que, quando se tem um mercado de capitais, as considerações econômicas exigem que ele seja rápido e eficiente como um casino. Isso não é verdade.

Outro problema interessante é levantado pelos efeitos dos vícios relativos à inveja. A inveja mereceu uma condenação vigorosa nos Dez Mandamentos. Tem toda uma ênfase nisso, lembram? Não cobiçarás o traseiro do próximo, não cobiçarás a serva do seu vizinho, não cobiçarás isso e aquilo... Os judeus sabiam que as pessoas são muito invejosas e que isso causa uma infinidade de problemas. Eles foram severos, e com razão.

Mas [Bernard de] Mandeville... lembram-se da fábula das abelhas?[17] Ele demonstrou de forma convincente, pelo menos para mim, que a inveja é uma grande força propulsora da tendência ao gasto. Então por um lado temos esse vício terrível, que é proibido nos Dez Mandamentos, mas por outro vemos o impulso que ele dá a tantos resultados positivos na economia. Existem alguns paradoxos na economia dos quais ninguém jamais vai conseguir escapar.

Quando eu era novo, todo mundo adorava o [Kurt] Gödel,[18] que provou ser impossível haver um sistema matemático sem um monte de incompletudes irritantes. Desde então, pessoas mais inteligentes que eu me disseram ter descoberto mais defeitos inexpugnáveis na matemática e chegaram à conclusão de que jamais será possível haver matemática sem algum paradoxo. O matemático, por mais que se esforce, terá que conviver com algum paradoxo.

Bem, se os matemáticos não conseguem eliminar o paradoxo do seu sistema quando são eles próprios que o criam, imaginem os pobres economistas, ou qualquer um. Mas não importa. A vida é mais interessante com certa dose de paradoxo. Quando deparo com um, penso que ou sou um completo idiota por ter chegado a esse ponto, ou estou proveitosamente perto dos limites da minha disciplina. É emocionante tentar descobrir qual das duas é a resposta certa.

Para concluir, quero contar mais uma história que demonstra como é terrível extrair uma ideia equivocada de um repertório limitado e se apegar a ela. É a história de Hyman Liebowitz, que saiu do Velho Mundo em direção aos Estados Unidos. No novo país, assim como no antigo, ele tentou abrir caminho no ramo da família, que era a fabricação de pregos. Batalhou e batalhou até finalmente seu pequeno negócio alcançar grande prosperidade. Sua esposa então lhe disse: "Você está velho, Hyman. Está na hora de ir para a Flórida e deixar que nosso filho assuma os negócios."

Ele foi para a Flórida, deixando a empresa aos cuidados do filho, mas recebia relatórios financeiros toda semana. E não demorou muito para que os relatórios começassem a ficar extremamente negativos. Terríveis, na verdade. Hyman pegou um avião e voltou para Nova Jersey, onde ficava a fábrica. Ao sair do aeroporto, ele viu um enorme outdoor iluminado. Lá estava Jesus, braços abertos na cruz. Embaixo estava escrito bem grande: "Eles usaram pregos Liebowitz."

Hyman irrompeu pela fábrica, gritando com o filho: "Seu idiota! O que você pensa que está fazendo? Levei 50 anos para fazer essa empresa dar certo!"

O filho respondeu: "Confie em mim, pai. Vou dar um jeito nisso."

Hyman voltou para a Flórida e, depois que chegou lá, recebeu mais relatórios, e os resultados só pioravam. Então ele entrou no avião de novo. Saiu do aeroporto, passou pelo outdoor, olhou para o grande letreiro luminoso, e agora havia uma cruz vazia. Lá estava Jesus caído no chão sob a cruz, e o letreiro dizia: "Eles não usaram pregos Liebowitz."

Vocês podem rir disso. É risível mesmo, mas não é mais risível do que a forma como muitas pessoas se apegam a ideias ruins.

Keynes disse: "O difícil não é trazer ideias novas, mas se livrar das antigas." E Einstein fez ainda melhor, atribuindo seu sucesso mental a "curiosidade, concentração, perseverança e autocrítica". Por autocrítica ele quis dizer tornar-se bom em destruir as próprias ideias mais amadas e mais duramente conquistadas. Se vocês conseguirem se tornar realmente bons em destruir suas próprias ideias equivocadas, terão um grande dom.

Bem, é hora de repetir a grande lição desta breve fala. Defendi aqui a utilização de um conjunto maior de truques multidisciplinares, praticados até o nível de fluência, para ajudar a economia e todo o resto. E também insisti para que as pessoas não se deixem desencorajar pela complexidade e pelo paradoxo, que são impossíveis de ser eliminados. Isso só torna os problemas mais divertidos. Mais uma vez, minha inspiração é Keynes: é melhor estar aproximadamente certo do que precisamente errado.

E, assim, termino repetindo o que disse uma vez em uma ocasião semelhante. Se vocês seguirem corretamente o caminho multidisciplinar, nunca mais vão querer voltar. Seria como cortar as próprias mãos.

Bem, encerro por aqui. Vou responder a perguntas enquanto me aguentarem.

Perguntas da plateia:

[O som estava distorcido, mas a pessoa perguntou sobre derivativos, que Buffett chamou de "armas financeiras de destruição em massa".] Buffett disse que o gênio saiu da garrafa e a ressaca pode ser proporcional à farra. Você nos daria um palpite de como esse cenário pode se desenrolar?
Bem, é claro que sempre foi muito difícil fazer previsões acertadas de catástrofes, mas posso afirmar com segurança que haverá grandes problemas. O sistema é quase insanamente irresponsável. E o que as pessoas pensam que são soluções não são realmente soluções. É tão complicado que não consigo fazer jus a isso aqui, mas é inacreditável que haja trilhões de dólares nisso. É inacreditável a complexidade, a dificuldade de se fazer a contabilidade disso. É inacreditável que haja incentivos tão fortes para sermos otimistas em relação aos valores e à capacidade de as coisas se resolverem.

Fazer o *run-off* de uma carteira de derivativos é um suplício e leva tempo. Vocês viram o que aconteceu quando eles tentaram fazer o *run-off* das carteiras de derivativos da Enron. O patrimônio líquido certificado da empresa desapareceu. Nas carteiras de derivativos americanos há muitos lucros declarados que nunca foram obtidos e ativos que nunca existiram.

Existe muito efeito *febezzlement* e um pouco de *embezzlement* que advêm dos derivativos. E reverter isso vai ser um sofrimento. Quão grande será o sofrimento e como será tratado, não sei dizer. Mas vocês ficariam enojados se tivessem uma mente justa e passassem um mês investigando a fundo uma grande operação de derivativos. Iam achar que é coisa de Lewis Carroll. Iam achar que é a festa do chá do Chapeleiro Maluco. E a falsa precisão dessas pessoas é simplesmente inacreditável. Eles fazem os piores professores de economia parecerem deuses. Além disso, há um grau de depravação que intensifica a loucura.

Leiam o livro *Fiasco*, do professor de direito e ex-operador de derivativos Frank Partnoy, um relato de bastidores sobre a depravação na negociação de derivativos em um dos maiores e mais conceituados bancos de Wall Street. É de revirar o estômago.

Você poderia descrever a postura de Warren diante da reação negativa que veio da reflexão dele sobre os problemas da Proposta 13 da Califórnia?[19] **Ele ficou chocado, surpreso?**

É difícil deixar Warren chocado. Ele já passou dos 70, já viu muita coisa nessa vida. E tem uma mente rápida. Ele geralmente evita certos assuntos antes das eleições, e é isso que vou fazer aqui.

DISCURSO NOVE REVISITADO

Foi um prazer elaborar esse discurso bem-humorado sobre economia, proferido em 2003. Mas espero que tenha proporcionado mais do que diversão. Espero até que algum fragmento das minhas ideias acabe por chegar aos corredores da academia, não porque eu queira reconhecimento, mas porque acredito que o pensamento econômico precisa melhorar.

Depois que esse discurso foi proferido, deparei com um livro publicado pela Alfred A. Knopf em 2005. Escrito por um ilustre professor de economia de Harvard, Benjamin M. Friedman, o volume trata da interação entre economia e moral, de forma semelhante ao que tentei fazer na minha fala. O título é *The Moral Consequences of Economic Growth* [As consequências morais do crescimento econômico].

Como os leitores vão notar pelo título, Friedman está interessado sobretudo no impacto do crescimento econômico na moral, enquanto o meu interesse está sobretudo na direção inversa, isto é, o impacto da moral no crescimento econômico. Essa diferença não é grande coisa, porque qualquer pessoa instruída pode ver efeitos recíprocos, para o bem ou para o mal, entre os dois fatores, criando o que muitas vezes se chama de círculo virtuoso ou círculo vicioso. Friedman tem uma citação maravilhosa sobre esse assunto, do rabino Eleazar ben Azariah: "Onde não há pão, não há lei; onde não há lei, não há pão."

DISCURSO DEZ

Discurso *de* Formatura *da* Faculdade *de* Direito *da* USC Gould

13 DE MAIO DE 2007
UNIVERSIDADE DO SUL DA CALIFÓRNIA

Em um dia quente do final da primavera de 2007, Charlie se dirigiu a mais de 200 alunos no Alumni Park da Universidade do Sul da Califórnia. Ele falou sobre as práticas que contribuíram para seu sucesso e para sua posição como uma das pessoas mais ricas do mundo. Observou que a aquisição de sabedoria é um dever moral e enfatizou que, ao cursar direito, percebeu que a multidisciplinaridade seria o melhor caminho para o aprendizado e o sucesso na vida.

Após a reação entusiástica do público a este discurso, o então diretor da Faculdade de Direito da USC, Edward J. McCaffery, nomeou Charlie membro honorário da Ordem da Coifa, sociedade de honra fundada para incentivar a excelência na formação jurídica.

Imagino que muitos de vocês estejam se perguntando por que este orador é tão velho. Ora, a resposta é óbvia: porque ele ainda não morreu. E por que escolheram este orador? Bem, isso eu não sei dizer. Quero acreditar que o setor de desenvolvimento institucional não teve nada a ver com essa decisão.

Seja qual for o motivo, me sinto confortável em falar aqui porque estou vendo lá atrás um grande número de pessoas mais velhas, sem beca. E sei, por ter educado um exército de descendentes, quem realmente merece muitas das honras que os alunos de beca aqui na frente estão recebendo hoje. Precisamos valorizar os sacrifícios, a sabedoria e os valores transmitidos de uma geração para outra.

Também sinto prazer diante do mar de rostos asiáticos à minha esquerda. Sempre admirei Confúcio. Gosto do conceito de piedade filial,[1] de valores que são ensinados e de deveres que surgem naturalmente e devem ser transmitidos à geração seguinte. Àqueles que desdenham dessas ideias, observem como os asiáticos estão crescendo depressa na vida americana. Eu acho que eles sabem alguma coisa importante.

Muito bem. Eu rascunhei algumas anotações e vou tentar relatar certas crenças e posturas que funcionaram bem para mim. Não pretendo defender que elas sejam perfeitas para todos, mas acredito que várias contêm valores universais e que outras tantas são infalíveis.

Quais foram as ideias fundamentais que me ajudaram? Bem, felizmente, desde muito cedo acredito que a maneira mais garantida de se conseguir o que se deseja é tentar merecer o que se deseja. Tão simples. É a regra de ouro. Você quer dar ao mundo o que compraria se estivesse do outro lado. Na minha opinião, não existe nenhum éthos melhor para qualquer advogado e, na verdade, para qualquer pessoa. Quem tem esse éthos geralmente vence na vida, e não conquista apenas dinheiro e honrarias, mas também respeito e a merecida confiança das pessoas à sua volta. E conquistar uma confiança merecida pode proporcionar um prazer enorme na vida.

De vez em quando vocês vão encontrar um grande mau-caráter que morre rico e famoso, mas é bem provável que a sociedade o veja como desprezível. Se o velório dele estiver lotado, é porque a maioria das pessoas foi lá para comemorar sua morte.

Isso me lembra uma história de quando uma pessoa desse tipo morreu. Em determinando momento, o sacerdote disse: "Esta é a hora de dizer coisas boas sobre o falecido." Alguns instantes se passaram e ninguém se manifestou. E mais alguns instantes. Até que um homem se levantou e disse: "Bem, o irmão dele era pior." Não é esse caminho que vocês querem trilhar. Uma vida que termina assim não é a vida que vocês querem ter.

 A segunda ideia que absorvi muito cedo é que não existe amor tão certo quanto aquele que se apoia na admiração, e esse amor deve incluir aqueles que já se foram, mas deixaram um legado de sabedoria. Peguei essa ideia em algum lugar e ela me acompanhou a vida inteira. Tem sido muito útil. Um amor como o que é descrito por [William] Somerset Maugham em seu livro *Servidão humana*[2] é algo doentio. Se você tiver uma doença como essa, deve tratar de eliminá-la.

 Outra ideia – e esta também pode lembrar Confúcio – é que a aquisição de sabedoria é um dever moral. Não é algo que se faz apenas para crescer na vida. E há um corolário dessa ideia que é muito importante. Ele exige que a gente se comprometa com o aprendizado vitalício. Sem isso, vocês não vão se sair muito bem. Não irão muito longe com o que já sabem. Vocês vão crescer na vida com o que aprenderem depois de sair daqui.

 Vejamos a Berkshire Hathaway, uma das empresas mais conceituadas do mundo e que talvez tenha o melhor resultado da história em investimentos de longo prazo envolvendo ativos de grande porte. O que ajudou a Berkshire durante uma década não seria suficiente para manter níveis comparáveis de desempenho ao longo da década seguinte. Warren Buffett teve que ser uma máquina de aprendizado incessante.

 Esse requisito não existe apenas em contextos de grandes dimensões. O tempo todo eu vejo pessoas que não estão entre as mais inteligentes, às vezes nem mesmo entre as mais esforçadas, subindo na vida. Mas são máquinas de aprender. Elas vão se deitar toda noite um pouco mais sábias do que eram ao acordar. E, caramba, isso ajuda demais, principalmente quando se tem um longo caminho pela frente.

 Alfred North Whitehead afirmou corretamente que a civilização só começou a apresentar um avanço acelerado quando o homem "inventou o método de inventar". Ele estava se referindo ao enorme crescimento do PIB per capita e a muitas outras coisas boas que hoje não valorizamos devidamente. O grande progresso começou faz só alguns séculos. Antes disso, o progresso que se via a cada século era quase nulo. E, assim como a civilização humana só pode progredir quando inventa o método de inventar, vocês só poderão progredir quando aprenderem o método de aprender.

Eu tive muita sorte. Entrei na faculdade de direito tendo aprendido o método de aprender, e nada me serviu melhor em minha longa vida do que o aprendizado contínuo. Pensemos novamente em Warren Buffett. Se o observássemos com um cronômetro na mão, veríamos que cerca de metade do tempo que ele passa acordado é gasto lendo. A segunda coisa que ele mais faz é conversar, seja por telefone ou pessoalmente, com pessoas talentosas em quem ele confia e que confiam nele. Visto de perto, Warren parece bastante acadêmico em sua conquista do sucesso.

A academia tem muitos valores maravilhosos. Eu deparei com um exemplo desses valores não muito tempo atrás. Na qualidade de presidente do conselho de um hospital, eu estava lidando com um pesquisador e professor chamado Joseph M. Mirra.[3] Em anos de trabalho disciplinado, esse homem aprendeu mais sobre a patologia do tumor ósseo do que quase qualquer outra pessoa no mundo. Ele queria transmitir esse conhecimento para ajudar a tratar o câncer ósseo. E como ele pretendia fazer isso? Bem, Mirra decidiu escrever um livro. E, embora eu ache que livros técnicos como esse não vendam mais do que alguns milhares de exemplares, eles acabam chegando a centros de tratamento de câncer no mundo todo. Mirra tirou um ano sabático e se sentou diante do computador com todos os slides que tinha, cuidadosamente salvos e organizados. Trabalhou 17 horas por dia, sete dias por semana, durante um ano. Que ano sabático! Ao fim desse tempo, ele havia criado um dos dois maiores livros didáticos de patologia de tumores ósseos do mundo. Quando você tem valores como os de Mirra, quer aprender o máximo que puder.

Outra ideia extremamente útil para mim foi aquela que aprendi quando, na faculdade de direito, ouvi um professor brincalhão dizer: "A mente jurídica é uma mente que, quando duas coisas estão completamente entrelaçadas e interagindo, acha viável e útil tentar pensar em uma sem pensar na outra."

Bem, eu percebi por essa frase indiretamente pejorativa que qualquer abordagem jurídica desse tipo era ridícula. E isso me empurrou ainda mais em direção à minha tendência natural, que é aprender todas as grandes ideias de todas as grandes disciplinas, para que eu não fosse o perfeito idiota que esse professor descreveu. E, como as ideias realmente grandes são as que sustentam cerca de 95% do conteúdo, não foi um problema captar cerca de 95% do que eu precisava de todas as disciplinas e transformar o uso desse conhecimento em um padrão das minhas rotinas mentais.

Depois de assimilar as ideias, é preciso fazer uso delas com frequência. Assim como um pianista, se vocês não praticarem, não terão uma boa performance. Eu passei a minha vida inteira praticando a multidisciplinaridade.

Esse hábito fez muito por mim. Deixou a vida mais divertida, me tornou mais construtivo em minhas observações, mais prestativo para os outros e me tornou mais rico do que poderia ser explicado por dons genéticos. Minha rotina mental, com a devida prática, ajuda de verdade.

No entanto, como isso funciona tão bem, existem riscos. Se fizerem uso desse método, vocês descobrirão com frequência, quando estiverem lidando com algum especialista de outra disciplina – talvez até mesmo um especialista que seja seu chefe, com grande poder de lhe fazer mal –, que sabem mais do que ele sobre como aplicar sua especialidade ao problema em questão. Às vezes vocês verão a resposta certa e ele, não. É muito perigoso estar nessa posição. Pode ser uma enorme ofensa estar certo de um modo que faça a outra pessoa perder prestígio em sua própria disciplina ou hierarquia. Nunca descobri como evitar os riscos desse grave problema. Embora eu fosse um bom jogador de pôquer mais jovem, nunca fui muito bom em disfarçar quando achava que sabia mais do que os meus superiores. E também não tentei disfarçar tanto quanto seria prudente, então ofendi muita gente. Hoje em dia em geral as pessoas me toleram, me veem como um excêntrico inofensivo que daqui a pouco já vai embora. Mas no começo passei por maus bocados.

Meu conselho para vocês é que sejam melhores do que eu em ocultar insights. Tive um colega de faculdade que se formou em primeiro lugar da sua turma de direito e foi assessor da Suprema Corte dos Estados Unidos. No início da carreira, ele tinha mania de querer mostrar que sabia muito. Um dia, o sócio sênior do escritório, superior imediato dele, ligou para esse meu colega e disse: "Escuta só, Chuck, deixa eu te explicar uma coisa. Seu dever é se comportar de modo que o cliente pense que é a pessoa mais inteligente no recinto. Se você tiver algo a oferecer depois disso, que seja para fazer com que o seu chefe pareça a segunda pessoa mais inteligente ali. Só depois de cumprir esses dois critérios é que você pode brilhar."

Bem, esse sistema permitia crescer em muitos grandes escritórios de advocacia. Mas não foi o que fiz. Geralmente eu agia de acordo com a minha tendência natural, e se alguém se incomodasse, bem, eu não precisava que todo mundo gostasse de mim.

Quero aprofundar a ideia de que é necessária uma postura multidisciplinar para que a maturidade seja efetiva. Digo isso seguindo uma ideia central do maior advogado da Antiguidade, Marco Túlio Cícero, famoso por afirmar que uma pessoa que desconhece acontecimentos anteriores a seu nascimento passa a vida inteira como uma criança. Isso é totalmente correto. Cícero está certo em ridicularizar aqueles que são estúpidos a ponto de ignorar a história. E, se fizermos uma generalização a partir dessa premissa – e acho que devemos fazê-lo –, veremos que há muitas outras coisas que devemos saber além de história. Essas outras coisas são as principais ideias de todas as disciplinas.

E não basta saber algo bem o suficiente para ser capaz de tirar a nota máxima em uma prova sobre o tema. É preciso aprender muitas coisas de modo que elas formem uma treliça mental a ser acionada automaticamente pelo restante da vida. Se muitos de vocês tentarem isso, posso garantir que um dia pensarão mais ou menos assim: "Me tornei uma das pessoas mais eficientes da minha faixa etária." Porém, se nenhum esforço for feito no sentido da multidisciplinaridade, muitos dos mais brilhantes de vocês que escolheram este curso viverão nas superficiais camadas intermediárias.

Outra ideia que absorvi é expressa pela anedota que o diretor McCaffery contou hoje mais cedo sobre o sujeito que queria saber onde iria morrer, para nunca ir até lá. Pode parecer uma ideia ridícula, mas esse sujeito tinha em seu poder uma sabedoria fundamental. Da forma como funcionam os sistemas adaptativos complexos e as construções mentais, a inversão pode facilitar a resolução dos problemas. Se vocês pensarem de trás para a frente, muitas vezes pensarão melhor. Por exemplo, digamos que vocês queiram propor auxílios à Índia. Em vez de se perguntarem "Como eu poderia ajudar a Índia?", perguntem-se:

"Como eu poderia prejudicar a Índia?" Assim vocês descobrirão o que causaria o maior prejuízo e saberão o que evitar ativamente.

Talvez as duas linhas de pensamento pareçam a mesma coisa em termos lógicos, mas aqueles que dominam a álgebra[4] sabem que a inversão resolve problemas resistentes com mais frequência e maior facilidade. Assim acontece também na vida, não apenas na álgebra.

Vou usar agora uma pequena inversão. O que realmente nos prejudica na vida? O que queremos evitar? Algumas respostas são fáceis. Por exemplo, ter preguiça e não ser confiável. Se vocês não forem confiáveis, rapidamente vão se dar mal, não importa quais sejam suas virtudes. Portanto, cumprir à risca o que se comprometerem a fazer deve ser automático em sua conduta. É claro que vocês querem evitar ter preguiça e não ser confiáveis.

Outro ponto a evitar são as ideologias extremadas, porque elas bagunçam a cabeça das pessoas. Vemos muito disso nos piores pregadores da televisão. Eles têm ideias diferentes, intensas e inconsistentes sobre teologia técnica e o cérebro de muitos deles já virou geleia. Isso pode acontecer com a ideologia política. Para os jovens, então, é ainda mais fácil cair em uma ideologia política extremada estúpida e nunca mais sair.

Quando alguém anuncia que é um membro leal de algum grupo que age como uma seita e começa a reverberar ideologia ortodoxa, essa pessoa está destruindo o próprio intelecto, às vezes a uma velocidade surpreendente. Portanto, tomem muito cuidado com ideologias extremadas. Elas são um grande risco para o único cérebro que vocês têm.

Darwin formulou suas teorias sobre a transmutação das espécies no final da década de 1830, mas somente em 1859 publicou seu trabalho seminal, *A origem das espécies por meio da seleção natural*. Ele estava consciente de que qualquer teoria científica que apresentasse uma explicação alternativa para a origem humana seria recebida com resistência generalizada, portanto, em nome da prudência, tornou-se versado em todos os contra-argumentos possíveis antes de publicar suas ideias. E foi por isso que passou 20 anos desenvolvendo meticulosamente sua teoria e se preparando para defendê-la.

Tem uma espécie de alegoria que gosto de usar como alerta para mim mesmo sempre que pressinto o perigo de ser levado na direção de uma ideologia política extremada. A história é que alguns canoístas escandinavos, após atravessarem todas as corredeiras da região, seguiram muito confiantes rumo aos grandes redemoinhos do Noroeste dos Estados Unidos. A taxa de mortalidade foi de 100%. Um grande redemoinho é algo a evitar a todo custo. E eu diria o mesmo a respeito de ideologias extremadas, principalmente quando os seus adeptos são todos fanáticos.

Tenho uma regra de ouro – como gosto de chamar – que me ajuda a manter a sanidade quando vejo que estou sendo atraído para uma ideologia extremada em oposição a outra: considero que não tenho o direito a uma opinião a menos que consiga expor os argumentos contra meu posicionamento melhor que meus opositores. Acredito que só estarei qualificado para falar quando tiver alcançado esse estado.

Isso soa quase tão radical quanto a regra de ouro que Dean Acheson gostava de atribuir a Guilherme de Orange, o Taciturno, que disse mais ou menos assim: "Não é preciso ter esperança para perseverar." Isso provavelmente é difícil demais para a maioria das pessoas. Tomara que nunca se torne difícil demais para mim. Minha estratégia para evitar excessos ideológicos é mais fácil do que a regra de Acheson, e vale a pena aprendê-la. Essa questão de não adotar ideologias extremadas é muito, muito importante. Se vocês querem se tornar sábios, uma ideologia extremada certamente atrapalhará esse objetivo.

Outra coisa que costuma provocar insanidade e desgraça é o viés egoísta, em geral inconsciente, ao qual todos estamos sujeitos, de achar que o "seu eu" tem o direito de fazer o que quiser. Por exemplo, por que o "seu eu" não deveria ter tudo que quer gastando além das suas possibilidades?

Bem, houve um homem que se tornou o compositor mais famoso do mundo, mas só vivia infeliz, e um dos motivos para tamanha infelicidade era que ele gastava demais. Esse homem era Mozart.[5] Ora, se nem Mozart conseguiu lidar bem com esse tipo de conduta ridícula, acho melhor que vocês nem tentem.

De modo geral, inveja, ressentimento, vingança e autopiedade são modos de pensar desastrosos. A autopiedade pode chegar muito perto da paranoia, uma das coisas mais difíceis de serem revertidas. Vocês não vão querer cair nela. Eu tinha um amigo que carregava para todo lado uns cartõezinhos, tipo cartão de visita. Quando alguém fazia um comentário que refletia autocomiseração, ele lenta e portentosamente sacava sua pilha de cartões, pegava o de cima e o entregava à pessoa. O cartão dizia: "Sua história tocou meu coração. Nunca conheci ninguém com tantos infortúnios quanto você."

Bem, vocês podem dizer que isso é cruel, mas eu acredito que pode ser uma questão de proteção à saúde mental. Cada vez que vocês perceberem que estão se entregando à autopiedade, não importa a causa, mesmo que seu filho esteja morrendo de câncer, ficar se lamentando não vai ajudar em nada. Deem a si mesmos um dos cartões do meu amigo. A autopiedade é sempre contraproducente. É a maneira errada de pensar. Evitá-la é ter uma grande vantagem sobre todo mundo, ou quase todo mundo, porque se trata de uma resposta-padrão do ser humano. E vocês podem se educar a fugir dela.

É claro que vocês também desejarão eliminar o viés egoísta de seus padrões mentais. Pensar que o que é bom para você é bom para toda a sociedade e racionalizar atitudes estúpidas ou vis com base na tendência inconsciente de servir a si mesmo são formas terríveis de pensar. Arranquem isso de vocês se quiserem ser sábios, não burros, e se quiserem ser bons, não maus.

Vocês também precisam se preparar, em sua cognição e em sua conduta, para o viés egoísta dos outros, porque a maioria das pessoas não será muito boa em eliminá-lo, sendo a condição humana como é. Se não se prepararem para o viés egoísta na conduta dos outros, vocês estarão sendo tolos.

Eu acompanhei o brilhante e digno diretor jurídico do Salomon Brothers, com passagem pela *Harvard Law Review*, ver sua carreira afundar por causa disso. Quando o competente CEO ficou sabendo que um subordinado havia feito algo errado, o diretor jurídico disse: "Não temos nenhuma obrigação legal de reportar isso, mas acho que deveríamos. É nosso dever moral."

O diretor jurídico foi técnica e moralmente correto, mas não foi persuasivo. Ele recomendou algo desagradável demais a um atribulado CEO, e o CEO, muito compreensivelmente, adiou a tarefa, e adiou sem a menor intenção de agir errado. Até que os poderosos reguladores se ressentiram por não terem sido prontamente informados e o CEO caiu, levando junto o diretor jurídico.

A técnica de persuasão correta em situações como essa nos é ensinada por Benjamin Franklin: "Se quiser convencer alguém, apele ao interesse, não à razão." O viés egoísta humano é algo fortíssimo e deveria ter sido usado para que o resultado correto fosse alcançado. O diretor jurídico deveria ter dito: "Olha, é provável que isso venha à tona e vire algo que vai acabar com você, tirar seu dinheiro, seu status, prejudicar gravemente sua reputação. Minha recomendação vai evitar um provável desastre do qual você não terá como se recuperar." Isso teria funcionado. Apelem ao interesse, e não à razão, mesmo quando suas intenções forem nobres.

Outra coisa a evitar é sujeitar-se a incentivos perversos. Fujam de um sistema de incentivos que recompensa quem se comporta de forma cada vez mais e mais estúpida ou mais e mais desonesta. Os incentivos perversos são tão poderosos como controladores da cognição e do comportamento humanos que devemos evitar sua influência. Em pelo menos alguns escritórios de advocacia vocês vão encontrar, por exemplo, altas metas de horas trabalhadas. Eu não conseguiria viver sob a meta de 2.400 horas por ano. Isso teria me causado muitos problemas. Eu não aceitaria. Não tenho solução para a situação que alguns de vocês vão enfrentar. Vocês terão que descobrir sozinhos como lidar com problemas tão significativos.

Associações nocivas também devem ser evitadas. Evitem sobretudo trabalhar diretamente para alguém que não admirem e que não gostariam de ser. É perigoso. Todos estamos sujeitos, até certo ponto, ao controle de figuras de autoridade, especialmente figuras de autoridade que têm o poder de nos recompensar. É preciso talento e força de vontade para conseguir lidar bem com esse risco.

No meu tempo, o que fiz foi identificar pessoas que admirava e dar um jeito de trabalhar com elas, em geral sem me indispor com ninguém. Muitos escritórios terão espaço para isso se vocês agirem com tato. Sua trajetória de vida provavelmente será mais satisfatória se trabalharem com pessoas que admirem.

Adotar práticas que ajudem a manter a objetividade é, obviamente, muito útil para a cognição. Como mencionei há pouco, Darwin dedicou especial atenção às evidências contrárias, principalmente quando contestavam ideias em que ele acreditava e a que tinha apego. Práticas como essa são necessárias se vocês quiserem raciocinar de maneira correta o máximo possível.

Também é necessário ter checklists. Esse recurso evita muitos erros e é útil não apenas para pilotos de avião. Mais do que simplesmente ter uma ampla sabedoria elementar, vocês precisam percorrer checklists mentais para usá-la. Não há nenhum outro procedimento que funcione tão bem.

Outra ideia que considero importante é que ampliar a não igualdade costuma operar maravilhas. O que quero dizer com isso? Bem, tomemos como exemplo a estratégia de John Wooden quando era o maior técnico de basquete do mundo. Ele disse aos cinco piores de seu time: "Vocês não vão jogar. Serão parceiros de treino." Apenas os sete melhores entravam em quadra, e é claro que esses evoluíram mais (lembrem-se da importância de ser uma máquina de aprender), porque estavam sempre praticando. Com esse sistema não igualitário, Wooden passou a vencer mais partidas do que antes.

Acho que o jogo da vida competitiva muitas vezes exige que as pessoas com mais aptidão e mais determinação como máquinas de aprender tenham o máximo de experiência possível. Se vocês buscam os mais altos níveis de realização humana, é para lá que devem ir. Ninguém escolhe o neurocirurgião que vai operar seu filho chamando 50 candidatos e pedindo que tirem no palitinho ou que os 50 se revezem na realização do procedimento. Ninguém quer pegar um avião projetado de maneira muito igualitária. Ninguém quer que a Berkshire Hathaway funcione dessa maneira. As pessoas querem proporcionar muito tempo de jogo aos melhores jogadores.

Eu sempre conto a história apócrifa de quando Max Planck, depois de ganhar o Nobel, percorreu a Alemanha dando a mesma palestra sobre a então recém-nascida mecânica quântica. Com o tempo, o motorista acabou decorando a palestra. Então um dia ele disse: "Professor Planck, essa nossa rotina é muito entediante. O que acha de eu dar a próxima palestra, em Munique, e o senhor ficar sentado lá na frente com meu chapéu de motorista?" E Planck respondeu: "Por que não?" O motorista fez uma longa palestra sobre mecânica quântica. No final, quando um professor de física se levantou e fez uma pergunta extremamente difícil, o motorista disse: "Bem, fico surpreso que alguém de uma cidade cosmopolita como Munique faça uma pergunta tão elementar, portanto vou pedir a meu motorista que responda."

Meu objetivo ao contar essa história não é elogiar a perspicácia do protagonista. Neste mundo, acho que temos dois tipos de conhecimento. Um deles é o de Planck, das pessoas que realmente sabem. Pessoas que correram atrás, são talentosas. E o outro é o conhecimento do motorista. São pessoas que sabem falar, têm boa aparência, voz agradável. Causam ótima impressão. Mas, no fim das contas, o que elas têm é o conhecimento do motorista disfarçado de conhecimento real. Acho que acabei de descrever praticamente todos os políticos americanos. Vocês enfrentarão na vida o problema de colocar o máximo de responsabilidade possível nas mãos de pessoas com o conhecimento de Planck e o mínimo nas mãos daquelas com o conhecimento do motorista. E forças gigantescas vão agir contra vocês.

Em certa medida, minha geração falhou com vocês. Cada vez mais estamos elegendo na Califórnia um Legislativo com malucos de carteirinha, tanto na esquerda quanto na direita. E não é possível remover nenhum deles. Foi isso que minha geração fez. Mas vocês não queriam que fosse fácil, não é?

Outra coisa que descobri é que é indispensável ter um grande interesse pelo assunto em que vocês quiserem se destacar. Eu poderia me esforçar para ser bom em muitas coisas, mas não conseguiria me destacar em nada que não me interessasse profundamente. Até certo ponto, vocês vão ter que fazer como eu fiz. Se possível, se encaminhem para fazer algo em que tenham profundo interesse.

E mais: precisam mostrar comprometimento. Tive a vida toda parceiros de negócios maravilhosos, bastante diligentes e zelosos. Acho que os encontrei porque busquei ser merecedor deles, porque fui sagaz ao escolhê-los e porque tive um pouco de sorte também.

Dois parceiros que escolhi para determinada fase da minha vida fizeram um acordo simples quando decidiram unir forças para elaborar projetos de construção civil em plena Grande Depressão: "Somos uma dupla e vamos dividir tudo igualmente. Sempre que estivermos atrasados em nossos compromissos com outras pessoas, vamos trabalhar 14 horas por dia, sete dias por semana, até eliminarmos o atraso." Nem preciso dizer que a empresa vingou e que meus sócios eram admirados por todos. Ideias simples e clássicas como a deles são praticamente infalíveis.

Vocês também precisam aceitar que a vida provavelmente vai nos dar rasteiras terríveis. Algumas pessoas se levantam, outras não. Penso que a postura de Epicteto ajuda a nos guiar em direção à reação correta. Ele achava que cada infortúnio, por pior que fosse, trazia em si uma oportunidade para agirmos corretamente; que cada infortúnio proporcionava uma oportunidade de aprender algo útil e que cabe ao indivíduo não mergulhar na autocomiseração, mas utilizar cada rasteira de maneira construtiva. Suas ideias, muito sólidas, influenciaram o melhor dos imperadores romanos, Marco Aurélio, bem como muitos outros ao longo dos séculos. E lembrem-se do epitáfio que ele escreveu para si mesmo: "Aqui jaz Epicteto, um escravo mutilado no corpo, o mais pobre de todos, e privilegiado pelos deuses."

Bem, é assim que Epicteto é lembrado hoje: como um homem privilegiado pelos deuses. Ele foi privilegiado porque se tornou sábio, se tornou varonil, e instruiu outros, tanto em sua época como nos séculos seguintes.

Gostaria de destacar outra ideia em um breve relato. Meu avô Munger[6] foi o único juiz federal em sua cidade por quase 40 anos. Eu o admirava. Fui batizado em homenagem a ele. E sou confucionista o suficiente para que mesmo hoje, enquanto falo, eu esteja pensando: "O juiz Munger ficaria satisfeito em me ver aqui." Mesmo tantos anos após a morte do meu avô eu me vejo obrigado a defender os valores dele. Um desses valores era a prudência como serva do dever. Meu avô Munger foi juiz federal em uma época em que não havia pensão para viúvas de juízes federais, portanto, se ele não poupasse parte do salário, minha avó ficaria desamparada após a morte do marido. Além disso, um bom patrimônio lhe permitiria servir melhor aos outros. Sendo o tipo de homem que era, ele gastou muito pouco de seu salário durante toda a vida, deixando sua esposa em condições confortáveis quando partiu.

Mas não foi só isso que sua prudência proporcionou. Na década de 1930, o pequeno banco de um tio meu faliu e só poderia reabrir se recebesse ajuda financeira. Meu avô resgatou o banco trocando mais de um terço de ativos bons por ativos bancários terríveis. Nunca esqueço isso. Me lembra um poema de [A. E.] Housman que é mais ou menos assim:

Os pensamentos dos outros
Eram leves e fugazes,
Encontros de amantes
Ou sorte ou fama.
Os meus, só tormentos,

E eram incansáveis,
Mas eu estava pronto
Quando os problemas chegaram.

Vocês podem muito bem dizer: "Quem quer passar a vida prevendo problemas?" Bem, eu passei, pois assim fui criado. Por toda a minha longa vida eu previ problemas. E aqui estou com 84 anos. Assim como Epicteto, tive uma vida privilegiada. Não ficava infeliz por prever problemas o tempo todo e estar pronto para agir caso eles surgissem. Não me doeu nada. Inclusive me ajudou. Portanto dedico a vocês Housman e o juiz Munger.

O último conselho que quero dar a vocês é que, quando se lançarem nessa carreira que envolve tantos procedimentos e alguma dose de bobagens, lembrem-se de que procedimentos burocráticos complexos não representam o patamar mais alto que a sociedade pode alcançar. Uma forma superior é uma rede contínua e não burocrática de confiança merecida. Não é um procedimento muito sofisticado, apenas um conjunto de pessoas inteiramente confiáveis que acreditam umas nas outras. É assim que funciona uma sala de cirurgia na renomada Mayo Clinic. Se os advogados introduzissem nela um monte de procedimentos como os que eles usam, mais pacientes morreriam. Portanto nunca esqueçam, quando forem advogados, que, mesmo se precisarem vender um procedimento, nem sempre precisam comprar. Na vida, o mais valioso é maximizar uma rede contínua de confiança. E, se o seu contrato de casamento tiver 47 páginas, minha sugestão é que não assinem.

Bem, isso é suficiente para uma formatura. Espero que essas ruminações de um velho sejam úteis para vocês. No fim das contas, estou falando do único resultado viável para o velho Valente Pela Verdade de *O peregrino*, de John Bunyan:[7] "Minha espada eu deixo para quem for capaz de empunhá-la."

DISCURSO ONZE

A psicologia *dos* erros *de* julgamento

2005
TRECHOS SELECIONADOS DE TRÊS FALAS DE CHARLIE,
COMBINADOS EM UM ÚNICO DISCURSO JAMAIS PROFERIDO,
APÓS REVISÕES FEITAS POR CHARLIE EM 2005 QUE INCLUÍRAM
CONSIDERÁVEL MATERIAL INÉDITO

No período que antecedeu a publicação deste livro, Charlie comentou que um dos discursos mais importantes da nossa lista, "A psicologia dos erros de julgamento", precisaria de "uma pequena revisão" para alinhá-lo com suas opiniões mais recentes sobre o assunto. Mal sabíamos nós que a pequena revisão de Charlie seria praticamente uma reformulação com muito material novo e um cronograma do tipo "parem as máquinas!". O discurso apresenta o conceito original de Charlie de finanças comportamentais, que agora tem sua própria área de estudo acadêmico. Como lembra Donald Hall, que assistiu ao discurso original, "Charlie já estava defendendo opiniões muito bem fundamentadas sobre finanças comportamentais antes mesmo de o termo ser cunhado".

Charlie também trata da importância de identificarmos padrões para compreendermos como o ser humano age, seja racional ou irracionalmente. Ele apresenta seu checklist das 25 causas-padrão de erros de julgamento, que contém observações engenhosas, contraintuitivas e relevantes – valores que Charlie preza na obra de outros grandes pensadores da história. E enfatiza o poder *lollapalooza* da combinação de vários fatores psicológicos nos erros de julgamento.

Aqui, então, escrito exclusivamente para *A sabedoria de Charlie Munger*, está a obra-prima de Charlie sobre por que agimos como agimos. Desejamos a você sucesso ao aplicar essas ideias em suas empreitadas pessoais e profissionais.

———

Os trechos selecionados pertencem a estes três discursos:

- Palestra no Caltech Faculty Club, em 2 de fevereiro de 1992
- Discurso a convite do Cambridge Center for Behavioral Studies do Harvard Faculty Club, em 6 de outubro de 1994
- Discurso a convite do Cambridge Center for Behavioral Studies no Boston Harbor Hotel, em 24 de abril de 1995

A ampla revisão feita por Charlie em 2005, recorrendo apenas à memória e sem a ajuda de qualquer pesquisa, aconteceu porque ele achava que poderia se sair melhor aos 81 anos do que mais de 10 anos antes, quando 1) sabia menos e levava uma vida atribulada e 2) falou a partir de breves anotações em vez de transcrições revistas.

PREFÁCIO

Quando li as transcrições das minhas falas sobre psicologia proferidas há cerca de 15 anos, percebi que hoje poderia criar um discurso mais lógico, porém muito mais extenso, contendo grande parte do que eu havia dito nessas diferentes ocasiões. Imediatamente vi quatro grandes desvantagens em fazer isso.

Primeira: como seria escrito de forma mais lógica, o discurso novo seria mais enfadonho e confuso do que os anteriores. Isso porque eu usaria definições idiossincráticas de tendências psicológicas de uma forma que lembraria tanto os livros didáticos de psicologia quanto os de Euclides. E quem lê livros didáticos ou revisita Euclides por prazer?

Segunda: como meu conhecimento formal de psicologia vem apenas de três livros de referência lidos há cerca de 15 anos, não sei praticamente nada sobre pesquisas e teorias posteriores. No entanto, em um discurso mais extenso, eu criticaria grande parte da psicologia acadêmica. Esse tipo de intromissão amadora em território profissional certamente provocaria ressentimento nos professores, que se deleitariam em apontar meus erros e poderiam ser levados a responder às minhas críticas fazendo as deles. E por que eu deveria me preocupar com críticas? Ora, quem gosta de ser hostilizado por críticos articulados e com a vantagem de um conhecimento maior?

Terceira: uma versão mais extensa das minhas ideias certamente atrairia alguma reprovação por parte de pessoas até então inclinadas à simpatia por mim. Não só haveria objeções ao estilo e ao conteúdo como também enxergariam arrogância em um idoso que demonstrasse certo desrespeito pela sabedoria convencional enquanto "despejasse tudo" sobre um assunto que nunca estudou formalmente. Meu ex-colega Ed Rothschild, com quem estudei em Harvard, sempre chamou isso de "complexo do botão de sapato", em referência ao hábito de um amigo dele que passara a falar em estilo oracular sobre qualquer assunto depois de ter se tornado líder no setor de botões de sapato.

Quarta: eu poderia fazer papel de bobo.

Apesar dessas quatro objeções relevantes, decidi publicar a versão bastante ampliada. Assim, depois de tantas décadas obtendo sucesso principalmente ao me restringir a trabalhos e métodos em que era pouco provável que eu fracassasse, escolhi agora um curso de ação em que 1) não tenho nenhum benefício pessoal significativo a obter; 2) sem dúvida vou causar algum incômodo a minha família e a meus amigos; e 3) posso fazer papel de bobo.

Por que estou fazendo isso?

Uma possível razão é minha tendência natural a diagnosticar e falar sobre equívocos na sabedoria convencional. E, apesar de anos sendo lapidado pelos duros golpes que eram inevitáveis para alguém com a minha postura, não acredito que a vida tenha eliminado do homem toda a ousadia do menino.

Uma segunda razão para a minha decisão é que aprovo a atitude de Diógenes expressa em sua pergunta: "De que serve um filósofo que nunca ofende ninguém?"

Minha terceira e última razão é a mais forte. Eu me apaixonei pela minha forma de expor a psicologia, porque ela tem sido muito útil para mim. Portanto, antes de morrer, quero replicar até certo ponto o legado deixado por três personagens: o protagonista de *O peregrino*, de John Bunyan; Benjamin Franklin; e meu primeiro chefe, Ernest Buffett.

O personagem de Bunyan, o cavaleiro maravilhosamente chamado de Valente Pela Verdade, deixa o único legado prático possível quando diz, no fim da vida: "Minha espada eu deixo para quem for capaz de empunhá-la." E, assim como esse homem, não me importo se avaliei mal minha espada, desde que tenha tentado vê-la corretamente, nem se muitos não quiserem experimentá-la, nem se alguns que tentem empunhá-la descubram que ela não lhes serve. Ben Franklin, para grande alegria minha, deixou sua autobiografia, seus almanaques e muito mais. E Ernest Buffett fez o melhor que pôde de forma análoga quando escreveu *How to Run a Grocery Store and a Few Things I Have Learned about Fishing* [Como gerenciar uma mercearia e algumas coisas que aprendi sobre pescaria]. Se essa última contribuição ao gênero foi ou não a melhor, não posso dizer, mas digo que já conheço quatro gerações de descendentes de Ernest Buffett e os resultados me estimulam a imitar o patriarca.

A PSICOLOGIA DOS ERROS DE JULGAMENTO HUMANO

Há tempos tenho grande interesse nos erros de raciocínio, porém fui educado numa época em que as contribuições da psicologia não clínica para a compreensão dos erros de julgamento não foram muito bem recebidas entre a elite dominante. O interesse pela psicologia estava bastante restrito a um grupo de professores que falavam e publicavam quase que uns para os outros. Isso naturalmente trazia muitos prejuízos devido à insularidade e ao fenômeno do pensamento de grupo.

Desse modo, logo após meu período no Caltech e na Faculdade de Direito de Harvard eu detinha uma vasta ignorância em psicologia. Essas instituições falharam em exigir conhecimento sobre o assunto. E, claro, os professores não tinham como integrar a psicologia a outras disciplinas se nada sabiam de psicologia. Além disso, tal como o personagem de Nietzsche que se orgulha de sua perna manca, as instituições se orgulhavam de evitar deliberadamente a "confusa" psicologia e seus "confusos" professores.

Compartilhei dessa mentalidade ignorante por bastante tempo, assim como muitas outras pessoas. O que pensar, por exemplo, do fato de a grade de disciplinas do Caltech durante anos ter listado apenas um professor de psicologia, autodenominado "professor de estudos psicanalíticos", que ensinava desde psicologia anormal até psicanálise na literatura?

Logo depois de me formar em Harvard, dei início a uma longa batalha para me livrar da parte mais disfuncional dessa minha ignorância. Hoje vou descrever essa batalha pela aquisição de sabedoria elementar e um breve resumo das minhas conclusões. Depois darei exemplos, muitos deles bastante vívidos e interessantes para mim, tanto da psicologia no trabalho quanto de antídotos para disfunções por mecanismos psicológicos. Para terminar, vou esclarecer algumas dúvidas gerais. Será uma longa conversa.

Quando comecei a exercer a advocacia, eu tinha respeito pelo poder da evolução genética e apreço pelas muitas semelhanças evolutivas entre o ser humano e animais e insetos menos dotados cognitivamente. Tinha consciência de que o ser humano é um animal social, fortemente influenciado pelos comportamentos que observa em seus pares. Também sabia que, tal como os animais domesticados e os macacos, o ser humano vive em hierarquias de dimensões restritas, nas quais se tende a respeitar a autoridade, a gostar daqueles que são parte de sua hierarquia e cooperar com eles, ao mesmo tempo que se demonstra considerável desconfiança e antipatia por concorrentes de outras hierarquias.

Essa estrutura teórica evolutiva generalizada, no entanto, não me fornecia recursos para lidar apropriadamente com a cognição com a qual deparei. Logo me vi cercado por uma irracionalidade extrema, que se manifestava em padrões e subpadrões. E, cercado como estava, percebi que não conseguiria transitar pela vida tão bem quanto desejava a menos que adquirisse uma estrutura teórica melhor para amparar minhas observações e experiências.

Nessa época, minha ânsia por mais conhecimento teórico já tinha uma longa história. Em parte, sempre adorei a teoria como auxiliar na resolução de charadas e como meio de satisfazer minha curiosidade infantil. Além disso, descobri que a estrutura teórica era um superpoder possível de ser usado por qualquer pessoa para conseguir o que quisesse. Aprendi isso cedo, na escola, onde me destacava sem esforço, guiado pela teoria, enquanto muitos outros, sem domínio da teoria, fracassavam apesar dos esforços tremendos. Um arcabouço teórico melhor, eu pensava, sempre funcionou para mim, e se estivesse disponível hoje poderia me fazer adquirir capital e independência mais rápido e servir melhor a tudo que eu amava. Assim, aos poucos desenvolvi meu próprio sistema de psicologia, mais ou menos no estilo da autoajuda de Ben Franklin e com a determinação demonstrada na história da Pequena Galinha Vermelha: "Então eu mesma faço."

Em minha busca, duas atitudes mentais foram de grande ajuda. Primeiro, havia muito tempo eu procurava o insight por inversão com a intensidade recomendada pelo grande algebrista Jacobi: "Inverta, sempre inverta." Assim, meu principal método de buscar o bom julgamento consistia em coletar casos de erros de julgamento para, depois, analisar como evitar tais desfechos negativos.

A segunda atitude mental muito útil foi que virei um colecionador tão ávido de casos de mau julgamento que desconsiderava as fronteiras entre os territórios profissionais. Afinal, por que eu deveria procurar uma nova estupidez minúscula, irrelevante e obscura na minha área quando havia uma estupidez enorme, relevante e evidente logo ao lado, em território profissional alheio? Além disso, eu já conseguia perceber que os problemas do mundo real não se situavam dentro de limites territoriais precisos. Eles se espalhavam. E eu desconfiava de qualquer abordagem que, diante de dois elementos inextricavelmente entrelaçados, focasse em apenas um deles. Temia que, se usasse abordagens tão restritas assim, acabaria "sem cérebro, só com um pescoço com cabelo em cima", nas palavras imortais de John L. Lewis.

Um pouco mais tarde, a pura curiosidade me fez questionar como e por que muitas seitas destrutivas conseguiam, em um único fim de semana, transformar tantas pessoas razoavelmente normais em zumbis por meio de lavagem cerebral e mantê-las nesse estado indefinidamente. Concluí que um dia encontraria uma boa resposta para essa questão se fosse possível fazê-lo por meio de leitura generalizada e muita reflexão.

Também desenvolvi curiosidade a respeito de insetos sociais. Fascinava-me o fato de que tanto a fêmea fértil da abelha quanto a fêmea fértil da formiga-cortadeira pudessem multiplicar suas expectativas de vida normais, bastante diferentes entre si, em exatamente 20 vezes ao participar de uma orgia sem limites.[1] O enorme sucesso das formigas também me fascinava – como alguns algoritmos comportamentais deram origem a um êxito evolutivo tão radical, baseado em extremos de cooperação dentro da colônia e, quase sempre, extremos de hostilidade letal contra formigas de fora da colônia, mesmo que fossem da mesma espécie.

Motivado como estava, na meia-idade eu provavelmente deveria ter recorrido aos livros-texto de psicologia. Mas não o fiz, comprovando o ditado alemão "Envelhecemos muito rápido e aprendemos muito devagar". No entanto, como descobri mais tarde, posso ter tido sorte ao evitar por tanto tempo a psicologia acadêmica então apresentada na maioria dos livros de referência. Eles não teriam me orientado bem no que diz respeito às seitas e muitos eram escritos como se os autores estivessem colecionando experimentos psicológicos da mesma maneira que um menino coleciona borboletas – com uma paixão por mais borboletas e mais contato com colegas colecionadores e pouco desejo de síntese do que já possuíam.

Quando finalmente cheguei aos textos de psicologia, lembrei-me da observação do grande economista Jacob Viner de que muitos acadêmicos são como porcos farejadores de trufas, animais criados e treinados para um propósito restrito que não serve para mais nada. Também fiquei chocado com as centenas de páginas de reflexões nada científicas sobre os pesos comparativos da natureza e da criação nos resultados humanos. E descobri que os textos introdutórios à psicologia em geral não tratavam adequadamente de uma questão fundamental: as tendências psicológicas revelam-se inseparavelmente entrelaçadas, agora e para sempre, à medida que interagem na vida. No entanto, os autores dos livros de referência costumavam evitar uma análise complexa dos efeitos dessas tendências entrelaçadas.

Imagino que não fosse intenção dos autores se utilizar da complexidade para impedir a entrada de novos devotos em sua disciplina. E talvez a causa da falha deles fosse a mesma apresentada por Samuel Johnson em resposta a uma mulher que perguntou o motivo para a definição errada de um verbete do dicionário formulado por ele: "Pura ignorância."[2] Por fim, os autores demonstravam pouco interesse em descrever antídotos-padrão para a loucura-padrão motivada pela psicologia e, portanto, evitavam a maior parte da discussão justamente sobre o que mais me interessava.

Mas a psicologia acadêmica tem alguns grandes méritos, para além de seus defeitos. Aprendi isso ao ler o livro *Influência*, voltado para o público geral, escrito por Robert Cialdini, ilustre professor de psicologia da Universidade Estadual do Arizona. Cialdini chegou ao topo da carreira docente ainda muito jovem ao idealizar, descrever e explicar um amplo grupo de experimentos geniais nos quais pessoas manipulavam outras pessoas a causar prejuízo a si mesmas, graças a falhas intrínsecas ao pensamento humano.

Enviei um exemplar do livro de Cialdini para cada um dos meus filhos. Também dei a Cialdini ações classe A da Berkshire, em agradecimento pelo que ele fez por mim e pelo público geral. Aliás, o fato de ter vendido centenas de milhares de exemplares de um livro sobre psicologia social é um grande feito de Cialdini, levando-se em conta que ele não promete melhorar a vida sexual de ninguém nem deixar ninguém rico.

Parte do grande número de pessoas que compraram o livro de Cialdini o fez porque, assim como eu, queria aprender como ser menos enganado por vendedores e pelas circunstâncias. Porém um resultado não planejado por Cialdini, que é extremamente ético, foi que muita gente comprou seus livros justamente no intuito de enganar melhor seus clientes. Lembrem-se dessa consequência perversa quando eu tratar do viés do incentivo como consequência do superpoder dos incentivos.

Empolgado com o livro de Cialdini, tratei de rapidamente ler outras três obras de psicologia, todas muito utilizadas e de conteúdo introdutório. Também refleti bastante, ao mesmo tempo que buscava a síntese e levava em conta toda a minha formação e experiência prévias. O resultado foi o resumo parcial de Munger da psicologia não clínica, não desenvolvimentista e não envolvendo a discussão "inato vs. adquirido". Esse material foi roubado de seus vários formuladores (cujos nomes nem tentei memorizar); recebeu, em sua maioria, novas descrições e novos títulos, escolhidos de acordo com o que é mais fácil para Munger lembrar; e, por fim, foi revisado para facilitar o uso por parte de Munger em seu processo de buscar evitar erros.

Vou começar meu resumo com uma observação geral que ajuda a explicar o que vem a seguir. Essa observação se baseia no que se sabe sobre os insetos sociais. As limitações inerentes ao desenvolvimento evolutivo das células do sistema nervoso que controlam o comportamento são perfeitamente demonstradas por esses insetos, que em geral têm um sistema nervoso de apenas cerca de 100 mil células – enquanto o ser humano possui, apenas no cérebro, dezenas de bilhões.

Cada formiga, assim como cada ser humano, é composta por uma estrutura física viva, além de algoritmos comportamentais em suas células nervosas. No caso das formigas, os algoritmos comportamentais são poucos e quase inteiramente de origem genética. Um pouco do seu comportamento é aprendido com as experiências, mas na maioria das vezes elas apenas reagem a cerca de 10 estímulos com algumas respostas simples programadas geneticamente.

Naturalmente, o sistema simples de comportamento das formigas tem grandes limitações, devido ao repertório escasso de seu sistema nervoso. Por exemplo, se determinado tipo de formiga sente no formigueiro o cheiro de um feromônio secretado pelo corpo de uma formiga morta, sua reação imediata é se unir a outras formigas para transportar o corpo para fora do formigueiro. O grande E. O. Wilson, de Harvard, realizou um dos melhores experimentos psicológicos já feitos quando aplicou o tal feromônio em uma formiga viva. Um grupo de colegas carregou para fora do formigueiro a pobre formiga viva, que se debatia e protestava. Esse é o cérebro das formigas. Ele possui um programa simples de respostas que costuma funcionar bem, mas que em vários casos é imprudentemente usado por reflexo.

Outra espécie de formiga demonstra que seu cérebro limitado pode ser enganado pelas circunstâncias, bem como pela manipulação inteligente de outras criaturas. O cérebro dessa espécie contém um programa comportamental simples que orienta a formiga, quando anda, a seguir a companheira à sua frente. Quando acontece de essas formigas começarem a andar em um grande círculo, às vezes acabam dando voltas e voltas até morrer.

Parece óbvio, pelo menos para mim, que o cérebro humano muitas vezes opera de forma contraproducente, assim como o das formigas, por força da simplicidade excessiva de seus processos mentais. No entanto, isso em geral ocorre quando tenta resolver problemas mais complexos do que aqueles enfrentados pelas formigas, que não precisam projetar aviões. O sistema de percepção humano ilustra com clareza essa consequência lamentável. Somos facilmente enganados, seja por circunstâncias fortuitas, por manipulação astuta e intencional, por circunstâncias fortuitas ou por métodos muito eficazes que surgiram durante a "evolução prática" humana e sobreviveram até hoje porque funcionam bem.

Um desses momentos contraproducentes é causado por um efeito quântico na percepção humana. Um estímulo mantido abaixo de determinado nível não é percebido. Graças a isso, um ilusionista foi capaz de fazer a Estátua da Liberdade "desaparecer" depois de algumas palavras mágicas ditas no escuro. O público não tinha consciência de que estava sentado numa plataforma que girava tão devagar, abaixo do limiar sensorial humano, que ninguém sentia a aceleração. Quando a cortina voltou a se abrir no ponto de onde antes se via a estátua ao longe, ela parecia ter desaparecido.[3]

Mesmo quando a percepção consegue chegar ao cérebro, muitas vezes acontece de ser mal avaliada, pois ela registra o choque do contraste aparente, e não as unidades científicas padrão que tornam possíveis a ciência e a boa engenharia.

Um ilusionista demonstra esse tipo de erro quando tira o relógio de pulso de uma pessoa da plateia sem que ela sinta. Para isso, ele toca o braço da pessoa com uma pressão que ela sentiria se fosse o único toque em seu corpo, mas o truque é que ao mesmo tempo o ilusionista toca com um pouco mais de força outra parte do corpo. Assim, ao criar uma pressão de alto contraste em outro ponto, ele "abafa" a pressão no braço. Esse alto contraste faz com que a pressão no braço fique abaixo da linha de percepção.

Alguns professores de psicologia gostam de demonstrar a inadequação do contraste perceptivo fazendo com que os alunos coloquem uma das mãos em um balde de água quente e a outra em um balde de água gelada. Em seguida, eles são orientados a tirar ambas as mãos dos baldes e colocá-las em um terceiro balde, com água em temperatura ambiente. A sensação que se tem é de que uma das mãos foi colocada em água gelada e a outra, em água quente.

Ao ver a percepção ser tão facilmente enganada pelo mero contraste, quando um simples termômetro não cometeria nenhum erro, e se dar conta de que a cognição também é enganada pelo mero contraste, tal como a percepção, a pessoa está no caminho certo para compreender não apenas como os truques de mágica nos enganam, mas também como a própria vida nos engana. Isso pode acontecer, seja por manipulação humana deliberada ou de outra forma, se a pessoa não tomar certas precauções contra consequências muitas vezes equivocadas de tendências normalmente úteis à percepção e à cognição.

As tendências psicológicas humanas muitas vezes equivocadas mas normalmente úteis são numerosas e variadas. A consequência natural dessa profusão é o grande princípio geral da psicologia social: a cognição depende da situação, de modo que situações diferentes costumam levar a conclusões diferentes, mesmo quando é a mesma pessoa pensando no mesmo campo temático.

Após essa introdução sobre formigas, ilusionistas e o grande princípio geral da psicologia social, vou enumerar tendências psicológicas frequentemente enganosas, ainda que quase sempre úteis. A discussão sobre cada tendência virá depois, junto com a apresentação de alguns antídotos, e por fim farei uma análise geral.

1 Tendência da super-reação à recompensa e à punição
2 Tendência a gostar/amar
3 Tendência à antipatia/ao ódio
4 Tendência a evitar a dúvida

5   Tendência a evitar inconsistência/incoerência
6   Tendência à curiosidade
7   Tendência à justiça kantiana
8   Tendência à inveja/ao ciúme
9   Tendência à retribuição
10 Tendência à influência por mera associação
11 Negação psicológica simples para evitar a dor
12 Tendência ao excesso de autoestima
13 Tendência ao excesso de otimismo
14 Tendência de super-reação à perda
15 Tendência à prova social
16 Tendência à reação equivocada ao contraste
17 Tendência à influência do estresse
18 Tendência à avaliação equivocada da disponibilidade
19 Tendência à perda pela falta de uso
20 Tendência à má influência das drogas
21 Tendência à má influência da senescência
22 Tendência à má influência da autoridade
23 Tendência a falas vazias
24 Tendência a respeitar a razão
25 Tendência *lollapalooza* – tendência a obter consequências extremas a partir da confluência de tendências psicológicas que atuam na mesma direção

UM
Tendência de super-reação à recompensa e à punição

Começo por esta porque quase todo mundo acha que entende perfeitamente a importância dos incentivos e desincentivos para alterar a cognição e o comportamento. Mas isso não é a realidade. Eu mesmo, por exemplo, acho que estive entre os 5% mais privilegiados da minha faixa etária durante quase toda a minha vida adulta no que diz respeito à compreensão do poder dos incentivos e mesmo assim sempre subestimei esse poder. Não passa um único ano sem que alguma surpresa amplie um pouco mais minha compreensão do superpoder dos incentivos.

Um dos meus casos preferidos sobre o poder dos incentivos é o da Federal Express. Toda noite as encomendas devem ser transferidas rapidamente entre aviões, em um aeroporto central. Para que o sistema atenda as necessidades dos clientes, o turno da noite precisa cumprir sua tarefa com rapidez. E a Federal Express sofreu o diabo para conseguir isso. Os gerentes tentaram de tudo, em vão. Até que alguém percebeu que não fazia sentido pagar os funcionários desse turno por hora (como é o padrão), pois o que a empresa queria não era maximizar as horas trabalhadas, e sim o cumprimento rápido e sem falhas de uma tarefa específica. Essa pessoa pensou: e se eles pagassem os funcionários por turno e os liberassem quando todos os aviões estivessem carregados? E, vejam que surpresa, deu certo.

O fundador da Xerox, Joe Wilson, teve uma experiência semelhante. Na época atuando no governo, ele precisou voltar para a empresa pois não conseguia entender por que a nova copiadora estava vendendo tão mal em relação à máquina mais antiga e de qualidade inferior. Ele descobriu que o sistema de comissão funcionava como um grande e perverso incentivo para que os vendedores empurrassem a copiadora inferior para os clientes.

E tem o caso do gato de Mark Twain que, depois de uma experiência ruim com um fogão quente, nunca mais subiu no fogão – estivesse quente ou frio.

Devemos prestar atenção também na lição geral implícita na recomendação de Ben Franklin no *Poor Richard's Almanack*: "Se quiser convencer alguém, apele ao interesse, não à razão."

Essa máxima é um sábio lembrete para uma grande e simples precaução necessária na vida: nunca, jamais, pensar em qualquer outra coisa quando deveríamos estar pensando no poder dos incentivos. Uma vez vi um advogado brilhante perder o cargo em um grande banco de investimento, sem ter feito qualquer mal a alguém, porque ignorou a lição contida nessa máxima de Franklin. Ele não conseguiu convencer seu cliente a tomar determinada atitude porque argumentou ser seu dever moral – o que de fato era –, deixando de dizer também ao cliente, em termos vívidos, que ele muito provavelmente seria trucidado se não tomasse a tal atitude necessária. A consequência foi que tanto a carreira do cliente quanto a do advogado foram destruídas.

Lembremos também que os comunistas soviéticos chegaram aonde chegaram por ignorarem de maneira estúpida e deliberada o superpoder das recompensas, conforme descrito por um trabalhador: "Eles fingem que nos pagam e nós fingimos que trabalhamos." Talvez a regra mais importante na gestão seja "Encontrar os incentivos certos".

Mas há um limite para a desejável ênfase no superpoder dos incentivos. Um caso de ênfase excessiva aconteceu em Harvard, onde o professor de psicologia B. F. Skinner acabou por fazer um papel ridículo. Houve uma época em que Skinner era, talvez, o professor de psicologia mais famoso do mundo. Sua reputação se deveu, em parte, à engenhosidade de seus primeiros experimentos com ratos e pombos, com resultados contraintuitivos e interessantes. Ao usar de incentivos alimentares, ele conseguia provocar mais mudanças de comportamento do que de qualquer outra forma, culminando em reflexos condicionados nos animais. Skinner tornou óbvio que é uma extrema estupidez recompensar crianças e funcionários por comportamentos não desejados. Ele imprimiu em seus pombos até mesmo fortes superstições, pré-projetadas por ele mesmo. Demonstrou repetidas vezes um importante algoritmo comportamental generalizado e recorrente na natureza: "Repita o comportamento que deu certo."

Skinner demonstrou também que recompensas imediatas funcionam muito melhor do que recompensas postergadas para promover a mudança e a manutenção de comportamentos. Além disso, depois de criados os reflexos condicionados pelas recompensas alimentares, ele descobriu qual padrão de retirada de recompensas mantinha por mais tempo o comportamento respondente, isto é, o reflexo: a gratificação aleatória. Diante desse resultado, Skinner pensou ter explicado a compulsão humana pelos jogos de azar, que lançam tanta gente na rota da ruína, porém, como veremos adiante, ele estava apenas parcialmente certo.

Tempos depois, Skinner viu grande parte de sua reputação ruir ao 1) defender excessivamente o superpoder dos incentivos, a ponto de acreditar que poderia criar uma utopia humana a partir dele; e 2) não reconhecer o poder dos demais mecanismos psicológicos. Ele se comportou como um dos porcos farejadores de trufas de Jacob Viner ao usar os efeitos do incentivo para explicar qualquer coisa.

No entanto, Skinner estava certo em sua ideia principal: incentivos são superpoderes. Os resultados de seus experimentos básicos estarão sempre em alta conta nos anais da ciência experimental.

Quando eu estudava direito em Harvard, os professores às vezes falavam sobre um professor superfocado, tal qual Skinner, da Faculdade de Direito de Yale. Diziam assim: "Pobre Eddie Blanchard, acha que uma sentença declaratória vai curar o câncer." Foi exatamente assim que Skinner se portou com sua ênfase excessiva no superpoder dos incentivos. Chamo essa mentalidade de tendência do martelo, em referência ao ditado "Para quem só tem um martelo, todo problema parece um prego".

A tendência do martelo não poupa pessoas inteligentes, como Blanchard e Skinner. E não vai poupar você, caso não tome cuidado. Voltarei à tendência do martelo em vários momentos desta fala, porque, felizmente, existem antídotos capazes de reduzir os danos desse fenômeno que quase arruinou a reputação do brilhante Skinner.

Uma das maiores consequências do superpoder dos incentivos é o que eu chamo de viés do incentivo. O ser humano tem uma natureza aculturada, o que nos torna razoavelmente decentes, mas mesmo assim os incentivos nos levam, de maneira consciente ou não, a recorrer a comportamentos imorais para conseguir o que queremos. Para facilitar, racionalizamos nosso mau comportamento – como os vendedores da Xerox que indicavam uma máquina inferior aos clientes para ganhar comissões maiores.

Meus primeiros aprendizados sobre esse viés envolveram um cirurgião que, ao longo de anos, enviou um monte de vesículas biliares saudáveis para o laboratório de patologia do principal hospital de Lincoln, Nebraska, cidade do meu avô. Com o controle de qualidade permissivo típico dos hospitais comunitários, levou anos para que esse cirurgião fosse afastado.

Um dos médicos envolvidos na decisão era um amigo da minha família. Perguntei a ele: "Por acaso esse cirurgião pensou: 'Esta é uma forma de eu pôr em prática meu talento e ainda ganhar uma boa grana realizando mutilações e mortes para um esquema de fraudes, ano após ano?'" (Indaguei isso porque o médico criminoso era muito habilidoso tecnicamente.) E esse amigo da minha família respondeu: "Claro que não, Charlie. Ele achava que a vesícula biliar era a fonte de todos os problemas de saúde e que, se o médico realmente se importasse com seus pacientes, deveria removê-la o mais rápido possível."

Sim, esse é um caso extremo, mas, em proporções menores, a deriva cognitiva desse cirurgião está presente em todas as profissões e em todos os seres humanos. E provoca comportamentos trágicos. Pensem em corretores apresentando imóveis comerciais para potenciais compradores. Nunca conheci um que parecesse estar sequer perto da verdade objetiva. Em toda a minha longa vida, jamais vi um relatório de um consultor de gestão que não terminasse com a mesma recomendação: "Este problema exige mais serviços de consultoria de gestão."

Como o viés do incentivo está em toda parte, muitas vezes é preciso desconfiar das recomendações de consultores, mesmo que seja um engenheiro – ou, no mínimo, aceitá-las com cautela. Os antídotos gerais para isso são:

1. Desconfiar sobretudo de recomendações particularmente vantajosas para o consultor.
2. Aprender os elementos básicos do ofício do seu consultor.
3. Conferir, descartar ou substituir grande parte do que lhe for recomendado, na medida em que lhe parecer apropriado após reflexão objetiva.

O poder dos incentivos como estímulo a atitudes péssimas racionalizadas também fica demonstrado pelo histórico de compra de equipamentos do Departamento de Defesa dos Estados Unidos. Depois de uma experiência péssima com fornecedores desonestos, motivada por contratos que pagavam com base no custo mais um percentual desse mesmo custo, a reação da nossa república foi tornar crime que um funcionário do Departamento de Defesa assine um contrato nesses termos. Embora o governo tivesse razão em criar essa nova categoria penal, grande parte do restante do mundo, incluindo muitos escritórios de advocacia e muitas empresas, ainda funciona sob um sistema de recompensa que é, em essência, o custo mais um percentual do custo.

A natureza humana, amaldiçoada pelo viés do incentivo, comete muitos abusos terríveis sob esse padrão de incentivos que é a regra no mundo. E vocês adorariam ter na família muitas das pessoas que se comportam dessa maneira, em comparação com o que provavelmente vão encontrar.

Há enormes implicações para o fato de a mente humana ser organizada dessa forma. Uma delas é que as pessoas que inventam coisas como caixas registradoras, que dificultam a prática de atitudes desonestas, são alguns dos santos mais eficazes da nossa sociedade, porque, como Skinner bem sabia, o mau comportamento se torna viciante quando é recompensado. Portanto a caixa registradora foi um grande instrumento moral quando criada.

A propósito, Patterson, o grande evangelista da caixa registradora, sabia disso por experiência própria. Ele tinha uma pequena loja e seus funcionários o roubavam tanto que ele nunca ganhava dinheiro. Depois que comprou algumas caixas registradoras, passou a ter lucro imediatamente. Pouco depois, Patterson fechou a loja e passou a fabricar caixas registradoras, criando a empresa que mais tarde se tornou a poderosa National Cash Register, uma das maiores de seu tempo.

"Repita o comportamento que funciona" foi uma bússola que deu maravilhosamente certo para Patterson depois que ele acrescentou um toque extra. A alta cognição moral também lhe foi muito útil. Benfeitor excêntrico e inveterado – exceto quando eliminava concorrentes, todos os quais considerava possíveis ladrões de patentes –, Patterson, assim como [Andrew] Carnegie,[4] doou praticamente todo o seu dinheiro para instituições de caridade antes de morrer, sempre afirmando que "caixão não tem bolso". Tão grande foi a contribuição da caixa registradora de Patterson para a sociedade e tão efetivos foram seu aprimoramento e sua difusão que, ao se despedir desta vida, creio que ele mereça o mesmo epitáfio do poeta romano Horácio: "Eu não morri de todo."

A forte tendência dos funcionários a racionalizar maus comportamentos para obter recompensas exige mais antídotos além do bom controle de caixa promovido por Patterson. Talvez o mais importante deles seja a utilização de teoria e prática contábeis sólidas. Isso nunca foi tão bem demonstrado quanto na Westinghouse, que tinha uma subsidiária que concedia empréstimos sem qualquer ligação com os outros negócios da matriz. Os diretores da Westinghouse, talvez levados pela inveja que nutriam da General Electric, queriam expandir os lucros provenientes de empréstimos a terceiros. De acordo com a prática contábil da empresa, as provisões para perdas futuras nesses empréstimos eram calculadas em função de negócios liquidados anteriormente pela subsidiária, o que tornava bastante improvável que os empréstimos levassem a grandes perdas.

Existem duas classes especiais de empréstimo que naturalmente causam muita dor de cabeça aos credores. A primeira são empréstimos do tipo 95% para construção de qualquer empreendimento imobiliário e a segunda é o empréstimo de qualquer tipo para a construção de hotéis. Assim, se alguém estivesse disposto a emprestar aproximadamente 95% do custo real para a construção de um hotel, o empréstimo teria uma taxa de juros muito mais alta que a normal, porque o risco de perda de crédito seria muito mais alto que o normal. Portanto uma contabilidade sólida para a Westinghouse ao conceder uma grande e nova massa de empréstimos de 95% do valor do empreendimento a construtoras de hotéis teria reportado quase nenhum lucro, ou mesmo prejuízo, em cada empréstimo, até que, anos depois, o empréstimo se tornasse inegavelmente lucrativo.

Mas a Westinghouse, em vez disso, mergulhou em grandes empréstimos para a construção de hotéis usando uma contabilidade que fez com que seus agentes de crédito parecessem bons. Isso acontecia porque apresentavam receitas iniciais extremamente altas oriundas de empréstimos muito piores do que aqueles com os quais a empresa havia sofrido pequenos prejuízos no passado. Essa contabilidade trágica foi aprovada para a Westinghouse por contadores internacionais e externos, em clara demonstração da conduta descrita no ditado "Quem paga a banda escolhe a música". O resultado foi um prejuízo de bilhões de dólares.

De quem foi a culpa? Do sujeito da divisão de geladeiras, ou de alguma outra divisão qualquer, que, enquanto gestora de crédito, de uma hora para outra foi encarregada de conceder empréstimos para construtoras de hotéis? Ou dos contabilistas e outros funcionários do alto escalão que toleraram uma estrutura de incentivos quase insana, fadada a desencadear o viés do incentivo em um gestor de crédito? Eu atribuo a maior parte da culpa aos contadores e aos diretores que criaram o sistema contábil. Essas pessoas agiram como um serviço de transporte de valores que de repente decidisse substituir os carros-fortes por crianças desarmadas carregando cestos abertos cheios de cédulas por bairros perigosos.

Gostaria de poder dizer que esse tipo de prática não acontece mais, mas não seria verdade. Depois do desastre na Westinghouse, a Kidder Peabody, subsidiária da General Electric, implementou um programa de computador estúpido que permitia aos corretores de valores reportar imensos lucros fictícios. Depois disso, a contabilidade ficou ainda pior, talvez atingindo seu ponto mais baixo na Enron.

O viés do incentivo é, portanto, de relevância e potência gigantescas e tem antídotos fundamentais, como a caixa registadora e o sistema contábil sólido. Porém, anos atrás, quando consultei os livros de referência de psicologia, descobri que, embora somassem cerca de mil páginas, pouco neles tratava desse viés e não havia nenhuma menção a Patterson ou a sistemas contábeis sólidos.

Por algum motivo, o viés do incentivo e seus antídotos escaparam aos cursos de psicologia, embora esse viés já figurasse com proeminência na literatura sobre o assunto do mundo todo e os antídotos existissem havia muito tempo nas práticas comerciais. No fim das contas, cheguei à conclusão de que, quando algo é óbvio na vida mas não facilmente demonstrável em certos tipos de experimentos acadêmicos fáceis de fazer e de replicar, muitas vezes passa despercebido aos farejadores de trufas da psicologia.

Em alguns casos, outras disciplinas demonstraram maior interesse nas tendências psicológicas do que a própria psicologia, pelo menos em se tratando dos livros de referência. Por exemplo, os economistas, falando do ponto de vista do empregador, há muito têm um nome para os resultados naturais do viés do incentivo: custo de agência.

Os economistas normalmente sabem que, tal como os cereais são sempre perdidos para os ratos, os empregadores sempre perdem para os empregados que pensam primeiro em si próprios de maneira inadequada. Os antídotos aplicados pelos empregadores incluem sistemas rigorosos de auditoria interna e punições públicas severas para os malfeitores identificados, bem como rotinas de prevenção de infrações e máquinas como caixas registradoras. Do ponto de vista do empregado, o viés do incentivo gera abusos opostos por parte do empregador: exploração, locais de trabalho insalubres, etc. Os antídotos consistem em pressão dos sindicatos e ações governamentais, como leis que impõem pisos salariais e tetos de carga horária, práticas de segurança, medidas que promovem a sindicalização e planos de cargos e salários. Dadas as tensões opostas induzidas pela psicologia que ocorrem naturalmente no mercado de trabalho devido ao viés do incentivo em ambos os lados da equação, não admira que os chineses gostem tanto do *yin-yang*.

A inevitável onipresença do viés do incentivo tem consequências amplas e generalizadas. Por exemplo, será muito mais difícil manter o moral elevado de uma equipe de vendas que depende exclusivamente de comissões do que de uma equipe que sofre menos pressão do sistema de remuneração. Por outro lado, uma força de vendas puramente comissionada pode muito bem ser mais eficiente. Definir o sistema de remuneração para o setor de vendas costuma envolver decisões difíceis.

O capitalismo de livre mercado deve muito de seu sucesso como sistema econômico ao fato de conseguir prevenir a maioria dos efeitos negativos decorrentes do viés do incentivo. A maioria dos capitalistas em uma ampla gama de atividades econômicas de livre mercado passa por uma seleção natural segundo sua capacidade de sobreviver em uma competição brutal com outros capitalistas e tem forte incentivo para evitar qualquer desperdício em seu negócio. Afinal de contas, se eles vivem da diferença entre os preços competitivos que praticam e os custos globais de suas operações, terão seu negócio arruinado se os custos ultrapassarem as vendas. Substituam esses capitalistas por funcionários públicos e vocês normalmente verificarão uma redução substancial na eficiência geral, já que cada funcionário que substitui um capitalista está sujeito ao viés do incentivo, pois ele determina que serviço vai prestar em troca de seu salário e em que medida vai ceder à pressão dos muitos colegas que não querem que se crie um modelo de alto desempenho.

Outra consequência generalizada do viés do incentivo é que os indivíduos tendem a manipular todos os sistemas humanos, muitas vezes demonstrando grande engenhosidade em se beneficiar inapropriadamente às custas dos outros. Os recursos antimanipulação, portanto, constituem uma parte gigantesca e necessária de quase todos os projetos de sistemas.

Também é necessária uma advertência a quem projeta sistemas: evitem, a todo custo, recompensar as pessoas por algo facilmente sujeito a fraudes. Nossos legisladores e juízes, entre os quais em geral há muitos bacharéis em direito saídos de universidades eminentes, sempre ignoram esse alerta, de modo que a sociedade paga um preço exorbitante pela deterioração do comportamento e da eficiência, bem como pela ocorrência de custos desproporcionais e transferência de riqueza. Com uma educação que ensinasse a realidade dos mecanismos psicológicos, poderia muito bem surgir de nossas bancadas parlamentares e de nossos tribunais um desenho melhor do sistema.

O dinheiro é hoje, claro, a principal recompensa a estimular hábitos. Um macaco pode ser treinado para procurar e realizar ações em troca de fichas intrinsecamente sem valor, como se fossem bananas, se as fichas puderem ser trocadas recorrentemente por bananas. O mesmo acontece com seres humanos que trabalham por dinheiro, só que com intensidade ainda maior, porque o dinheiro pode ser trocado por muitos itens desejados que não só comida. Além disso, ter ou ganhar dinheiro são, normalmente, fonte de status. É comum que pessoas ricas, por hábito, continuem trabalhando ou conspirando energicamente para obter mais dinheiro, mesmo já não precisando. O dinheiro é o motor da civilização moderna, havendo poucos precedentes no comportamento de animais não humanos. As recompensas monetárias também estão interligadas com outras formas de recompensa. Por exemplo, algumas pessoas usam dinheiro para comprar status, enquanto outras usam status para ganhar dinheiro, e há quem faça as duas coisas ao mesmo tempo.

Embora seja o principal estímulo, o dinheiro não é o único tipo de recompensa que funciona. As pessoas também mudam de comportamento e de opinião por sexo, amizade, companhia, status e outros fatores.

A "regra da avó" descreve outro exemplo de superpoder recompensador, sendo tão extrema em seus efeitos que preciso mencioná-la. Vocês podem manipular o próprio comportamento com essa regra, até mesmo usando como recompensa itens que já possuem. Aliás, consultores com formação em psicologia não raro estimulam empresas a melhorar seus sistemas de recompensa ensinando os executivos a usar a "regra da avó" consigo mesmos.

Essa regra consiste em exigir que as crianças comam as verduras se quiserem ganhar sobremesa. A versão corporativa é realizar primeiro as tarefas desagradáveis e necessárias antes de passar para as mais agradáveis. Considerando o superpoder da recompensa, essa prática é sábia e correta, podendo ser usada também na vida. A ênfase em seu uso diário não é por acaso: os consultores sabem muito bem, graças a Skinner, que gratificações imediatas funcionam melhor.

As punições, é claro, também influenciam fortemente o comportamento e a cognição, ainda que de maneira não tão flexível e maravilhosa quanto as recompensas. Por exemplo, as práticas de precificação anticompetitivas eram relativamente comuns nos Estados Unidos quando as punições se resumiam a multas modestas. Depois que alguns executivos proeminentes foram destituídos de seus cargos e presos, essa prática diminuiu bastante.

Organizações militares costumavam ser radicais no emprego de punições como forma de mudar comportamentos, provavelmente porque precisavam despertar comportamentos extremos. Na época de César, havia uma tribo europeia que mandava matar o guerreiro que chegasse por último a um lugar designado após ouvir o som de uma corneta. Ninguém gostava de enfrentar essa tribo. E George Washington pendurou desertores a 12 metros de altura, para servirem de exemplo a quem contemplasse fazer o mesmo.

DOIS
Tendência a gostar/amar

Filhotes de ganso recém-chocados são geneticamente programados a amar e seguir a primeira criatura que for gentil com eles. Quase sempre é a mãe ganso, mas se, em vez dela, quem estiver presente logo após a eclosão do ovo for um humano, o filhote vai amar e seguir o humano, que se tornará uma espécie de mãe adotiva.

Ocorre algo semelhante com os seres humanos, que nascem programados para gostar e amar algo em resposta aos gatilhos normais e anormais de sua espécie. Talvez a mais forte tendência inata para o amor, pronta para ser disparada, seja a da mãe humana pelo filho. Por outro lado, o comportamento semelhante apresentado por camundongos pode ser eliminado pela exclusão de um único gene, o que sugere a existência de algum tipo de gene disparador tanto na mãe camundongo quanto no filhote de ganso.

Toda criança, assim como o filhote de ganso, quase certamente vai gostar/amar motivada não apenas pela natureza sexual, mas também em grupos sociais não limitados à família genética ou adotiva. Os atuais extremos do amor romântico quase não existiam no passado remoto da humanidade. Nossos primeiros ancestrais humanos eram com certeza mais parecidos com macacos, compelidos a acasalar de forma bastante comum.

E o que o ser humano vai naturalmente amar, além dos pais, do cônjuge e dos filhos? Bem, ele vai amar ser amado. Muitas disputas por parceiro são vencidas pela pessoa que demonstra devoção excepcional, e o ser humano em geral se esforça a vida inteira para conquistar o afeto e a aprovação de muitas pessoas que não são seus familiares.

Uma consequência muito prática da tendência a gostar/amar é que ela atua como um dispositivo de condicionamento. Esse dispositivo faz com que quem goste ou ame tenda a 1) ignorar os defeitos e atender aos desejos do objeto de sua afeição; 2) privilegiar pessoas, produtos e ações meramente associados ao objeto de sua afeição, como veremos quando chegarmos à tendência da influência a partir da mera associação; e 3) distorcer fatos para sustentar o amor.

O fenômeno da admiração provocada pelo gostar/amar também funciona ao contrário: a admiração aciona ou intensifica o afeto ou o amor. Com esse tipo de feedback, as consequências são muitas vezes extremas, eventualmente causando autodestruição deliberada para socorrer o que se ama.

Gostar ou amar, entrelaçados com a admiração em um modo de feedback, muitas vezes têm enormes consequências práticas em áreas muito distantes da atração sexual. Por exemplo, um sujeito programado dessa forma que ama pessoas e ideias admiráveis com uma intensidade especial tem uma enorme vantagem na vida. Buffett e eu tivemos essa sorte, às vezes em relação às mesmas pessoas e ideias. Um exemplo benéfico comum para nós dois foi o tio de Warren, Fred Buffett, que executava com alegria o interminável trabalho na mercearia que Warren e eu admirávamos de uma distância segura. Mesmo hoje, depois de ter conhecido tantas pessoas, duvido que exista um homem melhor do que Fred Buffett foi, e ele me mudou para melhor.

Há grandes implicações de política social nas consequências boas que normalmente advêm de pessoas suscetíveis a disparar extremos de amor e admiração, estimulando-se mutuamente em um modo de feedback. Por exemplo, é desejável atrair muitas pessoas amáveis e admiráveis para a carreira de professor.

TRÊS
Tendência à antipatia/ao ódio

Em um padrão inverso à tendência de gostar/amar, o ser humano também nasce para não gostar e odiar, influenciado por gatilhos normais e anormais da vida. O mesmo acontece com a maioria dos símios e macacos. Em consequência disso, a longa história humana está quase continuamente em guerra. Por exemplo, a maioria das tribos indígenas americanas guerreava sem cessar, e, em algumas delas, os guerreiros de vez em quando levavam para sua aldeia os prisioneiros, permitindo que as mulheres e todos os demais participassem da diversão de torturá-los até a morte. Mesmo com a propagação da religião e o advento da civilização avançada, a guerra moderna continua a ser bastante selvagem. Mas também obtivemos o que se observa na Suíça e nos Estados Unidos hoje. Nesses lugares, graças a inteligentes arranjos políticos, os ódios e as aversões de indivíduos e grupos são canalizados para padrões não letais, como as eleições.

Mas as aversões e os ódios nunca desaparecem de todo. Nascidas com o ser humano, essas tendências se mantêm fortes, dando origem a máximas como "A política é a arte de mobilizar ódios", bem como à extrema popularidade da propaganda política muito negativa nos Estados Unidos.

No âmbito familiar, muitas vezes vemos irmãos se odiarem e brigarem indefinidamente, se puderem se permitir isso. Inclusive, um sujeito muito espirituoso chamado Warren me explicou repetidas vezes que "uma grande diferença entre ricos e pobres é que os ricos podem passar a vida inteira processando parentes". O escritório de advocacia do meu pai em Omaha estava cheio de ódios intrafamiliares. Quando cheguei a Harvard e os professores me ensinaram direito de propriedade sem nenhuma menção à rivalidade entre irmãos nos negócios de família, achei a faculdade um lugar bastante fora da realidade, que usava antolhos como os cavalos das antigas carroças de leiterias. Meu palpite atual é que a rivalidade entre irmãos ainda não foi incluída no direito de propriedade ensinado em Harvard.

A tendência à antipatia/ao ódio também atua como um dispositivo de condicionamento que faz com que quem antipatiza/odeia tenda a: 1) ignorar virtudes no objeto de antipatia; 2) não gostar de pessoas, produtos e ações meramente associados ao objeto de sua antipatia; e 3) distorcer fatos para sustentar o ódio.

QUATRO
Tendência a evitar a dúvida

O cérebro humano foi programado para rapidamente eliminar dúvidas tomando alguma decisão.

Faz todo o sentido que, ao longo das eras, os animais tenham evoluído rumo a essa rápida eliminação da dúvida: para uma presa ameaçada por um predador, demorar para decidir o que fazer é o que há de mais contraproducente. Assim, a tendência humana a evitar a dúvida é bastante condizente com a história de seus antepassados não humanos.

Tão marcante é essa tendência que se faz necessário exigir de juízes e membros do júri uma postura contrária. Nesse caso, força-se o atraso da tomada de decisão e é preciso que a pessoa aja, antes da decisão, como se usasse uma "máscara" de objetividade. O propósito da máscara é contribuir para que haja verdadeira objetividade, como veremos quando analisarmos a tendência a evitar incoerência/inconsistência.

Uma vez compreendido que o ser humano tem forte tendência a evitar o desconforto da dúvida, a lógica permite deduzir que pelo menos alguns saltos de fé religiosa são fortemente reforçados por essa tendência. Mesmo que alguém esteja convencido de que sua fé vem da revelação, ainda assim precisa dar sentido às fés aparentemente inconsistentes dos outros. E é quase certo que a tendência humana a evitar a dúvida explique grande parte desse apego à crença religiosa.

O que aciona a tendência a evitar a dúvida? Bem, uma pessoa que não esteja sob ameaça, que não tenha nenhuma questão específica em mente, não é induzida a uma decisão como modo de eliminação da dúvida. Como veremos adiante, quando chegarmos à tendência à prova social e à tendência à influência do estresse, o que normalmente desencadeia a tendência a evitar a dúvida é alguma combinação de 1) incompreensão e 2) estresse. E ambos os fatores ocorrem naturalmente diante de questões existenciais. Logo, o estado natural da maioria dos seres humanos corresponde a alguma forma de religião. E é isso que observamos.

CINCO
Tendência a evitar inconsistência/incoerência

A relutância em mudar ocupa espaço no cérebro humano e é uma maneira de evitar a inconsistência. Vemos isso em todos os hábitos humanos, sejam eles construtivos ou destrutivos. Poucas pessoas conseguem enumerar muitos hábitos ruins que tenham eliminado e algumas não conseguem listar nem mesmo um. Mas todo mundo tem muitos hábitos ruins que mantém há tempos, apesar de serem sabidamente nocivos.

Dada essa condição, em muitos casos não é exagero considerar hábitos arraigados como destino. Quando o fantasma miserável de Marley [em *Um conto de Natal*] diz "Eu uso as correntes que forjei em vida", ele está falando sobre as correntes do hábito, que eram leves demais para serem sentidas até se tornarem fortes demais para serem quebradas.

A rara vida que é vivida com sabedoria contém muitos bons hábitos cultivados e muitos maus hábitos evitados ou eliminados. A grande regra que ajuda nesse aspecto vem, novamente, de *Poor Richard's Almanack*: "Um grama de prevenção vale um quilo de cura." Parte do que Franklin indica aqui é que, devido à tendência a evitar a inconsistência, é muito mais fácil evitar adquirir um hábito do que mudá-lo após adquirido.

A tendência antimudança do cérebro também atua para preservar conclusões anteriores, lealdades, reputação, compromissos, papéis aceitos na sociedade, etc. Não está totalmente claro por que a evolução programaria no cérebro humano um modo antimudança junto com sua tendência a eliminar rapidamente a dúvida. Meu palpite é que esse modo sofreu forte influência de uma combinação dos seguintes fatores:

1. Facilitava decisões mais rápidas quando a velocidade de decisão era uma vantagem importante para a sobrevivência dos ancestrais não humanos que serviam de presa.
2. Facilitava a vantagem de sobrevivência que os nossos antepassados obtiveram por meio da cooperação em grupos, o que teria sido mais difícil se todo mundo estivesse sempre mudando suas reações.

3   Foi a melhor solução que a evolução conseguiu alcançar no limitado número de gerações desde a invenção da linguagem até a complexa vida moderna atual.

É fácil deduzir que a rapidez na tomada de decisões (propiciada pela tendência a evitar a dúvida), quando combinada à tendência de resistir a qualquer mudança nessa conclusão, só poderia ser fonte de muitos erros de cognição no ser humano moderno. E assim acontece, de maneira perceptível. Todos nós lidamos frequentemente com pessoas que se mantêm presas a conclusões erradas devido a hábitos mentais formados cedo e que serão levados para o túmulo.

Tão grande é o problema das más decisões causado pela tendência a evitar a inconsistência que os tribunais têm adotado estratégias importantes contra isso. Por exemplo, antes de tomar decisões, os juízes e os júris são obrigados a assistir a longas e convincentes apresentações de provas e argumentos a favor da parte que eles não favoreceriam naturalmente. Isso ajuda a evitar muitos pensamentos nocivos devido ao viés da primeira conclusão. Da mesma forma, outros tomadores de decisões com frequência forçam os grupos a analisar contra-argumentos hábeis antes de chegarem a uma conclusão.

Uma formação adequada é um longo exercício de desenvolvimento da alta cognição, de modo que a nossa sabedoria se torne suficientemente forte para destruir os pensamentos nocivos mantidos pela resistência à mudança. Tal como lorde Keynes salientou sobre seu exaltado grupo intelectual em uma das maiores universidades do mundo, não foi a dificuldade intrínseca das novas ideias que impediu sua aceitação. As novas ideias não foram aceitas porque eram inconsistentes com as antigas ideias em vigor.

Com isso, Keynes inferia que a mente humana funcionava de maneira muito semelhante ao óvulo humano: quando o espermatozoide entra no óvulo, há um dispositivo de desligamento automático que impede a entrada de qualquer outro espermatozoide. Assim, as pessoas tendem a acumular grandes estoques mentais de conclusões e posturas imutáveis que raramente são revistas ou alteradas, mesmo que haja boas e fartas evidências de que estão erradas.

E isso não acontece apenas nos departamentos de ciências sociais, como aquele que um dia achou que Freud deveria ser a única opção de professor de psicologia para o Caltech. Apegar-se a erros antigos acontece até mesmo no meio das ciências exatas, ainda que com menos frequência e menor gravidade. Ninguém tem mais autoridade para falar disso do que Max Planck, ganhador do Nobel que descobriu a constante de Planck. Ele é famoso não só por seus feitos científicos, mas também por dizer que mesmo na física as ideias radicalmente novas em geral não são aceitas de todo pela velha guarda. O progresso, segundo Planck, é impulsionado pela nova geração, que tem uma cabeça menos bloqueada por conclusões anteriores.

Aliás, esse exato tipo de bloqueio mental aconteceu até certo ponto com Einstein. No auge da carreira, ele foi um grande destruidor das próprias ideias, mas um Einstein mais velho jamais aceitou todas as implicações da mecânica quântica.

Um dos usuários mais bem-sucedidos de um antídoto para o viés da primeira conclusão foi Charles Darwin. Ele se educou desde cedo para analisar intensamente qualquer evidência que pudesse refutar uma hipótese sua, ainda mais se achasse que era uma hipótese especialmente boa. O oposto do que Darwin fez é hoje chamado de viés de confirmação. A prática de Darwin surgiu graças à sua afiada consciência das falhas cognitivas naturais do ser humano decorrentes da tendência a evitar inconsistência. Ele oferece um ótimo exemplo de percepção psicológica usada corretamente na promoção de alguns dos melhores trabalhos mentais já realizados.

A tendência a evitar inconsistência tem muitos efeitos positivos na sociedade. Por exemplo, em vez de agir de forma incoerente com os compromissos públicos, as identidades públicas novas ou antigas, etc., a maioria das pessoas é mais leal nos seus papéis na vida enquanto padres, médicos, cidadãos, soldados, cônjuges, professores, funcionários, etc.

Um corolário da tendência a evitar inconsistência é que uma pessoa que faz grandes sacrifícios ao adotar uma nova identidade vai intensificar sua devoção a ela. Afinal, seria muito incoerente fazer um grande sacrifício por algo medíocre. Daí a civilização ter inventado tantos rituais de iniciação difíceis e solenes, em geral conduzidos em público, pois intensificam os compromissos que estão sendo assumidos ali.

Rituais de iniciação difíceis podem reforçar tanto a má como a boa conduta. A lealdade do novo membro da máfia ou do oficial militar que fez o juramento de sangue a Hitler foi reforçada pela tendência a evitar inconsistência.

Além disso, essa tendência muitas vezes faz do indivíduo um bode expiatório para pessoas que manipulam a submissão, que ganham vantagem ao disparar no outro a tendência inconsciente a evitar inconsistência. Poucas pessoas demonstraram esse processo melhor do que Ben Franklin. Em seus esforços para sair da obscuridade na Filadélfia e ganhar a aprovação de alguma figura importante, Franklin muitas vezes manipulava aquela figura para que lhe fizesse algum favor sem importância, como emprestar um livro. Depois disso, a pessoa passava a admirar e a confiar mais em Franklin, porque um Franklin não admirado e não confiável seria inconsistente com a avaliação implícita ao emprestar o livro.

Durante a Guerra da Coreia, essa técnica de Franklin foi o elemento mais importante do sistema chinês de lavagem cerebral usado em prisioneiros inimigos. De pouquinho em pouquinho, a técnica funcionou melhor do que a tortura para alterar a cognição de muitos prisioneiros em favor dos captores chineses.

A prática de Franklin, pela qual ele obtinha a aprovação de uma pessoa ao manipulá-la para que o tratasse favoravelmente, funciona perversamente bem ao contrário. Quando alguém é levado a ferir outra pessoa de forma deliberada, tende a antipatizar com ela ou até mesmo odiá-la. Esse efeito, proveniente da tendência a evitar incoerência, é responsável por muitos maus-tratos e abusos que prisioneiros sofrem nas mãos de seus captores. Tratados como animais pelos captores, os prisioneiros reagem com hostilidade contra eles. Em resposta à hostilidade dos prisioneiros, os captores desenvolvem crescente antipatia e ódio por eles.

Dada a hostilidade de base psicológica natural entre captores e prisioneiros, deve ser feito um esforço intenso e contínuo para: 1) prevenir o início dos maus-tratos contra prisioneiros; e 2) interrompê-los assim que começarem, senão o problema vai crescer se alimentando de si mesmo, como uma doença infecciosa. Uma maior acuidade psicológica nesse assunto, auxiliada por um ensino mais perspicaz, provavelmente melhoraria a eficácia global do Exército americano.

A tendência a evitar inconsistência é tão forte que costuma prevalecer mesmo quando a pessoa apenas fingiu ter uma identidade, um hábito ou uma percepção. Muitos atores, por exemplo, passam um tempo acreditando que são Hamlet, príncipe da Dinamarca. Muitos hipócritas parecem melhores do que são graças a suas pretensões de virtude. Muitos juízes e jurados, ao fingirem objetividade, estão ganhando objetividade. E muitos advogados passam a acreditar naquilo em que antes apenas fingiam acreditar.

Embora a tendência a evitar inconsistência, com o seu viés do status quo, comprometa seriamente a boa educação, também traz muitos benefícios. Por exemplo, seria uma incoerência quase absoluta ensinar aos outros algo que não se acredita ser verdade. Assim, na formação de médicos, o aluno é forçado a "ver, fazer e depois ensinar", com o ensino reforçando o aprendizado no professor. É claro que o poder do ensino de influenciar a cognição do professor nem sempre é um benefício para a sociedade. Quando esse poder recai no evangelismo político e religioso, há consequências negativas.

Por exemplo, a educação moderna causa inúmeros danos quando jovens alunos aprendem conceitos políticos duvidosos e depois empurram esses conceitos para outros. A pressão poucas vezes convence alguém, mas os próprios alunos são gravemente afetados à medida que introduzem em seus hábitos mentais o que estão tentando empurrar para outros. As instituições educacionais que criam o clima em que grande parte disso acontece são, penso eu, irresponsáveis. É importante não acorrentar o cérebro antes que a pessoa chegue perto de seu pleno potencial enquanto ser humano racional.

SEIS
Tendência à curiosidade

Há muita curiosidade inata nos mamíferos, especialmente entre os símios e macacos. Mas a curiosidade humana é ainda mais forte que a de seus parentes símios.

Na sociedade humana avançada, a cultura aumenta enormemente a eficácia da curiosidade no avanço do conhecimento. Por exemplo, Atenas (incluindo sua colônia, Alexandria) desenvolveu muito conteúdo de matemática e de ciência por pura curiosidade, enquanto os romanos quase não contribuíram para essas áreas. Eles concentraram sua atenção na engenharia "mais prática" de minas, estradas, aquedutos, etc.

A curiosidade, reforçada pela melhor educação moderna – que é, por definição, minoritária na maioria dos lugares –, ajuda muito o ser humano a prevenir ou reduzir as consequências negativas decorrentes de outras tendências psicológicas. Os curiosos também têm acesso a muita diversão e sabedoria bem depois de concluída sua educação formal.

SETE
Tendência à justiça kantiana

Kant ficou famoso por seu imperativo categórico, uma espécie de regra de ouro segundo a qual as pessoas deveriam seguir os padrões de comportamento que, se abraçados por todos, fariam com que o sistema humano funcionasse melhor para todos. Não é exagero dizer que o sujeito aculturado moderno demonstra e espera dos outros muita justiça tal como definida por Kant.

Em uma pequena comunidade com uma ponte ou túnel de mão única, é norma nos Estados Unidos ver cortesia recíproca entre os motoristas, mesmo sem placas ou semáforos. E muitos deles, inclusive eu, costumam deixar outros passarem na frente em mudanças de faixa ou algo do gênero, porque essa é a cortesia que desejam quando os papéis são invertidos. Além disso, existem na cultura humana moderna muitas filas espontâneas organizadas por desconhecidos para que todos sejam atendidos por ordem de chegada. Também é comum que desconhecidos compartilhem voluntária e igualmente de boa e má sorte inesperadas e imerecidas. Como consequência inversa de tal conduta de divisão justa, há muita hostilidade reativa quando se espera a divisão justa e ela não é concretizada.

É interessante como a escravatura foi quase abolida no mundo ao longo dos últimos três séculos, depois de ter sido tolerada por muitos séculos, durante os quais coexistiu com as principais religiões do mundo. Meu palpite é que a tendência à justiça kantiana foi um dos principais fatores a contribuir para esse desfecho.

OITO
Tendência à inveja/ao ciúme

Um membro de uma espécie projetada por meio do processo evolutivo para desejar alimentos muitas vezes escassos será fortemente levado a se apropriar desses alimentos assim que os vir. Isso vai ocorrer com frequência e provavelmente criará algum conflito quando o alimento estiver na posse de outro membro da mesma espécie. Essa é provavelmente a origem evolutiva da tendência à inveja/ao ciúme que está tão enraizada na natureza humana.

O ciúme entre irmãos é nitidamente forte e, como regra geral, mais comum em crianças do que em adultos. É mais forte que o ciúme dirigido a desconhecidos. A tendência à justiça kantiana provavelmente contribui para isso.

A inveja ou ciúme é onipresente nos mitos, na religião e na literatura, onde, relato após relato, produz ódio e injúria. A inveja foi considerada tão perniciosa pelos judeus da civilização anterior a Cristo que foi proibida em mais de um dos Dez Mandamentos. Fomos alertados pelo profeta até mesmo para não cobiçar o burro do próximo.

A inveja/ciúme também é extrema na vida moderna. Por exemplo, as comunidades universitárias ficam loucas quando algum gestor financeiro ou algum professor de cirurgia recebe uma remuneração anual que seja um múltiplo do salário-padrão de professor. Nos bancos de investimento modernos, escritórios de advocacia, etc., os efeitos da inveja/ciúme geralmente são ainda mais extremos que nas universidades. Muitos grandes escritórios de advocacia, temendo a desordem causada pela inveja/ciúme, remuneram igualmente todos os sócios seniores, por mais diferentes que sejam suas contribuições para a empresa. Há décadas que expresso minhas impressões da vida com Warren Buffett, e várias vezes o ouvi dizer as sábias palavras: "Não é a ganância que move o mundo, mas a inveja."

Como isso está basicamente certo, eu esperava encontrar um bom material sobre o assunto nos livros de referência de psicologia, mas me frustrei na leitura de meus três livros. Não há sequer as palavras "inveja" ou "ciúme" nos índices remissivos.

Essa lacuna não é um fenômeno exclusivo dos textos de psicologia. Qual foi a última vez que algum de vocês se envolveu em uma discussão em um grupo grande sobre algum assunto em que a inveja/ciúme dos adultos foi identificada como a causa do desentendimento? Parece haver um tabu generalizado contra qualquer afirmação desse tipo. O que explica o tabu?

Meu palpite é que as pessoas acham que rotular algum posicionamento de motivado por inveja/ciúme será visto como extremamente ofensivo, ainda mais se o diagnóstico estiver correto. E, se afirmar que um posicionamento é movido pela inveja pode ser entendido como ato equivalente a chamar a pessoa de delinquente juvenil, então podemos compreender perfeitamente como surgiu o tabu. Mas será que esse tabu generalizado deveria se estender aos livros de psicologia, quando isso cria uma lacuna tão grande na correta explicação de algo tão difundido e relevante? Minha resposta é não.

NOVE
Tendência à retribuição

Há muito que foi notada a força da tendência automática dos seres humanos a retribuir favores e desfavores, tal como acontece com macacos, cães e muitos animais menos dotados de cognição. Essa tendência facilita visivelmente a cooperação entre os membros do grupo, sendo, nesse aspecto, como a programação genética dos insetos sociais.

O poder extremo da tendência a retribuir desfavores pode ser visto em algumas guerras, incitando o ódio a ponto de gerar condutas brutais. Em muitas guerras, durante longos períodos o único inimigo aceitável era um inimigo morto, portanto não havia prisioneiros. E às vezes nem isso bastava, como no caso de Gengis Khan, que não se contentava com cadáveres: ele insistia que fossem cortados em pedacinhos.

Um exercício mental interessante é comparar Gengis Khan (que demonstrou hostilidade extrema e letal a outros homens) a formigas, que demonstram hostilidade extrema e letal a formigas de outros formigueiros. Gengis parece um anjo quando comparado às formigas – elas são mais propensas a lutar e o fazem com ainda mais crueldade. E. O. Wilson certa vez sugeriu, de maneira jocosa, que, se as formigas um dia tivessem acesso a bombas atômicas, estariam todas mortas em 18 horas.

O que a história dos seres humanos e das formigas sugere é que:

1 A natureza não possui um algoritmo geral que torne a atitude intraespécie de oferecer a outra face um impulsionador da sobrevivência das espécies.
2 Não está claro se um país teria boas perspectivas se abandonasse por completo a tendência à retribuição dos desfavores dirigida a estrangeiros.
3 Se o comportamento de oferecer a outra face é uma boa ideia para um país, uma vez que lida com estrangeiros, a cultura humana terá de se esforçar muito, porque seus genes não ajudarão nisso.

Passo agora à retribuição das hostilidades em outras esferas. A hostilidade em tempos de paz pode ser bastante extrema, como em muitos casos de brigas de trânsito ou acessos de raiva em competições esportivas que chegam a ferir. O antídoto-padrão para a hostilidade excessiva é se educar para adiar a reação. Meu esperto amigo Tom Murphy costuma dizer: "Você sempre pode repreender a pessoa no dia seguinte, se for uma ideia tão boa assim."

Naturalmente, a tendência a retribuir favor com favor também é muito intensa, tanto que de vez em quando inverte o curso da retribuição de hostilidades. Estranhas pausas em combates chegaram a ocorrer em plena guerra, desencadeadas por alguma cortesia ou algum pequeno favor por parte de um dos lados, seguidos de uma retribuição pelo outro lado, e assim por diante, até haver um período considerável sem combate. Isso aconteceu mais de uma vez nas trincheiras da Primeira Guerra Mundial, em grandes extensões do front, para consternação dos generais.

É óbvio que as trocas comerciais, um dos pilares da prosperidade moderna, são enormemente facilitadas pela tendência humana inata a retribuir favores. No comércio, o "interesse próprio esclarecido", aliado à tendência à retribuição, resulta em uma conduta construtiva. A troca diária no casamento também é auxiliada pela tendência à retribuição, sem a qual essa instituição perderia muito do seu encanto.

A tendência à retribuição, na medida em que gera bons resultados, não se combina apenas ao superpoder dos incentivos, mas também à tendência a evitar inconsistência/incoerência, ao estimular: 1) o cumprimento de promessas feitas como parte de uma troca, incluindo promessas de fidelidade em cerimônias de casamento; e 2) o comportamento correto esperado de pessoas que atuam como sacerdotes, sapateiros, médicos e todos os demais.

Tal como outras tendências psicológicas, e como a capacidade do ser humano de dar cambalhota, a tendência a retribuir favores opera em um grau muito considerável em um nível inconsciente. Isso ajuda a fazer dessa tendência uma poderosa força que algumas pessoas usam para enganar outras, o que acontece o tempo todo. Por exemplo, quando um vendedor de automóveis gentilmente conduz o cliente até um lugar confortável para sentar e lhe oferece uma xícara de café, é muito provável que ele esteja sendo ludibriado, apenas com essa pequena cortesia, a gastar 500 dólares a mais. Esse caso está longe de ser o mais extremo entre os êxitos no ramo de vendas baseado na prestação de pequenos favores por parte do vendedor. No entanto, nesse cenário de compra de um carro, o cliente ficará em desvantagem se ceder 500 dólares do seu bolso. Essa potencial perda faz com que ele se proteja até certo ponto.

Mas suponha que, em vez de cliente, a pessoa seja o gerente de compras de uma grande empresa, por exemplo. Agora o pequeno favor que essa pessoa recebeu do vendedor sofre menos resistência à ameaça de custo extra, porque é outra pessoa que está arcando com ele. Nessas circunstâncias, o vendedor muitas vezes consegue ampliar sua vantagem, principalmente quando o comprador é o governo.

Empregadores sensatos, portanto, procuram neutralizar a tendência à retribuição entre os funcionários que lidam com compras. O antídoto mais simples é o que melhor funciona: não permitir que sejam aceitos favores de fornecedores.

Sam Walton concordava com essa ideia de proibição absoluta. Ele não permitia que responsáveis por compras aceitassem nem um cachorro-quente de um vendedor. Dado o nível inconsciente em que opera grande parte da tendência à retribuição, essa política de Walton não poderia ser mais acertada. Se eu comandasse o Departamento de Defesa do nosso país, implementaria as mesmas políticas de Walton.

Em um famoso experimento psicológico, Cialdini demonstrou brilhantemente o poder da gentileza para enganar as pessoas, pois aciona a tendência inconsciente a retribuir. No experimento, Cialdini fez com que seus assistentes andassem pelo campus da universidade e pedissem a desconhecidos que supervisionassem um grupo de jovens infratores em uma visita ao jardim zoológico. Como isso aconteceu dentro de um campus, uma pessoa em cada seis, de uma grande amostra, concordou. Depois de obter essa proporção, Cialdini mudou de procedimento: seus assistentes passaram a andar pelo campus pedindo a desconhecidos que dedicassem grande parte do tempo deles, toda semana, durante dois anos, à supervisão de jovens infratores. Esse pedido absurdo obteve uma taxa de recusa de 100%. Mas em seguida os assistentes propunham: "Você passaria pelo menos uma tarde levando os jovens infratores ao zoológico?" Isso fez a taxa de aceitação triplicar, indo de 1 em cada 6 para 1 em cada 2.

O que os participantes do estudo fizeram foi uma concessão, retribuída por uma concessão do outro lado. Graças a essa reciprocidade inconsciente, um percentual muito maior de pessoas acabou irracionalmente concordando em passar o dia no jardim zoológico na companhia de jovens infratores. Bem, um professor capaz de elaborar um experimento como esse, que demonstra algo tão relevante com tamanha força, merece muito reconhecimento no mundo inteiro, o que ele de fato obteve, para sorte de muitas universidades que aprenderam tanto com Cialdini.

Por que a tendência à retribuição é tão importante? Bem, imaginem a loucura que seria se recém-formados em Direito saíssem por aí representando clientes em negociações sem conhecer a natureza dos processos mentais inconscientes tal como demonstrado no experimento de Cialdini. No entanto, tal loucura prevaleceu nas faculdades de direito de todo o mundo por décadas, ou melhor, por gerações. O nome correto para isso é negligência educacional. As faculdades de direito não sabiam, nem se importavam em ensinar, o que Sam Walton entendia tão bem.

A importância e o poder da tendência à retribuição também ficaram demonstrados na explicação de Cialdini sobre a decisão estúpida do procurador-geral dos Estados Unidos de autorizar a invasão em Watergate. Um subordinado ousado fez uma proposta absurda para promover os interesses dos republicanos usando uma combinação de prostitutas e um iate gigantesco. Quando essa proposta absurda foi recusada, o subordinado recuou, em uma graciosa concessão, e se limitou a pedir consentimento para uma invasão, e o procurador-geral assentiu. Cialdini acredita que a tendência inconsciente à retribuição se tornou assim uma causa importante para a renúncia do presidente americano no escândalo de Watergate, e eu também. A tendência à retribuição provoca sutilmente consequências extremas e perigosas, e não em raras ocasiões, mas praticamente o tempo todo.

A crença humana na tendência à retribuição de favores, algo praticado por eras, provocou algumas coisas estranhas e nocivas nas religiões. O assassinato ritualizado dos fenícios e dos astecas, no qual se sacrificavam vítimas humanas aos deuses, é um exemplo particularmente flagrante. E não podemos esquecer que, ainda nas Guerras Púnicas, os civilizados romanos, por medo da derrota, resgataram algumas vezes a prática do sacrifício humano. Por outro lado, a ideia análoga, propulsionadora de religiões, de obter a ajuda de um deus em retribuição por bom comportamento provavelmente tem sido muito construtiva.

No geral, tanto dentro como fora das religiões, me parece claro que as contribuições construtivas da tendência humana à retribuição superam em muito seus efeitos destrutivos. Nos casos em que tendências psicológicas são utilizadas para anular ou prevenir consequências nocivas – por exemplo, no caso de intervenções para acabar com a dependência química –, normalmente se verifica que a tendência à retribuição atua fortemente no lado construtivo. E a melhor parte da vida humana reside provavelmente nas relações de afeto em que as partes estão mais interessadas em agradar do que em ser agradadas – um resultado nada invulgar na manifestação da tendência à retribuição.

Antes de concluirmos este tópico, o último fenômeno que vamos analisar é a desgraça humana generalizada provocada pelo sentimento de culpa. Na medida em que o sentimento de culpa tem uma base evolutiva, acredito que a causa mais plausível é o conflito mental desencadeado em uma direção pela tendência à retribuição e na direção oposta pela tendência à super-reação de recompensa, que empurra alguém para 100% de alguma coisa boa.

A cultura humana, é claro, muitas vezes intensifica enormemente a tendência genética de sofrer com a culpa. Mais especificamente, a cultura religiosa impôs às pessoas exigências éticas e devocionais difíceis de ser cumpridas. Há um amável padre católico irlandês na minha vizinhança que diz, com absoluta precisão: "Os judeus podem ter inventado a culpa, mas nós, católicos, a aperfeiçoamos." Se vocês, assim como eu e esse padre, acreditam que, em média, o sentimento de culpa faz mais bem do que mal, podem se juntar a mim em uma gratidão especial pela tendência à retribuição, por mais desagradável que considerem a culpa.

DEZ
Tendência à influência por mera associação

Nos reflexos condicionados estudados por Skinner, que são os mais comuns no mundo, o comportamento responsivo, que cria um novo hábito, é disparado diretamente por recompensas já obtidas. Por exemplo, se um homem compra uma lata de graxa de uma marca e tem uma boa experiência ao engraxar os sapatos com esse produto, mais tarde, graças a essa "recompensa", ele compra a mesma marca quando precisa de outra lata.

Mas existe outro tipo de reflexo condicionado em que a mera associação aciona uma resposta. Por exemplo, pensemos no caso de pessoas que foram treinadas por diversas experiências a acreditar que, quando vários itens semelhantes estão disponíveis para compra, o mais caro é o de maior qualidade. Ciente disso, um vendedor de um produto industrial comum poderá mudar a imagem comercial de seu produto e aumentar significativamente o preço, na expectativa de que os clientes que procuram qualidade sejam induzidos a comprar pela mera associação entre qualidade e preço alto.

Essa prática se mostra frequentemente eficaz no aumento das vendas e, mais ainda, dos lucros. Funcionou maravilhosamente bem com ferramentas elétricas caras durante muito tempo e funcionaria ainda melhor com bombas caras para poços de petróleo. Com os bens de luxo, o processo funciona com um impulso especial, porque os clientes que pagam preços altos ganham um status adicional ao ostentar tanto bom gosto quanto poder aquisitivo.

Mesmo associações que parecem triviais, se forem bem pensadas, podem ter efeitos radicais e inusitados sobre os clientes. O público-alvo de graxas para sapatos pode gostar de mulheres bonitas, então escolhe a marca que exibe uma mulher bonita na lata ou numa propaganda recente.

Os anunciantes conhecem o poder da mera associação. Você não vai ver um anúncio da Coca-Cola com uma história sobre a morte de uma criança. As propagandas da Coca-Cola retratam uma vida mais feliz que a realidade. Da mesma forma, não é por mero acaso que bandas militares tocam músicas tão marcantes: em mera associação com o serviço militar, essas músicas ajudam a atrair e manter soldados. A maioria dos exércitos aprendeu a usar a mera associação dessa maneira efetiva.

No entanto, os erros de avaliação mais prejudiciais decorrentes da mera associação normalmente não são causados por anunciantes nem por músicos. Alguns dos mais relevantes provêm daquilo que é acidentalmente associado ao sucesso passado de uma pessoa, ou a sua simpatia/amor, ou a sua antipatia/ódio, o que inclui uma aversão natural a más notícias.

Para evitar ser enganado pela mera associação de algum fato com sucesso passado, use esta dica. Pense em Napoleão e Hitler quando invadiram a Rússia, depois de terem tido êxito com seus exércitos em tantos outros lugares. E há muitos exemplos comuns de resultados como esses. Por exemplo, um homem aposta inconsequentemente no cassino e mesmo assim ganha. Essa correlação improvável faz com que ele tente a sorte mais uma vez, e mais outra, e mais outra, para sua desgraça. Ou um sujeito tem sorte em um empreendimento contra todas as probabilidades, liderado por um amigo sem talento. Sob essa forte influência, ele repete o que funcionou – mas dessa vez os resultados são desastrosos.

Os antídotos para isso são:

1 Examinar cuidadosamente cada sucesso passado, procurando fatores acidentais e não causais associados a tal sucesso que tendem a enganar quando são avaliadas as probabilidades implícitas em um novo empreendimento.
2 Procurar aspectos perigosos do novo empreendimento que não estavam presentes quando o sucesso passado ocorreu.

O prejuízo mental que pode advir de gostar e amar foi demonstrado certa vez por um testemunho obviamente falso dado por uma mulher muito admirável, esposa de uma das partes em um caso de júri. O famoso advogado da outra parte queria minimizar seu ataque a uma mulher tão admirável, mas destruir a credibilidade do testemunho dela. Assim, em suas alegações finais, a última coisa que ele abordou foi o depoimento dela. Ele então balançou a cabeça tristemente e disse: "O que devemos fazer com esse testemunho? A resposta está nos conhecidos versos:

'Como o marido é,
Tal é a esposa.
Ela é casada com um palhaço,
E sua natureza sórdida
Arrasta-a para baixo.'"

O júri não acreditou no testemunho da mulher. Eles perceberam facilmente a forte influência enganosa do amor na cognição dela. E hoje vemos frequentemente uma influência ainda mais forte do amor quando mães chorosas, com sincera convicção, declaram perante câmeras de TV a inocência de seus filhos obviamente culpados.

As pessoas discordam sobre quanto a cegueira deveria acompanhar essa associação chamada amor. Em *Poor Richard's Almanack*, Franklin aconselhou: "Mantenha os olhos bem abertos antes do casamento, e semicerrados depois." Talvez a solução dos olhos semicerrados esteja correta, mas sou a favor de uma receita mais dura: "Veja as coisas como elas são e ame-as mesmo assim."

Ódio e antipatia também provocam erros de avaliação por mera associação. Nos negócios, é comum ver pessoas subestimarem a competência e a moral dos concorrentes de que não gostam. Essa é uma atitude perigosa, que geralmente fica disfarçada porque ocorre de modo inconsciente.

Outro efeito negativo comum da mera associação de uma pessoa com um desfecho odiado fica patente na síndrome do mensageiro persa. Os antigos persas matavam os mensageiros cujo único "crime" era serem portadores de más notícias – por exemplo, de uma batalha perdida. Na prática, era mais seguro que o mensageiro fugisse e se escondesse em vez de fazer seu trabalho.

A síndrome do mensageiro persa está bem viva na vida moderna, ainda que em versões menos letais. É de fato perigoso, em muitas carreiras, ser o portador de notícias indesejáveis. Negociadores sindicais e representantes patronais sabem que isso provoca muitas tragédias nas relações trabalhistas. Advogados, cientes de que seus clientes os odiarão se recomendarem um acordo indesejável porém sensato, às vezes seguem em frente rumo ao desastre.

Mesmo em locais famosos pelo alto grau de cognição é possível encontrar a síndrome do mensageiro persa. Por exemplo, anos atrás, duas grandes petrolíferas travaram uma batalha judicial no Texas devido a uma ambiguidade em um acordo operacional que envolvia um dos maiores poços de petróleo do hemisfério ocidental. Meu palpite é que o motivo de o assunto ter ido a tribunal foi a relutância de algum diretor jurídico em levar más notícias a um CEO teimoso.

A CBS, em seu auge, era famosa pela síndrome do mensageiro persa porque o presidente Paley era hostil a quem lhe trouxesse más notícias. O resultado foi que Paley viveu em um casulo de fantasia, a partir do qual fez mau negócio atrás de mau negócio, chegando a trocar grande parte da CBS por uma empresa que precisou ser liquidada pouco depois.

O antídoto adequado contra a síndrome do mensageiro persa e seus efeitos nocivos, como os da CBS, é desenvolver o hábito de receber bem más notícias. Na Berkshire, existe um refrão: "Deem sempre as más notícias imediatamente. As boas podem esperar." Também ajuda ser sábio e bem informado, de modo que as pessoas não tenham receio de lhe dar más notícias porque é muito provável que você as receba de outra fonte.

A tendência à influência da mera associação tem um efeito impressionante que ajuda a anular a tendência normal a retribuir favor com favor. Às vezes, quando alguém recebe um favor, sua condição é degradante, seja por pobreza, doença, abuso ou qualquer outra coisa. Some-se a isso o fato de que o favor pode acionar uma aversão motivada pela inveja, afinal, a pessoa estava em uma situação tão privilegiada que podia facilmente prestar favores a outros. Sob tais circunstâncias, a pessoa que recebe o favor, motivada em parte pela mera associação de seu benfeitor com sua dor, não só antipatiza com a pessoa que a ajudou como também tentará prejudicá-la. Isso explica uma frase famosa, por vezes atribuída de forma duvidosa a Henry Ford: "Por que aquele sujeito me odeia tanto? Nunca fiz nenhum favor a ele."

Tenho um amigo, a quem chamarei de Glotz, que teve uma experiência divertida na concessão de favores. Glotz comprou um edifício porque queria, algum dia, usar o terreno para outro empreendimento. Enquanto aguardava esse resultado, Glotz foi bastante tolerante, cobrando dos inquilinos aluguéis abaixo do valor de mercado. Quando, por fim, houve uma audiência pública sobre a proposta de demolir o prédio, o inquilino que estava muito atrasado no pagamento dos aluguéis ficou extremamente irritado e agressivo. Na audiência pública, ele disse: "Esta proposta é ultrajante. Glotz não precisa de mais dinheiro. Sei disso porque minha faculdade foi financiada pela Bolsa Glotz."

Um último grupo importante de conclusões equivocadas causadas pela mera associação reside no uso comum de estereótipos. Como Pete sabe que Joe tem 90 anos e que a maioria das pessoas de 90 anos não raciocina muito bem, Pete conclui que Joe é ruim de raciocínio, apesar de o velho Joe ainda raciocinar muito bem. Ou, como Jane é uma mulher de cabelos brancos e Pete não conhece nenhuma mulher idosa boa em matemática avançada, Pete julga que Jane não é boa nisso, apesar de Jane ser um prodígio.

Esse tipo de erro é tão natural quanto comum. O antídoto não é passar a acreditar que, em média, pessoas de 90 anos raciocinam tão bem quanto as de 40 anos, ou que o número de mulheres Ph.D. em matemática é igual ao de homens. Tal como deve aprender que tendência não garante o desfecho, Pete deve aprender que a dimensão média de um grupo não é uma bússola confiável para a dimensão de um item específico. Caso contrário, Pete vai tirar muitas conclusões equivocadas, tal como o sujeito que se afogou em um rio que tinha em média apenas meio metro de profundidade.

ONZE
Negação simples para evitar a dor

A primeira vez que testemunhei um caso expressivo desse fenômeno foi na Segunda Guerra Mundial, quando o filho de um amigo da família, atleta e aluno exemplar, cruzou o oceano Atlântico e nunca mais voltou. A mãe, que era uma mulher muito sensata, se recusou a acreditar que ele havia morrido. Isso é uma negação psicológica simples para evitar a dor. A realidade é insuportável de tão dolorosa, por isso distorcemos os fatos até se tornarem suportáveis. Todos nós fazemos isso em alguma medida, causando problemas terríveis. As consequências mais críticas dessa tendência costumam estar relacionadas com amor, morte e dependência química.

Quando é usada para tornar a morte mais fácil, a negação quase não encontra críticas. Quem negaria tal ajuda a um semelhante em um momento desses? Mas há quem queira deixar esta vida seguindo a regra de que "não é preciso ter esperança para perseverar". E há algo de admirável em alguém que seja capaz disso.

Quem sofre de dependência química, que geralmente degrada a moral de maneira terrível, tende a acreditar que continua em condições respeitáveis, com perspectivas respeitáveis. Dependentes demonstram assim uma negação extremamente fantasiosa da realidade conforme afundam cada vez mais na degradação. Na minha juventude, os remédios freudianos fracassaram por completo na cura do problema, mas hoje em dia os Alcoólicos Anônimos atingem rotineiramente uma taxa de cura de 50%, fazendo com que diversas tendências psicológicas atuem juntas para combater o vício. No entanto, o processo de cura é normalmente difícil e desgastante, e uma taxa de sucesso de 50% implica uma taxa de fracasso de 50%. Devemos ficar longe de qualquer prática que possa levar à dependência química. Mesmo uma pequena probabilidade de sofrer um prejuízo tão grande deve ser evitada.

DOZE
Tendência ao excesso de autoestima

Todos nós vemos pessoas com excesso de autoestima a todo momento. O ser humano geralmente se avalia mal – como os 90% dos motoristas suecos que se consideram acima da média. Tais avaliações equivocadas também se aplicam aos principais "bens" de uma pessoa. Um dos cônjuges geralmente superestima o outro. Da mesma forma, uma mãe ou um pai avalia os próprios filhos de modo mais positivo do que provavelmente seriam avaliados em uma visão mais objetiva.

Mesmo os menores bens tendem a ser superestimados. Uma vez de posse deles, de uma hora para outra passam a valer mais para a pessoa do que ela pagaria se fossem colocados à venda e ela ainda não os possuísse. Há um nome na psicologia para esse fenômeno de superavaliação dos próprios bens: efeito dotação. Todas as decisões tomadas pelo indivíduo são subitamente vistas por ele como melhores do que teriam sido pouco antes de tomá-las.

O excesso de autoestima em geral faz com que a pessoa prefira majoritariamente pessoas iguais a si. Professores de psicologia se divertiram muito demonstrando esse efeito em experimentos com carteiras perdidas. Todos os experimentos mostram que quem encontra uma carteira perdida contendo pistas de identidade têm maior probabilidade de devolver a carteira quando o dono é mais parecido com quem a encontrou. Dado esse traço de natureza psicológica, grupos de pessoas semelhantes serão sempre parte muito influente da cultura humana, mesmo depois de tentarmos sabiamente suavizar as consequências nocivas disso.

Algumas das consequências mais trágicas acontecem quando grupos disfuncionais de pessoas afins, dominados pela tendência ao excesso de autoestima, escolhem como novos membros de suas organizações pessoas muito parecidas com elas. Assim, se o departamento de inglês de uma universidade de elite se tornar intelectualmente disfuncional, ou se o departamento de vendas de uma corretora passar a cometer fraudes recorrentes, o problema terá a tendência natural a piorar e será bastante resistente a mudanças para melhor. O mesmo acontece com um departamento de polícia, uma unidade de agentes penitenciários ou um grupo político que azedou, e inúmeros outros lugares mergulhados no mal e na loucura, como os péssimos sindicatos de professores nas grandes cidades, que prejudicam nossos filhos ao impedir que professores ineficientes sejam demitidos. Alguns dos melhores membros da sociedade são aqueles que estão dispostos a fazer uma faxina quando encontram uma bagunça sob sua alçada.

Bem, naturalmente, todas as formas de excesso de autoestima provocam muitos equívocos. Como poderia ser diferente?

Vejamos algumas decisões estúpidas em jogos e apostas. Nas loterias, joga-se muito menos quando os números são atribuídos aleatoriamente do que quando o jogador escolhe os próprios números. Isso é bastante irracional. As probabilidades são quase idênticas, e altamente contra o jogador. Como as loterias estaduais tiram partido do amor irracional do ser humano pelos números escolhidos por ele mesmo, o indivíduo moderno compra mais bilhetes do que compraria de outra forma, sendo que todas as aquisições são uma estupidez.

O amor do ser humano pelas próprias conclusões pode ser intensificado adicionando o golpe possessório do efeito dotação, e assim descobrimos que um indivíduo que já comprou commodities futuras na bolsa de valores agora acredita ainda mais nos méritos de sua aposta especulativa. E as estúpidas apostas esportivas feitas por pessoas que adoram esportes e acreditam que entendem muito dos méritos de cada time são muito mais viciantes do que as apostas em corridas, em parte devido ao parecer automaticamente superpositivo que o indivíduo faz das próprias decisões complexas.

Também extremamente contraproducente é a tendência humana a apostar, seguidas vezes, em jogos de habilidade, como golfe ou pôquer, contra pessoas que são obviamente muito melhores. A tendência ao excesso de autoestima compromete a precisão do pobre jogador ao avaliar seu grau relativo de talento.

Mais contraproducentes ainda são as avaliações, em geral excessivamente positivas, sobre a qualidade do serviço que o indivíduo prestará a seu negócio. Sua avaliação excessivamente positiva dessas futuras contribuições provoca desastres.

O excesso de autoestima muitas vezes rende más decisões de contratação, porque os empregadores superestimam absurdamente o valor das próprias conclusões baseadas nas impressões do contato cara a cara. O antídoto correto para esse tipo de delírio é subestimar as impressões e superestimar o histórico do candidato.

Uma vez optei justamente por esse curso de ação quando atuava como presidente de um comitê de pesquisa acadêmica. Convenci os colegas do comitê a interromper todas as entrevistas futuras e simplesmente nomear uma pessoa cujo histórico de desempenho fosse muito melhor do que o de qualquer outro candidato. E, quando sugeriram que eu não estava seguindo o "devido processo acadêmico", respondi que era eu quem estava sendo fiel aos valores acadêmicos, porque estava me baseando em pesquisas acadêmicas que mostravam o baixo valor preditivo das impressões de entrevistas cara a cara.

Dado que é provável que uma pessoa seja excessivamente influenciada por impressões cara a cara, as quais, por definição, envolvem a participação ativa dela, um candidato a uma vaga que seja muito bem articulado representa muitas vezes um grande risco às práticas modernas de contratação de executivos. Na minha opinião, a Hewlett-Packard enfrentou esse risco quando entrevistou a articulada e dinâmica Carly Fiorina em sua busca por um novo CEO. Acredito que: 1) a Hewlett-Packard tomou uma decisão errada ao escolher a Sra. Fiorina; e 2) essa decisão equivocada não teria sido tomada se a Hewlett-Packard soubesse mais de psicologia e tivesse adotado as precauções metodológicas corretas.

Há uma passagem famosa em alguma obra de Tolstói que ilustra o poder da tendência ao excesso de autoestima. De acordo com ele, os piores criminosos não se consideram tão maus assim. Eles passam a acreditar que: 1) não cometeram seus crimes; ou, 2) levando-se em conta as pressões e desvantagens de sua vida, é compreensível e perdoável que tenham agido como agiram e se tornado o que se tornaram.

A segunda consequência do efeito Tolstói, em que o indivíduo inventa desculpas para seu mau comportamento em vez de corrigi-lo, é extremamente relevante. Dado que a maior parte da humanidade tentará sobreviver oferecendo desculpas irracionais de sobra para um mau comportamento, é muito importante ter antídotos pessoais e institucionais que limitem a destruição provocada por tal delírio.

No nível individual, é preciso tentar encarar dois fatos simples:

1 O mau comportamento que não é corrigido é falta de caráter e tende a gerar mais do mesmo, causando novos danos à pessoa que inventa a desculpa a cada ocorrência tolerada.
2 Em ambientes de alto grau de exigência, como equipes esportivas e a General Electric, é quase certo que a pessoa será expelida no seu devido tempo se insistir em dar desculpas em vez de agir como deveria.

Os principais antídotos institucionais para essa consequência do efeito Tolstói são:

1 Uma cultura justa, meritocrática e exigente, além de métodos de gestão de pessoal que elevem a moral.
2 Demissão daqueles que não se adéquem.

É claro que, quando não existe a possibilidade de corte do vínculo, como no caso do seu próprio filho, deve-se tentar readequá-lo da melhor forma possível. Uma vez ouvi falar de um método de ensino infantil tão eficaz que o sujeito se lembrava da experiência de aprendizagem mais de 50 anos depois. Mais tarde ele se tornou diretor da Escola de Música da USC e me contou o que seu pai disse quando o viu roubando doces do estoque do chefe com a desculpa de que planejava repô-los mais tarde. O pai disse: "Filho, seria melhor se você simplesmente pegasse tudo que quisesse e se chamasse de ladrão em cada uma das vezes."

O melhor antídoto para o delírio provocado pelo excesso de autoestima é se forçar a ser mais objetivo ao pensar em si mesmo, na sua família e em seus amigos, em seus bens e no valor de suas ações passadas e futuras. Não é fácil fazer isso de maneira assertiva e não vai funcionar perfeitamente, mas é muito melhor do que apenas deixar a mente seguir seu curso natural.

Embora seja muitas vezes contraproducente em seus efeitos sobre a cognição, o excesso de autoestima pode dar origem a alguns sucessos estranhos, quando o excesso de confiança por acaso leva ao êxito. Esse fator explica o ditado "Nunca subestime o homem que se superestima".

É claro que algumas autoavaliações positivas estão corretas e servem melhor do que a falsa modéstia. Além disso, a autoestima, sob a forma de um orgulho fundamentado em um trabalho bem executado ou em uma vida bem vivida, é uma grande força construtiva. Sem esse orgulho fundamentado, muito mais aviões cairiam. "Orgulho" é outra palavra geralmente excluída dos livros de psicologia, e essa omissão não é uma boa ideia. Também não é boa ideia interpretar a parábola bíblica sobre o fariseu e o publicano[5] como uma condenação de todo tipo de orgulho.

De todas as formas de orgulho útil, talvez a mais desejável seja o orgulho de ser confiável, quando fundamentado. Além disso, a pessoa confiável, mesmo depois de computadas as inconveniências do caminho escolhido, costuma ter uma vida melhor do que a que teria se tivesse sido menos confiável.

TREZE
Tendência ao excesso de otimismo

Cerca de três séculos antes do nascimento de Cristo, Demóstenes, o mais famoso orador grego, disse: "O que um homem deseja, nisso ele acreditará."

Com isso, Demóstenes afirmava, em suma, que o ser humano apresenta não apenas uma negação psicológica simples que evita a dor, mas também um excesso de otimismo, mesmo quando está bem.

O orador grego estava claramente certo sobre o excesso de otimismo ser a condição humana normal, mesmo quando não há dor ou ameaça de dor. Reparem nas pessoas felizes comprando bilhetes de loteria ou naquelas que acreditaram que os supermercados que oferecem crédito e fazem entregas substituiriam um grande número de supermercados supereficientes de venda por atacado.

Um antídoto-padrão para o otimismo infundado é o uso habitual e treinado da matemática simples de probabilidades de Fermat e Pascal, ensinada na minha juventude aos alunos do segundo ano do ensino médio. As regras mentais que a evolução nos dá para lidar com o risco não são adequadas. Elas se assemelham à pegada disfuncional que teríamos no taco de golfe se confiássemos em uma pegada guiada pela evolução em vez de confiarmos no instrutor.

CATORZE
Tendência de super-reação à perda

O grau de felicidade do ser humano ao ganhar 10 dólares não é o mesmo que seu grau de descontentamento ao perder 10 dólares. Ou seja, a dor da perda parece ser muito maior que a alegria do ganho. Além disso, se um sujeito quase consegue algo que deseja muito e vê aquilo ser arrancado dele no último minuto, vai reagir como se há muito tempo já possuísse a recompensa e a tivessem tirado dele. Reúno aqui as reações humanas naturais a ambos os tipos de experiência de perda – a perda da recompensa possuída e a perda da recompensa quase possuída – sob o mesmo nome, a tendência de super-reação à perda.

Quando manifesta essa tendência, o ser humano costuma sair em desvantagem ao enxergar de modo impreciso seus problemas, geralmente considerando o que está próximo em vez do que de fato importa. Por exemplo, um homem que tem 10 milhões em sua conta bancária ficará extremamente irritado se perder 100 dólares dos 300 que tinha na carteira.

Os Munger já tiveram um cachorro bem-comportado e alegre que apresentava a versão canina da tendência de super-reação à perda. Só havia uma forma de ser mordido por esse cachorro: tentar tirar a comida dele depois que já estivesse na sua boca. Se alguém fizesse isso, esse cachorro dócil mordia automaticamente. Era mais forte que ele. Nada é mais estúpido que um cachorro morder o próprio tutor, mas era uma estupidez que ele não podia evitar. Ele tinha em sua natureza a tendência automática de super-reação à perda.

Os seres humanos são muito parecidos com o cachorro dos Munger. Um indivíduo normalmente reage com intensidade irracional até mesmo a uma pequena perda, ou ameaça de perda, de bens, amor, amizade, território, oportunidade, status ou qualquer outra coisa valiosa. Como consequência natural, as disputas burocráticas internas sobre a ameaça de perda de território com frequência provocam danos imensos à instituição. Esse é um dos fatores responsáveis por grande parte da sabedoria da longa luta de Jack Welch contra os males burocráticos na General Electric. Poucos líderes empresariais conduziram campanhas mais sábias.

A tendência de super-reação à perda também protege pontos de vista ideológicos ou religiosos, acionando antipatia e ódio direcionados aos descrentes declarados. Isso acontece, em parte, porque as ideias dos não crentes, caso se espalhem, vão reduzir a influência das opiniões que são hoje sustentadas por um ambiente confortável, incluindo um forte sistema de manutenção de crenças. Os departamentos de artes liberais das universidades, as faculdades de direito e as organizações empresariais apresentam bastante pensamento de grupo baseado em ideologia que rejeita quase todas as contribuições conflitantes. Quando o crítico vocal é um ex-crente, a hostilidade é impulsionada por: 1) uma ideia de traição que dispara uma camada a mais de super-reação à perda, porque um colega foi perdido; e 2) medo de que pontos de vista conflitantes tenham poder de persuasão adicional por partirem de um ex-colega.

Essas posturas ajudam a explicar a antiga ideia de heresia, que durante séculos justificou o massacre de hereges, frequentemente após tortura e queimando a vítima viva. Em quase toda parte, ideologias extremadas são defendidas com grande intensidade pelos crentes e com grande antipatia pelos descrentes, provocando uma disfunção cognitiva radical. Acredito que isso acontece porque duas tendências psicológicas em geral atuam em simultâneo rumo a esse mesmo triste desfecho: 1) tendência à inconsistência somada à 2) tendência de super-reação à perda.

Um antídoto contra a manutenção intensa e deliberada do pensamento de grupo é uma cultura de cortesia radical, mantida apesar das diferenças ideológicas, como o comportamento dos juízes que hoje exercem funções na Suprema Corte dos Estados Unidos. Outro antídoto é aproximar do pensamento de grupo descrentes competentes e articulados. Medidas corretivas bem-sucedidas para exemplos nefastos de manutenção do pensamento de grupo incluíram ações como a de Derek Bok quando, como presidente de Harvard, começou a indeferir nomeações para mandatos propostas por ideólogos da faculdade de direito.

Mesmo uma redução de 1 grau de uma visão de 180 graus às vezes criará uma tendência de super-reação à perda suficiente para transformar um vizinho em inimigo, como observei uma vez quando comprei uma casa de um dos dois vizinhos que se odiavam por causa de uma pequena árvore recém-plantada por um deles. Como ilustrou o caso desses dois vizinhos, o clamor de qualquer grupo de vizinhos que demonstra uma super-reação irracional e extrema à perda por causa de alguma bobagem em uma audiência de zoneamento não é algo bonito de ver. Esse comportamento afasta algumas pessoas do envolvimento com o zoneamento. Uma vez comprei tacos de golfe de um artesão que havia sido advogado. Quando perguntei a área do direito em que ele tinha trabalhado, esperava ouvir direito de família. Mas a resposta foi legislação de zoneamento.

A tendência de super-reação à perda tem consequências terríveis nas relações trabalhistas. A maioria das mortes nos conflitos laborais anteriores à Primeira Guerra Mundial ocorreu em situações em que os empregadores tentaram reduzir os salários. Hoje em dia vemos menos mortes e mais ocasiões em que empresas inteiras desaparecem, uma vez que a concorrência exige concessões dos empregados – que não serão feitas – ou a morte do negócio. A tendência de super-reação à perda é responsável por grande parte dessa resistência da força de trabalho, muitas vezes em casos nos quais uma decisão diferente seria de seu interesse.

Em outros contextos também é difícil obter concessões. Muitas tragédias seriam evitadas se houvesse mais racionalidade e menos atenção inconsciente ao imperativo da tendência de super-reação à perda.

Essa tendência também contribui enormemente para a desgraça causada pela compulsão em apostas. Primeiro, ela faz com que o jogador sinta uma paixão por se vingar depois de ter sofrido uma perda, e essa paixão aumenta com a perda. Segundo, as formas mais viciantes de jogo proporcionam muitos quase acertos, e cada um deles aciona a tendência de super-reação à perda. Alguns criadores de caça-níqueis são cruéis ao explorar essa fraqueza humana. As máquinas eletrônicas permitem que esses criadores produzam muitos resultados de quase acertos, que estimulam muito as apostas por parte dos tolos, pois acreditam que chegaram bem perto de grandes prêmios.

A tendência de super-reação à perda muitas vezes causa danos em leilões presenciais. A prova social que vamos analisar a seguir tende a convencer as pessoas de que o último valor de outro licitante foi razoável, e então a tendência de super-reação à perda as impele a superar a última oferta. O melhor antídoto contra o risco de sermos levados a pagar preços absurdos em leilões presenciais é o conselho simples de Buffett: não vá.

A tendência de super-reação à perda e a tendência a evitar inconsistência/incoerência muitas vezes se unem e provocam um desastre corporativo. Nesse tipo de desastre, o indivíduo usa gradualmente todos os seus bens em uma tentativa vã de resgatar um grande empreendimento que vai mal. Um dos melhores antídotos para essa loucura são as boas habilidades de pôquer aprendidas desde cedo. O valor educativo do pôquer demonstra que nem todo ensino eficaz acontece dentro de uma trajetória acadêmica padrão.

Eu mesmo, o aspirante a instrutor aqui, muitas décadas atrás cometi um grande erro causado em parte pela atuação inconsciente da tendência de super-reação à perda. Um corretor simpático me ligou oferecendo 300 ações da Belridge Oil, ridiculamente subvalorizadas e de baixa liquidez, a 115 dólares cada, que comprei com o dinheiro que tinha facilmente disponível. No dia seguinte, ele me ofereceu mais 1.500

ações pelo mesmo preço, que recusei, em parte porque teria que vender alguma coisa ou tomar emprestados os 173 mil dólares necessários.

Foi uma decisão bastante irracional. Eu era um homem abastado, sem dívidas; não havia risco de perda e não era provável que surgissem outras oportunidades semelhantes. Em dois anos, a Belridge Oil foi vendida à Shell a cerca de 3.700 dólares por ação. Foram cerca de 5,4 milhões de dólares que eu poderia ter ganhado se estivesse psicologicamente mais afiado. Como essa história demonstra, a ignorância psicológica pode custar muito caro.

Algumas pessoas podem questionar que minha definição de tendência de super-reação à perda inclua a reação ao lucro que perdi por pouco, tal como nas reações bem documentadas dos jogadores de caça-níqueis. No entanto, acredito que, pelo contrário, não defini a tendência de forma tão ampla quanto deveria.

Minha razão para sugerir uma definição ainda mais ampla é que muitos acionistas da Berkshire Hathaway nunca vendem nem doam uma única ação depois de terem ocorrido imensos ganhos de valor de mercado. Parte dessa reação é causada por cálculo racional e parte é, sem dúvida, atribuível a alguma combinação de: 1) super-reação à recompensa; 2) viés do status quo devido à tendência a evitar inconsistência; e 3) o efeito dotação da tendência ao excesso de autoestima. Mas acredito que a explicação irracional mais forte é uma forma de tendência de super-reação à perda. Muitos desses acionistas simplesmente não suportam a ideia de reduzir suas participações na Berkshire. Não gostam de enfrentar o que consideram uma deterioração da identidade e, sobretudo, temem deixar de ganhar com a futura venda ou doação das ações.

QUINZE
Tendência à prova social

O comportamento complexo do ser humano fica bastante simplificado quando ele automaticamente pensa e faz o que observa ser pensado e feito ao seu redor. Esse tipo de imitação geralmente funciona bem. Por exemplo, que forma mais simples poderia haver de descobrir como chegar a pé até o local de uma grande partida de futebol em uma cidade desconhecida do que seguir o fluxo da multidão? Por alguma dessas razões, a evolução dotou o ser humano de uma tendência à prova social, a tendência automática a pensar e agir como vê os outros pensando e agindo a sua volta.

Os professores de psicologia adoram a tendência à prova social porque, em seus experimentos, ela dá origem a resultados absurdos. Por exemplo, se um professor faz com que uma pessoa entre em um elevador onde 10 participantes do estudo estão todos virados para os fundos, ela também se vira. Também é possível usar a tendência à prova social para fazer com que as pessoas cometam erros de medição absurdos.

E, é claro, pais de adolescentes geralmente aprendem mais do que gostariam sobre os erros cognitivos dos filhos devido à tendência à prova social. Esse fenômeno esteve recentemente envolvido em uma descoberta feita por Judith Rich Harris,[6] que demonstrou que o respeito excessivo dos jovens pelos seus colegas, e não pelos pais ou outros adultos, é guiado, em certa medida, pelos genes. Isso faz com que seja sensato que os pais invistam mais em controlar a qualidade dos colegas do que em exortar os próprios filhos. Uma pessoa como Judith Rich Harris, capaz de apresentar um insight dessa qualidade e dessa utilidade comprovado por novos argumentos, não viveu em vão.

Nos mais altos escalões dos negócios, não é raro encontrar líderes que apresentem uma fidelidade semelhante à dos adolescentes. Se uma empresa petrolífera compra uma mina inadvertidamente, outras petrolíferas logo começam a comprar minas. O mesmo acontece se a empresa adquirida fabrica fertilizantes. As duas tendências de compra por petrolíferas cresceram, com maus resultados.

É claro que é difícil identificar e pesar corretamente todas as formas possíveis de fazer uso do fluxo de caixa de uma petrolífera. Assim, os executivos dessas empresas, como todos os outros, tomaram muitas decisões erradas que foram rapidamente acionadas pelo desconforto da dúvida. Imitar as provas sociais de outras petrolíferas põe fim a esse desconforto de maneira natural.

Em que momentos a tendência à prova social é acionada com mais facilidade? A resposta para isso é clara, graças a muitos experimentos: na presença de confusão ou estresse, em especial quando ambos estão presentes.

Como o estresse intensifica a tendência à prova social, organizações de vendas de má reputação manipulam os alvos em situações que combinam isolamento e estresse. O isolamento fortalece a prova social fornecida tanto pelos malfeitores quanto pelas pessoas que compram antes, e o estresse, muitas vezes ampliado pela fadiga, aumenta a suscetibilidade dos alvos à prova social. E, claro, as técnicas das piores seitas "religiosas" imitam as dos vendedores desonestos. Uma seita já usou até mesmo cascavéis para aumentar o estresse dos alvos de conversão.

Dado que tanto o mau como o bom comportamento se tornam contagiosos pela tendência à prova social, é fundamental que as sociedades: 1) bloqueiem qualquer mau comportamento antes que ele se espalhe; e 2) adotem e espalhem todos os bons comportamentos.

Meu pai uma vez me contou que, logo após começar a exercer a advocacia, em Omaha, ele foi até Dakota do Sul com um grande grupo para caçar faisões. Uma licença de caça em Dakota do Sul custava, digamos, 2 dólares para residentes do estado e 5 para não residentes. Todos os membros do grupo que não eram residentes em Dakota do Sul usaram endereços falsos para pagar menos na licença, até chegar a vez do meu pai. Ele me contou que por pouco não fez como os outros, o que era ilegal.

Nem todo mundo resiste de tal forma ao contágio social do mau comportamento. Muitas vezes apresentamos a síndrome de Serpico, batizada em referência ao estado de quase completa corrupção de uma divisão policial de Nova York à qual se juntou Frank Serpico. Ele quase foi assassinado em retaliação a sua resistência a participar da corrupção na divisão. A corrupção era impulsionada pela prova social somada aos incentivos, combinação que cria a síndrome de Serpico. Essa história deveria ser ensinada com mais frequência, porque o poder didático de seu horror trata de um mal extremamente relevante, impulsionado por uma força muito relevante: a prova social.

Na prova social, não é apenas a ação dos outros que conduz ao erro, mas também a inação. Na dúvida, a inação alheia se torna uma prova social de que não tomar uma atitude é o certo a fazer. A inação de muitos levou à morte de Kitty Genovese,[7] em um famoso incidente muito debatido nos cursos introdutórios de psicologia.

No âmbito da prova social, os diretores externos de um conselho corporativo geralmente manifestam uma forma quase absoluta de inação. Eles não se opõem a nada que não seja um assassinato a sangue-frio até que algum constrangimento público do conselho finalmente os leve a intervir. Uma cultura típica de conselhos de administração já foi bem descrita por meu amigo Joe Rosenfield, que disse: "Eles me perguntaram se eu queria ser diretor da Northwest Bell, e foi a última coisa que me perguntaram."

Na publicidade e nas vendas, a tendência à prova social é um fator tão forte quanto se poderia esperar: desejamos muito fazer ou possuir algo só porque vemos alguém que o faz ou que tem aquilo. Uma consequência interessante disso é que um anunciante pagará muito caro para que sua lata de sopa apareça, mesmo que discretamente, em uma cena de filme.

A tendência à prova social costuma interagir de maneira perversa com as tendências à inveja/ao ciúme e de super-reação à perda. Uma dessas interações divertiu minha família durante anos, ao relembrarem a época em que meu primo Russ e eu, então com 3 e 4 anos, brigamos e uivamos por causa de uma única pedrinha, quando estávamos cercados por um "mar" de pedrinhas.

Mas as versões adultas desse episódio, impulsionadas por tendências psicológicas de preservar a ideologia, não são engraçadas e podem destruir civilizações inteiras. O Oriente Médio representa hoje perfeitamente essa ameaça. A essa altura, os recursos gastos por judeus, árabes e todos os outros em uma pequena quantidade de terras em disputa, se divididos arbitrariamente entre os reclamantes das terras, teriam melhorado a situação de todos, mesmo sem levar em conta os benefícios da redução da ameaça de guerra, possivelmente nuclear.

Além das questões internas, hoje em dia é raro que se tente resolver conflitos usando técnicas que incluam o debate dos impactos das tendências psicológicas. Levando em conta as implicações da infantilidade que seriam suscitadas por tal inclusão e as lacunas da psicologia tal como é ensinada agora, o resultado seria impressionante. Mas, considerando os riscos nucleares agora envolvidos e os inúmeros fracassos em negociações importantes que duraram décadas, muitas vezes me pergunto se algum dia um maior emprego da visão psicológica vai melhorar os resultados. Nesse caso, o ensino correto da psicologia é muito importante. E, se os antigos professores de psicologia têm ainda menos probabilidade do que os antigos professores de física de aprender novos caminhos, o que parece praticamente uma certeza, então talvez, como previu Max Planck, precisemos de uma nova geração de professores de psicologia que tenham aprendido a pensar diferente.

Se apenas uma lição fosse escolhida dentre um pacote de lições envolvendo a tendência à prova social para ser usada no autoaperfeiçoamento, minha escolha seria: aprenda a ignorar os exemplos dos outros quando eles estão errados, porque poucas habilidades valem mais a pena.

DEZESSEIS
Tendência à reação equivocada ao contraste

Como o sistema nervoso humano não utiliza unidades científicas absolutas, ele precisa se basear em algo mais simples. Os olhos têm uma solução que limita suas necessidades de programação: registram o contraste do que se enxerga. O mesmo ocorre, em grande parte, com os outros sentidos. Além disso, o que vale para a percepção também vale para a cognição. O resultado é a tendência humana de reação equivocada ao contraste.

Poucas tendências psicológicas são mais nocivas ao raciocínio. Danos de pequena escala envolvem casos como a aquisição de um painel de couro caro, de 1.000 dólares, apenas porque esse valor é muito baixo comparado à compra simultânea de um carro de 65 mil. Danos em grande escala destroem vidas, como nos casos de mulheres maravilhosas que se casam com um homem que só pode ser considerado satisfatório em comparação com os pais extremamente problemáticos delas. Ou de homens que se casam pela segunda vez com uma mulher que só pode ser considerada uma boa escolha porque a comparam com a primeira esposa.

Uma forma particularmente repreensível de prática de vendas ocorre em algumas imobiliárias. Um comprador de fora da cidade, talvez precisando se mudar com a família, visita o escritório com pouco tempo disponível. O vendedor mostra deliberadamente ao cliente três casas terríveis a preços absurdamente altos. Depois ele mostra uma casa apenas ruim a um preço moderadamente alto. E, *bam!*, o corretor faz uma venda fácil.

A tendência à reação equivocada ao contraste é rotineiramente empregada para prejudicar o consumidor final. Para fazer com que um preço pareça baixo, o vendedor fabrica um preço artificial elevado que é muito mais alto do que o valor buscado, depois anuncia o preço-padrão como se tivesse um grande desconto em relação ao preço falso. Esse tipo de manipulação costuma funcionar mesmo quando a pessoa está ciente de seu uso e pode ser visto em grande parte dos anúncios publicitários em jornais. Também ilustra que estar ciente dos estratagemas psicológicos não é garantia de defesa.

Quando uma pessoa caminha em direção ao desastre dando passos muito pequenos, a tendência do cérebro de reação equivocada ao contraste permite que ela vá longe demais, tornando impossível evitar o pior. Isso acontece porque cada passo tem um contraste mínimo em relação à posição em que a pessoa se encontrava imediatamente antes.

Certa vez, um amigo meu que jogava bridge me disse que um sapo atirado em uma panela com água muito quente saltava para fora depressa, mas que o mesmo sapo acabaria morrendo se colocado em água em temperatura ambiente e aquecida em ritmo bem lento. Meus poucos fragmentos de conhecimento fisiológico me fazem duvidar desse relato. Mas não importa, porque muitas empresas morrem exatamente dessa maneira que meu amigo descreveu. A cognição, traída por pequenas mudanças de baixo contraste, falha em perceber uma tendência que se torna uma sina.

Um dos aforismos mais lembrados e úteis de Ben Franklin é "Um pequeno buraco afunda um grande navio". A utilidade do aforismo é grande justamente porque o cérebro muitas vezes não percebe o equivalente funcional de um pequeno buraco em um grande navio.

DEZESSETE
Tendência à influência do estresse

Todo mundo reconhece que o estresse súbito, como aquele causado por uma ameaça, provoca uma onda de adrenalina no nosso corpo, gerando uma reação mais rápida e mais extrema. E todo mundo que concluiu o primeiro período de psicologia sabe que o estresse potencializa a tendência à prova social. Em um fenômeno um pouco menos conhecido, um pequeno grau de estresse pode melhorar ligeiramente o desempenho (em provas, por exemplo), enquanto o estresse intenso pode provocar uma disfunção.

Mas poucos sabem sobre o estresse intenso de verdade para além do fato de ele poder causar depressão. Por exemplo, a maioria das pessoas sabe que uma "depressão aguda por estresse" torna o raciocínio disfuncional, porque provoca um extremo de pessimismo, muitas vezes prolongado e geralmente acompanhado de uma fadiga que faz cessar a atividade. Por sorte, como a maioria das pessoas também sabe, tal depressão é uma das doenças mais possíveis de serem revertidas. Mesmo antes de se desenvolverem os medicamentos modernos, muita gente que sofria de depressão, como Winston Churchill e Samuel Johnson, alcançou grandes realizações em vida.

Poucas pessoas sabem sobre colapsos mentais não depressivos influenciados por forte estresse. Mas há pelo menos uma exceção, envolvendo o trabalho de Pavlov quando ele estava na casa dos 70 e 80 anos. Pavlov ganhou o Nobel ainda jovem por seu estudo com cães para investigar a fisiologia da digestão. Depois, tornou-se mundialmente famoso ao provocar reações de mera associação em cães, inicialmente a partir da salivação – tanto que hoje em dia se diz com frequência que mudanças de comportamento disparadas pela mera associação, como aquelas provocadas pela propaganda moderna, vêm do condicionamento "pavloviano".

O que deu origem ao derradeiro trabalho de Pavlov foi especialmente interessante. Durante a grande enchente de Leningrado na década de 1920, Pavlov tinha muitos cães em gaiolas. Por uma combinação do condicionamento pavloviano com respostas de recompensa-padrão, os hábitos desses cães haviam sido transformados de maneiras distintas. À medida que as águas da enchente subiam e recuavam, muitos cães chegaram a um ponto em que quase não tinham espaço para respirar. Isso os submeteu a um grau máximo de estresse. Imediatamente depois, Pavlov percebeu que muitos já não se comportavam como antes – o cachorro que até então gostava de seu treinador agora não gostava mais, por exemplo.

Essa constatação lembra as modernas reversões da cognição, nas quais o amor de uma pessoa pelos pais subitamente se transforma em ódio quando seu amor é redirecionado para uma seita. As mudanças extremas e imprevistas observadas nos cães de Pavlov teriam levado qualquer bom cientista experimental a um frenesi de curiosidade. E foi exatamente essa a reação de Pavlov. Mas poucos cientistas teriam feito o que ele fez a seguir: passar o restante de sua longa vida provocando crises nervosas induzidas pelo estresse em cães e tentando revertê-las, o tempo todo mantendo detalhados registros.

O que ele descobriu com isso:

1. Que poderia classificar os cães de modo a prever a facilidade com que determinado cão teria um colapso.
2. Que os cães mais resistentes a entrar em colapso eram também os mais resistentes a retornar ao estado de equilíbrio.
3. Que qualquer cão poderia entrar em colapso.
4. Que não conseguia reverter o colapso de um cão sem expô-lo novamente ao estresse.

Hoje em dia, esse tratamento dispensado ao "melhor amigo do homem" causa indignação em qualquer um. Além disso, Pavlov era russo e realizou seu último trabalho sob o regime comunista. Talvez esses fatos expliquem a ignorância extrema e generalizada que vemos hoje em relação a esse seu derradeiro trabalho experimental. Os dois especialistas freudianos com quem tentei, há muitos anos, conversar sobre o assunto nunca tinham ouvido falar do último trabalho de Pavlov. E o diretor de uma importante faculdade de medicina me perguntou, também há muitos anos, se algum dos experimentos de Pavlov era passível de ser reproduzido por outros pesquisadores. Obviamente, Pavlov é hoje uma espécie de herói esquecido da ciência médica.

Encontrei pela primeira vez uma descrição do último trabalho de Pavlov em uma publicação popular, escrita por algum psiquiatra financiado por Rockefeller, quando estava tentando descobrir 1) como as seitas punham em prática suas terríveis armadilhas; e 2) o que a lei dizia sobre o que os pais poderiam fazer para "desprogramar" filhos que haviam se tornado zumbis após sofrerem lavagem cerebral. Naturalmente, a legislação não permitia deter fisicamente os zumbis e depois submetê-los ao estresse que ajudaria a desprogramar os efeitos do estresse a que tinham sido submetidos nas conversões das seitas.

Eu jamais quis entrar na polêmica jurídica sobre esse assunto, mas cheguei à conclusão de que a controvérsia não poderia ser tratada com racionalidade máxima sem considerar, como sugere o último trabalho de Pavlov, que a imposição de um estresse intenso poderia ser o único método de reversão efetivo para curar um dos piores males imagináveis: ter a mente sequestrada. Incluí essa discussão sobre Pavlov 1) devido ao antagonismo geral em relação aos tabus; 2) para deixar minha fala razoavelmente completa, uma vez que leva em conta o estresse; e 3) porque espero que algum ouvinte dê continuidade à minha pesquisa com maior êxito.

DEZOITO
Tendência à avaliação equivocada da disponibilidade

Esta tendência mental ecoa os versos da música *When I'm not near the girl I love, I love the girl I'm near* ("Quando não estou perto da garota que eu amo, eu amo a garota de quem estou perto"). A imperfeição e a capacidade limitada do cérebro humano facilmente começam a trabalhar com o que está à disposição dele. E o cérebro não pode usar algo de que não lembra ou que está impedido de reconhecer, porque é fortemente influenciado por uma ou mais tendências psicológicas mais intensas, assim como o sujeito da música é influenciado pela garota que está mais perto. Logo, a mente superestima o que está disponível e, portanto, apresenta uma tendência à avaliação equivocada com base na disponibilidade.

O principal antídoto para os erros resultantes da tendência à avaliação equivocada da disponibilidade envolve práticas habituais, como a utilização de checklists, que são quase sempre úteis. Outro antídoto é agir mais ou menos como Darwin quando deu destaque às evidências que contrariavam um argumento: o que deveria ser feito é dar destaque especial aos fatores que não produzem enormes quantidades de números facilmente disponíveis em vez de nos deixarmos levar, majoritária ou inteiramente, pela análise de fatores que produzem tais números. Outro antídoto ainda é encontrar e contratar pessoas céticas e articuladas, com mentes que enxerguem mais longe, para agirem como defensoras de conceitos opostos aos conceitos em voga.

Uma consequência dessa tendência é que as evidências mais vívidas, por serem mais memoráveis e, portanto, mais disponíveis para a cognição, muitas vezes deveriam ser conscientemente subestimadas, enquanto as menos vívidas deveriam ser superestimadas. Ainda assim, a força particular das imagens mais vívidas em influenciar a mente pode ser usada construtivamente 1) para persuadir alguém a chegar a uma conclusão correta; ou 2) como dispositivo para melhorar a própria memória, anexando imagens vívidas, uma após outra, a muitos itens que não queremos esquecer. Aliás, esse uso de imagens vívidas como estimulante da memória foi o que permitiu aos grandes oradores da Grécia e da Roma clássicas proferir discursos tão longos e bem estruturados sem recorrer a anotações.

O melhor algoritmo a lembrar na hora de lidar com essa tendência é simples: uma ideia ou um fato não vale mais simplesmente porque está mais à disposição.

DEZENOVE
Tendência à perda pela falta de uso

Toda habilidade se reduz se não for empregada com alguma regularidade. Eu mesmo fui um gênio do cálculo até os 20 anos; depois dessa idade, minha habilidade logo foi destruída pelo desuso total. O antídoto certo contra tal perda é contar com o equivalente funcional do simulador de aeronave usado no treinamento de pilotos. Isso permite que um piloto pratique continuamente todas as habilidades que ele pouco usa, mas que não pode correr o risco de perder.

Ao longo da vida, uma pessoa sábia pratica todas as suas habilidades úteis e raramente utilizadas, muitas delas além de sua disciplina, como uma espécie de dever para com a melhor versão de si. Se ela reduzir o número de habilidades que pratica e, portanto, o número de habilidades que retém, naturalmente incorrerá em erro devido à tendência do martelo. Sua capacidade de aprendizagem também diminuirá, à medida que ela cria lacunas na rede teórica de que necessita como estrutura para a compreensão de novas experiências. Também é essencial que o indivíduo pensante reúna suas habilidades em um checklist que acesse rotineiramente. Qualquer outro modus operandi implicará a perda de muitas coisas importantes.

Habilidades de alto nível só podem ser mantidas com a prática diária. O pianista [Ignacy Jan] Paderewski disse certa vez que notava um declínio em seu desempenho se não praticasse um único dia e que, se houvesse um hiato de uma semana, o público também notaria.

A penosa regra da tendência à perda pela falta de uso é menos rígida para os diligentes. Se uma habilidade for elevada à fluência em vez de apenas acumulada brevemente de modo que a pessoa passe em alguma prova, então a habilidade 1) será perdida mais lentamente; e 2) retornará mais rápido quando atualizada com novo aprendizado. Essas não são vantagens irrelevantes, e uma pessoa sábia e empenhada em aprender alguma habilidade importante não para até que se torne verdadeiramente fluente nela.

VINTE
Tendência à má influência das drogas

O poder destrutivo dessa tendência é tão amplamente conhecido, devido a sua gravidade, com consequências trágicas para a cognição e para a trajetória de vida, que não é necessária nenhuma discussão aqui para complementar o que foi anteriormente apresentado em "Negação simples para evitar a dor".

VINTE E UM
Tendência à má influência da senescência

Com o avanço da idade, ocorre naturalmente uma decadência cognitiva a que cada pessoa chega e progride em um ritmo diferente. É raro um idoso com facilidade de aprender habilidades complexas. O que acontece com um pouco mais de frequência é conseguir manter até bem tarde na vida habilidades que foram intensamente praticadas por muito tempo, como se pode notar em campeonatos de bridge.

Pessoas idosas como eu se tornam bastante hábeis, sem esforço, em disfarçar a deterioração relacionada à idade, porque as convenções sociais, como o vestuário, escondem muito do declínio. A atividade intelectual e a aprendizagem contínuas, se feitas com alegria, podem de certa forma ajudar a postergar o inevitável.

VINTE E DOIS
Tendência à má influência da autoridade

Vivendo em hierarquias, tal como viviam todos os seus ancestrais, o ser humano nasceu para seguir líderes, com apenas alguns poucos exercendo a liderança. Assim, a sociedade humana é formalmente organizada em hierarquias de dominação, com uma cultura que reforça a tendência natural de seguir o líder.

Porém, embora a maior parte das reações humanas seja automática e a tendência a seguir o líder não seja exceção, estamos destinados a sofrer enormemente quando o líder está errado ou quando suas ideias são malcompreendidas. Logo, encontramos muitos equívocos gerados pela tendência à má influência da autoridade.

Algumas das más influências são divertidas, como o caso relatado por Cialdini de um médico que deixou por escrito para a enfermeira a orientação de tratar uma dor de ouvido assim: "*Two drops, twice a day, r. ear.*" A enfermeira então pediu para o paciente se virar e pingou as gotas no ânus, confundindo "r. ear", ouvido d. [direito], com "rear", traseiro.

Outras versões de instruções confusas de figuras de autoridade são trágicas. Na Segunda Guerra Mundial, o novo piloto de um general que estava ao seu lado como copiloto estava tão ansioso por agradar seu chefe que interpretou mal uma pequena mudança de posição do general como uma orientação para fazer uma coisa estúpida. O piloto bateu o avião e ficou paraplégico. Bem, naturalmente casos como esse chamam a atenção de pensadores cuidadosos como Warren Buffett em seu papel de chefe.

Tais casos também recebem atenção no treinamento em simulador de copilotos, que precisam aprender a ignorar ordens estúpidas dos pilotos no comando, porque os pilotos às vezes erram desastrosamente. Mesmo depois de passar por tal treinamento, entretanto, os copilotos em exercícios de simulador muitas vezes permitem que o avião simulado caia devido a algum erro extremo e perfeitamente óbvio do piloto.

Depois que o cabo Hitler passou a dominar a Alemanha, liderando um grupo de devotos luteranos e católicos em meio a orgias de genocídio e assassinato em massa, um inteligente professor de psicologia, Stanley Milgram, decidiu fazer um experimento para determinar em que medida exatamente figuras de autoridade poderiam levar pessoas comuns a atitudes extremamente nocivas. Nesse experimento, um homem que se fazia passar pela figura de autoridade, no caso um professor à frente de um ensaio respeitável, conseguiu enganar um grande número de pessoas comuns. Ele as induziu a acionar um equipamento que elas tinham todas as razões para acreditar que provocava choques elétricos fortíssimos em pessoas inocentes. Esse experimento comprovou uma consequência terrível da tendência à má influência da autoridade, além de expor a extrema ignorância do ensino de psicologia logo após a Segunda Guerra Mundial.

Qualquer pessoa inteligente com meu checklist de tendências psicológicas nas mãos teria visto, simplesmente percorrendo o checklist, que o experimento de Milgram envolvia cerca de seis fortes tendências psicológicas agindo em confluência. Por exemplo, a pessoa que puxou a alavanca de choque de Milgram recebeu muitas provas sociais da presença de espectadores inativos, cujo silêncio comunicou que aquele era um comportamento aceitável. No entanto, foram necessários mais de mil artigos, publicados antes de eu chegar a Milgram, para que os professores conseguissem que o experimento dele fosse apenas cerca de 90% tão bem compreendido quanto teria sido imediatamente por qualquer pessoa inteligente que usasse 1) qualquer organização sensata da psicologia junto com as linhas desta palestra; e 2) uma prática habitual de uso de checklist. Essa amostra do pensamento disfuncional de professores há muito falecidos merece uma explicação melhor. Vou tratar da questão mais à frente, de maneira muito hesitante.

Podemos ficar satisfeitos com o fato de os professores de psicologia de uma época anterior não serem tão disfuncionais quanto o pescador na minha penúltima ilustração da tendência à má influência da autoridade. Uma vez, quando estava pescando no rio Colorado, na Costa Rica, meu guia me contou, em choque, a história de um pescador que havia chegado ao rio sem nunca ter pescado tarpão. Um guia como o que eu tinha dirige o barco e dá conselhos de pesca, estabelecendo-se nesse contexto como a figura máxima de autoridade. No caso desse guia, sua língua nativa era o espanhol, enquanto a língua nativa do pescador era o inglês. O pescador pegou um enorme tarpão e começou a se submeter às diversas instruções da figura de autoridade chamada guia: puxar a vara para cima, baixar a vara, recolher a linha, etc. Por fim, o guia disse em inglês: *Give him the rod, give him the rod* ("Dá a vara, dá a vara", no sentido de dar linha). O pescador então jogou na água sua caríssima vara, que foi levada pela correnteza em direção ao oceano para nunca mais ser vista. Esse exemplo ilustra o poder da tendência de obedecer a uma figura de autoridade e mostra como isso pode confundir o nosso cérebro.

Meu último exemplo vem dos negócios. Um doutor em psicologia certa vez enlouqueceu ao se tornar CEO de uma grande empresa: gastou rios de dinheiro para construir uma nova sede, com uma adega enorme, em um local isolado. A certa altura, seus subordinados reclamaram que o dinheiro estava acabando. "Tirem o dinheiro das provisões de depreciação", ordenou o CEO – tarefa não muito fácil, porque essa reserva é uma conta do passivo. O respeito indevido pela autoridade é tão forte que esse CEO permaneceu no controle de importantes instituições durante longos períodos, mesmo estando claro que deveria ser destituído. E há exemplos piores.

A implicação óbvia: cuidado com quem vocês nomeiam para cargos de poder, porque pode ser difícil remover uma figura de autoridade dominante, considerando que ela terá a ajuda da tendência à má influência da autoridade.

VINTE E TRÊS
Tendência a falas vazias

O ser humano, enquanto animal social com o dom da linguagem, nasceu para tagarelar e cuspir falas vazias ou incoerentes que provocam muitos danos quando se está tentando fazer um trabalho sério. Algumas pessoas produzem grandes quantidades de inutilidade verbal; outras, muito poucas.

O problema da tagarelice num caso específico, o das abelhas, foi demonstrado certa vez em um experimento interessante. Uma abelha normalmente sai de sua colmeia e, quando encontra néctar, volta e faz uma dança que comunica às outras abelhas onde achá-lo. As outras abelhas então saem para coletá-lo. Bem, algum cientista inteligente, como B. F. Skinner, decidiu ver como as abelhas se sairiam diante de um problema. Ele colocou o néctar num ponto alto. Muito alto. Bem, em um ambiente natural não há néctar tão alto assim, e a pobre abelha não tem um programa genético adequado para comunicar essa localização. Seria de esperar que essa abelha voltasse para a colmeia e ficasse no seu canto, mas não. Ela entra na colmeia e faz uma dança incoerente.

Bem, eu lido com o equivalente humano dessa abelha desde que me entendo por gente. É parte muito importante de uma administração sábia manter longe do trabalho sério as pessoas que estão mais preocupadas em falar do que em fazer.

Um famoso professor de engenharia do Caltech, demonstrando mais perspicácia do que tato, uma vez expressou sua versão dessa ideia da seguinte forma: "A principal tarefa da administração acadêmica é impedir que as pessoas que não importam interfiram no trabalho das pessoas que importam."

Incluo essa citação, em parte, porque sofri por muito tempo as reações negativas da minha versão do modo de falar desse professor. Depois de muito esforço consegui melhorar um pouco, apenas um pouco, por isso tenho a esperança de que, pelo menos em comparação com esse professor, eu pareça diplomático.

VINTE E QUATRO
Tendência a respeitar a razão

Existe nos seres humanos, especialmente naqueles que vivem em uma cultura avançada, um amor natural pela cognição precisa e uma alegria em seu exercício. Isso explica a enorme popularidade das palavras cruzadas, de quebra-cabeças, do bridge e do xadrez, bem como de todos os jogos que exigem habilidade mental.

Essa tendência tem uma implicação óbvia. O ser humano é particularmente propenso a aprender bem quando um aspirante a professor oferece justificativas corretas para o que está sendo ensinado em vez de simplesmente expor ex cathedra a crença desejada, sem nenhuma justificativa. Poucas práticas, portanto, são mais sábias do que pensar nas razões antes de dar uma ordem e comunicar essas razões à pessoa ou ao grupo que deverá executá-la.

Ninguém sabia disso melhor do que Carl Braun, que projetou refinarias de petróleo com habilidade e integridade espetaculares. Ele tinha uma regra muito simples, uma das muitas em sua grande empresa teutônica: era preciso dizer *quem* deveria fazer o *quê, onde, quando* e *por quê*. Se alguém escrevesse um comunicado que não explicasse por que o destinatário deveria fazer o que estava sendo ordenado, Braun provavelmente o demitiria, porque sabia muito bem que as ideias são transmitidas com mais eficácia quando as razões para elas são apresentadas meticulosamente.

Em geral, as lições são assimiladas e postas em prática de maneira mais fácil quando, ao longo da vida, as pessoas consistentemente embasam suas experiências, pessoais ou observadas, em uma rede teórica que responde à pergunta "Por quê?". Na verdade, a pergunta "Por quê?" é uma espécie de Pedra de Roseta que liberta o maior potencial da vida mental.

Infelizmente, a tendência a respeitar a razão é tão forte que basta apresentar razões sem sentido ou incorretas para que o índice de cumprimento das ordens e pedidos aumente. Isso ficou demonstrado em experimentos psicológicos nos quais pessoas conseguiram furar a fila justificando apenas "Preciso tirar algumas cópias".

Esse tipo de subproduto infeliz da tendência a respeitar a razão é um reflexo condicionado baseado em uma apreciação generalizada da importância das razões. Naturalmente, a prática de apresentar uma série de justificativas absurdas é muito usada por vendedores e membros de seitas para ajudá-los a conseguir o que não merecem.

VINTE E CINCO
Tendência *lollapalooza* – tendência a obter consequências extremas a partir da confluência de tendências psicológicas que atuam na mesma direção

Essa tendência não estava presente em nenhum dos livros de psicologia que li, pelo menos não de maneira coerente, mas permeia toda a nossa vida. Ela é responsável pelo resultado extremo da experiência de Milgram e pelo sucesso extremo de algumas seitas que prosperaram graças à evolução dessa prática, ou seja, recorrendo à pressão simultânea de muitas tendências psicológicas para influenciar os alvos de conversão. Os alvos variam em suscetibilidade, como os cães de Pavlov, mas algumas das mentes que se visava influenciar simplesmente entram no mundo dos zumbis pela pressão da seita.

O que fazer com a ignorância extrema dos autores dos antigos livros de psicologia? Como é possível que alguém que tivesse cursado o primeiro ano de física ou química não tenha sido levado a analisar como as tendências psicológicas se combinam, e com quais efeitos? Por que alguém pensaria que seus estudos de psicologia eram adequados sem abordar a complexidade de se lidar com tendências psicológicas entrelaçadas? O que poderia ser mais irônico do que professores que usam ideias e conceitos ultrassimplificados quando estudam efeitos cognitivos nocivos fundamentados na tendência da mente de usar algoritmos ultrassimplificados?

Tenho alguns palpites. Talvez muitos dos professores há muito falecidos quisessem criar uma ciência completa a partir de um tipo restrito de experimento psicológico repetível, que pudesse ser conduzido em um ambiente acadêmico e visasse uma tendência psicológica de cada vez. Se assim foi, esses professores cometeram um erro enorme ao restringirem tanto a abordagem ao tema. Seria como se a física ignorasse a astrofísica, já que ela não pode acontecer em um laboratório, bem como todos os efeitos compostos.

Que tendências psicológicas poderiam explicar a adoção, pelos primeiros professores de psicologia, de uma abordagem excessivamente restrita à própria área? Uma candidata seria a tendência à avaliação equivocada da disponibilidade, baseada na preferência por dados fáceis de controlar. Então as restrições acabariam por criar um caso extremo de tendência do martelo. Outra candidata é a tendência à inveja/ao ciúme, por meio da qual os primeiros professores de psicologia demonstravam alguma forma estranha de inveja da física que foi malcompreendida. Essa possibilidade tende a demonstrar que deixar a inveja/ciúme de fora da psicologia acadêmica nunca foi uma boa ideia.

Agora deixo a cargo de pessoas mais brilhantes todos esses mistérios históricos.

E com isso encerro minha enumeração e descrição de tendências psicológicas.

PERGUNTAS E RESPOSTAS

Agora, como prometido, farei eu mesmo algumas perguntas gerais e as responderei.

Começarei com uma questão complexa: essa lista de tendências psicológicas não é, até certo ponto, tautológica em comparação com o sistema de Euclides? Ou seja, não há sobreposições nas tendências? E o sistema não poderia ser apresentado de maneira igualmente plausível e um pouco diferente? As respostas são sim, sim e sim, mas isso tem importância moderada. O refinamento adicional dessas tendências, embora desejável, tem um potencial prático limitado, porque uma quantidade significativa de confusão não pode ser corrigida em uma ciência social como a psicologia.

Minha segunda pergunta: é possível apresentar um modelo do mundo real, em vez de um experimento psicológico controlado do tipo Milgram, que use seu sistema para ilustrar múltiplas tendências psicológicas interagindo de uma forma plausivelmente diagnosticável? A resposta é sim. Um dos meus casos preferidos envolve o teste de evacuação de aeronaves da McDonnell Douglas.

Antes que uma nova aeronave possa começar a ser vendida, o governo americano exige que ela passe por um teste de evacuação, no qual a carga máxima de passageiros deve conseguir sair em um curto espaço de tempo. O teste deve ser realista, portanto não é possível recrutar apenas atletas de 20 anos para realizá-lo. A McDonnell Douglas então agendou um teste desse tipo em um hangar escuro e incluiu muitos idosos entre os passageiros. A cabine de passageiros ficava, digamos, 6 metros acima do piso de concreto e a evacuação deveria ser feita com escorregadores de borracha moderadamente frágeis. O primeiro teste foi feito pela manhã. Houve cerca de 20 feridos muito graves e a aeronave foi reprovada porque a evacuação demorou muito. O que a McDonnell Douglas fez? Repetiu o teste à tarde. E mais uma vez foi um fiasco, com mais 20 feridos ainda mais graves, inclusive uma pessoa que sofreu paralisia permanente.

Que tendências psicológicas contribuíram para esse resultado terrível? Bem, usando minha lista de tendências como checklist, chego à seguinte explicação:

A tendência de super-reação à recompensa levou a McDonnell Douglas a agir com rapidez. Ela não poderia vender seu avião comercial enquanto não passasse no teste. Também pressionando a empresa estava a tendência a evitar a dúvida, com seu impulso natural para tomar uma decisão e executá-la. Depois, a orientação do governo para que o teste fosse realista acionou a tendência à má influência da autoridade, levando a empresa a reagir de maneira exagerada ao usar um método de teste obviamente perigoso demais. A essa altura, o curso de ação já havia sido decidido, de modo que a tendência a evitar inconsistência/incoerência ajudou a preservar aquele plano que beirava a imbecilidade. Quando todos os idosos chegaram ao hangar escuro, com sua cabine alta e seu piso de concreto, a situação deve ter deixado os funcionários da McDonnell Douglas muito preocupados, mas eles viram que os outros funcionários e supervisores não se opuseram. A tendência à prova social, portanto, suprimiu sua preocupação. Isso permitiu que a ação prosseguisse conforme planejado, com uma tendência à má influência da autoridade contribuindo ainda mais.

Então veio o desastre do primeiro teste, com a reprovação e os feridos graves. A McDonnell Douglas ignorou a forte evidência contrária do fracasso do primeiro teste, porque o viés de confirmação, auxiliado pelo acionamento de uma forte tendência de super-reação à perda, favoreceu a manutenção do plano original. A tendência de super-reação à perda da McDonnell Douglas era agora como aquela que leva um apostador, decidido a se vingar depois de um grande prejuízo, a fazer uma grande aposta final. Afinal de contas, a empresa teria grandes perdas se não passasse no teste.

Talvez fosse possível dar mais explicações baseadas na psicologia, mas os parágrafos anteriores são completos o suficiente para demonstrar a utilidade do meu sistema quando usado em modo checklist.

Minha terceira pergunta também é complexa: no mundo prático, para que serve o sistema de pensamento apresentado nessa lista de tendências? Não serão os benefícios práticos suprimidos porque essas tendências psicológicas estão tão profundamente inscritas na mente humana pela evolução de maneira mais ampla – a combinação de evolução genética e cultural – que não conseguimos nos livrar delas?

Bem, a resposta é que as tendências podem ser vistas provavelmente muito mais como boas do que como más. Caso contrário, não estariam lá, funcionando muito bem para o ser humano, dada sua condição e sua capacidade cerebral limitada. Portanto, as tendências não podem ser eliminadas automaticamente – nem deveriam. No entanto, o sistema de pensamento psicológico descrito, quando compreendido e posto em prática, permite difundir a sabedoria e a boa conduta, além de facilitar a prevenção de desastres. Tendência não é destino, e conhecê-las, bem como conhecer seus antídotos, ajuda a prevenir problemas.

Vejamos uma pequena lista de exemplos da grande utilidade do conhecimento elementar de psicologia:

1 As práticas de comunicação de Carl Braun.

2   A utilização de simuladores de aeronave no treinamento de pilotos.
3   O sistema dos Alcoólicos Anônimos.
4   Os métodos de treinamento clínico nas faculdades de medicina.
5   As regras da Assembleia Constituinte dos Estados Unidos: reuniões totalmente secretas, nenhuma votação nominal registrada até a votação final, votações reversíveis a qualquer momento antes do fim da convenção, depois apenas uma votação para toda a Constituição. São regras muito inteligentes e que respeitam a psicologia humana. Se os fundadores deste país tivessem utilizado um procedimento diferente, muitas pessoas teriam sido impelidas por variadas tendências psicológicas a assumir posicionamentos incoerentes e endurecidos. Os geniais fundadores da nação só conseguiram aprovar nossa Constituição, e por um triz, porque eram perspicazes em termos de psicologia humana.
6   O uso da "regra da avó" para melhorar o desempenho nos deveres por meio da automanipulação.
7   A ênfase da Harvard Business School nas árvores de decisão. Quando eu era mais novo e mais estúpido, achava graça da HBS, dizendo: "Eles estão ensinando a pessoas de 28 anos que a álgebra do ensino médio funciona na vida real?" Mais tarde, porém, me tornei mais esperto e percebi que era muito importante que fizessem isso para combater alguns efeitos negativos das tendências psicológicas. Antes tarde do que nunca.
8   O uso de técnicas equivalentes à autópsia na Johnson & Johnson. Na maioria das empresas, se uma aquisição que você fez se revelar um desastre, todas as pessoas, a papelada e as apresentações que levaram a essa aquisição serão rapidamente esquecidas. Ninguém quer mencioná-las, para não ser associado a resultados ruins. Na Johnson & Johnson, porém, as regras fazem com que todos revisitem aquisições, comparando previsões com resultados. Isso é muito inteligente.
9   O grande exemplo de Charles Darwin ao evitar o viés de confirmação, que se transformou no método extremo de viés anticonfirmação dos estudos duplos-cegos sabiamente exigidos pela FDA para aprovação de medicamentos.
10 A regra de Warren Buffett para leilões presenciais: não vá.

Minha quarta pergunta é: que problemas especiais de conhecimento estão enterrados no sistema de pensamento apresentado pela sua lista?

Bem, uma resposta é o paradoxo. Na psicologia social, quanto mais as pessoas aprendem sobre o sistema, menos verdadeiro ele é, e é isso que confere ao sistema seu grande valor para prevenir os maus resultados e impulsionar os bons. Isso é paradoxal e não se parece com física elementar, mas e daí? Não se pode retirar todo o paradoxo da matemática pura, então por que a psicologia deveria ficar chocada com um pouco de paradoxo?

Há também algum paradoxo na mudança cognitiva que funciona mesmo quando a pessoa manipulada sabe que está sendo manipulada. Isso cria uma espécie de paradoxo dentro do paradoxo, mas, novamente, e daí?

Uma vez aconteceu algo assim comigo e gostei. Num jantar, muitos anos atrás, uma linda mulher sentou-se ao meu lado. Nunca a tinha visto antes. Ela era casada com um sujeito importante de Los Angeles. A certa altura, virou seu lindo rosto para mim e perguntou: "Charlie, em uma palavra, o que explicaria seu notável sucesso na vida?" Eu sabia que estava sendo manipulado por uma tática simples, e adorei. Sempre que vejo essa mulher, fico um pouco mais animado. A propósito, respondi a ela que eu era uma pessoa "racional". Vocês terão que julgar por si mesmos se isso é verdade. Posso estar demonstrando alguma tendência psicológica não planejada.

Minha quinta pergunta é: não precisamos de mais conciliação entre a psicologia e a economia? Minha resposta é sim, e desconfio de que haja alguns ligeiros progressos. Já ouvi falar de um exemplo: Colin Camerer, do Caltech, que trabalha com economia experimental, concebeu um experimento interessante no qual estudantes com QI elevado, apostando com dinheiro real, pagaram o preço A+B por um "título" que sabiam que valeria A ao fim do dia. Essa atitude estúpida ocorreu porque os estudantes foram autorizados a negociar entre si em um mercado líquido para o título. Alguns pagaram então o preço A+B porque esperavam cobrar dos outros estudantes um preço mais alto antes do fim do dia.

O que vou prever agora com confiança é que, apesar do resultado experimental de Camerer, a maioria dos professores de economia e finanças corporativas que ainda acreditam na hipótese dos mercados eficientes na forma dura manterá sua crença original. Se isso se concretizar, será mais um indicativo de quão irracionais pessoas inteligentes podem ser sob o efeito de tendências psicológicas.

Minha sexta pergunta é: os problemas morais e prudenciais não acompanham o conhecimento dessas tendências psicológicas? A resposta é sim. Por exemplo, o conhecimento de conceitos da psicologia aumenta o poder de persuasão, e, tal como outros poderes, ele pode ser usado para o bem ou para o mal. Certa vez, o capitão Cook usou um truque psicológico em seus marinheiros para fazê-los comer chucrute e evitar o escorbuto. Na minha opinião, foi uma ação ética e sensata dadas as circunstâncias, apesar da deliberada manipulação envolvida.

Normalmente, no entanto, se vocês tentarem usar seu conhecimento das tendências psicológicas para manipular alguém de cuja confiança precisam, estarão cometendo um erro moral e tático. O erro moral é óbvio. O erro tático é porque muitas pessoas inteligentes, se forem alvo de manipulação intencional, provavelmente vão perceber o que vocês estão tentando fazer e se ressentir de sua postura.

Minha última pergunta é: não há erros factuais e lógicos neste discurso? A resposta é sim, quase certamente. A revisão final foi feita de memória, durante cerca de 50 horas, por um sujeito de 81 anos que nunca fez um curso de psicologia e há mais de uma década não lê nenhuma obra técnica da área, exceto um livro sobre psicologia do desenvolvimento.

Mesmo assim, acredito que a totalidade do meu discurso se manterá muito bem, e espero que todos os meus descendentes e amigos levem cuidadosamente em conta o que eu disse. Espero até que mais professores de psicologia se juntem a mim em: 1) fazer uso intenso da inversão; 2) buscar uma descrição completa do sistema psicológico para que funcione melhor como um checklist; e 3) enfatizar principalmente os efeitos das combinações de tendências psicológicas.

Bem, isso encerra minha fala. Se, ao refletir sobre o que eu disse, vocês tiverem 10% da diversão que eu tive ao dizê-lo, terão sido ouvintes de sorte.

DISCURSO ONZE REVISITADO

Neste discurso, proferido em 2000, fiz uma menção positiva ao livro de grande sucesso de vendas de Judith Rich Harris, *Diga-me com quem andas...* As pessoas devem lembrar que esse trabalho demonstrou que a pressão dos pares sobre os jovens é muito mais importante do que se acreditava anteriormente, e a educação parental, muito menos.

Por trás do sucesso do livro, que teve vastas implicações práticas, há uma história interessante. Muito antes de ser publicado, Harris foi expulsa do programa de doutorado em psicologia de Harvard porque a instituição não via nela as qualidades ideais para a pesquisa em psicologia. Mais tarde, apesar da doença e da obscuridade, já que esteve praticamente presa em casa durante toda a vida adulta devido a uma condição autoimune sem cura, ela publicou um artigo acadêmico no qual seu livro subsequente se baseou. E, por esse trabalho, ela ganhou uma medalha de prestígio, batizada em homenagem ao homem que assinou seu desligamento de Harvard, concedida anualmente pela Associação Americana de Psicologia pela excelência em publicações.

Quando soube, por seu impressionante livro, desse episódio irônico, escrevi para Harvard, minha alma mater, instando-a a conceder a Harris, que eu não conhecia, um título de doutora honoris causa – ou, melhor ainda, um título de doutora propriamente dito. Citei o exemplo de Oxford. Essa grande universidade já permitiu que seu melhor aluno, Samuel Johnson, saísse sem diploma porque era pobre demais para pagar as mensalidades. Mais tarde, porém, Oxford fez reparações: deu a Johnson um título depois que ele superou sua doença e ficou famoso por sua difícil trajetória, uma vez descrita em suas próprias palavras: "Devagar cresce o valor quando oprimido pela pobreza."

Fracassei por completo na minha investida para convencer Harvard a imitar Oxford. Mas Harvard mais tarde recrutou do MIT um dos mais famosos professores de psicologia vivos, Steven Pinker, e Pinker é um grande admirador de Harris. Esse passo nos ajuda a entender por que a área de ciências humanas de Harvard é mais conceituada do que a maioria. A extrema dedicação da área muitas vezes permite a correção parcial de erros estúpidos que floresceriam sem resistência em outros lugares.

Em 2006, Harris, em meio a uma batalha ainda maior contra sua doença incurável, publicou outro livro, *Não há dois iguais*. O título é adequado porque uma questão central que a autora aborda é a de por que gêmeos idênticos se revelam tão diferentes em aspectos importantes da personalidade. Sua curiosidade e seu rigor obstinados ao lidar com essa questão me lembram Darwin e Sherlock Holmes. E sua solução é muito plausível, pois ela coleta e explica dados da literatura, incluindo um caso interessante em que um dos dois gêmeos idênticos se tornou um sucesso nos negócios e na vida familiar, enquanto o outro acabou na pobreza.

Não vou dar aqui a resposta desejavelmente generalizada de Harris a sua questão central, porque seria melhor para os leitores deste livro que primeiro tentassem adivinhar a resposta e depois lessem o seu livro. Se Harris estiver aproximadamente certa, o que me parece muito provável, ela produziu duas vezes, a partir de uma posição bastante desprivilegiada, conhecimentos acadêmicos de grande importância prática para a criação de filhos, a educação e muitos outros aspectos.

Como esse desfecho raro e desejável foi possível? Bem, segundo o próprio relato de Harris, ela era "impertinente e cética desde pequena", e essas qualidades, além de paciência e determinação, obviamente a impulsionaram em sua busca pela verdade, até os 67 anos. Sem dúvida ajudou também seu entusiasmo em destruir as próprias ideias, como ela agora demonstra, desculpando-se pelo seu trabalho anterior como autora de livros didáticos que repetiam conceitos equivocados, hoje superados.

Neste discurso, demonstrei alguma impertinência ao passar uma mensagem que soava radical. Ele afirma nada menos que 1) a psicologia acadêmica é extremamente importante; 2) mesmo assim, costuma ser mal pensada e mal apresentada por seus doutores; e 3) minha forma de apresentar a psicologia muitas vezes tem grande superioridade em utilidade prática em comparação com a maioria dos livros de referência. Naturalmente, acredito que essas afirmações radicais estão certas. Afinal de contas, reuni o material contido nesta palestra para me ajudar a ter sucesso no pensamento prático, não para obter vantagens ao tornar públicas quaisquer noções supostamente inteligentes.

Se eu estiver parcialmente certo, o mundo vai acabar por ver mais da psicologia como apresentada nesta palestra. Se assim for, prevejo com segurança que a mudança na prática vai melhorar a competência de modo geral.

E, com isso, nada mais tenho a acrescentar.

Apêndices

NOTAS

Discurso Um:
Cerimônia de Formatura da Harvard School

1 Poeta, filósofo, retórico e humorista, Marco Túlio Cícero (106–43 a.C.) foi também um dos maiores oradores de Roma. Cícero considerava o serviço público a tarefa mais nobre que o cidadão romano podia exercer. Defendeu homens acusados injustamente por líderes ditatoriais e derrubou governos corruptos. Num momento posterior, liderou a malsucedida batalha do Senado contra Marco Antônio, pela qual pagou com a vida, em 43 a.C.

2 Samuel Johnson (1709–1784), escritor inglês e principal estudioso e crítico literário de sua época, foi celebrado por suas conversas brilhantes e espirituosas. Seu primeiro trabalho de importância duradoura foi *Dicionário da língua inglesa* (1755), que estabeleceu sua reputação para a posteridade.

3 Um dos maiores poetas da língua inglesa, John Milton (1608–1674) ficou mais conhecido por seu poema épico "Paraíso Perdido" (1667). Sua prosa potente e a eloquência de sua poesia tiveram uma influência imensa, principalmente na poesia do século XVIII. Milton também publicou panfletos defendendo os direitos civis e religiosos. A respeito do comentário de Johnson sobre Milton: "Paraíso Perdido" tem 12 cantos e milhares de versos.

4 Nascido em Corning, Iowa, Johnny (John William) Carson (1925–2005) ficou famoso nos Estados Unidos como o rei da comédia noturna. Por anos estrelou um programa de rádio popular em Omaha, cidade que adotou como sua terra natal. De 1962 a 1992 divertiu milhões de pessoas como apresentador do *The Tonight Show*, da NBC. Seu programa recebeu milhares de escritores, cineastas, atores, cantores – e, claro, comediantes stand-up, muitos cuja carreira ele lançou.

5 Creso (c. 620–546 a.C.), lendário por sua enorme riqueza, foi rei da Lídia de 585 a.C. até cerca de 546 a.C., quando os persas o derrotaram. Após ser capturado, Creso supostamente se jogou sobre uma pira funerária.

6 Isaac Newton (1642–1727) nasceu em Lincolnshire, Inglaterra. Era tão pequeno e frágil que não se esperava que sobrevivesse, mas chegou aos 84 anos. Na idade adulta, Newton fez enormes descobertas em matemática geral, álgebra, geometria, cálculo, ótica e mecânica celeste. A mais famosa dessas descobertas foi a descrição da gravidade. A publicação de *Princípios matemáticos da filosofia natural*, em 1687, marcou o auge de sua carreira criativa.

7 Embora tenha nascido escravizado em Hierápolis e sofrido com uma deficiência física permanente, Epicteto (55-135) defendia que todos os seres humanos eram perfeitamente livres para controlar a própria vida e para viver em harmonia com a natureza. Após intenso estudo do currículo estoico tradicional de lógica, física e ética, Epicteto passou toda a sua carreira lecionando filosofia e promovendo um regime diário de rigoroso autoexame. Chegou a ser libertado, mas foi exilado de Roma por Domiciano em 89.

8 James Clerk Maxwell (1831–1879), nascido em Edimburgo, Escócia, demonstrou interesse pela ótica desde muito cedo: seu passatempo preferido na infância era usar um espelho para refletir os raios do sol. Seu modo incomum de se vestir lhe rendeu o ape-

lido "Dafty" (algo como Doidinho) na Edinburgh Academy. Era um aluno brilhante, destacando-se em matemática. Frequentou a Universidade de Cambridge, onde passou a lecionar após se formar. Seu interesse pela ótica o levou a estudar cores e astronomia. Também fez contribuições significativas no campo do eletromagnetismo, tendo sido inclusive a primeira pessoa a levantar a hipótese de que a luz é uma forma de radiação eletromagnética.

9. Albert Einstein (1879–1955) obteve a licenciatura em uma universidade suíça e, enquanto trabalhava na agência suíça de patentes em 1904, concluiu sua tese de doutorado sobre um método para determinar dimensões moleculares. Nesse mesmo ano e no seguinte, escreveu vários artigos que hoje constituem a base da física moderna. Os temas incluíam o movimento browniano, o efeito fotoelétrico e a relatividade especial. Fez contribuições importantes para o desenvolvimento da mecânica quântica, da mecânica estatística e da cosmologia. Ganhou o Nobel de Física em 1921.

10. Charles Darwin (1809–1882) foi um naturalista britânico cujos ensinamentos sobre a evolução através da seleção natural revolucionaram a biologia. Seu livro *A origem das espécies* esgotou em pouquíssimo tempo e foi severamente atacado por divergir da representação bíblica da Criação.

11. Elihu Root (1845–1937), nascido em Nova York e filho de um professor de matemática, se tornou um dos mais brilhantes gestores da história americana. Aos 30 anos, estabeleceu-se como um advogado proeminente especializado em assuntos corporativos. Posteriormente, destacou-se na gestão pública como secretário da Guerra, secretário de Estado, senador e embaixador na Rússia. Em busca da paz mundial, foi responsável por muitos tratados por meio de arbitragem. Recebeu o Nobel da Paz em 1912.

Discurso Dois:
Uma lição sobre sabedoria elementar para a gestão de investimentos e os negócios

1. Henry Emerson, editor da extinta *Outstanding Investor Digest*, passou 18 anos interagindo com alguns dos maiores gestores de riqueza do mundo, incluindo Buffett e Munger. A indispensável *OID* foi pensada para "levar aos nossos assinantes o material mais valioso que pudermos, dane-se o calendário". A publicação de Emerson foi leitura obrigatória para investidores de todo tipo.

2. Convidados pelo aristocrata francês Chevalier de Méré para ajudar a resolver uma disputa de jogo em meados do século XVII, os matemáticos Pierre de Fermat e Blaise Pascal lançaram as bases da teoria das probabilidades em uma troca de correspondências. A pergunta de Méré dizia respeito a apostas em lançamentos de um dado em que pelo menos um 6 apareceria dentro de quatro lançamentos. Por experiência própria, ele sabia que ganharia com mais frequência do que perderia nesse jogo. Como diversão, mudou o jogo para uma aposta de que conseguiria um 12 (duplo 6) em 24 lançamentos de dois dados. O novo jogo era menos lucrativo que o anterior. Ele pediu aos matemáticos que determinassem por que essa mudança tinha ocorrido.

3. A C.F. Braun Company, empresa petroquímica de engenharia e construção, ganhou destaque no Vale de San Gabriel no início e em meados do século XX. Junto com concorrentes como Fluor, Bechtel e Parsons, a Braun projetou e construiu fábricas em todo o mundo. No início da década de 1980, a Braun foi comprada pela Santa Fe International, habilmente liderada por Ed Shannon.

4 Nascido em Iowa mas tendo crescido no Wyoming, W. Edwards Deming (1900–1993) cresceu em uma casa de quatro cômodos com as paredes revestidas de papelão. Estudante dedicado, apesar da pobreza obteve um doutorado em física-matemática em Yale. Conseguiu um emprego no Departamento de Agricultura, mas acabou desenvolvendo um amor pela análise estatística. Durante a Segunda Guerra Mundial, querendo ajudar no esforço de guerra, Deming procurou aplicar estatísticas à indústria. As empresas americanas ignoraram em grande parte suas ideias. Após a guerra, Deming foi ao Japão para ensinar gerentes, engenheiros e cientistas a incorporar qualidade a sua produção. Foi somente depois que a habilidade manufatureira japonesa se tornou visível para o restante do mundo, na década de 1980, que Deming ganhou fama em seu país natal. O Deming Prize, que premia a qualidade, foi concedido pela primeira vez no Japão e hoje é reconhecido internacionalmente.

5 Nascido John Francis Welch Jr., em Massachusetts, Jack Welch (1935–2020) obteve um doutorado em engenharia química antes de ingressar na General Electric em 1960. Subiu na hierarquia corporativa e chegou a presidente e CEO em 1980. Durante seus 20 anos de liderança na GE, Welch aumentou o valor da empresa de 13 bilhões de dólares para muitas centenas de bilhões.

6 Ivan Pavlov (1849–1936) nasceu na Rússia central e frequentou o seminário até os 21 anos, quando trocou a teologia pela química e a fisiologia. Tendo obtido seu mestrado em 1883, destacou-se em fisiologia e técnicas cirúrgicas. Mais tarde, estudou a atividade secretora da digestão e, por fim, formulou as leis dos reflexos condicionados. O experimento mais famoso de Pavlov mostrou que os cães tendem a salivar antes que a comida chegue à boca. Esse resultado o levou a uma longa série de experimentos nos quais manipulou os estímulos que ocorriam antes da apresentação dos alimentos. Assim ele estabeleceu as leis básicas para o surgimento e a extinção daquilo que chamou de "reflexos condicionais", mais tarde traduzidos erroneamente do original russo como "reflexos condicionados". Recebeu o Nobel em 1904 por seu trabalho sobre secreções digestivas.

7 Fundado em 1962 por Sam Walton com apenas uma loja em Rogers, Arkansas, o Walmart se expandiu para 24 lojas em apenas cinco anos. Em 1970, a empresa mudou seu centro de distribuição e sede corporativa para Bentonville, Arkansas. O crescimento continuou nos Estados Unidos e no exterior até o atual Walmart, que em 2024 tinha mais de 2 milhões de funcionários, receitas superiores a 600 bilhões de dólares e uma capitalização de mercado também em torno dessa cifra. A empresa é conhecida por sua dedicação servil a oferecer preços baixos aos clientes.

8 John Harvey Kellogg e seu irmão, William, estavam experimentando alimentos novos e saudáveis para pacientes do sanatório de Battle Creek, em 1894, quando descobriram que, passando massa de trigo cozida por entre rolos e assando, eles produziam flocos de cereais. William por fim deu início à produção do novo cereal e em 1906 já vendia 2.900 caixas por dia. Ele continuou a criar novos produtos e expandiu a empresa até se tornar um império de alimentos para café da manhã. Em 2024 as vendas ultrapassaram os 13 bilhões de dólares por ano.

9 **Patente:** Concessão feita por um governo que confere ao criador de uma invenção o direito exclusivo de fabricar, usar e vender essa invenção por determinado período. Invenção protegida por tal concessão.

   Marca registrada: Nome, símbolo ou outro item que identifique um produto, registrado oficialmente e com o uso legalmente restrito ao proprietário ou fabricante. Característica distinta pela qual uma pessoa ou coisa passa a ser conhecida.

Franquia exclusiva: Direito ou licença concedido exclusivamente a uma pessoa ou um grupo para comercializar bens ou serviços de uma empresa em determinado território sob a marca registrada, nome comercial ou marca de serviço da empresa e que muitas vezes envolve o uso de regras, procedimentos, serviços (como publicidade) e instalações fornecidos pela empresa em troca de taxas, royalties ou outras compensações; também se refere a uma empresa que recebeu tal direito ou licença.

10 Em 1884, John H. Patterson fundou a National Cash Register (NCR) Corporation, fabricante das primeiras caixas registradoras mecânicas. Duas décadas depois, a NCR lançou a primeira caixa registradora a eletricidade. No início da década de 1950, a NCR se ramificou na fabricação de computadores para aviação e máquinas comerciais. No final da década de 1990, a empresa deixou de se dedicar apenas a hardware para se tornar fornecedora de soluções completas de automação comercial.

11 Ele provavelmente se refere ao economista Paul Samuelson, sabidamente um grande acionista da Berkshire.

12 O sistema parimutual ou pari-mutuel, ou ainda formato de apostas mútuas, é um sistema de apostas em corridas em que os vencedores dividem o valor total apostado, após dedução da comissão do organizador, proporcionalmente ao montante apostado por cada vencedor.

13 Frederick W. Smith era estudante de graduação em Yale em 1965 quando escreveu um trabalho de conclusão sobre os sistemas de rotas de passageiros usados pela maioria das companhias de frete aéreo. Ele enxergava a necessidade de um sistema projetado especificamente para frete aéreo para acomodar remessas urgentes. Em 1971, Smith comprou o controle acionário da Arkansas Aviation Sales. Ele rapidamente testemunhou a dificuldade em conseguir com que pacotes e outras cargas aéreas fossem entregues dentro de um ou dois dias e fez as pesquisas necessárias para criar um sistema de distribuição mais eficiente. A Federal Express (hoje FedEx) começou a operar oficialmente em 1973, com 14 pequenas aeronaves baseadas no Aeroporto Internacional de Memphis; por fim, a sede da empresa também foi transferida para Memphis. Não lucrativa até julho de 1975, a FedEx logo se tornou a principal transportadora de mercadorias de alta prioridade no mercado e estabeleceu padrões para o setor que criou.

14 Nascido em Londres, Benjamin Graham (1894–1976) migrou com a família para os Estados Unidos ainda bastante jovem. Seu pai abriu uma empresa de importação que faliu rapidamente. Apesar dos desafios da pobreza, Graham se formou em Columbia. Conseguiu um emprego modesto em Wall Street no Newburger, Henderson & Loeb. Sua inteligência e capacidade logo ficaram evidentes e aos 25 anos ele se tornou sócio do banco. O crash da Bolsa de 1929 quase acabou com Graham, mas ele aprendeu lições valiosas sobre investimentos. Na década de 1930, Graham publicou uma série de livros sobre investimentos que se tornaram clássicos. Entre esses títulos impressionantes estão *Security Analysis* [Análise de valores mobiliários] e *O investidor inteligente*. Graham foi quem introduziu o conceito de valor intrínseco e a sabedoria de comprar ações descontadas em relação a esse valor.

15 Presidente da Disney Company até sua morte prematura, em 1994, Frank Wells (1932–1994) era altamente respeitado. Durante 30 anos carregou na carteira um pedaço de papel que dizia: "A humildade é a essência da vida."

16 Nascido em Leeds, Inglaterra, filho de imigrantes poloneses, Simon Marks (1888–1964) passou seus anos de formação perambulando pela loja do pai, a Marks & Spencer. Após se formar na rigorosa escola secundária local (o equivalente ao ensino médio hoje),

Marks ingressou no negócio da família. Aos 28 anos foi nomeado presidente e liderou a Marks & Spencer Company em muitas inovações no varejo e em considerável sucesso financeiro. Para além das obrigações da empresa, Marks trabalhou apaixonadamente pelo restabelecimento de um Estado judeu.

17 Designação informal de um grupo de aproximadamente 50 ações de grande capitalização da Bolsa de Valores de Nova York nas décadas de 1960 e 1970, consideradas as mais sólidas do mercado. Há quem afirme que essas "50 maravilhas" geraram uma bolha, estourada em torno de 1973, enquanto outros alegam apenas que parte delas teve um desempenho medíocre. Muitas, como a Coca-Cola e o McDonald's, continuam em operação e são grandes corporações.

18 Em 1877, Stilson Hutchins lançou o *The Washington Post*, que, três anos depois, se tornou o primeiro jornal diário de Washington a ter sete edições por semana. Em 1946, Philip Graham virou editor; foi promovido a presidente do jornal em 1959. O *Post* adquiriu a revista *Newsweek* e estabeleceu um serviço de notícias conjunto com o *The Los Angeles Times* no início dos anos 1960.

19 King C. Gillette, vendedor ambulante que gostava de melhorar os produtos que vendia, aprendeu cedo que itens descartáveis rendiam grandes vendas. Em 1895, Gillette teve uma revelação: se conseguisse colocar uma lâmina afiada em um pequeno quadrado de chapa de aço, poderia comercializar uma lâmina de barbear econômica que fosse descartada e substituída quando ficasse cega. Em 1901, Gillette e William Emery Nickerson formaram a American Safety Razor Company (logo renomeada em homenagem ao próprio Gillette). Pela primeira vez as lâminas de barbear eram vendidas em embalagens múltiplas, sendo o cabo da navalha uma compra única, não descartável. A produção começou em 1903; Gillette obteve uma patente para o seu produto no ano seguinte.

20 Leo e Lillian Goodwin fundaram a Government Employees Insurance Company (GEICO) no auge da Grande Depressão, em 1936. Sua estratégia de marketing direto permitiu à empresa cobrar prêmios mais baixos e, ao mesmo tempo, obter lucro. A empresa cresceu depressa, embora inicialmente se concentrasse em servidores públicos federais e militares. A GEICO logo expandiu seu mercado para o público geral. Em 1951, Warren Buffett comprou suas primeiras ações da empresa. Ele ampliou sua participação ao longo dos anos até que, em 1996, a GEICO se tornou uma subsidiária integral da Berkshire Hathaway.

21 Nos Estados Unidos, grande parcela do orçamento de determinadas instituições privadas de renome, como Harvard e MIT, provém dos *endowment funds*, ou fundos patrimoniais. Composto por grandes doações de ex-alunos, filantropos e outros, esse dinheiro é investido de modo a gerar recursos para financiar as atividades das instituições, como desenvolvimento de pesquisas e bolsas de estudo.

22 Aristóteles identificou Tales de Mileto (620–546 a.C.) como a primeira pessoa a pesquisar a ideia de uma substância originária básica da matéria, distinção que fez dele o fundador da escola de filosofia natural. Tales de Mileto se interessava por quase tudo: filosofia, história, ciências, matemática, engenharia, geografia e política. Propôs teorias para explicar muitos dos eventos da natureza e as causas das mudanças. Sua abordagem questionadora à compreensão dos fenômenos celestes foi o início da astronomia grega. Ele fundou a escola milésia de filosofia natural e desenvolveu o método científico.

Discurso Três:
Uma lição sobre sabedoria elementar para a gestão de investimentos e os negócios – revisitado

1. Adam Smith (1723–1790), nascido em uma pequena aldeia da Escócia, foi um aluno excepcional e ingressou na Universidade de Glasgow aos 14 anos. Mais tarde, estudou em Oxford, regressou a Glasgow e deu início a uma carreira acadêmica em lógica e filosofia moral. Sua obra seminal, *A riqueza das nações*, continua a ser a fonte do pensamento econômico contemporâneo. A explicação de Smith de como o interesse próprio racional impulsiona uma economia de livre mercado influenciou enormemente os pensadores e economistas de sua época e de gerações seguintes. Seu trabalho constitui a base da economia clássica.

2. "A Pequena Galinha Vermelha" é uma fábula que ensina a importância de ser autossuficiente em coisas importantes. Em resumo, a galinha passa a história plantando trigo e fazendo pão sozinha, pois o gato, o porco e o ganso se recusam a ajudá-la, mas no fim todos querem comer o pão. O conselho de Charlie sobre autodidatismo lembra uma frase clássica de Mark Twain: "Nunca deixei que a minha escolaridade atrapalhasse a minha educação."

3. Criado na zona rural central da Pensilvânia e com pouca educação formal, Milton S. Hershey (1857–1945) se tornou uma das pessoas mais ricas dos Estados Unidos. Em 1876 abriu um negócio de doces, a Lancaster Caramel Company, que faliu em apenas seis anos, mas, destemido, fez uma nova tentativa e obteve grande sucesso. Em 1893, aprendeu a arte da fabricação de chocolate e fundou a Hershey Chocolate Company. À medida que abarcava outros produtos, a Hershey começou a construir a cidade na Pensilvânia que leva seu nome. As ideias e os princípios utópicos da Hershey ainda hoje influenciam a empresa e a cidade.

4. A missão da Value Line é "ajudar os investidores a obter as informações de pesquisa mais precisas e independentes à disposição, em qualquer formato que escolherem, e ensiná-los a usá-las para atingir seus objetivos financeiros". Em atividade desde 1931, a Value Line tem uma sólida reputação de confiabilidade, objetividade, independência e precisão. Mais conhecida pela Value Line Investment Survey, a empresa publica dezenas de produtos de pesquisa impressos e eletrônicos.

5. Em 1899, o comerciante E. A. Stuart cofundou a Pacific Coast Condensed Milk Company, no estado de Washington, utilizando o processo então relativamente novo de evaporação do leite. Usando o nome de uma tabacaria local (Carnation), Stuart criou uma marca para seu novo laticínio. Graças à atenção aos processos e ao marketing inteligente, a Carnation ficou associada às suas "vacas felizes" e aos laticínios de alta qualidade. Em 1985, foi adquirida pela Nestlé.

6. Nascido em Montreal em 1954, Steven Pinker se formou em psicologia experimental na Universidade McGill e obteve um doutorado em Harvard. Lecionou em Harvard e no MIT em diversas ocasiões e atualmente tem o título de Johnstone Family Professor do departamento de psicologia de Harvard. Pinker se interessa pela linguagem e pela mente, incluindo a área da cognição visual, que abrange a capacidade de imaginar formas e reconhecer rostos e objetos. É especialista no desenvolvimento da linguagem infantil e escreveu muitos artigos e livros importantes sobre esse e outros temas.

7. Filho de um ferreiro inglês, aos 14 anos Michael Faraday (1791–1867) foi aprendiz de encadernador e livreiro. Tornou-se um leitor voraz, e sua ocupação como encaderna-

dor também o levou ao estudo da química, na qual se destacou. Descobriu o benzeno e foi o primeiro a descrever os compostos cloro e carbono. Também fez experiências com o magnetismo e a eletricidade, o que o levou a produzir rotação contínua usando corrente elétrica – precursor fundamental do motor elétrico. Também se atribui a Faraday a descoberta da indução eletromagnética, dos princípios da eletrólise e de um método para medição de cargas elétricas, o voltímetro.

8 Stanley Milgram nasceu em 1933, em Nova York, e cresceu durante a Segunda Guerra Mundial, quando as atrocidades nazistas se tornaram de amplo conhecimento no mundo inteiro. Graduou-se em Ciências Políticas pela Queens College e obteve seu doutorado em Ciências Sociais em Harvard. Assumiu um cargo de docente em Yale, onde conduziu um experimento clássico que contrapôs as crenças morais do sujeito às exigências da autoridade. Seu experimento apontou que 65% dos participantes, simples habitantes de New Haven, estavam dispostos a dar choques elétricos aparentemente dolorosos em vítimas, a despeito dos protestos dessas vítimas, simplesmente por terem sido orientados por uma autoridade científica a fazê-lo e mesmo sem relacionar o ato a qualquer ato que a pessoa tivesse feito para merecer punição. As descobertas de Milgram foram usadas como uma explicação parcial para as atrocidades alemãs na Segunda Guerra Mundial.

9 Nascido Burrhus Frederic Skinner, na Pensilvânia, filho de pai advogado e uma mãe forte e inteligente, B. F. Skinner (1904–1990) gostava de estudar e se saiu bem o suficiente na escola para ingressar na faculdade. Após a formatura, escreveu artigos para jornais sobre problemas trabalhistas e morou no Greenwich Village. Cansado da vida boêmia, decidiu voltar para Harvard, onde obteve o doutorado em psicologia. As grandes contribuições de Skinner para a psicologia são seus experimentos em condicionamento operante e behaviorismo. O condicionamento operante pode ser resumido da seguinte forma: "Um comportamento é seguido por uma consequência, e a natureza da consequência modifica a tendência do organismo de repetir o comportamento no futuro."

10 Nascido em Marton, Inglaterra, James Cook (1728–1779) desenvolveu desde cedo um fascínio pelo mar e aprendeu cartografia sozinho. Serviu na Marinha Real, participando do cerco à cidade de Quebec e, demonstrando talento para a topografia e a cartografia, mapeou grande parte da entrada do rio Saint-Laurent durante o cerco. Mais tarde mapeou a costa da Terra Nova, o que chamou a atenção da Royal Society, patrocinadora de muitas das suas grandes viagens. Além das habilidades cartográficas de primeira classe, Cook desenvolveu uma excelente habilidade náutica e demonstrou grande coragem na exploração de locais perigosos. Suas viagens são narradas em livros que foram extremamente populares em sua época e ainda o são em diversos países de língua inglesa.

11 *Serpico* (1973) é um filme dirigido por Sidney Lumet e baseado no livro do jornalista Peter Maas. A trama gira em torno do policial disfarçado Frank Serpico, que faz o possível para prender criminosos de todos os tipos, principalmente traficantes de drogas, apesar de trabalhar em um departamento de polícia corrupto. Serpico se recusa a aceitar subornos e fica tão chocado com seus colegas de caráter duvidoso que testemunha contra eles, colocando assim a própria vida em risco. Al Pacino interpretou o personagem-título e foi indicado ao Oscar por sua atuação. O filme também foi indicado ao Oscar de melhor roteiro.

12 Nascido András Gróf, em Budapeste, Hungria, Andy Grove (1936–2016) se graduou em engenharia química pela City College of New York e fez o doutorado na Universidade

da Califórnia em Berkeley. Trabalhou na Fairchild Semiconductor antes de se tornar o quarto funcionário da nascente Intel Corporation. Tornou-se presidente da Intel em 1979, CEO em 1987 e presidente e CEO em 1997. Autor de vários livros acadêmicos e comerciais, sua obra *Only the Paranoid Survive*, de 1996, foi extremamente popular. Está na lista de recomendações de Charlie neste livro.

13 Uma reação de autocatálise ocorre quando um produto da reação química é ele próprio o catalisador da reação. Por exemplo, a praga do estanho é uma autocatálise do elemento estanho; em baixas temperaturas, ela provoca a deterioração de objetos desse material. A destruição do ozônio atmosférico é outro exemplo de autocatálise.

14 Com o lançamento do Apple 1, em 1976, por Steve Jobs e Stephen Wozniak, nascia a Apple Computer. Graças a uma série de melhorias e inovações, a Apple construiu uma reputação de qualidade e de ter os computadores mais fáceis de usar do mercado. No início da década de 1990 a empresa começou a perder participação de mercado para computadores Intel com sistema operacional Windows. Apesar de contar, segundo muitos diziam, com tecnologia e desempenho superiores, a Apple chegou perto da irrelevância devido ao forte marketing dos produtos com sistema Windows. No final da década de 1990, o iMac e o PowerBook deram início a uma impressionante recuperação da marca.

15 John Gutfreund (1929–2016), presidente e CEO do banco de investimento Salomon Brothers, pagou um preço alto pela inação quando foi informado dos delitos da empresa. Em 1991, um corretor do Salomon fez uma oferta ilegal de 3,2 bilhões de dólares por títulos do Tesouro americano. Embora a transação tenha sido comunicada à alta administração apenas alguns dias depois, Gutfreund não levou o aviso a sério e não o denunciou por mais de três meses. Assim que o assunto foi divulgado na imprensa, Gutfreund soube que sua demora em relatar o fato havia colocado fim em sua carreira de 38 anos no Salomon. Ele chamou um dos diretores externos do banco, Warren Buffett, para salvar a empresa e restaurar sua reputação. Buffett administrou o complicado projeto com maestria e o banco sobreviveu e prosperou; mais tarde, foi vendido por 9 bilhões de dólares para o Travelers Group.

16 Napoleão Bonaparte (1769–1861), imperador da França, adquiriu o controle da maior parte da Europa Ocidental e Central por dominação ou aliança até sua derrota na Batalha das Nações, perto de Leipzig, em 1813. Mais tarde, encenou um retorno conhecido como os Cem Dias, até ser derrotado na Batalha de Waterloo, em 1815.

17 Os termos "darwinismo moderno" e "síntese darwiniana moderna" descrevem trabalhos do final dos anos 1930 e 1940 que combinaram as descobertas de geneticistas e historiadores naturais para determinar como mudanças nos genes poderiam explicar a evolução da biodiversidade.

18 Nascido na Alemanha, filho de pai professor de direito, Max Planck (1858–1947) concluiu o doutorado aos 21 anos. Seus primeiros trabalhos sobre termodinâmica evoluíram para um interesse pela radiação. A partir desses estudos, foi levado a trabalhar na distribuição de energia no espectro da radiação. O trabalho de Planck sobre emissões de energia foi essencial para a área da física e ficou conhecido como teoria quântica. Ele recebeu o Nobel de Física em 1918.

19 Matemático, físico, engenheiro, astrônomo e filósofo grego, Arquimedes (c. 287–212 a.C.) foi uma das maiores mentes da Antiguidade. Descobriu os princípios da densidade, da flutuabilidade, da ótica e, o mais famoso, da alavanca. Sobre este último, Arquimedes disse: "Dê-me uma alavanca e um ponto de apoio e eu moverei o mundo."

Discurso Quatro:
Pensamento prático sobre pensamento prático?

1. Galileu Galilei (1564–1642), nascido perto de Pisa, Itália, quando muito jovem pensava em ingressar em uma ordem monástica, porém seus interesses e sua formação acabaram se voltando para a matemática e a medicina. Atribuem-se a ele descobertas fundamentais sobre movimento pendular, gravidade, trajetórias e muitos outros assuntos. Construiu o primeiro telescópio astronômico e com ele descobriu os satélites de Júpiter e a Via Láctea. Em 1633, foi levado perante a Inquisição em Roma, condenado a prisão domiciliar pelo restante da vida e obrigado a renunciar a sua crença na teoria heliocêntrica copernicana. Apesar disso, continuou a trabalhar em seus *Discursos* e em demonstrações matemáticas de duas novas ciências, que concluiu em 1638. Levados secretamente para fora da Itália e publicados na Holanda, os *Discursos* resumem a maior parte das contribuições de Galileu para a física.
2. Pitágoras (582–496 a.C.), matemático e filósofo jônico (grego) conhecido como "o pai dos números", é frequentemente creditado pela descoberta dos números irracionais, porém é mais provável que um ou mais dos seus seguidores, os pitagóricos, tenham produzido uma prova da irracionalidade da raiz quadrada de 2. Acreditando que os números eram absolutos, Pitágoras rejeitou os números irracionais e diz-se que condenou seu principal proponente à morte por afogamento, pela heresia. Em termos gerais, um número irracional é qualquer número real que não pode ser escrito como uma fração a/b, com a e b inteiros e b diferente de 0. Para que um número seja irracional, sua expansão em qualquer base (decimal, binária, etc.) nunca termina e nunca apresenta um padrão periódico.
3. Como muitos sabem, Franklin foi um polímata. Nascido em Boston e líder da Revolução Americana, foi jornalista, editor, escritor, filantropo, abolicionista, representante público, cientista, bibliotecário, diplomata e inventor. Seu *Almanaque* vendia cerca de 10 mil exemplares por ano nas colônias norte-americanas.
4. A dracma era originalmente uma unidade monetária na Grécia clássica. A palavra deriva do verbo "agarrar". A dracma também foi usada na Roma Antiga, do século III a.C. em diante. A maioria dos historiadores diz que uma dracma romana equivalia ao salário de um dia de trabalho.
5. Aristóteles (384–322 a.C.) nasceu na colônia grega de Estagira, filho de um médico da corte do rei da Macedônia. Tendo ingressado na Academia de Atenas, estudou com Platão por 20 anos, até divergir de seus ensinamentos. Estabeleceu então sua própria escola, o Liceu. Após a morte de Alexandre e a derrubada de seu governo, Aristóteles enfrentou acusações de impiedade e foi forçado a fugir. Morreu exilado, longe de Atenas. Suas obras incluem tratados de física, metafísica, retórica e ética. Também é conhecido por suas observações sobre a natureza e o mundo físico, que formaram a base para o estudo moderno da biologia.
6. Charlie valoriza em diversos momentos a importância da síntese de ideias e conceitos, tanto em relação a conteúdos diversos de uma mesma disciplina quanto a conteúdos de disciplinas distintas. "Síntese" é o processo de formular uma visão única e concisa a partir de elementos diversos. O termo tem acepções específicas em disciplinas como filosofia e química, todas nitidamente decorrentes desse sentido geral.
7. Richard Thaler (n. 1945), nascido em Nova Jersey, obteve seu doutorado na Universidade de Rochester. Servindo como professor de economia comportamental e pesquisa

de decisão na Universidade Cornell e no MIT, ingressou no corpo docente da Universidade de Chicago em 1995. Além de seu trabalho em economia comportamental e finanças, concentra-se na psicologia da tomada de decisões.

Discurso Cinco:
A necessidade de mais competências multidisciplinares por parte dos profissionais: implicações pedagógicas

1. William Tyndale (1495–1536), nascido em Gloucestershire, Inglaterra, formou-se em Oxford e se tornou padre. Achando a Inglaterra hostil às suas crenças, passou um tempo na Alemanha e na Bélgica, onde expandiu essas crenças e difundiu os ensinamentos de Martinho Lutero. Seus livros foram queimados e se tornaram alvo contínuo de hostilidade, mas ele continuou mesmo assim a publicar traduções da Bíblia e outros tratados. Após meses de prisão, foi condenado por heresia, morto por estrangulamento e cremado em praça pública. Tempos depois, a tradução de Tyndale formou a base da primeira Bíblia em inglês aprovada pela realeza e teve grande impacto no desenvolvimento da língua inglesa.
2. Alfred North Whitehead (1861–1947), filósofo e matemático britânico, trabalhou em lógica, matemática, filosofia da ciência e metafísica. Whitehead é conhecido por ter desenvolvido a filosofia do processo, que sustenta que os elementos fundamentais do universo são ocasiões de experiência. Segundo essa visão, os objetos concretos são, na verdade, sucessões dessas ocasiões de experiência. Ao agrupá-las, pode-se definir algo tão complexo como um ser humano. As opiniões de Whitehead evoluíram para a teologia do processo, uma forma de compreender Deus. Sua obra matemática mais conhecida é o *Principia Mathematica*, escrito em coautoria com Bertrand Russell.
3. Incentivado pelos pais a correr atrás dos seus interesses científicos, Linus Pauling (1901–1994) era um estudante talentoso de Portland, Oregon, e ganhou uma bolsa de estudo para a Universidade Estadual do Oregon. Obteve um doutorado em química no Instituto de Tecnologia da Califórnia, onde lecionou e realizou pesquisas durante a maior parte de sua carreira. Foram muitas as contribuições de Pauling a sua área, entre as quais a aplicação da física quântica e da teoria das ondas à química. Também fez avanços na produção de anticorpos e na estrutura atômica das proteínas. Para Charlie, foi talvez o maior químico do século XX. Pauling ganhou os prêmios Nobel de Química (1954) e da Paz (1962). Mais para o fim da vida, escreveu sobre o papel da nutrição no combate às doenças e recomendou o uso de vitamina C na prevenção do resfriado.
4. Pierre-Simon Laplace (1749–1827), matemático, astrônomo e filósofo francês, descobriu muitas ideias-chave relacionadas com o raciocínio indutivo e a probabilidade, o movimento celeste e o determinismo causal. Em sua grande obra, *Ensaio filosófico sobre as probabilidades*, Laplace expõe uma das suas principais ideias: "Podemos considerar o estado presente do universo como o efeito do seu passado e a causa do seu futuro. Um intelecto que em determinado momento conhecesse todas as forças que põem a natureza em movimento, bem como todas as posições de todos os elementos que a compõem, se esse intelecto também fosse vasto o suficiente para submeter esses dados a análise, abrangeria em uma única fórmula os movimentos dos maiores corpos do universo e dos menores átomos. Para tal intelecto, nada seria incerto, e o futuro, tal como o passado, estaria presente diante de seus olhos."

5 Referência a uma velha piada americana em que perguntam a um pregador do Sul se ele acredita na prática de batizar crianças, ao que ele responde: "Se eu acredito? Já vi com meus próprios olhos!"
6 Roger Fisher (1922–2012) formou-se em direito em Harvard em 1948 e permaneceu no corpo docente da faculdade. Tornou-se diretor do Harvard Negotiation Project em 1980. Especialista em negociação e resolução de conflitos, foi coautor, com Bill Ury, de *Como chegar ao sim* (Sextante, 2018), texto clássico sobre técnicas de negociação em que os dois lados saem ganhando.
7 A tragédia dos comuns, teoria criada pelo economista William Forster Lloyd no século XIX e popularizada pelo biólogo Garrett Hardin em meados do século XX, descreve uma situação em que indivíduos agindo segundo interesses próprios exploram determinado recurso compartilhado a ponto de esgotá-lo.
8 Richard P. Feynman (1918–1988) nasceu em Far Rockaway, Nova York. Formou-se em Física pelo MIT e fez doutorado em Princeton. Trabalhou no Projeto Manhattan e foi fundamental no desenvolvimento da bomba atômica. Ocupou cargos docentes na Universidade Cornell até 1951 e depois se estabeleceu no Caltech. Sua principal contribuição para a física foi na eletrodinâmica quântica, o estudo das interações da radiação eletromagnética com átomos e partículas mais fundamentais. Dividiu o Nobel de Física em 1965 com outros dois pesquisadores. Tempos depois, integrou a comissão que investigou o acidente do ônibus espacial *Challenger* e apontou a causa da explosão demonstrando o efeito das temperaturas frias nos anéis de vedação, mostrando como a retração resultante permitiu que gases quentes escapassem.

Discurso Seis:
Práticas de investimento das principais fundações de caridade

1 John C. Argue (1932–2002) dividiu seu tempo entre os negócios e a filantropia. Por muito tempo sócio sênior do escritório de advocacia Argue, Pearson, Harbison & Myers, de Los Angeles, foi um dos articuladores-chave para conseguir que Los Angeles sediasse os Jogos Olímpicos de 1984. Também atuou no conselho de administração da Universidade do Sul da Califórnia, que passou a presidir em 2000.
2 Bernie Cornfeld (1927–1995), nascido na Turquia, mudou-se para os Estados Unidos e se tornou corretor de fundos mútuos na década de 1950. Na década seguinte, começou a vender sua própria família de fundos, Investors Overseas Services (IOS), constituída na Suíça. Contratou milhares de corretores, que iam de porta em porta por toda a Europa, especialmente na Alemanha. A IOS levantou 2,5 bilhões de dólares, enquanto Cornfeld se envolvia em gastos excessivos com despesas pessoais.
3 A Long-Term Capital Management, empresa de hedge funds criada em 1994 por um respeitado negociante de títulos de Wall Street e dois vencedores do Nobel de Economia, desenvolveu modelos matemáticos complexos para tirar partido de acordos de arbitragem. Utilizando elevados níveis de dívida – cerca de 125 bilhões de dólares em 1998 –, o fundo ficou mal posicionado durante dois meses consecutivos de retornos negativos, somados à saída do Salomon Brothers do negócio de arbitragem e ao pânico nas finanças internacionais. Em poucos meses o fundo perdeu quase 2 bilhões de dólares em capital. Foi preciso que o Federal Reserva (Fed), o banco central americano, fizesse um resgate do fundo para evitar uma reação em cadeia de pedidos de liquidação em toda a economia. O desastre lembrou à comunidade financeira a potencial gravi-

dade do risco de liquidez. O livro seminal sobre o assunto, *Quando os gênios falham*, de Roger Lowenstein, foi traduzido para vários idiomas.

4   Robert W. Woodruff (1889–1985) nasceu na Geórgia, filho do presidente de uma importante empresa de serviços fiduciários. Woodruff teve uma trajetória escolar comum, mas na carreira alcançou sucesso rápido. Começou atuando na venda de automóveis e aos 33 anos assumiu o comando da Coca-Cola Company. Transformou um pequeno fabricante e engarrafador de refrigerantes em um gigante corporativo conhecido mundialmente. Durante o restante da vida, Woodruff foi um extraordinário filantropo e criou uma grande fundação que hoje leva seu nome. Seu credo pessoal dá uma boa ideia de como ele realizou tantas coisas em sua longa vida: "Não há limite para o que uma pessoa pode fazer ou aonde pode chegar se não se importar com quem recebe o crédito."

5   Peter F. Drucker (1909–2005), nascido na Áustria, estudou em seu país natal e na Inglaterra. Obteve um doutorado em direito público e internacional enquanto trabalhava como jornalista na Alemanha. Mais tarde atuou como economista em um banco de Londres e foi para os Estados Unidos em 1937. Sua carreira acadêmica incluiu cátedras na Bennington College, na Universidade de Nova York e, a partir de 1971, na Claremont Graduate University, onde fica a escola de pós-graduação em administração que leva seu nome. Durante décadas prestou consultoria para empresas e organizações sem fins lucrativos. Autor de cerca de 30 livros sobre gestão, filosofia e outros assuntos, Drucker é considerado um pensador fundamental sobre as organizações contemporâneas. Em 2002 recebeu a Medalha Presidencial da Liberdade, uma das maiores condecorações civis dos Estados Unidos.

Discurso Sete:
Reunião matinal da organização Philanthropy Roundtable

1   Fundada na década de 1970 em Washington, D.C., a Philanthropy Roundtable é uma rede informal de financiadores que buscam promover iniciativas privadas e voluntárias para o progresso individual e comunitário. Atualmente conta com mais de 600 membros.

2   Resumidamente, fenômeno em que o consumo e o investimento aumentam em decorrência da valorização dos ativos financeiros. Com a sensação de ter um patrimônio maior, as pessoas tendem a gastar mais.

3   John Maynard Keynes (1883–1946), filho de um professor de economia na Universidade de Cambridge e de uma reformista social, parecia predestinado a se tornar um grande economista e pensador político. Seu livro *A teoria geral do emprego, do juro e da moeda*, publicado em 1936, defendia que o governo estimulasse a demanda em tempos de elevado desemprego, por exemplo, por meio de gastos em obras públicas. A obra serve de base para a macroeconomia moderna.

4   John Kenneth Galbraith (1908–2006), nascido em Ontário, Canadá, formou-se na Ontario Agricultural College e obteve doutorado na Universidade da Califórnia em Berkeley. Em 1949, ingressou na Faculdade de Economia de Harvard. Amigo do presidente John F. Kennedy, serviu como embaixador dos Estados Unidos na Índia de 1961 a 1963. Como economista, defendeu valores progressistas e escreveu livros acessíveis, que muitas vezes descrevem como a teoria econômica nem sempre condiz com a vida real. Entre suas obras mais conhecidas estão *American Capitalism: The Concept of Countervailing Power* (1952), *The Affluent Society* (1958) e *The New Industrial State* (1967).

5   O conceito de "bezzle" segundo Galbraith não tem tradução consagrada no português. Refere-se ao montante de ativos roubados ou desviados e não descobertos, o que constitui uma riqueza ilusória presente no sistema econômico até que a fraude seja revelada.

Discurso Oito:
O grande escândalo financeiro de 2003

1   Sófocles (496–406 a.C.), dramaturgo, sacerdote e político grego de Atenas, é mais conhecido como um dos três grandes trágicos gregos (os outros são Ésquilo e Eurípides, com quem Sófocles competia frequentemente nos festivais de teatro). Sófocles escreveu mais de 100 peças. Muitos estudiosos, incluindo Aristóteles, consideraram-no o maior dramaturgo do teatro grego antigo. As mais famosas de suas obras sobreviventes são as tragédias *Édipo Rei* e *Antígona*.
2   Um dos exemplos mais famosos de moderna engenharia financeira foi o esquema Ponzi, que começou em Boston em 1919. Alegando capacidade de explorar uma arbitragem imprevista com cupons para selos de correios internacionais, Carlo "Charles" Ponzi atraiu milhares de investidores ao prometer juros de 50% em 90 dias. Para construir credibilidade, utilizou recursos de investidores mais recentes para proporcionar retornos a participantes anteriores – tática básica dos esquemas de pirâmide. Em pouco tempo Ponzi arrecadou milhões. Em 1920, o *The Boston Post* publicou uma matéria questionando as práticas de Ponzi, o que deu origem a uma auditoria independente. A auditoria revelou a fraude e os investidores exigiram o dinheiro de volta. No final, o participante médio teve apenas 37% dos fundos investidos devolvidos e Ponzi passou vários anos preso. Impenitente, ele reapareceu no final da década de 1920 vendendo terras sem valor na Flórida.

Discurso Nove:
Economia acadêmica: pontos fortes e fracos sobre a
necessidade de interdisciplinaridade

1   A constante de Boltzmann, nomeada em homenagem ao físico austríaco Ludwig Boltzmann (1844–1906), define a relação entre a temperatura absoluta e a energia cinética contida em cada molécula de um gás ideal. Em geral, a energia em uma molécula de gás é diretamente proporcional à temperatura absoluta. À medida que a temperatura aumenta, a energia cinética por molécula aumenta. À medida que um gás é aquecido, suas moléculas se movimentam mais depressa. Esse movimento produz aumento de pressão se o gás estiver confinado em um espaço com volume constante, ou aumento de volume se a pressão permanecer constante.
2   Nascido em 1958, N. Gregory Mankiw cursou economia em Princeton, obteve um doutorado no MIT e leciona em Harvard. Em 2003 foi nomeado presidente do Conselho Econômico da Casa Branca.
3   Garrett Hardin (1915–2003), nascido em Dallas, passou a infância no Meio-Oeste. Graduou-se pela Universidade de Chicago e obteve o doutorado em biologia por Stanford. Em 1946, ingressou no corpo docente da Universidade da Califórnia em Santa Bárbara. Seu ensaio "A tragédia dos comuns" tornou-se um marco do pensamento ecológico. Suas posições filosóficas e políticas influenciaram, por décadas, debates sobre aborto, imigração, ajuda externa e outras questões.

4   George Shultz (1920-2021), nascido em Nova York, formou-se em economia por Princeton e doutorou-se em economia industrial pelo MIT. Após vários anos lecionando no MIT, transferiu-se para a Universidade de Chicago. Serviu como secretário do Tesouro dos Estados Unidos por dois anos durante o governo de Richard M. Nixon, até o presidente se ver forçado a renunciar. Em 1982, foi nomeado secretário de Estado e permaneceu no posto pelos dois mandatos do presidente americano Ronald Reagan. É membro da Hoover Institution e do conselho de administração da Bechtel Corporation, da Gilead Sciences e da Charles Schwab & Company. Foi conselheiro da campanha bem-sucedida de Arnold Schwarzenegger para suceder Gray Davis como governador da Califórnia, em 2003.
5   Muito menos eficiente do que simplesmente "se abaixar e pegar grandes pepitas de ouro", como prefere Munger, a mineração de aluvião consiste em extrair de grandes volumes de terra quantidades minúsculas de minerais valiosos, usando pressão de água ou equipamento de escavação de superfície.
6   Joseph Rudyard Kipling (1865-1936), nascido em Mumbai, Índia, filho de pai que lecionava em uma escola de arte local, frequentou um internato na Inglaterra. Retornando à Índia, viajou pelo subcontinente como correspondente. Também escreveu ficção e poesia, tendo publicado *O livro da selva* em 1894, *Captains Courageous* em 1897 e "Gunga Din" em 1892. Ganhou o Nobel de Literatura em 1907.
7   Leslie Schwab (1917-2007) nasceu em Bend, Oregon. Depois de servir no Air Cadet Corps durante a Segunda Guerra Mundial, retornou ao Oregon e comprou a OK Rubber Welders, pequena loja de pneus que faturava 32 mil dólares por ano e que ele fez gerar 150 mil. Na década de 1950, Schwab começou a expandir o negócio por todo o noroeste do Pacífico. Por meio de inovações como participação nos lucros, seleção de produtos de tipo "supermercado" e independência dos fabricantes, a empresa hoje opera mais de 300 lojas com vendas superando o valor de 1 bilhão de dólares anuais.
8   Conceito originado da matemática, um algoritmo é, basicamente, uma sequência bem definida de ações, regras e operações lógicas que permite solucionar determinado tipo de problema.
9   David Ricardo (1772-1823), nascido em Londres, começou a trabalhar com o pai na Bolsa de Valores aos 14 anos. Sua riqueza permitiu que se aposentasse ainda jovem e conquistasse um assento no Parlamento. Interessou-se por economia depois de ler *A riqueza das nações*, de Adam Smith, e deu muitas contribuições significativas à área. Ricardo é frequentemente creditado pela teoria da vantagem comparativa, que explica por que o comércio entre dois países pode ser benéfico mesmo que um deles seja capaz de produzir todo tipo de item mais barato que o outro. O conceito foi descrito pela primeira vez por Robert Torrens, em 1815, em um ensaio sobre o comércio de trigo, mas Ricardo o explicou mais claramente em seu livro de 1817, *Princípios de economia política e tributação*.
10 Adam Smith registrou em *A riqueza das nações* (1776) suas observações sobre uma fábrica de alfinetes. Ele descobriu que apenas 10 trabalhadores conseguiam produzir 48 mil alfinetes por dia graças à divisão do trabalho e à especialização da mão de obra. Se cada trabalhador executasse todas as etapas necessárias para fabricar alfinetes, só poderia produzir 20 por dia, com uma produção diária total de 200. Smith reconheceu e exaltou os grandes ganhos de produtividade e o progresso econômico representados pela fábrica de alfinetes e pela adoção da especialização.
11 Ronald Coase (1910-2013), nascido no subúrbio de Londres, concluiu o ensino médio aos 12 anos e ingressou na Universidade de Londres aos 14. Formou-se em Direito e

Economia e começou a pesquisar custos de transação. Em 1951 foi para os Estados Unidos, onde iniciou a carreira acadêmica na Universidade de Buffalo. Em 1964 transferiu-se para a Universidade de Chicago, onde permanece como professor emérito. Seu trabalho "The Nature of the Firm" (1937) foi citado como elemento decisivo na escolha de seu nome para receber o Nobel de Economia em 1991.

12 Criado na década de 1960, o sistema de seguro social americano Medicare garante atendimento de saúde para cidadãos a partir de 65 anos que tenham contribuído para a previdência social durante o período produtivo.

13 Nascido em 1943, Victor Niederhoffer estudou estatística e economia, obtendo uma licenciatura em Harvard e um doutorado na Universidade de Chicago. Deu aulas na Universidade da Califórnia em Berkeley por cinco anos, ao mesmo tempo que dirigia a Niederhoffer, Cross & Zeckhauser, envolvida na venda de empresas privadas para empresas públicas. No final da década de 1970, começou a negociar ativos futuros e opções. Fundou um banco, o Niederhoffer Investments, em 1980, para oferecer gestão financeira a clientes institucionais. Também é multicampeão nacional de squash.

14 Os benefícios muitas vezes esquecidos da vantagem comparativa do livre comércio foram notoriamente revelados por David Ricardo em seu livro de 1817, *Princípios de economia política e tributação*: "Em Portugal é possível produzir vinho e tecido com menos trabalho do que é necessário na Inglaterra. No entanto, os custos relativos de produção desses dois bens são diferentes nos dois países. Na Inglaterra é muito difícil produzir vinho, mas apenas moderadamente difícil produzir tecidos. Em Portugal, ambos são fáceis de produzir. Portanto, embora seja mais barato produzir tecido em Portugal do que na Inglaterra, é ainda mais barato para Portugal produzir vinho em excesso e trocá-lo por tecido inglês. Por outro lado, a Inglaterra se beneficia desse comércio porque seu custo de produção de tecido não mudou, mas agora pode obter vinho a um custo mais próximo do custo do tecido." Frequentemente esquecido é o fato de que a vantagem comparativa de Ricardo na delegação de tarefas entre as nações é também aplicável a gestores na delegação de tarefas. Mesmo que um gerente possa executar melhor toda a variedade de tarefas, ainda é mutuamente vantajoso dividi-las.

15 O frade Luca de Pacioli (1445–1517) publicou em 1494 seu trabalho seminal, *Summa de arithmetica, geometria, proportioni et proportionalita*. Em uma seção do livro, Pacioli descrevia um conceito novo, a contabilidade pelo método das partidas dobradas. Essa invenção revolucionou a prática empresarial e fez de Pacioli uma celebridade. Seu livro foi um dos primeiros a ser impressos na prensa de Gutenberg.

16 A Bolha da Companhia dos Mares do Sul foi um frenesi econômico na Inglaterra que ocorreu quando a especulação nas ações da companhia atingiu seu pico, em 1720. O preço das ações subiu de 128 libras em janeiro para um máximo de 1.000 em agosto, depois caiu para 150 libras em setembro. A empresa tinha obtido direitos comerciais exclusivos na América do Sul espanhola. Quando os resultados acabaram por se revelar fracos, a empresa engendrou um esquema de dívida pública que parecia aumentar os lucros. Os líderes e outros acionistas também falaram sobre receitas futuras, causando o frenesi especulativo. O clamor público após a divulgação da fraude levou à imposição da Lei da Bolha (Bubble Act) de 1720, exigindo que as empresas de capital aberto tivessem uma carta régia.

17 Bernard de Mandeville (1670–1733), filósofo e satírico, publicou um poema, "A fábula das abelhas: ou vícios privados, benefícios públicos", em 1705, como uma sátira polí-

tica. A filosofia de Mandeville sugere que o altruísmo prejudica o Estado e o seu progresso intelectual, e que o vício humano egoísta é o verdadeiro motor do progresso. Assim, chega ao paradoxo de que "os vícios privados são benefícios públicos".

18 Kurt Gödel (1906–1978), lógico, matemático e filósofo da matemática austro-húngaro, escreveu uma dissertação para seu doutorado na Universidade de Viena que incluía seus famosos mas um tanto obscuros teoremas da incompletude. O primeiro teorema sustenta que se pode usar o sistema matemático para construir uma afirmação que não pode ser provada nem refutada dentro desse sistema. O segundo teorema, obtido por meio da prova do primeiro, afirma que nenhum sistema consistente pode ser usado para provar sua própria consistência.

19 Em 1978, quase dois terços dos eleitores da Califórnia aprovaram a Proposta 13, que limita os impostos sobre a propriedade a 1% do valor de mercado da propriedade e restringe a 2% ao ano qualquer aumento na avaliação da propriedade, a menos que seja vendida. Antes não havia limites reais para aumentos de alíquota nem para avaliações de valor de propriedades no estado. A Proposta 13 preparou o terreno para uma revolta mais ampla que contribuiu para a eleição de Ronald Reagan como presidente, em 1980. Na eleição para governador da Califórnia em 2003, na qual Arnold Schwarzenegger foi eleito, o conselheiro de Schwarzenegger, Warren Buffett, sugeriu que a Proposta 13, ainda popular, fosse revogada ou alterada para ajudar a equilibrar o orçamento do estado. A sugestão de Buffett se revelou muito carregada politicamente.

Discurso Dez:
Discurso de Formatura da Faculdade de Direito da USC Gould

1 No pensamento confucionista, a piedade filial – amor e respeito pelos pais e antepassados – é uma virtude a ser cultivada. De forma mais ampla, piedade filial significa cuidar dos pais; não ser rebelde; demonstrar amor, respeito e apoio; ter cortesia; garantir herdeiros do sexo masculino; defender a fraternidade entre irmãos; aconselhar sabiamente os pais; esconder os erros deles; demonstrar tristeza por sua doença e morte; e realizar sacrifícios após o falecimento deles. Confúcio (551–479 a.C.) acreditava que, se as pessoas aprendessem a cumprir seus papéis filiais, seriam mais capazes de desempenhar seus papéis na sociedade e no governo. Para ele, a piedade filial era tão essencial que transcendia a lei. Inclusive, durante períodos da Dinastia Han, aqueles que negligenciavam o culto aos antepassados de acordo com os preceitos de piedade filial estavam sujeitos a castigos físicos.

2 *Servidão humana*, o romance autobiográfico de William Somerset Maugham, de 1915, é considerado sua obra-prima. O protagonista, Philip, conhece Mildred, uma garçonete londrina, que o despreza. Apaixonando-se obsessivamente por Mildred, Philip sabe que é um tolo e se odeia. Ele dá a Mildred todo o seu dinheiro; ela retribui com desgosto e humilhação. Maugham assim descreve o relacionamento: "O amor era como um parasita em suas pernas, nutrindo uma existência odiosa com o sangue de sua vida; absorveu sua existência tão intensamente que não conseguia sentir prazer em mais nada."

3 Joseph M. Mirra é patologista de ossos e tecidos moles no Departamento de Patologia e Medicina Laboratorial do Cedars-Sinai Medical Center em Los Angeles. O interesse de pesquisa do Dr. Mirra é a patologia óssea, sobre a qual publicou mais de 150 artigos, escreveu 16 capítulos de livros e organizou duas obras. Especializado em patologia anatômica e clínica, é um professor visitante muito requisitado que também fala em

diversos países sobre patologia óssea. Atuou ativamente na formação de estudantes de medicina ao longo de sua carreira e participou de diversos simpósios sobre patologia de tumores ósseos.

4 A palavra "álgebra" é derivada do árabe *al-jabr*, que aparece no *Livro compêndio sobre cálculo por restauração e balanceamento*, escrito em 820 pelo matemático persa Al-Khwarizmi. O livro fornece soluções sistemáticas de equações lineares e quadráticas.

5 A imagem de Mozart como compositor empobrecido tem como principal origem uma série de cartas que ele escreveu de 1788 a 1791 a seu irmão de maçonaria Michael Puchberg pedindo dinheiro emprestado. Outras evidências sugerem que os rendimentos de Mozart, embora sujeitos a flutuações consideráveis, eram altíssimos para um músico, colocando-o durante alguns anos entre os 10% mais ricos de todos os habitantes de Viena. Os economistas William e Hilda Baumol, por outro lado, calculam que Mozart passou sua última década de vida como classe média, recebendo entre 3 mil e 4 mil florins por ano (o que equivalia a cerca de 30 mil a 40 mil dólares em 1990).

O que aconteceu com o dinheiro de Mozart? Sua esposa, Constanze, era doente e exigia curas regulares em banhos termais usados apenas pelos ricos. Durante os tempos difíceis, os Mozarts mantiveram seu estilo de vida caro, o que lhes rendeu problemas financeiros. A situação foi agravada pela incapacidade de poupar durante os períodos de abundância e por um julgamento que Mozart enfrentou em 1791, resultante de uma ação movida por Karl Lichnowsky, príncipe da Prússia. Alguns estudiosos também citam evidências de que Mozart apostava em bilhar e cartas.

6 Thomas Charles Munger (1861–1941) nasceu em Fletcher, Ohio, às vésperas da Guerra Civil americana. Seus pais, agricultores itinerantes e professores, eram tão pobres que, quando criança, o juiz Munger lembrava-se de irem ao açougue com 5 centavos no bolso para comprar as partes mais baratas de animais. Apesar desse início infeliz, o juiz Munger conseguiu ter uma formação notável devido aos esforços dos pais e ao próprio autodidatismo. Foi nomeado juiz distrital dos Estados Unidos pelo presidente Theodore Roosevelt em 1907 e se tornou conhecido tanto por sua abordagem diligente à pesquisa jurídica quanto por seus pareceres claros e concisos.

7 *O peregrino – A viagem do cristão à cidade celestial* (1678), de John Bunyan, é considerada uma das obras mais significativas da literatura inglesa. Contado por um sonhador, *O peregrino* acompanha as viagens de um homem por uma série de lugares alegóricos: o Pântano do Desânimo, a Casa Bela, o Vale da Humilhação, o Vale da Sombra da Morte, a Feira das Vaidades, o Castelo da Dúvida e assim por diante, rumo à Cidade Celestial que ele procura. Valente pela Verdade é um peregrino forte que expulsa sozinho três atacantes, com sua espada, e se junta ao grupo no fim de sua jornada.

Discurso Onze:
A psicologia dos erros de julgamento

1 Charlie se refere à poliandria, sistema de acasalamento em que uma mesma fêmea copula com vários machos. A prática é observada em algumas espécies de aves, mamíferos e insetos.

2 Samuel Johnson elaborou quase inteiramente sozinho o *Dicionário da língua inglesa* (1755), obra que se tornou referência do idioma. A palavra *pastern* (patela) constava na edição original com uma acepção errada, afirmando ser o joelho do cavalo. Quando uma mulher perguntou a ele o motivo do erro, conta-se que Johnson respondeu ape-

nas: "Ignorância, senhora, pura ignorância." A definição foi corrigida na edição de 1773. Pode-se consultar o dicionário de Johnson, incluindo imagens de suas diferentes edições, em johnsonsdictionaryonline.com.

3   O número foi feito por David Copperfield em 1983. Há vídeos disponíveis on-line, para quem se interessar em compreender melhor a inteligente estrutura montada.

4   Andrew Carnegie (1835–1919), um imigrante sem um tostão, tornou-se o homem mais rico do planeta. Depois de vender o seu império siderúrgico por 500 milhões de dólares, criou escolas, um fundo de doações para a paz, o Carnegie Hall em Nova York e 2.811 bibliotecas públicas. Também pagou pela aquisição e instalação de 7.689 órgãos de igreja. Sua visão era criar "um Estado ideal em que a riqueza excedente de poucos se tornará, no melhor sentido, propriedade de muitos".

5   De Lucas 18:9–14: Disse também a seguinte parábola, a respeito de alguns convencidos de serem justos e desprezando os demais: "Dois homens subiram ao templo para orar: um era fariseu; outro, cobrador de impostos. O fariseu, de pé, fazia interiormente esta oração: 'Ó Deus, agradeço-te por não ser como o restante dos homens, ladrões, injustos, adúlteros; nem como este cobrador de impostos. Jejuo duas vezes por semana e pago o dízimo de tudo quanto ganho.'

O cobrador de impostos, mantendo-se à distância, não queria nem levantar os olhos ao céu, mas batia no peito, dizendo: 'Ó Deus, tem piedade de mim, pois sou pecador.'

Digo-vos: este voltou justificado para sua casa, e o outro não. Porque todo aquele que se exalta será humilhado, e quem se humilha será exaltado."

6   Judith Rich Harris (1938–2018) foi uma pesquisadora e escritora independente. Suas realizações profissionais significativas incluem um modelo matemático de fala visual, livros didáticos de psicologia do desenvolvimento e muitos artigos profissionais influentes. Ela é mais conhecida por seus livros *Diga-me com quem anda...* e *Não há dois iguais*.

7   Kitty Genovese tinha 28 anos quando foi morta a facadas e estuprada em frente ao prédio onde morava, em Nova York, em 1964. O caso ficou famoso pela suposta indiferença dos mais de 30 vizinhos que teriam ouvido ou visto o crime e não chamaram a polícia nem ajudaram a jovem. Também deu origem à definição do chamado "efeito espectador", fenômeno social em que as chances de uma pessoa intervir em uma situação de perigo são menores quando há outras pessoas ao redor, além de ter contribuído para a criação da linha de emergência 911. Em 2007, um estudo apontou falhas na apuração de diversos pontos da história, afirmando inclusive que o número de testemunhas era na verdade muito menor e que a polícia foi, sim, avisada.

LEITURAS RECOMENDADAS

Chernow, Ron. *Titan: The Life of John D. Rockefeller, Sr.* Nova York: Random House, 1998.
Cialdini, Robert B. *As armas da persuasão 2.0: Edição revista e ampliada*. Rio de Janeiro: HarperCollins, 2021.
Dawkins, Richard. *O gene egoísta*. São Paulo: Companhia das Letras, 2007.
Diamond, Jared M. *Armas, germes e aço: Os destinos das sociedades humanas*. Rio de Janeiro: Record, 2017.
Diamond, Jared M. *O terceiro chimpanzé: A evolução e o futuro do ser humano*. Rio de Janeiro: Record, 2011.
Firestone, Harvey S. e Samuel Crowther. *Men and Rubber: The Story of Business*. Nova York: Doubleday, Page & Company, 1926.
Fisher, Roger; William Ury e Bruce Patton. *Como chegar ao sim: Como negociar acordos sem fazer concessões*. Rio de Janeiro: Sextante, 2018.
Franklin, Benjamin. *The Autobiography of Benjamin Franklin*. Carolina do Norte: IAP, 2019.
Gribbin, John. *Deep Simplicity: Bringing Order to Chaos and Complexity*. Londres: Penguin Books Limited, 2009.
Gribbin, John e Mary Gribbin. *Ice Age*. Londres: Allen Lane/Penguin Press, 2001.
Grove, Andrew S. *Only the Paranoid Survive: How to Exploit the Crisis Points that Challenge Every Company and Career*. Nova York: Currency Doubleday, 1996.
Hagstrom, Robert G. *The Warren Buffett Portfolio: Mastering the Power of the Focus Investment Strategy*. Nova Jersey: Wiley, 2000.
Hardin, Garrett. *Living within Limits: Ecology, Economics, and Population Taboos*. Oxford: Oxford University Press, 1995.
Herman, Arthur. *How the Scots Invented the Modern World: The True Story of How Western Europe's Poorest Nation Created Our World and Everything in It*. Nova York: Crown, 2001.
Landes, David S. *A riqueza e a pobreza das nações: Por que algumas são tão ricas e outras são tão pobres*. Rio de Janeiro: Elsevier, 1998.
Partnoy, Frank. *Fiasco: The Inside Story of a Wall Street Trader*. Londres: Penguin Publishing Group, 1999.
Ridley, Matt. *Genoma: A autobiografia de uma espécie em 23 capítulos*. Rio de Janeiro: Record, 2001.
Schwab, Les. *Les Schwab Pride in Performance: Keep It Going*. Oregon: Pacific Northwest Books, 1986.
Segre, Gino. *A Matter of Degrees: What Temperature Reveals about the Past and Future of Our Species, Planet, and Universe*. Londres: Penguin Publishing Group, 2003.
Simon, Herbert A. *Models of My Life*. Londres: MIT Press, 1996.
Stone, Irving. *Men to Match My Mountains: The Opening of the Far West, 1840–1900*. Nova York: Berkley, 1982.
Wall, Joseph Frazier. *Andrew Carnegie*. Oxford: Oxford University Press, 1970.
Wright, Robert. *Three Scientists and Their Gods: Looking for Meaning in an Age of Information*. Nova York: Times Books, 1988.

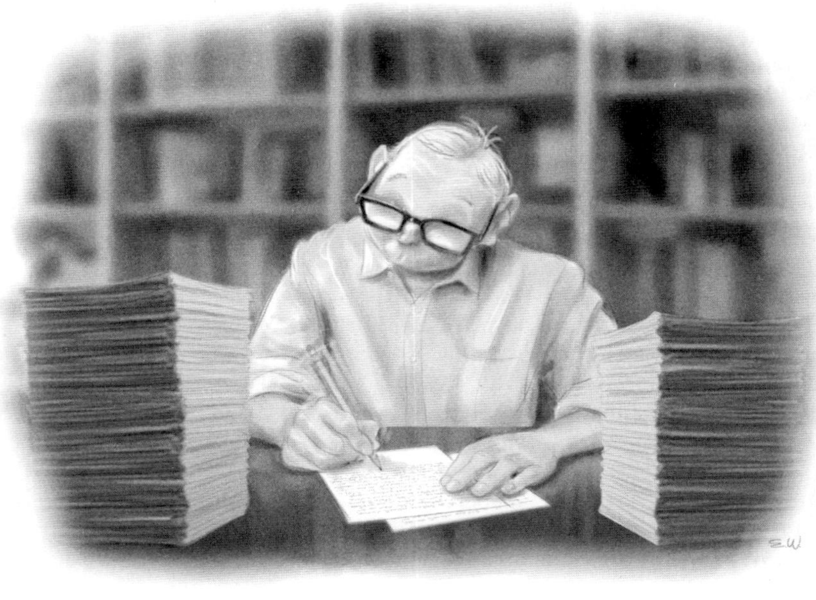

AGRADECIMENTOS

Este livro é um tratado sobre Charles T. Munger: sua abordagem ao aprendizado, à tomada de decisões e aos investimentos; seus discursos; suas tiradas; e mais. O ímpeto para o livro veio de muitas pessoas que, ao longo dos anos, disseram que gostariam que uma obra assim existisse – e insistiam nisso com vigor cada vez maior nas reuniões de acionistas da Berkshire e da Wesco, em jantares, em fóruns e em muitos outros lugares. Ao ouvir esse clamor, o editor Peter Kaufman levou a sugestão a Warren Buffett e foi encorajado a assumir tal tarefa.

O ilustrador e caricaturista Ed Wexler produziu as ilustrações. A equipe de produção incluiu Charles Belser, Debbie Bosanek, Michael Broggie, Carl Foote, Travis Gallup, Paul Hartman, Eric Hartman-Birge, Marcus Kaufman, Peter Kaufman, Pamela Koch, Carol Loomis, Steve Mull, Doerthe Obert, Scott Rule, Whitney Tilson, Dwight Tompkins e Ed Wexler.

Se você gostou de ler *A sabedoria de Charlie Munger* tanto quanto nós gostamos de fazê-lo, nossos esforços terão sido um claro sucesso. Em todos os aspectos, mas particularmente em nossas interações com Charlie, sua família e o amplo círculo de amigos e associados dos Munger, fomos premiados com céu limpo e navegação tranquila na produção deste livro. Esperamos que nossos esforços tenham se mostrado dignos do nosso personagem, um homem bom e digno de admiração.

Para saber mais sobre os títulos e autores da Editora Sextante,
visite o nosso site e siga as nossas redes sociais.
Além de informações sobre os próximos lançamentos,
você terá acesso a conteúdos exclusivos
e poderá participar de promoções e sorteios.

sextante.com.br